기독교문서선교회(Christian Literature Center: 약칭 CLC)는 1941년 영국 콜체스터에서 켄 아담스에 의해 시작되었으며 국제 본부는 미국 필라델피아에 있습니다. 국제 CLC는 59개 나라에서 180개의 본부를 두고, 약 650여 명의 선교사들이 이동도서차량 40대를 이용하여 문서 보급에 힘쓰고 있으며 이메일 주문을 통해 130여 국으로 책을 공급하고 있습니다. 한국 CLC는 청교도적 복음주의 신학과 신앙 서적을 출판하는 문서선교기관으로서, 한 영혼이라도 구원되길 소망하면서 주님이 오시는 그날까지 최선을 다할 것입니다.

추천사

이 상 규 박사
고신대학교 명예교수, 백석대학교 석좌교수

박아청 박사님이 『초대교회 리더들이 그토록 꿈꾸던 교회』라는 책을 출판하시게 된 것을 축하드리며, 기쁨으로 이 책을 추천합니다. 박아청 박사님은 오랫동안 계명대학교에서 교육심리학을 가르치셨던 저명한 크리스천 교육심리학자이십니다.

그동안도 기독교 정신에 기초하여 기독교 학문 진작을 위해 노력해 오셨지만, 계명대에서 은퇴하신 이후 본격적으로 기독교학 연구에 몰두하셨고, 지난해에는 『바이블, 교육학으로 읽다』(CLC, 2023)를 출판하신 바 있습니다.

그 연구에 이어 이번에는 초대교회 지도자들이 교회에 대해 품었던 이상이 어떠했는가에 대하여 연구하시고 그 결과를 한 권의 책으로 출판하시게 된 것입니다.

박아청 박사님은 사복음서의 구조와 내용에 관한 연구에 이어 초대교회 교부들과 교부 문서들을 섭렵하시고 이 인물들과 초대교회 문서에 나타난 복음, 교회, 기독교에 대한 자기 생각을 정리하신 것으로 압니다. 이 책을 집필하기 위해 성경과 여러 기독교 문헌을 통독하시고 공부하신 저자의 그

열정에 경의를 표합니다.

  교육심리학자로 일생을 사신 분이 자신의 연구 분야에 더하여 초대교회를 연구했기 때문에 이 책은 신학도들이나 목회자들이 미처 생각하지 못한 가르침을 줄 것으로 확신합니다.

  저는 신학 교육 기관에서 공부했습니다만 호주 메쿼리대학교(Macquarie University)에서 로마 사회사를 전공하신 교수님을 만나 신학 교육 기관에서 배우지 못했던 초대교회에 대한 많은 가르침을 받았던 일을 감사하고 있습니다. 이 책이 독자들에게 큰 유익이 있기를 기도하면서 일독을 권합니다.

초대교회 리더들이
그토록 꿈꾸던 교회

The Church the Early Church Leaders Dreamed Earnestly For
Written by Ahchung Park
All rights reserved.
Korean Edition Copyright ⓒ 2024 by Christian Literature Center, Seoul, Korea.

초대교회 리더들이 그토록 꿈꾸던 교회

2024년 05월 20일 초판 발행

지 은 이　|　박아청

편　　　집　|　진애란
디 자 인　|　이보래, 서민정
펴 낸 곳　|　(사)기독교문서선교회
등　　　록　|　제16-25호(1980. 1. 18.)
주　　　소　|　서울특별시 동대문구 천호대로71길 39
전　　　화　|　02-586-8761~3(본사) 031-942-8761(영업부)
팩　　　스　|　02-523-0131(본사) 031-942-8763(영업부)
이 메 일　|　clckor@gmail.com
홈페이지　|　www.clcbook.com
송금계좌　|　기업은행 073-000308-04-020　(사)기독교문서선교회
일련번호　|　2024-50

ISBN 978-89-341-2692-8 (93230)

이 책의 출판권은 (사)기독교문서선교회가 소유합니다.
신저작권법에 의해 한국 내에서 보호를 받는 저작물이므로 무단 전재와 무단 복제를 금합니다.

그토록
초대교회 ♥ 리더들이
꿈꾸던 교회

박아청 지음

CLC

/차/례/

추천사 이상규 박사 | 고신대학교 명예교수, 백석대학교 석좌교수 • 1

들어가는 글 • 10

서장 초대교회와 로마제국과의 관계   15

    1. 초대교회의 배경: 그리스-로마의 세계   15

    2. 기독교의 발원과 교회의 설립   35

    3. 예루살렘 교회 설립과 이방인 선교 확장   43

    4. 팔레스틴을 벗어나는 기독교   48

제1장 사도 마태의 교회론   57

    1. 마태가 '교회'란 용어를 사용한 까닭   57

    2. 사도적 전통에 선 교회   61

    3. 율법 준수와 이방인에 대한 포용   68

    4. 마태의 교회론   72

제2장 사도 마가의 교회론   75

    1. 마가의 신앙공동체   75

    2. 관심의 초점, 예수 그리스도   77

    3. 복음 선포에 참여하는 길   82

    4. 마가의 교회론   87

제3장 사도 누가의 교회론　　91

1. 누가가 꿈꾼 신앙공동체　　91
2. 나눔과 치유공동체　　101
3. 말씀공동체　　104
4. 누가의 교회론　　117

제4장 복음서에 보이는 요한의 교회론　　122

1. 요한공동체의 기원　　122
2. 요한이 교회를 묘사하는 언어들　　129
3. 요한복음이 묘사하는 신앙공동체　　132
4. 요한의 교회론　　146

제5장 서신서에 보이는 요한의 교회론　　150

1. 요한서신이 시사하는 교회의 의미　　150
2. 교회론을 통한 기독론적 접근　　155
3. 일곱 유형교회에 기대하는 교회론　　158
4. 요한계시록에 보이는 교회론　　168

제6장 사도 바울의 교회론 … 176

1. 신약성경이 제시하는 교회론 … 176
2. 바울의 하나님 교회에 대한 표현 … 182
3. 그리스도의 몸으로서의 교회 … 185
4. 바울서신서에 보이는 교회론 … 189

제7장 사도 베드로의 교회론 … 204

1. 베드로전서의 신앙적 배경 … 204
2. 베드로공동체의 특성 … 209
3. 베드로전서에 보이는 선행의 윤리 … 214
4. 베드로의 교회론 … 218

제8장 히브리서에 보이는 교회론 … 231

1. 히브리서 공동체의 역사적 상황 … 231
2. 히브리서 공동체의 생성과 위기 … 234
3. 그리스도에 의해 설립된 공동체 … 241
4. 히브리서에 보이는 교회론 … 244

제9장 사도 야고보의 교회론 253

1. 야고보의 신앙공동체 253
2. 세속성 문제 해결을 위한 야고보의 권면 257
3. 야고보가 제시한 주제들 259
4. 야고보의 교회론 268

제10장 사도 교부들의 교회론 270

1. 로마의 클레멘트의 교회론 270
2. 이그나티우스와 이레니우스의 교회론 276
3. 교회의 위기와 키프리아누스의 교회론 291
4. 아우구스티누스의 교회론 300

종장 로마의 국교인 기독교와 국가 간의 긴장 312

1. 유대계 기독교인과 비유대계 기독교인 312
2. 초대교회와 로마제국과의 관계 318
3. 초대교회의 로마제국에 대한 입장 339
4. 제국의 공인 이후 교회와 국가 간의 갈등 360

나가는 글 교회의 속성과 본질 • 370

참고 문헌 • 373

색인 • 384

들어가는 글

박 아 청 박사
전 계명대학교 사범대학 학장·교육대학원 원장

성경을 보면 예수님께서 자기의 교회 설립에 대한 확고한 의지를 사도 베드로에게 분명히 말씀하신 것을 알 수 있다.

> 그리고 내가 너에게 말한다. 너는 베드로다. 내가 이 반석 위에 내 교회를 세울 것이니 지옥의 문들이 이것을 이길 수 없을 것이다(마 16:18).

이처럼 예수님께서 기초를 놓으시고 세우신 교회는 사도행전에서 실제로 설립된 교회에서도 나타나 있지만 이런 이미지들보다 단순하면서도 의미상 그것을 훨씬 능가하는 실체였다.

복음서에는 제자들을 한 집단으로 취급하는 많은 단어를 사용하고 있음을 볼 때(예컨대, 양 무리, 마 26:31; 요 10:26; 21:15-16; 눅 12:32), 예수님께서 처음부터 교회를 염두에 두고 계셨다고 말해도 전혀 무리가 없을 것이다.

교회는 하나님(성부)의 백성이요, 그리스도(성자)의 몸이며, 성령의 전(殿)이다. 이런 관점에서 볼 때 교회는 하나님과 교제를 가능하게 하는 성령에 의해, 주님의 신부로서 그리스도와 한 몸으로 연합되어, 하나님의 백성이 되도록 부름을 받은 삼위일체론적 실체로 이해된다.

이와 같은 교회에 대한 인식은 기독교 초기 시절 로마의 클레멘트(Clement, 영어로 Clemens, AD 97-100년) 교부를 위시하여 히폴리투스(Hippolytus, AD 170-236년)와 테르툴리아누스(Tertullianus, 영어로 Tertulian, AD 150-220년)와 같은 사도 교부들의 교회에 대한 이해와 일치한다.

테르툴리아누스 교부는 "세 분 성부, 성자, 성령이 있는 곳에서 교회가 발전된다"라고 했으며, 북아프리카 카르타고의 사도 교부 키프리아누스는 "교회는 성부, 성자, 성령의 연합(unity) 안에서 하나가 된 백성"[1]이라고 했다.

교회의 구성과 함께 교회 안에서 성령은 그리스도 안에서 이루어진 인간의 구속을 우리 안에서 새롭게 한다. 성령은 우리 안에서 그리스도의 역사가 살아 움직이게 한다. 오순절 성령의 역사는 그리스도께서 이루신 구속을 기초로 역사 속에서 삼위일체 하나님의 직접적인 현존을 맞이하는 새로운 시대를 열었다.

초대교회는 복음 전도를 바탕으로 한 증인들의 공동체였다. 교회의 과업은 신약성경의 '에클레시아'(ἐκκλησία, 모임)와 구약성경의 '카할'(קהל, 회중)의 개념을 비교할 때 더 분명해진다. 오순절 이전에는 이스라엘 백성들은 성전을 중심으로 제사를 드렸다.

'오순절 성령 강림 사건' 이후로 제사 제도가 폐지되고 복음 설교와 세례 및 주님의 만찬 의식이 교회의 일상적인 행습이 되었다. 종교적 모임이었던 '카할' 시대가 가고 복음 증인들의 공동체인 '에클레시아'의 시대가 도래했다.

---

1 최철, "키프리아누스의 성령 중심의 교회론", 「한국기독교신학논총」 제90권 제1호 (한국기독교학회, 2013), 65.

사도들의 시대가 지나가고 다음 세대의 지도자들, 즉 사도 교부(使徒教父, Apostolic Father) 또는 속사도(續使徒, Post-Apostolic)[2]들이 책임을 맡게 되면서 에클레시아는 교리적으로나 조직에서나 새로운 변화를 맞이하게 되었다.

역사적 흐름의 과정에서 교회가 건물, 지역 교회, 혹은 교회의 이미지로 축소되면서, 신약에 등장하는 초대교회는 그 의미가 많이 퇴색되었다. 교회는 차츰 외형적인 기구로서만 이해되었고, 그래서 초대교회 지도자들은 참된 교회가 무엇인지를 구별할 필요가 있음을 느끼게 되었다.

신약성경의 교회와 신약 이후의 교회 사이의 심각한 괴리로 인해, 유형(가시적, sibilis)교회와 무형(비가시적, insibilis)교회 사이의 구분은 이미 교부 시대 때부터 논의되기 시작하였다.[3]

일찍이 20세기 초 미국의 복음주의 신학자인 메이천(J. Gresham Machen) 박사는 1937년 유작으로 출판된 그의 저서 『기독교 인간관』(The Christian View of Man)에서 가시적 교회(the visible church)는 이 세상에서 완전하게 순수할 수 없다는 것을 인정하면서 그는 가시적 교회가 "너무나 많은 오류와 죄악 속에 빠져 있으며," 이제는 "심각한 정도에 이르기까지 배교했다"[4]라고 주창했다. 그의 주창은 아우구스티누스(Augustinus, 영어로 Augustine, AD 354-430년) 사도 교부가 주창했던 적이 있다.

2　David Lincincum. "The Paratextual Invention of the Term 'Apostolic Fathers'", *The Journal of Theological Studies*, Vol. 66, No. 1 (April 2015), 139-148. '사도 교부'(Apostolic Father) 또는 '속사도'(Post-Apostiolic)란 사도 시대에 사도들의 가르침을 받은 사람들을 일컫는 말로, 복음은 사도들을 거쳐 사도 교부들을 통해서 세계 곳곳으로 퍼졌다. 사도 교부들은 성경에 이름 한 자도 남기지 못했지만, 그들은 겉으로 보이는 명예 같은 것과는 상관없이 복음을 위해 그들의 몸을 바쳐서 교회를 인도하였고 신자들의 신앙을 지도했다.

3　Justo L. Gonzalez, *A History of Christian Thought: Volume 2.* (From Augustine to the eve of the Reformation) (Nashville, Abingdon Press, 1970), 21-33.

4　J. Gresham Machen, *The Christian View of Man,* (1937; reprint, Edinburgh: The Banner of Truth Trust, 1984), 14.

"(개혁된) 교회는 항상 개혁되어야 한다"(*Ecclesia reformata, semper reformanda est*)[5]라는 표어를 상기시켜 준다.

이 표어의 중요성이 근세에 부각하게 된 근거는 네덜란드의 신학자 요도쿠스 판 로덴슈타인(Jodocus van Lodenstein)이 『시온의 묵상』(*Contemplation of Zion*)에서 "진리 … 또한 교회도 항상 개혁하는 것이 중요하다"라고 한 주장이 신학자들에게 공감을 준 것에서 찾을 수 있다.[6]

교회는 개혁된 상태(*reformata*)로만 있어서는 안 되고 항상 개혁될 것이 요구된다. 그러므로 개혁교회(칼빈주의)에서는 개혁된 교회는 항상 개혁되어야 한다고 주장한다. 프랑스 개혁교회도 역시 "개혁된 교회는 항상 개혁되어야 한다"(*Ecclesia reformata, semper reformanda*)라는 모토를 사용한다.[7]

유형교회의 본질적인 요소가 건물이나 조직이라면, 무형교회는 사람을 교회의 본질적 구성 요소로 본다. 이를테면, 가장 단순한 형태의 교회는 회중주의적 자유교회 신학자들의 주장처럼, 주의 이름으로 모인 "두세 사람"(마 18:20)일 수도 있다.[8]

---

[5] J. N. Mouthaan, "Besprekingsartikel: Ecclesia semper reformanda: modern of premodern?", *Documentatieblad Nadere Reformatie* 38, no. 1 (2014), 88, 86-89.

[6] Theodor Mahlmann, "Ecclesia semper reformanda", *Eine historische Aufarbeitung, Neue Bearbeitung* in Torbjörn Johansson, Robert Kolb, Johann Anselm Steiger (Hrsg.): *Hermeneutica Sacra. Studien zur Auslegung der Heiligen Schrift im 16. und 17. Jahrhundert* (Berlin, New York, 2010), 384-388.

[7] 로버트 갓프리(W. Robert Godfrey) 박사는 이 문구의 의미는 개혁교회의 외적인 구조 및 정치 제도의 부족함을 의미하는 것이 아니라고 본다. 본래 의미하는 바는 개혁교회의 외적인 교리나 교회 정치 등이 부족하거나 수정되어야 한다는 의미가 아닌, 내적인 요소, 즉 개혁 성도들이 마음이 항상 새롭게 개혁되어야 한다는 내면의 문제를 거론한 것이라고 지적한다. Godfrey, W. Robert. *An Unexpected Journey: Discovering Reformed Christianity*, (P & R Publishing, 2004), 25-32.

[8] 김재윤, "'두세 사람이 내 이름으로'(마 18:20)에 나타난 교회론적 논의를 중심으로", 「개혁논총」 제24집 (개혁신학회, 2012), 115-151.

그러면 교회가 지닌 본질적 기능과 역할이 무엇인지를 이해하기 위해서는 신약성경 시대에 탄생한 초대교회의 근본은 어디에서 어떻게 시작되었는지를 생각해 보는 것이 필요하지 않을까?

오늘의 교회 초석을 제공한 초대교회의 역사적 뿌리를 탐색하는 작업은 아무리 해도 절대 무의미하지는 않을 것으로 생각된다. 그러므로 이 책은 초대교회의 지도자(사도와 사도 교부)들이 그들의 신앙공동체, 즉 교회에 대해서 어떠한 꿈과 이상을 품고 있었으며, 교회의 본질을 무엇으로 생각했는지를 알아보려는 데서 시작되었다.

주 예수님을 위해 모든 것을 배설물로 여겼던 믿음의 선진들이 그토록 꿈꾸던 교회를 오늘날 우리가 사모하는 이유는 그분들이 사모했던 교회의 속성과 본질이 우리가 앞으로 꿈꾸어야 할 교회의 비전을 바르게 인도해 줄 것으로 기대되기 때문이다. 아울러 그것은 무엇보다도 초대교회의 신앙의 선배들이 교회에 투영하고 있는 자화상에서 오늘의 교회가 기본적으로 갖추어야 할 속성과 본질의 원형을 확인할 수 있을 것으로 믿어 의심치 않는다.

이 책에서 사용하는 한글 성경은 『우리말 성경』(두란노서원, 2018)을 기준으로 한다. 히브리어 성경은 The Complete Tanak-Hebrew Bible을, 헬라어 성경은 Greek Interlinear Bible을 활용한다.

이 책의 서술에는 당연히 많은 선학의 문헌과 논문으로부터 도움을 받았다. 그분들의 노고와 땀이 없었더라면 나의 작업이 가능하지 않았을 것으로 생각한다. 그런 뜻에서 다시 한번 그분들의 노고에 감사를 드리며 진정으로 경의를 표하는 바이다.

발간의 기쁨을 나와 함께 인생을 걸어가는 동반자이며 후원자인 사랑하는 아내 김순희(金順禧) 권사와 함께 나눈다.

서장

초대교회와 로마제국과의 관계

1. 초대교회의 배경: 그리스-로마의 세계

바이올라대학교(Biola University)의 고대사학과의 제임스 제퍼스(James Jeffers) 교수는 1세기 기독교의 배경을 탐색하기 위해서 집필한 『신약 시대의 그리스-로마 세계』(The Greco-Roman World of the New Testament Era, 2009)의 제1장 "신약 시대로 향한 역사적 배경"에서 다음과 같은 말로 시작한다.

> 유대인 지배계급에 속한 당신이 만일 1세기 예루살렘의 가정에 있는 자신을 발견한다면 아마도 당신은 당신의 모습을 보고 놀랄 것에 틀림이 없다. 아마도 당신은 가장으로서 그리스어로 손님을 접대하고 있으며, 능숙한 라틴어와 아람어로 말하는 모습이다. 그리스식의 복장을 하고 로마 시민권을 갖고, 유대의 신을 예배하고 유대인의 음식 규례를 엄숙히 지키고 있다.
> 그럼에도 불구하고, 당신은 유대인이 좋아하는 음식보다는 아테네나 로마의 음식을 더 좋아한다. 도처에는 은그릇이 반짝거리고 있고 고급 포도주는 도처에 널려 있다. 당신 주위에는 노예들이 분주하게 돌아다니면서 자기의 맡

은 특정한 일에 최선을 다하고 있다.[1]

제퍼스 교수는 1세기 기독교의 역사적 배경으로 이상과 같은 예를 들어 설명한 것은 유대인들이 새로운 시대를 맞이하고 있음을 강조하기 위해서였다. 말하자면, 그는 문화적으로 정치적으로 격동기에 초대교회가 탄생했음을 말해 준다.

한때 번성한 독립국이었던 유대가 아시리아와 바벨론에 의해 조국을 잃고 막강한 외세에 적응해 살아가야 하는 민족이 되었다. 이제는 점차로 외국의 문화와 풍습과 사상을 그들의 새로운 문화로 받아들여 살아가지 않을 수 없게 되었다.

1) 일상생활

많은 점에서 고대 로마 사회에서는 노동과 직업을 구분했었다. 많은 경우, 고대인들은 그들의 수입의 대부분을 농업으로 얻고 있지만, 그들은 농업인보다는 법률가라든가 높은 공직자를 선호했다.

그들은 높은 명예를 지녔던 의사, 예술가 또는 과학자들은 개인적인 영역에 속하여 국가에 기여하는 직업으로 삼았다. 때로는 이전에 노예였던 자가 생산한 작업에 대해서는 귀중히 여기지 않았다.

일반적으로 근대 사회에서는 음식물 생산은 대체로 시골에서 이루어지지만, 상품은 주로 도회지에서 생산된다. 고대 사회에서는 아마도 90퍼센

1　J. S. Jeffers, *The Greco-Roman World of the New Testament Era: Exploring the Background of Ealry Christianity,* (Illinois: IVP Academic, 2009), 14.

트의 노동자들이 농업이나 목축업에 종사하였다.

신약성경, 특히 복음서에는 그 시대의 다른 문헌들보다 훨씬 더 많이 농업을 구체적으로 기술하고 있다. 노동자들과 노예들에게 임금을 지급하는 이야기는 복음서에 자주 등장한다. 독립적인 농업인들은 일 년에 100일 정도 일한 것으로 나와 있다(마 21:33-41; 막 12:1-9; 눅 20:9-16).

특히, 로마를 위시한 이탈리아에서는 많은 농장주와 목축업자는 그들의 땅 또는 가축들을 노예들이나 자유스러운 청지기들에게 맡겼다. 이 내용은 예수님의 달란트 비유에서 잘 드러난다. 일반적으로 그리스나 로마에서는 목자들이 대부분의 시간을 위생적으로 지저분한 목장에서 보낸다고 하여 목동들을 천하게 여겼다.[2]

2) 무역과 경제생활

많은 부를 투자하는 것은 역시 많은 모험이 따르지만, 성공 시에는 많은 상업적인 이윤을 가져다주었다. 로마의 공무원들은 무역을 추잡한 사업으로 보고 무역업 종사자들의 사업 덕택에 경제적 부를 누리면서도 그 종사자들을 업신여겼다.

예수님께서 장기 여행을 떠나는 주인의 비유를 통해서 종들의 무역업으로 인한 수입 창출에 대한 귀중한 지혜를 가르치고 있다. 곡식의 매매와 무역은 개인의 기업이지만 일반적으로 도회지 사람들에게 부과된 직업이기도 하였다.

---

[2] J. S. Jeffers, *The Greco-Roman World of the New Testament Era: Exploring the Background of Ealry Christianity*, 11.

성경은 경제 서적은 아니지만, 하나님이 그의 백성 이스라엘에 주신 바른 삶의 규범과 지침서로서 토지, 노동과 분배에 관한 기본적인 윤리적 지침을 제시하고 있다. 예컨대, 이자에 대한 성경적인 견해를 살펴볼 수 있다.[3]

현대 경영에서 기업이나 개인이 자금을 조달하는 대표적인 수단 중의 하나는 차입이다. 기업이나 개인은 은행으로부터의 차입이나 채권의 발행을 통해 소요 자금을 조달한다. 이때 차입자는 자금의 사용에 대한 대가로서 이자(利子)를 지급한다.

그런 의미에서 재무론(財務論)은 이자를 타인 자본 비용이라고 일컫는데, 타인 자본 비용인 이자는 성경의 모세오경에서도 기록될 정도로 매우 오랜 역사를 가진 금융 비용이라 할 수 있다.

주식을 통한 자본 조달에 상응하는 자기 자본 비용과 같은 것들은 성경에서 직접 나타나지 않지만, 타인 자본 비용인 이자는 성경의 역사만큼 또는 그보다 오랜 역사를 가진 역사적인 실제라고 할 수 있다.

성경의 기록을 배경으로 하여 기독교에서도 이자에 관한 관심은 오랜 세월 동안 지속되었다. 이사야 선지자는 모세 시대로부터 수 세기 지난 이사야 당시에도 이자제도가 있었음을 보여 준다(사 24:2).

---

[3] 가난한 자로부터 변리를 받는 것을 금함(출 22:25; 레 25:35-37; 신 23:19), 타국인에게는 이식을 받는 것을 허락함(신 23:20), 중한 변리를 받는 것은 무익함(잠 28:8), 유대인들이 변전과 이식을 취하였음(겔 22:12), 이식이나 변리를 큰 죄로 정죄함(겔 18:8), 변리를 받지 않는 자의 상급(시 15:5), 예수님이 예증으로 사용함(눅 19:23), 고리대금업을 저주하는 기도(시 109:11), 느헤미야가 이자의 징수에 대해 책망함(느 5:1-13).

3) 그리스-로마 세계의 노동관과 유대인의 노동관

그리스-로마 세계의 노동관은 초기에는 부정적이지 않았고 육체노동에 대한 긍정적인 견해도 있었다. 그런데, 문제는 점점 사회 발전이 진행되면서 사회 구조가 심각한 변화를 겪는데, 우선 전체적으로 그리스-로마 세계가 모두 노예 사회로 변모되어갔다는 것이다.

그 사회는 엄격하게 신분이 구별된 계급 사회였다. 이것은 노동관에 직접적인 영향을 미치게 된다. 이처럼 그리스-로마 세계의 노동관은 주로 사회 구조가 노예에 깊이 뿌리박고 있기에 노동에 대한 평가는 근본적으로 변할 수밖에 없었다.

로마에서는 노예는 대부분 보호받지 못하고 그 주인의 자유재량에 맡겼다. 일반적으로 노예는 음식이나 의복이 부족해도, 특히 농업의 경우 광범위하고 강도 높은 통제 아래 놓였으며, 부분적으로 그들은 족쇄를 맨 채 일해야만 했고 노예 감옥에 수용되었으며 가혹한 징계를 받았다.

특히, 로마의 농업 경제에서 사슬에 묶인 노예는 1세기 말까지 널리 확산되어 있었던 현상이었다. 이 모든 것은 계급 대립을 초래하여 사회 내부에 고착되었으며 불안과 소요를 수반한 사회적 갈등으로 이어졌다.

이처럼 노예제는 육체노동과 정신노동의 분리를 심화시켰으며, 마침내 서로를 배제하는 대립 관계로 만들었다. 그 제도의 확산은 결국 노동에다가 부자유와 품격저하(品格低下)라는 부정적인 인상을 심어놓았다. 노동은 노예와 여자들의 몫이 되었으며, 이에 반해 여가는 자유로운 남자들의 몫으로 돌아갔다.

이제 육체노동은 자유 시민에게는 체면을 손상시키는 것이 되었는데, 그 노동은 자유민인 그의 원래 목적에 모순되기 때문이었다. 왜냐하면, 그리스-로마적인 이상은 직업적인 행위 없이 살 수 있는 자유로운 유복한 완전한 시민인데, 이들만이 폴리스에서 자신의 시민 의무를 성취할 수 있기 때문이다.

이런 노동관이 형성된 배경에는 그 당시 유행한 플라톤과 아리스토텔레스 등 고대 세계의 철학자들의 우주관, 특히 신관과 깊은 관련이 있다. 즉, 그들의 사상은 그 후세들에게 깊은 영향을 미쳤다.

즉, 신관은 최고 단계의 이론적인 학문의 대상이다. 플라톤과 아리스토텔레스에게 있어 인생에서 최고의 단계는 '사고'(이데아)이다. 그것은 인간의 실제적 자아이면서 동시에 세계 질서의 원칙인 세계 정신으로서 영혼의 정신성, 불멸성과 비발생성에 대한 확신이다.[4]

이런 사고는 우선 정신적인 것에 무게를 두게 되는데, 왜냐하면 거기서만 진정한 인간됨이 실현된다고 보기 때문이다. 그런 생각은 육체노동과 정신노동을 예리하게 구분하는 노동관을 만들어 내고, 이것은 공동체 내에 분열의 씨를 심어놓게 된다.

이에 비해 유대인의 노동관은 대체로 구약성경에 근거한다. 이들의 노동관은 랍비들의 발언에 잘 나타나 있다. 이런 면에서 랍비 유대교와 후기 유대교의 노동관을 알아볼 필요가 있다. 특히, 그들에게 중요했던 것은 '토라(율법)와 노동'이다. 즉, 그들은 '토라 연구'와 '생활 노동'을 분리해 생각한 것이 아니라 하나(One)로 받아들였다.[5]

---

4 곽준혁, 『정치철학 1: 그리스, 로마와 중세』 (서울: 민음사, 2016), 27-304.
5 M. Brocke, "Arbeit" *TRE 3* (Berlin: de Gruyter, 1978), 619. 윤 형, "공동체적인 노동신학의 정립: 지배와 의존의 관점에서", 「구약논단」 제20권 (한국구약학회, 2014), 228에서 재인용.

말하자면, 그들에게서 그리스 및 로마 세계에서 볼 수 있는 육체노동과 정신노동과의 날카로운 구별을 찾아볼 수 없다. 동시에 이들이 노동에서 중요하게 생각하는 것은 안식일 계명을 생활에 깊숙이 받아들여 실천하고 있다는 것이 특징이라고 할 수 있다.

히브리어로 안식일을 의미하는 '샤뱌트'(שבת)는 '무엇을 그만두다', '끊다'를 의미한다. 즉, 안식일에는 일상생활의 흐름이 끊긴다는 것이다. 모든 열망이라든가 노력을 하루 동안 끊어야 하는데(출 16:23), 이것은 사람이 하나님께 불가분리로 속해 있다는 것과 자신의 정신적이고 영적인 삶을 돌볼 수 있도록 하기 위해서이다.

> 하나님은 사람의 얼굴에 빛을 비추심으로 안식일을 축복하셨으며 마찬가지로 그것을 통해 그날을 거룩하게 하셨는데, 왜냐하면 평일에 보는 사람의 얼굴은 안식일에 보는 그 얼굴과 다르기 때문이다(미드라쉬 브레쉬트 랍바 X 1, 2, 3).

이는 하나님이 안식일에 특별한 영을 선사하기 때문이다. 이처럼 유대교의 노동관은 인간이 본질적으로 신학적인 존재(Person)라는 전제에 기초하여 노동 문제에 접근하고 있음을 알 수 있다.

4) 신약성경의 노동관

성경학자 윌리엄 버클레이(William Barclay) 교수는 신약성경의 노동관이 구약성경의 맥을 잇고 있음을 말한다.

> 노동에 대한 신약성경의 개념은 전형적인 구약성경의 이해와 같다고 볼 수 있다.[6]

즉, 신약성경에서 노동이란 저주에 의한 것이 아니라 마땅히 해야 할 하나의 의무로 보았다.

노동은 인간의 자질을 드러나게 하는 매개체로서, 인간은 자기의 운명을 개척하며 참다운 의미에서 자기의 영원한 생명을 얻기도 하고 잃기도 하는 것으로 나타난다. 신약성경은 예수님 자신이 노동자였음과 노동자의 아들이었다는 사실, 그리고 바울이 자기 손으로 노동하고 그것을 자랑으로 여긴 것을 알려 준다.

예수님은 그의 33년의 전 생애 중 30년을 나사렛이라는 한 시골에서 목수로 지냈다. 또한, 예수님이 제자들을 부를 때 그들은 생업에 종사하고 있던 사람들이었음을 밝히고 있다. 예수님은 육체노동을 해야 생계를 보장받을 수 있는 가난한 목수의 아들로 출생하였다.

그는 자라면서 아버지로부터 목수의 기술을 습득하였고 그 기술로 30세까지 고향에서 목수의 일에 전념하였다. 예수님은 그의 대담 내용과 그 비유 속에서 자주 자신이 직접적인 노동 체험에서 나오는 이야기들을 펼쳤다.

예수님이 선포한 내용들은 분명히 노동의 복음을 말이 아닌 몸으로 보여 주었기 때문이다. 복음서들에서는 그가 어떻게 노동했는지를 기록했다. 그것은 공동 노동이었다. 예수님의 노동은 그를 따랐던 어부들, 땅이 없는 사람들, 여자들, 가난한 사람들과 함께 하는 것이었다.

---

[6] 윌리엄 버클레이(William Barclay), 『현대인과 기독교 윤리』(Ethics in a permissive society), 이희숙 역 (서울: 종로서적, 1994), 60.

예수님이 한 노동은 언제나 공동체 속에서 병든 자를 치료하고 배고픈 자를 먹이고, 가르치고, 설교하는 것이었다. 그는 가난한 사람들을 위해 그들과 함께 먹고 마시는 식탁을 나눔으로써 스스로 그들의 필요와 관련시켰다.

그는 억압받는 자들을 돌보았고, 쫓겨난 자들에게 갔으며, 병자들을 치료했다. 더욱이 예수님은 인간의 노동을 인류 역사 속에서 노동하는 활동과 상징의 비유로 선포하고, 그 선포 자체를 자신의 노동으로써 실현하였다. 노동에 대한 예수님의 가르침은 바울의 가르침으로 나타난다.

5) 자비량 전도사 바울의 노동관

신약 시대에는 남녀 모두 많은 사람이 천막업에 종사했다. 사도행전을 보면 아굴라와 브리스길라(행 18:2-3) 부부가 이 사업에 종사한 것을 알 수 있다. 동업자 바울 역시 이 사업으로 자신의 생계를 유지했다. '천막 제조업자'(tent-maker)란 말은 수 세기에 걸쳐서 하나의 일반인이 할 수 있는 정식 직업으로 통해 왔다.

자비량[7] 전도사 바울(Paul)은 길리기아 다소 출신이라 그는 아마도 길리기아의 염소 털로 짠 텐트를 만드는 기술자였으리라고 본다. 팔레스틴에서는 낙타 털이나 염소 털이 사용되기도 하고, 색깔은 거의 대부분이 짙은 갈색이었다.

바울은 천막을 만드는 가운데서도 가죽을 전문으로 했을 가능성이 크다. 피혁을 주로 다루었을 것이다. 그 당시 유대인들은 동물의 사체를 가까

---

7 자비량 목회(自費糧, one's own expense) 또는 자비량은 교회의 목회, 교육, 전도, 선교 사역에 있어서 목회자 및 사역자가 교회나 해당 단체에 소속되거나 단독으로 활동할 때 어떠한 사례나 대가를 받지 않고 자신이 해결하는 방식을 말한다.

이하기를 꺼렸기 때문에 무두질에 대한 혐오 의식을 가지고 있었다. 베드로는 시몬이라 하는 피장(皮匠)의 집에 머물렀는데 시몬이 기독교인이었기 때문이다(행 9:43; 10:6, 32).

그 시대의 숙련공에 대한 자료에 근거해서 생각해 보면 바울은 13세 때 견습 기간을 시작했으며 2, 3년 후에는 숙련공으로서 대부분의 시간을 보냈을 것이다. 그는 피혁 제품을 다루는 여러 가지 도구를 사용하여 천막 짓는 숙련된 기술을 습득하기 위해 여러 종류의 도구를 활용했을 것이며 점차 간편하게 여행을 할 수 있도록 도구들을 갖추었을 것이다. 이 기술을 그가 여행하는 도시에서 충분히 발휘했을 것으로 상상할 수 있다.[8]

바울은 데살로니가에서 "밤과 낮으로"(살전 2:9) 일했다고 기술하고 있다. 그는 지중해 연안 도시의 풍습에 따라 이른 아침부터 저녁 밤늦게까지 일했을 가능성이 많다. 숙련공 계약은 보통 해가 뜰 때부터 질 때까지 일하는 것으로 되어 있었다.

사도 바울은 그 시대의 모든 사람과 마찬가지로 점심시간을 제외하고는 열심히 일했을 것이다. 그는 에베소서에서 점심때까지 일했다고 하는데 가는 곳마다 그렇게 했는지는 모른다. 그는 "수고하여 친히 손으로 일을 하며"(고전 4:12), "수고하며 애쓰고"(살후 3:8) 일을 하였다고 진술한다.

바울은 이처럼 살아간다는 것은 곧 노동이라는 것을 스스로가 인정하는 인물로 보인다. 그에게 있어서 노동은 단순한 생활 수단만은 아니었다.

매일 근면한 일을 긍정적으로 평가하는 노동관은 2세기 이후의 교회학자(교부)들에게도 계승되었다. 1세기 말에 로마 교회에 있던 클레멘트에게

---

8 Ronald F. Hock, *The Social Context of Paul's Ministry: Tentmaking and Apostleship* (Philadelphia: Fortress, 1980), 22-25.

로 송부한 서신에는 "훌륭한 직업인은 당연히 자신의 노동의 보상을 취할 수 있다. 나태한 자는 자신을 고용한 주인을 바로 쳐다볼 수 없다"(〈고린도 교회에 보낸 서신〉 34장 1절)라고 기록되어 있다.

교부 이그나티우스(Ignatius of Antioch, AD 35-107년) 역시 교회로 보내는 서한에서 열심히 일할 것을 강조하고 있으며, 『12사도의 교훈』에서도 성실하게 일하는 것은 기독교인의 의무라는 사실을 강조하고 있다.

바울이 하는 작업은 결코 좋은 대접을 받지 못하였고 바울 스스로가 자기만족으로 끝나는 일이 다반사였으나 오랜 노동 속에서는 바울 스스로 자족하는 경우가 많았다(빌 4:12). 바울이 세 차례나 선교 여행을 하면서 그의 직업에 대한 몇 개의 진술이 기록에 남아 있다(1차[살전 2:9; 고전 4:12; 9:6], 2차[행 18:3], 3차[행 19:11-12; 20:34; 고후 12:14]).

그의 다마스쿠스, 시리아 및 길리기아에서의 초기 전도자 시절에는 천막 작업에 대한 언급이 거의 기록되어 있지 않다. 아마도 전도 활동이 가능하도록 작업을 했을 가능성이 높다. 피혁 작업은 조용하게 이루어질 수 있으니 비교적 조용히 작업을 할 수 있었을 것이다.

예컨대, 베뢰아 사람들은 마음으로 날마다 성경을 상고했기 때문이 아닌가 생각된다(행 17:11).[9]

6) 여가 활동과 오락 및 목욕 문화

그리스와 로마 사람들은 근대 서구인들과 마찬가지로 그들의 여가 시간을 매우 중요시하였다. 그리스 각 도시에서는 경기장에서 운동 경기를 했

---

[9] Ronald F. Hock, *The Social Context of Paul's Ministry: Tentmaking and Apostleship*, 37-39.

으며 도시 생활인들은 마치 성전에 가듯이 경기장에서 운동을 하는 것이 하나의 일상적인 생활이었다.

경기장 지하에서는 어린아이들을 가르치거나 목욕을 하는 일이 잦았다. 공중목욕탕은 유명한 로마 도시에는 기본적으로 시설을 구비하고 있었다. 사실 로마시에만 해도 바울 당시에는 200개가 넘는 공중목욕탕이 있었다.

역사에서도 유래를 찾아볼 수 없이 목욕을 좋아하는 로마인들답게 웬만한 도시에는 여러 개의 공중목욕탕이 있었으며, 당시 로마제국의 최전선이었던 지금 영국에 있는 군인 시설인 '하드리아누스 방벽'에도 전선에 근무하는 병사들을 위한 목욕탕이 있었다. 즉, 로마인이 있는 곳에는 항상 목욕탕이 있었다고 보면 틀림이 없다.[10]

고대 지중해 연안 도시들은 먼지가 많고 지저분했다. 로마인들은 아침에 운동을 한 후에는 오후에 이르기까지 친우들을 사귀고 교제하기 위해서 몇 시간이고 목욕탕에서 시간을 보냈다. 이러한 생활은 교양 있는 로마인이라면 당연한 일상사였다. 동방 지역에 로마인들은 공중목욕탕을 지었다. 경건한 유대인들은 이것을 매우 못마땅히 여겼다.

로마인들은 목욕을 개인의 행복과 쾌락을 위한 가장 중요한 행위로 여겼다. 또한, 목욕탕은 휴식과 함께 사교, 건강, 오락 등을 즐기는 다목적 장소로 인식했다. 미국의 문명 비평가 루이스 멈포드(Lewis Mumford) 박사에 의하면 로마 공중목욕탕은 단순히 하루 일과(日課) 후에 몸을 깨끗이 씻는 장소가 아니라 "공동체의 중심지로서 로마인이란 누구인지 규정하는 일상적인 의식의 장소"[11]였다.

---

10 정규영·김윤실, "공중목욕탕 유적을 통해 본 로마의 목욕 문화", 「국제문화연구」 제3권 제2호 (조선대, 2010), 100.
11 정규영·김윤실, "공중목욕탕 유적을 통해 본 로마의 목욕 문화", 123.

공중목욕탕은 BC 3세기 무렵부터 이탈리아 반도에 퍼지기 시작하여 BC 1세기경에는 로마제국 곳곳으로 확산되어 로마인들의 삶에서 없어서는 안 될 시설이 되었다. 이런 목욕탕을 로마인들은 '테르메'(thermae)라고 불렀다.

이 말은 '뜨겁다'(hot)라는 뜻을 가진 헬라어(데르모스, θερμός)에서 유래했는데, 대규모의 공중목욕탕을 의미하는 단어였다. 대부분의 고대 로마 도시에는 테르메가 있었으며 목욕뿐만 아니라 독서와 사교생활의 중심지였다. 주로 인근의 강이나 개울에서 수로를 통해 물을 공급받은 뒤 불로 데워서 온탕을 채웠다고 한다.

그런가 하면 '발레에'(balneae, 혹은 '발레아' balnea)라고 부른 목욕탕도 있었는데, 이 말은 그리스어 '발라네이온'(βαλανεῖον)에서 유래했는데, 목욕을 의미하기도 하지만 목욕할 수 있는 시설을 의미했다. 테르메가 대규모의 목욕탕 시설이라면, 발레에는 이보다 작은 규모의 시설로 로마 전역에 산재해 있던 공사립 목욕탕을 의미했다.

이런 목욕탕들은 냉탕욕실인 프리지다리움(frigidarium), 온탕욕실인 테피다리움(tepidarium), 열탕욕실인 칼다리움(caldarium), 열기욕실인 라코니쿰(laconicum), 목욕 후 몸을 식힌 뒤 오일이나 향수를 뿌리는 공간인 운찌오니움((unzionium)으로 구성되어 있었고, 이런 목욕탕은 남탕과 여탕이 구별된 곳도 있었지만, 남녀 혼탕도 있었다.

물론, 이런 시설에는 탈의실(apodyterium), 체력 단련실(palestra), 실외 수영장(natatio)이 있었다. 이런 시설만 보더라도 단순한 목욕이 아니라 쾌락 시설이었음을 알 수 있다.

BC 33년에 아그립바가 조사한 통계에 따르면 로마시에만 170개의 목욕탕이 있었다고 한다. 그런가 하면, AD 109년에는 트라야누스 황제에 의해 거대한 공중목욕탕 곧 테르메가 완공되었는데, 길이가 330미터, 너비가

215미터에 달했다.[12]

하드리아누스 황제(재위 기간, AD 117-138년) 때 로마시에는 대규모의 테르메가 11곳, 그 밖에 개인이 경영하는 소규모의 목욕탕이 900여 곳에 있었다. 그것은 황제가 시민들을 위한 서비스 차원에서 많은 목욕탕을 건립했기 때문이다.

AD 216년에는 카라칼라 황제(재위 기간, AD 211-217년)에 의해 거대한 공중목욕탕이 완공되었다. 물론, 지금은 사라졌지만 그 유적을 보면 실로 거대한 테르메였음을 알 수 있다. 길이가 224미터, 너비가 185미터로 2천 명 이상이 동시에 목욕할 수 있는 규모였다. 이런 목욕탕은 단지 목욕 시설만이 아니었고 로마인들의 일상의 삶에 중요한 현장이었으므로 타키투스는 이를 대표적인 '로마 문화'(Roman culture)라고 불렀다.[13]

문제는 로마에서의 목욕은 단지 몸 씻음만이 아니라 쾌락의 장소였다는 점이다. 이 점은 목욕탕 건축 양식에서 엿볼 수 있고, 목욕탕 내부에 남아 있는 목욕하는 여인상이나, 목욕탕 벽면을 장식했던 비너스 여신상 등을 통해 확인할 수 있다. 로마제국에는 여러 종류의 목욕탕이 있어서 모든 계층 사람이 이용할 수 있었다. 로마인들은 매일 사회적이면서 위생적인 목욕 의식을 치름으로써 그들의 로마적인 정체성을 강화시켰다.

로마에는 아무리 작은 마을이라도 공중목욕탕이 있었고, 사람들은 거의 매일 무료로 목욕을 할 수 있었다. 로마인이 가장 즐기던 오락이 목욕이라고 해도 과언이 아닐 것이다. 목욕탕은 시민, 노예, 부자, 빈자 모두를 위한

---

12 Janet DeLaine, *The Baths of Caracalla: A Study In the Design, Construction, and Economics of Large-Scale Building Projects In Imperial Rome* (Portsmouth, RI: Journal of Roman Archaeology, 1997).

13 Chris Scarre,(ed.), *The Seventy Wonders of the Ancient World: The Great Monuments and How They Were Built*(1sted.) (London: Thames & Hudson, 1999), 178.

공공의 장소였다.

로마의 공중목욕탕은 단순한 씻는 곳인 목욕탕의 기능뿐만 아니라 여러 문화생활을 즐기는 곳으로 다목적 시민 사교장의 기능도 겸비하여 목욕 시설 외에도 도서실, 강의실, 사교실, 휴게실 등을 갖추고 있다. 이곳에서 그들은 목욕뿐 아니라, 운동, 사교, 독서, 식사, 쇼핑까지 할 수 있었다.

로마인들에게는 목욕탕에서 보내는 것은 최고의 시간이었다. 황제들은 시민들에게 환심을 사고 자신들의 관대함을 보이는 수단으로 다투어 목욕탕을 건설했다. 황제들은 말 그 자체로 최고의 '리크리에이션'을 백성들에게 제공한 셈이다.

제국의 수도 로마에서는 목욕탕의 규모가 커지는 동시에 호화로워진다. 일부 황제는 목욕탕을 궁전처럼 화려하고 웅장하게 지었으며, 이렇게 건설된 목욕탕은 시민들에게 기증되었다.

만약 부유한 로마인이 사람들의 인기를 끌려면, 자기 이름으로 공짜 목욕을 선사했다. 예를 들어, 호민관 자리를 넘보던 원로는 자신의 생일날을 기해 목욕탕 하나를 지정해 그 지역 사람들에게 하루 동안 공짜 목욕을 선사하고 표심을 사려 했다.

로마의 공중목욕탕은 수천 명이 이용할 수 있는 규모로 만들어졌으며, 온탕, 냉탕, 미온탕뿐만 아니라 휴게실, 상점, 도서실, 체력단련실, 미술관 등 다목적 홀을 갖추었으며, 이 다목적 홀을 '쿠어하우스'(Kurhaus)라 명명했다.

로마 시민은 이런 목욕탕에서 단순한 위생을 넘어 공중 보건 차원에서 체조, 씨름, 권투, 구기 등 다양한 스포츠를 즐겼다. 운동은 몸을 달구어 근육을 풀어 주는 목욕 준비 효과 외에도 시민 건강 면에서 중요한 기능을 담

당했다. 목욕은 생활의 중심이자 사회적, 문화적 공간이었던 것이다.[14]

이방인들은 유대인들이 매 주일 여가를 즐기지 않고 종교적인 예식에 참석하는 것을 매우 어리석은 일로 생각했다. 사실상 로마인들이 즐기는 휴일과 유대인들의 성일(聖日)이 겹쳤던 것이다. 우리가 일상적으로 생각하는 성일이 시작되는 날을 콘스탄틴 대제는 일요일, 즉 공휴일로 정했다.

종교적 축제들은 역시 다양한 일상생활 속에서 여러 형태로 나누어졌다. 여신을 위한 축제의 날은 사람들이 장식을 하고 성전을 개방하고 마치 오늘날의 축제처럼 퍼레이드를 했다.

신약성경에서 사도 바울이 그의 서신서에서 말하고 있듯이 많은 사람이 경기장에서 게임을 즐겼다. 그리스나 로마 방식이 모두 엇비슷하였는데 그리스 방식이 인기가 더 높았다. 그리스 선수들은 나체로 경기를 진행하는 경우가 대부분이었다.

고린도전서 9장 25-27절에 있는 달리기와 권투에 대한 바울의 언급은 고린도에서 신자들을 설명하고 있으며 '코린트 지협 경기대회'(Corinth Isthmian)[15] 에서 일어나는 일을 통해 경기를 위한 경기자들의 자기 훈련과 수련을 중요하게 생각한 것을 기록한 것이다.

신약성경은 경기 선수들에 대한 예화를 많이 기록하고 있는데 달리는 코스에 대해(행 13:25; 20:24; 빌 3:14; 딤후 2:5; 4:7), 허망하게 달리는 것(갈 2:2)과 잘 달리는 것(갈 5:7)에 대해서 이야기하고 있다.

제일 오래된 로마 경기장은 루디 경기장(Ludi Romani)으로 주피터 신에게 영광을 돌리기 위해 건설되었다. 추가해서 로마인들은 많은 신의 이름으로

---

14 이상규, "초기 기독교 산책: 로마의 문화 '목욕', 목욕탕은 사교의 공간이자 '쾌락'의 장소", 「기독교연합신문」 2021년 8월 24일.
15 Isthmian Games은 코린트 지협에서 2년마다 벌어진 고대 그리스 4대 경기 대회의 하나.

경기장을 건설, 운영하였다. 노예와 비시민권자는 경기장 출입이 금지되어 있었다.

BC 1세기에는 로마에 '막시무스 원형 대경기장'(Circus Masimus)이 건설되었는데 151,000명에서 180,000명의 관중들이 경주 말과 전차 경기를 관람할 수 있었다.

그 외 원형 극장과 아레나 경기장들이 증축되었고 수많은 로마 도시에는 수많은 극장과 콜로세움이 만들어졌다. 물론, 경기장의 경기를 많이 만들기 위해 전문 검투사들도 많이 양성되었다. 특히, 로마인들은 피비린내 나는 경기를 관람하고 흥분하는 것이 그들의 일상사의 한 일과였다.[16]

7) 그리스-로마 세계의 종교

고대 그리스 종교(Ancient Greek religion)는 고대 그리스(BC 1100년경-BC 146년)에서 신앙이 실천되었던 신심들과 의식들을 통칭하는데, 여기에는 대중적인 공공의 종교들과 이들과는 차이가 있는 컬트 종교들이 모두 포함된다.

비록 이들 종교의 대다수에 공통되는 유사점들이 있기는 하지만, 이들은 서로 간에 뚜렷이 구분되기 때문에 '고대 그리스 종교들' 또는 '고대 그리스 컬트 종교들'이라고 복수형을 사용하는 것이 더 적합한 표현일 수도 있다. 또한, 고대 그리스 종교는 그리스 외부의 다른 지역과 섬들로 확산되어 신앙이 실천되었다.

---

16   J. P. V. D. Balsdon, *Roman and Aliens* (London: Duckworth, 1979), 244-329.

고대 그리스의 서로 다른 도시들이 동일한 신을 숭배하는 경우가 흔하였다. 하지만, 동일한 신을 숭배하면서도 각 도시는 그 신에 대해 자신만의 호칭 또는 별칭을 부여하는 때도 있었으며 이름은 동일하나 모습과 숭배하는 면이 전혀 달라 사실상 다른 신이라고 보는 것이 타당한 예도 있었다. 예를 들어, 아르테미스는 스파르타에서는 사냥의 처녀 여신으로 숭배되었는데 에페소스에서 다수의 젖가슴을 가진 풍요와 생식의 여신으로 숭배되었다.[17]

고대 그리스 종교는 에트루리아인들의 컬트 종교와 믿음이 혼합되고 융합되었는데 이의 결과물은 후대의 고대 로마 종교의 근간이자 큰 분량이 되었다.

제퍼스 교수는 1세기 그리스와 로마의 전통적인 남신 및 여신을 다음과 같은 그림으로 제시하고 있다(아래 표 참조).[18]

로마	그리스	남신들/여신들
주피터	제우스	하늘(신들의 아버지)
주노	헤라	여성
미네르바	아테나	기술, 전쟁
아폴로	아폴로	청춘, 음악, 예언
아쿨라피우스	아스켈레피오스	치유
마르스	아레스	전쟁
베스타	헤스티아	건강, 가정생활
머큐리	헤르메스	소매상인, 도둑, 웅변가
세레스	데르메테르	풍성, 곡식

17 Jon D. Mikalson, *Ancient Greek Religion*, (New York: Wiley, 2010), 46.
18 J. P. V. D. Balsdon, *Roman and Aliens*, 93.

불칸	헤르파에스투스	화재, 대장장이
다이아나	아르테미스	목재, 노예
포르투나	티케	농업(로마), 행운
바쿠스	디오니수스	포도주, 난봉꾼
케스토/폴룩스	케스토/폴룩스	선원(쌍둥이 신들)

[표] 그리스와 로마의 전통적인 남신들과 여신들

8) 2세기 말 로마제국의 정치·사회·경제적 위기 정황

2세기 말 역병으로 인한 인구 감소와 변경(邊境) 위기 등으로 로마제국은 사회·경제적으로 다소 위축되었다. 아우구스투스 이후 대체로 방어 위주의 국방 정책을 고수하면서 정복 전쟁을 통한 부의 유입이 중단되었고, 반대로 방어를 위한 국방비는 지속적으로 증가하면서 국가 재정이 점차 악화되어 갔다.

예컨대, 안토니누스 역병(The Antonine Plague)은 AD 165-180년 사이에 발생한 전염병이다. 갈렌의 전염병(Plague of Galen)이라고도 부르는데, 로마제국에 거주하던 그리스 의사이자 작가인 갈렌이 이를 기술했기 때문이다.[19]

로마 군대가 로마-파르티아 전쟁 중에 로마 전역에 복귀한 군인들로 인해 로마 전역에 전염병이 퍼지게 되었다. 학자들은 천연두 혹은 홍역으로 생각하고 있지만, 실제 원인은 완전히 규명되지 않았다.

---

19   Brooke, John L. *A Global Antiquity 500 BC-AD 542*, (Cambridge: Cambridge University Press, 2014), 317-349.

고대의 소식통에 의하면, 안토니누스 역병이 로마의 길리기아 공성전 기간인 AD 165-166년 겨울에 처음으로 등장했다고 한다. 전염병이 갈리아와 라인강을 따라 군단으로 퍼졌고, 많은 사람이 로마제국 전역에서 사망했다고 한다.

로마 역사가 디오 카시우스(AD 155-235년)에 의하면, 이 병은 9년 후에 다시 감염이 진행되었다. 로마에서만 하루에 2,000명이 사망했으며, 이는 확진자의 4분의 1(25퍼센트)에 해당하는 수치다. 총 사망자는 5백만 명으로 추산되었다. 일부 지역에서는 인구의 3분의 1이 사망했으며, 이 병은 로마 군대를 황폐화했다.[20]

오스트레일리아 출신 중국학자인 라프 데 크리스피니(Rafe de Crespigny) 박사는 166년 전 중국 동부 기록에서 전염병에 대한 기록 때문에 전염병이 한족 동부에서 발생했을 것으로 추정하고 있다.[21]

안토니누스 역병은 로마 문화와 문학에 영향을 미쳤으며 인도양의 인도-로마 무역 관계에 심각한 영향을 미쳤을 것으로 추정한다.

게다가 제정 시기 이전부터 나타난 이탈리아 지역의 생산력 약화로 국가 재정의 속주 의존도는 점차 높아졌다. 마르쿠스 아우렐리우스(Marcus Aurelius, AD 160-180년) 시기 파르티아 원정과 마르코만니(Marcomanni) 전쟁으로 국고가 부족했고, 역병으로 인한 극심한 인구 감소와 세수 감소는 재정 위기를 더욱 악화시켰다.

한편, 내전 과정에서 속주들의 주체적 동향이 두드러졌다. 이탈리아를 비롯한 중앙 정부의 제어권이 상대적으로 약화한 상황에서, 제정 초부터

---

20 김경현, "안토니스(Antoninus) 역병의 역사적 배경과 영향", 「서양고대사연구」 제37집 (한국서양고대사연구회, 2014), 133-168.

21 de Crespigny, Rafe, *Generals of the South (PDF)*, (Australian National University, 2004), 3.

이탈리아를 압도해 온 속주의 성장과 이를 바탕으로 한 지역적 연대 의식은 내전을 심화시키고 있었다.

2세기 말의 로마제국은 이러한 사회 경제적 위축과 정치적 세력 균형의 와해, 속주의 주체적 동향과 분열 양상이 가시화되어 기존의 제국 운영 방식의 한계를 드러내고 있었다.[22]

2. 기독교의 발원과 교회의 설립

'기독교'는 '예수 그리스도'의 등장과 그의 선교에서 출발한다. 교회에 다니는 사람이라면 누구나가 예수 그리스도는 '유대교'와 싸워서 '복음'의 길을 전파하고, 그 때문에 돌아가셨다고 알고 있다.

물론, 예수님과 함께 무엇인가가 시작된 것은 틀림없는 사실이다. 무엇인가가 시작된 그것을 오늘날 많은 신학자는 '예수운동'(Jesus Movement)이라고 폭넓게 부르기도 한다. 이것은 유대교 안에서 일어난 개혁운동(Jewish movement)의 하나로 시작되었다.[23]

그러므로 더욱 정확하게는 말하자면, '유대인 기독교인(Jewish Christians, Hebrew Christians 또는 Judeo-Christians)의 운동'이라고 이름을 붙일 수가 있다. 그런데 이것을 '기독교'(Christianity)라고 부르기에는 아직 이르다.

---

[22] 최윤제, "2세기 말 조세제도의 위기와 셉티미우스 정책의 도미나투스적 성격", 「서양고대사연구」 제51권 (한국서양고대역사문화학회, 2018), 134-135.
[23] 프레드릭 J. 머피(Frederick J. Murphy), 『초기 유대교와 예수운동:제2 성전기 유대교와 역사적 예수의 상관관계』(*Early Judaism: the exile to the time of Jesus*), 유선명 역 (서울: 새물결플러스, 2020).

우리 말로 '기독교'(基督教)[24]란 명칭(영어로 Christianity)은 '크리스티아니스모스'(Χριστιανισμός, 영어로 *Christianismos*)란 헬라어의 명사로 소급된다. 이 단어는 안디옥의 주교 이그나티우스 교부가 AD 110년 무렵, 순교하기 직전에 쓴 서신에 처음으로 나타난다.

그때 〈마그네시아 크리스천에게 보내는 서신〉(Letter of Ignatius to the Christians at Magnesia) 10장 3절에서 *Iudaismos*(이유다이스모스, 유대교)와 대비해서 사용했다는 데에서 '크릭스티아니스모스'가 유대교도와는 기본적으로 인연을 끊을 수 없었던 종교, 그것이 이방인의 신자를 주체로 한 '원시 기독교'(Primitive christianity)[25]로 확립된 것으로 본다. 2세기 초기의 일이었다.

'크리스티아니스모스'(Χριστιανισμός)란 단어는 '크리스티아노스'(Χριστιανός, 영어로 *Christianos*)란 단어에서 파생되었다. 이 단어는 일반적으로는 '기독교인'(명사) 내지 '기독교의'(형용사)로서 이해되고 앞서 언급한 안디옥의 이그나티우스를 비롯해서 2세기 이후의 문헌에서 많이 사용되고 있다.

영국의 성경학자 데이비드(Horrell, G. David) 교수는 베드로전서 4장에서 기독교인의 정체성을 탐색한 바가 있다. 그는 『기독교인이 되는 것』(*Becoming Christian: essays on 1 Peter and the making of Christian identity*)이란 논문의 제6장(The

---

24 基督教(改新教='프로테스탄트'의 한국 역) 중국식: 지리스뚜(그리스도)=其理斯督=其督. 예수=耶蘇=Yeh-Su. '그리스도'(Christ)의 중국음역은 '其理斯督'(기리사독)이었다. 중국인들은 이 단어에서 중간의 '理斯'(리사)를 빼고 '其督'(기독)만 남겨 놓았다. 나중에 청나라 때에 '基督'(기독)으로 바꾸어 사용했다. 김무림, "'그리스도'와 '기독(基督)'의 어원 탐구", 「새국어생활」 제20권 제1호 (국립국어원, 2010), 94-98.
25 사도들이 활동하던 시기(사도 시대)와 사도 이후 시기(속사도 시대)를 '원시기독교'라 부른다. 이 시기는 성령께서 강하게 역사하시던 시기요, 베드로나 바울과 같은 위대한 사도들이 왕성하게 복음을 전하던 시기다. 또한, 사도들의 서신을 통해 신학의 기초가 놓이는 시기로 보통 역사적 예수님과 복음서 중 최초의 문서 사이의 30-40년을 일컫는다. 송순열, "원시기독교와 사도행전의 역사적 가치", 「신학연구」 제47집 (한신대학교, 2005), 75.

Label Christianos)에서 베드로전서 4장은 기독교인의 정체성의 모델을 제시한 것으로 본다.[26]

사도 바울이 자신이 재판을 받게 된 사연을 변호하는 자리에서 아그립바 왕이 바울에게 "그대가 짧은 말로 나를 설복해서, '기독교인'(Χριστιανός, 크리스티아노스)이 되게 하려고 하는가"(행 26:28)라고 말하고 있는데, 여기에서도 기독교인이 이미 일반 사회적인 윤곽을 확실하게 하는 존재였음을 전제로 하고 있다.

사도행전 11장 26절에 "그리스도인"이란 말이 나온다. 여기에서는 "제자들은 안디옥에서 처음으로 그리스도인이라고 불렸다." 그런데 이 정보는 일반적으로 인정되고 있는 것처럼 확실하지는 않다. 아마도 전승으로 소급된다.[27]

본래 이 정보가 보여 주는 개념 구조에 이르기까지는 시대적으로 정확한 것인지 아닌지가 확실하지 않다고 볼 수 있다. 누가에 의하면 이것은 문맥상 AD 40년대의 것이 된다.

그런데 흥미로운 점은 사도행전 24장 5절을 보면 이 크리스천이란 말 대신에 "나사렛 이단"(徒黨, Ναζωραίων, '나조라이온')[28]이란 말이 사용되기도 했다. 어쨌든 이 크리스천이란 말의 성립은 누가의 사도행전이 전제로 하는

26　David G. Horrel, *Becoming Christian: essays on 1 Peter and the making of Chrisitan identity*. (London: Bloomsbury), Chapter 6: The Label Christianos: 1 Pet 4.16 and the Formation of Christian Identity, (2015).

27　Linda Woodhead, *Christianity: A Very Short Introduction* (Oxford: Oxford University Press, 2004), 46.

28　요세푸스(37?-100?)가 지은 『유대 고대사』를 보면 유대인 기도문인 '바빌론 탈무드'의 이단 배척 조항에 AD 85년에는 '나사렛 도당들'이 추가되어 있음을 알 수 있다. 테르툴리아누스나 제롬과 같은 초대 교부들은 예수님을 따르는 사람들을 "나사렛에서 온 사람들"(Ναζωραίων, '나조라이온')이라는 표현을 사용했다. Yaakov Y. Teppler, *Jews and Christians in conflict in the ancient world*. (Tübingen: Mohr Siebeck, 2007), 52.

AD 40년대보다 아주 먼 후대의 것일 가능성이 있다.

근래에 발표된 학설에 의하면 라틴어 파생어의 이 말은 아마도 유대 전쟁 무렵(AD 66-70년), 로마의 관리에 의해 안디옥의 예수운동의 담당자(이른바 이방인 기독교인[Gentile christian] 및 유대인 기독교인[Jewish christian])에 대해서 사용되었다고 상정되어 있다.[29]

1) 예수 이야기의 편집과 도그마의 확립

이 초대교회 신자들은 자신들의 집단 정체성 확립을 위해 피눈물을 쏟는 작업을 시도하였다. 그들이 취한 행동 가운데 가장 대표적으로 들 수 있는 것이 바로 사도 바울의 서신을 편집, 전개하는 작업이며, 동시에 예수님의 제자들에 의한 예수님에 관한 이야기를 기록하여 후대로 전승하는 일이었다.

이것은 바로 후대에 가서 복음서라고 부르게 된 '예수 이야기'의 제작이다.

초대교회의 예배 의식에서 구약성경을 읽는 일은 유대교에 있어서와 마찬가지로 일차적인 의의가 있었다. 또한, 구약성경에 대한 평가 및 주석은 기독교적 해석으로의 길을 마련하였다.

그리고 초대교회의 신자들은 예수님의 생애에서 직접 성취된 구절을 특별히 주목하였다. 이러한 발전 과정과 함께 초대교회는 예수님의 가르침에 깊은 관심을 표명하였다.

---

[29] F. F. Bruce, *The Book of the Acts*, (Grand Rapids, Mich.: Eerdmans, 1988), 228.

예수님의 가르침은 신자들에게 구약의 선포와 동일한 권위를 가지고 있었다. 또한, 예수님의 가르침은 예수님 자신과 같은 권위를 가졌다. 예수님 자신이 그의 제자들에게 권면하여 다른 사람들을 가르치도록 한 것은 바로 이러한 가르침이었다.

만약 예수님의 가르침이 제자들의 마음속에 잘 간직되어 있지 않았더라면 그들은 결코 이러한 일을 할 수 없었을 것이다.

이러한 사태의 추이와 함께 초대교회 신자들은 집회에서 사도들의 서신을 읽었다. 바울이 그의 서신들을 서로 다른 여러 교회에서 읽힐 수 있도록 하라고 말하는 것으로 보아 이러한 일은 통상적인 일이었던 것 같다.

바울의 서신이 과연 얼마 만에 교회들 사이에 서로 교환되어 읽히고 있었는지는 알 수 없지만, 이 서신들이 바울 사후 직후에 수집되었다는 것은 분명한 것 같다.[30] 이러한 서신들이 일찍부터 사용되어 온 사실은 이 서신들이 반영하고 있는 사도 교부 시대 저술[31]을 통해 알 수 있다.

우선 한 가지 인정해야 할 것은 신약성경이 기독교의 역사적 기초를 설명할 수 있는 권위의 유일한 원천이라는 사실이다. 이 기독교 집단 정체성의 태동은 곧 기독교의 도그마(dogma) 형성을 의미한다.

2) 유대교와 결별한 기독교

기독교인과 유대인 사이에는 갑작스러운 분열이 아니라 서서히 커 가는 틈이 있었다. 일반적으로 바울이 이방인 교회를 세웠다고 생각하지만 완전

---

30 한철설, 『바울서신 배경연구』 (서울: 솔로몬, 2016), 182-187.
31 Michael W. Holmes, *The Apostolic Fathers: Greek texts and English translations*, (Grand Rapids, Mich.: Baker Books, 1999), 1-15.

한 단절이 나타나기까지는 수 세기가 걸렸다.³²

리옹(Lyon)의 주교인 최초의 교부 이레네우스(Irenaeus)는 2세기 후반에 에비온파((Ebionites) 사람들이 바울을 율법의 배교자로 배척했다고 기록했다.

사복음서의 예수 이야기는 또 유대교와의 대결을 보여 주기도 한다. 이것은 이미 사복음서 가운데 가장 먼저 기록된 마가복음에서 말하고 있다. 이 마가복음은 마가에 의해 기록된 것으로 전해지는데, 그가 보고 있는 유대교는 역시 '바리새파'의 유대교이고, '유대교'와 '바리새파'는 거의 같은 말이다(막 7:3 참조).

신학자이며 설교가인 데이비스(W. D. Davies) 교수는 마태복음이 기독교를 정죄한 얌니아 회의(Council of Jamnia)에서 규정한 바리새적 유대교에 대항하기 위해 기록된 책이라 주장한다.³³

마태는 또 유대교의 백성 전부가 예수님 처형의 책임을 의식적으로 지고 있다고 보고, 그 백성으로부터의 결별을 선언하고 있다. 앞의 구절을 다시 인용해 보자.

> 그러자 온 백성이 대답하였다. 그 사람의 피를 우리와 우리 자손에게 돌리시오
>
> (마 27:25).

요한복음에 보면 "유대인들은 가는 곳마다 총체적인 예수님의 적(敵)으로 취급되어 '이 세상'에 속하고, '그 아버지는 바로 악마'로부터 나온 자들,

---

32　Matt Jackson McCabe, *Jewish Chrisitianity: The Making of the Christianity-Judaism Devide*, (Yale University Press, 2020), 37-76.

33　W. D. Davies, *The setting of Sermon on the mount*, (Cambridge: University Press, 1964), 590.

'살인자'이고 '거짓말쟁이'"(요 8:44)로 단죄되어 있다. 말하자면, 유대인 총체가 요한적 이원론 속의 부정적인 사람들로 다뤄지고 있다.

이 급진적 태도를 보인 요한의 '유대인들'은 실은 '유대의 지도자들'에게 해당하는 것이지 결코 백성 전체는 아니었다. 그러나 '유대인'이든 '지도자'이든 결국은 대동소이하다고 요한은 생각한다.

유대교로부터 분리되어 나왔다는 것은 이제는 기독교 정체성이 확립되었다는 것을 의미한다. 즉, 집단으로서의 기독교의 도그마가 정립되었다는 것을 알 수 있다.

예수님 시대의 많은 유대인처럼 예수님과 그를 따르던 제자와 군중들은 아람어를 사용한 것으로 여겨지며, 예수 전승은 처음에는 아람어로 전수되었을 가능성이 크다. 비록 신약성경은 헬라어로 기록되었으나, 예수님께서 사용하신 언어는 아람어였다는 것에 의심의 여지가 없다.

독일 신학자 요하킴 예레미아스(Joachim Jeremias) 교수가 자신의 책 『신약신학』(*New Testament Theology*)에서 말하는 바와 같이, 예수님께서 사용하신 모국어는 아람어였고 좀 더 분명히 말하면 유대 아람어와 조금 다른 "갈릴리 지방에서 사용되는 서부 아람어"(a Galiean version of Western Aramaic)[34]였다.

예수님께서 아람어를 사용하셨다는 것은 헬라어로 기록된 신약성경에 나타난 어록 속에 아람어가 그대로 남아 있는 점에서 분명해진다.[35]

---

34 Joachim Jeremias, *New Testament Theology*, (London: SCM, 1987), 4.
35 예컨대, '달리다굼'(막 5:41), '엘리 엘리 라마 사박다니'(막 15:34), '아바'(아버지, 막 14:36), '바'(아들, 마 16:17), '바알'(바알, 마 10:25), '게헨나'(지옥, 마 5:22), '게바'(베드로, 요 1:42), '맘몬'(제물, 마 6:24), '파스카'(유월절, 마 26:2), '랍비'(선생, 마 23:8), '보아너게'(우뢰의 아들, 막 3:17), '라가'(미련한 놈, 마 5:22), '사바타'(안식일, 마 12:5), '사타'(말, 마 13:33), '사탄'(사탄, 막 3:23) 등이 그것이다.

1세기에 아람어가 팔레스틴 지역의 토착 언어였고, 따라서 예수님의 모국어는 아람어였음이 분명하다. 일반적으로 학자들은 헬라어로 기록된 복음서의 일정한 표현들은 본래 아람어였는데 헬라어로 번역된 것으로 믿고 있다. 복음서는 예수님께서 사마리아인과 이방인을 가르치고 치유했다고 전하지만, 예수님께서 실제로 사마리아인과 이방인 선교를 주도했는지는 확인하기 어렵다. 다만 세리와 죄인과의 식탁 교제가 비유대인에 대한 선교의 길을 예비했다고 볼 수 있다.

예수님께서 친히 이방인 선교를 주도했는지는 분명하지 않으나 흥미로운 점은 예수님께서는 일찍이 히브리어는 물론 헬라어로 의사소통이 가능하셨다는 사실이다. 예수님께서 히브리어를 해독하셨다는 것은 그리 놀랄 만한 일이 못 되지만, 헬라어를 아셨는가 하는 것은 흥미로운 일이 아닐 수 없다.[36]

예수님께서 히브리어를 해독하실 수 있었던 사실이 누가복음 4장 16-20절에 잘 나타나 있다. 예수님께서는 히브리어 구약성경에 친숙하셨던 것이 분명하다. 성경학자 스티브 모이스(Seteve Moyise) 교수는 그의 저서에서 예수님의 발언 속에 87개 구절의 구약성경이 언급되고 있다고 말했다.[37]

예수님의 구약 인용의 최선의 경우, 둘을 든다면 그것은 예수님께서 그의 공생애의 출발 선언(사 62:1-2)의 말씀(눅 4:17-19)과 공생애의 끝에 인용하셨던 다윗에 관한 말씀(시 110:1)이다(마 22:44).

36　Allen C. Myers, "Aramaic", *The Eerdmans Bible Dictionary*, (Grand Rapids, Michigan: William B. Eerdmans, 1987), 72.

37　Moyise, Seteve, *Jesus and Scripture: Studing the New Testament Use of the Old Testament*, (Grand Rapids, Michigan: BakerAcademic, 2011), 29-72.

예수님께서 히브리어나 헬라어로 대화하시는 모습이 추정되는 사건은 두로와 시돈 그리고 데가볼리 방문(막 7:31), 가버나움에서 백부장과의 대화 (마 8:5-13), 그리고 가나안 사람(마 15:22)이나 그리스 여인(막 7:26)으로 보이는 수로보니게 여인과의 대화(막 7:24-30)에서 보이는 일련의 사건들에서 나타난다. 또한, 본디오 빌라도와의 대화(막 15:2)도 헬라어로 이뤄졌을 것으로 볼 수 있다.[38]

3. 예루살렘 교회 설립과 이방인 선교 확장

예수님께서 돌아가신 뒤 제자들은 흩어졌지만, 제자들은 부활한 예수님을 만나고 새로운 공동체를 세웠다. 누가는 부활한 예수님을 만난 제자들이 예루살렘을 떠나지 않았다고 서술하며, 예루살렘 교회의 탄생과 발전에만 초점을 둔다.

하지만, 다른 복음서들은 부활한 예수님께서 갈릴리에서 제자들을 만났다는 것을 증언하며, 갈릴리에도 교회가 존재했고 선교가 이루어졌다고 보인다. 갈릴리 교회에 대한 정보는 거의 없다. 다만 공관복음서의 말씀 자료(막 6:7-13; 눅 10:1-12)에 나오는 제자 파송을 부활하신 예수님의 현현 이후에 이루어진 갈릴리 선교를 묘사하는 것이라고 볼 수 있다.

갈릴리 교회와는 달리 예루살렘 교회는 사도행전을 통해 그 역사를 추적할 수 있다. 갈릴리에서 부활한 예수님을 만난 제자들은 오순절을 지내기 위해 예루살렘에 모였다. 열두 제자를 중심으로 하는 초기 예루살렘 교회

---

38 Hoffmann, R. Joseph, *Jesus in history and myth*, (Prometheus Books, 1986), 98.

의 다수는 아람어를 사용했다고 보인다. 하지만, 사도행전 6장에 나오는 헬라파와 히브리파의 구별은 초기 예루살렘 교회가 다언어, 다문화공동체였다는 것을 보여 준다.

예루살렘에 모인 무리는 임박한 종말을 고대했으며, 강력한 성령 체험으로 모든 것을 공동으로 소유하고 재산과 재물을 팔아 필요한 대로 나누어 주는 재산공동체, 즉 원시 공동 사회를 세웠다.[39]

예루살렘 교회는 그리스도의 재림 때 온 민족에게 알려질 것이라고 믿고 종말의 하나님 나라 중심지인 예루살렘에 머무는 선교 전략을 취했던 것이다.

하지만, 헤로데스 아그립바 왕의 박해로 요한의 형제 야고보가 처형되고, 베드로가 예루살렘을 떠났을 때 사도들의 방랑 선교가 시작되었으며, 예루살렘 교회에서는 주의 형제 야고보와 장로들의 영향력이 점점 커졌다.

예루살렘 교회는 율법에 대해 관용적인 입장을 가지고 있었기에 야고보도 AD 48년에 열린 사도 회의에서 이방인에게 할례를 강요하지 않고 이방인 선교에 대해 긍정적인 입장을 보였다.

하지만, 스데반의 순교와 헬레니즘 유대계 기독교인에 대한 박해, 헤로데스 아그립바의 박해, 예루살렘에 입상을 세우려는 카리굴라 황제의 준수가 한층 강화되었다.

야고보와 장로들의 영향력 증대, 바리새파 출신 그리스도인의 출현(행 15:5), "율법에 열성적인" 유대인들의 교회 가입(행 21:20)은 이러한 분위기를 반영한다.

---

39 황정욱, "초대교회는 공산주의적 공동체였나? 초대교회의 경제적 삶에 관한 연구", 「한국 교회 사학회지」 제28집 (한국교회사학회, 2007), 57-88.

사회적 범주로서 유대계 기독교인을 생각한다면, 바울서신과 마태복음과 요한복음은 유대계 기독교 문헌에 속한다. 이 문헌들은 유대인으로서의 정체성과 유대교와의 연속성을 의식하면서도 기독교의 보편성을 강조했다.

하지만, 신학적으로는 헬레니즘 유대계 기독교(대표적으로 안디옥)와 지혜 전승(갈릴리와 시리아의 말씀 자료)과 달리, 민족주의와 보수주의의 특징을 지닌 흐름을 유대계 헬라인 기독교라고 말할 수 있다.

세계주의를 반대하는 유대계 기독교 역시 여러 형태가 존재했는데, 첫째 형태는 이방인이나 사마리아인에게 가지 말고 오직 "이스라엘 집의 잃어버린 양에게만 가라"는 마태 이전의 전승(마 10:5-6)에서 나타난다.

비유대인에게 선교하지 말라는 금령은 이미 사마리아인이나 이방인에게 복음이 전파되었다는 것을 암시한다.

1) 헬레니즘 유대계 기독교

예루살렘 교회가 사회적 정황으로 인해 점차 율법 준수가 강화되었다면, 그 이전에는 다문화, 다언어공동체를 이루고 있었다. 과부의 구호 문제를 두고 일어난 "헬라파"와 "히브리파"의 갈등(행 6:1-7)은 1세기 예루살렘 교회의 다양한 구성을 엿보게 한다.

"헬라파"(Ἑλληνίσται, 엘레니스타이)란 표현은 사도행전 6장 1절과 9장 29절에만 나온다. 이는 기독교인을 뜻하는 '엘레네스'(Ἕλληνες, 헬라의 영향 아래에 있는 모든, 즉 이방 문화권의 사람들)와는 구분되며 그리스어를 말하는 디아스포라 유대인이라고 이해할 수 있다.[40]

---

40 헬라파에 대해서는 여러 가지 학설이 있다.

사도행전 9장에서는 이 단어가 기독교로 개종하지 않은 디아스포라 유대인을 말한다면 6장에서는 이러한 디아스포라 유대인 중에서 예루살렘에 거주하다가 기독교 신앙을 받아들이고 예루살렘 교회에 소속된 사람들을 가리킨다.

사도행전 6장의 헬라파는 그리스어를 말하는 유대계 기독교인이며, 히브리파는 아람어를 말하는 유대계 기독교인이라고 말할 수 있다. 또한, 초기 예루살렘 교회에는 아람어와 그리스어에 능통한 바나바(Barnabas), 요한 마가(Mark), 실라(Silas), 예언자 아가보(Agabus)와 같은 이중 언어 사용자들도 존재했다.

히브리파와 헬라파의 갈등은 결국 스데반을 비롯한 일곱 명의 지도자 선출로 이어졌는데, 이는 후대의 해석처럼 집사직 혹은 장로직과 연결되기보다는 히브리파와 독립된 헬라파 지도자의 선출로 이해할 수 있다.

열두 제자가 히브리파를 지도했다면, 스데반을 비롯한 일곱 명은 이 헬라파의 지도자들이라고 말할 수 있고 지도자의 수를 비교할 때 히브리파가 다수이고 헬라파가 소수였다고 생각할 수 있다.

스데반 집단이 열두 제자에 의해 임직(任職)되었다는 것은 헬라파공동체가 열두 제자에 의해 창설되었고, 이를 계기로 헬라파가 히브리파로부터 독립했다고 해석할 수 있다.

---

① 이방인 기독교인
② 그리스인 개종자
③ 팔레스틴 유대인
④ 사마리아인
⑤ 그리스어를 말하는 유대인
Craig C. Hill. *Hellenists and Hebrews: Reappraising Division within the Earliest Church.* (Minneapolis, MN: Augsburg Fortress, 1992), 5-17.

이는 예루살렘에 아람어 예배공동체와 그리스어 예배공동체가 따로 존재했다는 추정도 가능하게 한다.[41]

헬라파 지도자로 선출된 일곱 명 중에 스데반과 빌립을 제외한 나머지 다섯 명에 대해서는 알려진 바가 거의 없다(행 6:5). 이들은 카리스마적 능력을 소유한 지도자들이요 설교자들로 성령의 종말론적 영감을 통한 특별한 지혜를 가지고 있다는 자기 인식을 하고 있었다.

이에 대한 근거로 스데반 집단이 언급되는 곳에서 성령의 기사와 능력이 언급되고 있다는 점(특히, 행 8:26, 39; 21:9)과 사도행전에서는 "소피아"(σοφία, 지혜)란 단어가 4회 출현하는데 이는 스데반 집단과 관련될 때만 언급된다는 점을 들 수 있다. 그리고 그들이 성령의 영감으로 예수님의 메시지를 성전 예배와 율법을 비판하는 것으로 해석하였다(행 6:13).

이로 인해 스데반은 유대인 회당공동체에 의해 죽임을 당했으며, 헬라파는 예루살렘에서 추방되었다. 사도들이 예루살렘에 머물렀다는 것은 (행 8:1) 이 박해가 예루살렘 교회 전체가 아니라 헬라파를 대상으로 했다는 것을 보여 준다. 헬라파(이후로는 헬레니즘 유대계 기독교인)의 추방은 오히려 선교의 계기를 마련해 주었다.

---

41 서원모, "유대교의 한 종파에서 세계 종교로-기독교와 헬레니즘의 관계 연구", 「한국교회 사학회지」 제48집 (한국교회사학회, 2017), 237.

4. 팔레스틴을 벗어나는 기독교

예루살렘에서 쫓겨난 후 '헬레니즘 유대계 기독교인들'은 사마리아인과 이방인 선교를 시도했으며, 사마리아, 페니키아, 키프로스, 가이사랴, 안디옥, 다마스쿠스, 길리기아, 다소 등 시리아와 팔레스틴 여러 지역에 교회를 세웠다.

특히, 사마리아 선교는 빌립과 관련되며(행 8:5-40), 로마 교회도 헬레니즘 유대계 교회라고 말할 수 있다. 헬레니즘 유대계 기독교인들은 처음에는 유대인들에게만 복음을 전하다가, 안디옥에서는 '기독교인'(Ελληνας, 엘레나스)에게 전도하며 이방인 선교를 시도했다(행 11:20).

안디옥 교회는 키프로스와 기레네 출신 헬레니즘 유대계 기독교인에 의해 설립되었고 바나바와 바울의 활동을 통해 더욱 발전했다. 안디옥에서 앞서도 언급한 바와 같이 '크리스천'이라는 이름을 얻을 정도로 기독교가 다른 집단과 구분된 사회 집단으로 발전했으며(행 11:19-26), 성령의 지시로 바나바와 바울을 선교사로 파견했다(행 13:1-3).

아그립바의 박해 이후 베드로는 예루살렘을 떠나 디아스포라 지역으로 이주했고 이방인 선교에도 참여했다. 베드로가 선교 활동을 하면서 안디옥을 비롯한 시리아 지역의 '헬레니즘 유대계'(Hellenistic Judaism) 기독교인들은 기독교가 세계 종교로 발전하는데 결정적인 역할을 수행했다.

이들은 예수 전승을 아람어에서 코이네 그리스어로 번역하고, 아람어 신학 용어들을 그리스 세계에 맞는 개념으로 변용하였고, 기독교를 팔레스틴의 환경에서 벗어나 그리스-로마 세계의 도시 종교로 발전시켰다.[42]

---

42 James Barr, "Chapter 3-Hebrew, Aramaic and Greek in the Hellenistic age", In Davies, W.

그들은 팔레스틴의 소외된 사람들, 이스라엘의 주변인, 이단으로 지목된 사마리아인들, 이방인으로 하나님을 경외하는 자들과 궁극적으로는 이방인들에게 신앙을 전파하여 세계 종교에로의 길을 닦았다.

안디옥 교회는 기독교인들에 전도하면서 이방인 선교를 체계적으로 수행하였다. 이 시기의 이방인 선교에 있어서 주요 문제는 할례와 식탁 교제의 문제였다. 처음에 이방인 선교는 할례를 요구하였던 것으로 보인다.

할례 없는 이방인 선교는 바울에 의해 최초로 수행되었으며, 안디옥 교회의 설립으로 체계적으로 시행되었다고 이해할 수 있다.

예루살렘 교회가 바나바를 안디옥에 파견한 것(행 11:22)은 이 문제와 관련된 것으로 이해될 수 있다. 결국, 할례 없는 이방인 선교는 사도 회의(행 15:1-21)를 통해 인정받았다.

또 하나의 문제는 이방인과의 식탁 교제 문제였다. 이방인이 기독교인이 되어 유대계 기독교인과 함께 모여 식탁 교제를 나눌 때, 유대교의 율법을 지킬 것인가 하는 문제가 대두될 수 있었다. 율법에 충실한 유대인은 부정한 짐승과 정결한 짐승을 구분하는 등 음식 규정과 정결 유지 규정을 지켜야 했기 때문이다.

베드로가 이방인 고넬료에게 복음을 전하며 함께 식사한 일은 예루살렘 교회에서 논란이 되었다(행 11:1-18). 안디옥에서 온 사람들이 예루살렘 교회에 도착하자, 베드로와 바나바가 이방인과 함께 식사하다가 자리에서 일어났고 다른 유대계 기독교인들도 이에 동조했다(갈 2:11-14).

D.: Finkelstein, Louis(eds.), *The Cambridge history of Judaism. Volume 2: The Hellenistic Age*(1. publ. ed.), (Cambridge: Cambridge University Press, 1989), 79-114.

아마도 이 사건(이른바 '안디옥 사건')이 일어나기 전에는 베드로와 바나바를 비롯한 유대계 기독교인은 아무 거리낌 없이 이방인 기독교인과 함께 음식을 먹었을 것이다.

이 사건에서 바울은 베드로와 바나바를 위선자라고 공격했으며, 이후 안디옥 교회를 떠나 독자적으로 이방인 선교를 수행하였다.

아마도 야고보는 유대인 교회와 이방인 교회를 분리하기를 원했지만, 베드로는 하나의 교회를 세우려 했고, 야고보와 음식 규정에 대해 합의한 것으로 보인다. 이는 우상에게 바친 음식, 음행, 목매어 죽인 것과 피를 멀리할 것을 권하며, 시리아와 길리기아의 이방인 기독교인에게 보내는 회람 서신으로 작성되었다(행 15:22-29).

로마에서 기독교는 헬레니즘 유대계 기독교인의 전도로 회당 안에서 출발했다고 여겨진다. 회당 내부에서 유대인과 기독교인의 갈등이 격화되자, 클라디우스 황제는 유대인(유대계 기독교인 포함)을 로마에서 추방했다. 추방령이 풀려 다시 로마로 돌아온 기독교인들은 가정집에서 모였고, 로마 교회는 유대계 기독교인과 이방인 기독교인의 다문화, 다인종공동체로 발전했다.

1) 이방인 지역으로 선교지 확장

사도행전은 긴 서문을 가지고 있는 '바울의 이야기'라고 흔히 말한다. 그 바울의 이야기 중심은 그의 전도 여행이다(행 13장 이하). 그의 여정은 저자인 누가가 마음대로 구성한 것이 아니라 어떤 전승에 바탕을 두고 쓴 것임이 일반적으로 인정되고 있다.

이것은 AD 50년대 무렵에 실제로 바울이 경험한 여행에서 유래한다. 그러나 그것이 전승으로서 정비되고 보존되어 전파하는 것에 이른 것은 그것들이 이방인 전도를 주체로 한 여정이었기 때문에 1세기 말에 가까운 '기독교'의 사실, 즉 이방인이 주체가 되어서 확대해 간 사실과 서로 관련이 있는 것으로 생각된다.

즉, 당시의 '기독교'에 있어서는 바울의 전도 여행의 전승을 형성, 발전시키는 것은 기독교 복음 전파의 사명을 분명히 밝히는 전도기행적 의미가 있다. 그리고 이것은 기독교 자의식의 확립에 지대한 공헌을 했다.

바울은 왜 광대한 지중해 유역을 따라 모두 세 차례에 걸친 선교 여행을 떠났을까?

물론, 가장 중요한 이유는 자신이 체험했던 메시아를 해외 이방인들에게도 전파하고자 했던 것이지만, 실제로 그의 방문지들을 분석해 보면 극히 일부를 제외하고는 대부분 유대인공동체가 존재했던 도시들이라는 공통점을 발견하게 된다.[43]

안디옥 사건 이후 바울은 안디옥을 선교의 거점으로 삼는 것을 포기하고 독자적인 선교를 시작했다. 사도행전은 바울의 세 번의 선교 여행을 기록하고 있지만, 바울의 서신과 사도행전의 기록을 조화시키기 어려운 점이 있다.[44]

---

[43] 웨인 A. 믹스(Wayne A. Meeks), 『1세기 기독교와 도시 문화: 바울공동체의 사회 문화 환경』(The First Urban Christians: the social world of the Apostle Paul), 박규태 역 (IVP, 2021), 42-44.

[44] 바울의 생애나 일대기와 관련하여 발견되는 사도행전과 바울서신 사이의 차이를 보여주는 내용이 뜻밖에 많다. 사도행전에 의하면 바울은 많은 기사와 이적을 베풀었음에도, 바울서신은 기사와 이적을 행하는 자로서의 바울에 대해서는 거의 언급을 자제하는 듯하다. 이두희, "바울 묘사에 있어서 사도행전과 바울서신 사이의 신학적 차이에 대한 '예비 수사적 관점'에서의 재검토", 「신약논단」 제21권 제2호 (한국신약학회, 2014), 523.

분명한 것은 안디옥 사건 이후 바울은 유럽 전도를 시작했다는 사실이다. 독자적인 선교 이후 1세기 바울공동체의 상황은 바울서신에 나타난 단편적인 정보를 통해 추정할 수 있다.

바울이 자신의 선교를 요약한 글은 "예루살렘에서 일루리곤까지" 이르는 초승달 지역을 언급한다. 사도행전은 물론 바울서신도 바울이 일루리곤에서 펼친 활동을 일절 언급하지 않는다. 하지만, 바울이 예루살렘을 출발점으로 하여 수사를 구사한 데는 그럴 만한 이유가 있다.

사실 바울이나 그의 동역자들이 달마티아(Dalmatia)[45]나 모에시아(Moesia)[46]까지 들어가진 않았다고 하더라도, 마케도니아에서 폭넓은 활동을 펼쳤으니 일루리곤 지역의 경계까지 이르렀을 것이다. 진정한 바울서신의 저작 기간은 바울 생애에서 10년이 채 되지 않는다.

이 서신들은 바울이 기독교인으로 활동한 세 시기 중 마지막 시기에 기록되었으며, 이 서신들이 보고하는 여행 계획도 파편적이다. 사도행전 기사는 더 체계적이지만, 사도행전이 그럴듯한 순서로 기록한 내용 가운데 많은 부분은 예일대학교(Yale University) 믹스(Meeks) 교수에 의하면 "정확한 자료보다는 저자의 추론과 신학적 의도(이를테면 예루살렘의 중심성을 강조하려는 의도)에서 나온 것"[47]이다.

바울은 기독교의 각 도시의 교회에 대한 언급을 매우 자세히 언급하고 있다. 예컨대, 루스드라와 이고니온과 비시디아 안디옥에서 회심자가 생겼으며 이들 가운데 공동체(=교회)가 조직되었음을 전제한다(행 14:22, "제자들

---

45 아드리아해의 동쪽 해안에 위치한 크로아티아의 역사적 지역.
46 도나우강(江) 하류 남부로부터 발칸 산맥에 이르는 지역으로, 현재는 루마니아·불가리아 지역에 해당한다.
47 웨인 A. 믹스(Wayne A. Meeks), 『1세기 기독교와 도시 문화: 바울공동체의 사회 문화 환경』(*The First Urban Christians: the social world of the Apostle Paul*), 113.

의 마음을 굳게하여" 행 14:23, "각 교회에서 그들을 섬길 장로들을 세워" 행 20:4 등).

마케도니아의 속주에서는 빌립보에서 복음을 전했다. 바울과 실루아노와 디모데는 비록 거기서 적의를 경험했지만(살전 2:2; 행16:12-40), 그들이 거기에 세운 회중은 이후 바울이 이끄는 무리가 펼친 선교 활동에서 아주 특별한 '동반자' 역할을 담당했다.

그들이 데살로니가와 아가야 선교를 도운 재정 지원과 바울이 나중에 옥고(獄苦)를 치를 때 재정 지원으로 옥바라지를 한 일도 포함된다(고후 11:8, 9; 빌 4:15-18). 이들은 또 바울이 예루살렘 기독교인들을 위해 거둔 연보에도 일찍부터 아주 열심히 동참했다(고후 8:1-6; 롬 15:26).

선교의 길은 빌립보에서 남쪽으로 뻗어 있었다. 데살로니가에서 그룹들이 형성되었다(살전 2:2; 행 17:1-9). 이들은 바울과 그의 동역자들이 쓴 서신 가운데 여태까지 보존된 것 중 가장 이른 시기에 나온 서신을 받게 된다.

데살로니가에 이어 베뢰아(행 17:10-14)와 아테네(행 17:15-34)에서도 그룹이 형성되었는데, 오로지 사도행전만이 이를 증언한다. 바울서신에서 유일하게 아테네를 언급한 본문은 데살로니가전서 3장 1절인데, 이곳도 단지 디모데가 데살로니가의 상황을 살피고 돌아올 때까지 바울이 거기서 얼마간 기다렸다는 사실만 확인해 줄 뿐이다.

바울의 그리스 여행 최남단 지점은 고린도였다(행 18:1-17). 그는 이곳에 교회를 세웠는데, 우리는 이 교회 사정을 아주 자세히 알고 있다. 이는 그가 이 교회와 몇 차례 소식을 주고받았기 때문인데, 고린도전서와 고린도후서가 이를 증명하며 그 내용 중 일부를 담고 있다.

로마서 16장 1절에는 "겐그레아 교회의 일꾼"으로 뵈뵈(Phoebe)를 추천한다는 말이 나오는데, 이 추천서는 고린도 동쪽 항구에도 공동체가 세워졌음을 일러 준다. 아울러 고린도후서 1장 1절은 "아가야 전체에" 다른 회들이 더 있었음을 시사한다.

사도행전은 바울이 에베소에 소개한 인물이라고 믿지 않지만, 그래도 그와 그의 동역자, 특히 브리스가와 아굴라가 거기서 광범한 사역을 펼쳤다고 이야기한다(행 8:19-21, 24-28; 19:1-40).

바울은 거기서 그가 고린도에 보낸 현존 서신 가운데 첫 서신을 써 보냈으며(고전 16:8), 또 모종의 심각한 고초를 경험했다(고후 1:8-11). 이 때문에 일부 학자는 바울이 잠시 옥에 갇혔으며 어쩌면 거기서 빌레몬과 빌립보인들에게 서신을 보냈을지도 모른다고 추측한다.

사람들이 에베소를 바울의 무리가 이후에 펼친 활동의 중심지로 간주해 온 것은 어느 정도 타당성이 있는 이야기다.

사도행전은 소아시아 서부의 리쿠스 계곡, 골로새, 라오디게아, 히에라볼리에 있던 교회는 언급하지 않는다. 그러나 진정한 바울서신인 빌레몬서와 바울의 제자가 골로새 사람들에게 보낸 서신은 이 지역이 바울의 활동 영역 안에 있었음을 알려 준다.

바울과 그의 측근 동역자들이 쓴 서신으로 제한한다면 바울의 복음운동이 적어도 로마제국의 네 속주, 곧 갈라디아, 아시아, 마케도니아, 아가야를 그 근거지로 삼았음을 알 수 있다.

일반적으로 아시아의 '바울 전도단공동체'가 있던 곳으로 알고 있는 도시들은 모두 당시에 온 세상이 누리던 번영에 동참했다. 모든 도시가 교역 중심지였다. 이 점은 특히 리쿠스 계곡에 있던 도시 집단에서 분명하게 드러난다.

그리고 마침 바울의 이름으로 이 도시 중 한 곳에 보낸 서신이 이 도시들, 곧 골로새와 라오디게아와 히에라볼리에 있던 기독교공동체를 우리에게 알려 준다. 이 도시들이 두드러지게 된 것은 양모 산업 때문이었는데, 그 중심지는 라오디게아였다.

라오디게아는 세 도시 가운데 가장 중요했으며, 이 세 도시가 속한 순회 법원의 본거지이기도 했다. 한편, 로마 시대에 이 세 도시 중 가장 작은 곳은 골로새였다. 그러나 골로새도 이전에는 브루기아에서 대단히 중요한 도시였다.

당연히 멘데레스 계곡 근처 카이스트로스강 가에 위치하며 이 속주의 행정 중심지로서 항구를 갖춘 에베소는 이 속주의 거의 모든 지역에서 급성장하던 교역의 혜택을 입었다. 유대인공동체는 에베소와 이 속주의 대다수 도시에서 특히 왕성한 활동을 펼쳤다.

빌립보와는 달리 데살로니가는 로마의 통치를 받을 때도 확연히 그리스 도시의 모습을 유지했다. 마케도니아가 BC 167년에 네 영역으로 나뉜 뒤 데살로니가는 이 네 영역 중 두 번째 영역의 수도가 되었다. BC 146년에 이 지역이 로마 속주로 편성되면서 데살로니가는 속주 전체의 수도가 되었다.

하지만, 데살로니가는 여전히 자유시로 남았으며, 내정은 그리스식 공화제 정부 형태를 통해 처리했다. 즉, 시민이 모여 의사를 결정하는 평의회가 있었고, 주화를 만들 권한이 있었으며, 성안에는 로마군 파견대가 주둔해 있지 않았다.

알려진 명문만을 검토해도 라틴어로 쓴 명문보다는 그리스어로 쓴 명문이 훨씬 더 많다. 사도행전 20장 4절이 보존해 놓은 명단에 따르면 예루살렘을 위한 연보를 전달하러 그곳으로 가는 바울과 동행한 데살로니가 사절 두 명 가운데 한 사람은 아리스다고(Aristarchus)라는 그리스식 이름을 가졌고, 다른 한 사람은 세군도(Secundus)라는 라틴식 이름을 가졌다.

가까이 있던 베뢰아에는 또 다른 그리스 사람인 부로의 아들 소바더(Sopater)를 보냈다. 우리가 아는 유일한 또 다른 이름은 불행한 야손이다.

사도행전 17장 5-9절은 그가 기독교인을 자기 집에 처음으로 맞아들인 사람이라고 말한다.

바울 전도단이 아가야 지방에 공동체를 세운 또 다른 고을은 고린도 동쪽에 있는 항구 '겐그레아'(Κεχριές)다. 그러나 우리가 이 공동체에 관하여 아는 것이라고는 이 공동체의 '디아코노스'(διακονοξ, 종, 머슴)와 '프로스타티스'(προστατιξ, 보호해 주는 여인)였던 뵈뵈(Phoebe)라는 사람의 이름뿐이다(롬 16:1-2).

바울서신에서 나타나는 "○○가정에 있는 교회"란 표현은 가정 교회를 증언한다. 사실 가정 교회는 이 시기의 모든 교회의 구체적인 형태였다.[48]

가정 교회는 모든 사회적, 윤리적, 종교적 장벽이 무너지고 모든 교인이 주의 만찬을 통해 그리스도의 몸으로 결합되고, 새로운 창조물의 공동체 및 독립적이고 고유한 종교적, 사회적 실체로서 구체적인 기독교공동체를 경험하는 장이 되었으며, 이방 사상과 유대교의 영향에서 기독교의 정체성을 유지할 수 있게 해 주었고, 선교의 기지요, 기도의 공간이요, 세례 교육의 자리였던 셈이다.

가정 교회는 초대교회가 세계 종교로 발전하는 모판이 되었다고 말할 수 있다.[49] 이처럼 초대교회는 팔레스틴 유대교의 한 종파로 출발했지만, 지중해 세계 전역으로 확산된 새로운 세계적인 종교로 발전했다.

---

48 장동수, "신약성서의 가정 교회", 「복음과 실천」 제37집 (침례신학대학교, 2006), 41-70.
49 안연희, "고대 디아스포라 종교 사례로 본 지구화 시대 종교성에 대한 전망", 「디아스포라 연구」 제25집 (전남대학교, 2019), 175.

제1장

사도 마태의 교회론

1. 마태가 '교회'란 용어를 사용한 까닭

공관복음서에 '교회'(에클레시아)라는 직접적인 용어를 사용한 곳은 마태복음 16장 18절과 18장 17절 두 본문뿐이다.[1] 마가복음이나 누가복음에는 '교회'라는 표현을 사용한 적이 없다. 예수님께서 마가복음이나 누가복음에서 교회라는 직접적인 용어를 사용하진 않았지만, 곳곳에서 교회와 관련된 중요한 표현을 사용했음을 볼 수 있다.

예컨대, 제자들이나 제자도(弟子道), 임마누엘 등의 중요한 가르침들을 소개하고 있다. 즉, 교회에 관련된 다양한 표상을 사용하여 교회의 중요성을 언급했다고 볼 수 있다.

예수님의 제자 마태는 교회에 꿈을 품고 있었다. 그는 AD 70년대에 마태복음을 기술하고 예수님의 시대는 인자가 이 세상에 오시기 전에(마 24:34;

---

[1] 신약성경에서 '교회'를 지칭하는 용어는 히브리어에서 헬라어로 바로 옮겨온 것이 아니라, 70인역 성경에서 빌려 오게 된다. 그것이 바로 '에클레시아'('교회', ἐκκλησία)와 '쉬나고게'('회당', συναγωγή)인데, '카할'은 주로 헬라어 '에클레시아'로 번역되어 73회 사용되었고, '에다'는 보통 '쉬나고게'로 36회 번역되었다. 양진영, "'에클레시아'의 어원적 접근을 통한 교회론", 159에서 재인용.

16:28), 지나가지 않으리라고 보았다. 마태의 교회에 품은 꿈은 교회사에서 보기 힘든 매력적인 것으로 영적인 이상과 실제적인 현실을 조합한 것이었다.

AD 70년대는 교회로 보아 중요한 시기였다. AD 40년대에 예루살렘에서 중심 교회가 성립되었다. 고대 3인조 거두, 베드로와 세베대의 두 아들은 헤롯에 의한 야고보의 순교(행 12:1)로 깨어졌다. 그러나 이름 그대로 예수님의 형제, 야고보의 주님에 대한 충성으로 예루살렘의 3인의 사역이 보다 공고하게 되었다(갈 2:9, 12; 행 12:17 등).

사도 바울은 예루살렘 지도자들의 외식적인 행위를 책망하는 가운데(갈 2:1-10), 베드로는 바울의 견해를 듣고 곧 바울을 안디옥, 갈라디아 그리고 고린도로 파송했다(갈 2:11-14). 바울은 이때 그의 사도로서의 생각을 말하면서 이 권면을 수용했다.

이때 바울이 설교한 '참된 교리'(true doctrine)로 가르친 '복음'(gospel)[2]에 대해서는 그가 순교한 후, AD 68-70년에 예루살렘 성이 함락되고 멸망한 후에 바울을 따르던 사람들은 그의 설교를 지지하면서 예루살렘 지도자들의 입장에 저항을 보였다. 여기에서 마가복음과 급진적인 바울, 그리고 마태복음에서 그에 대한 중도적인 입장을 볼 수 있다.

예수님의 친족들은 30여 년 동안 예루살렘 교회를 이끌고 있었다. 처음에는 예수님의 동생, 야고보가 담당했고 그다음에는 사촌 시므온이 이어받았다.[3] 그러므로 자연스럽게 그 친족들에 대한 주요한 관심은 예수님에 대

---

2   원래 '좋은 소식을 가져온 사자에 대한 보수' 또는 '좋은 소식에 대해서 신들에게 감사의 뜻으로 바치는 헌물'이라는 뜻의 그리스어(語) '유앙겔리온'(εὐαγγέλιον)이 점차 '소식', '소식의 내용' 등의 말로 쓰이게 되었다.
3   2세기 그리스의 역사학자 헤게시푸스(Hegesippus)의 주장을 역사학자 유세비우스는 그의 *Historia Ecclesiastica* (*Church History*) 3장에서 인용하고 있다. Eusebius, *The History of the Church from Christ to Constantine*. G.A. Williamson, trans. (New York: Dorset Press, 1984), 100.

한 충성에 있었다.

그런데 마가복음은 친족들이 예수님에 대해 반감을 품었던 것으로 기록하였다(막 3:21). 마가복음은 한 구절로 끝맺는 마태복음과는 달리 예수님의 친족 관계를 더욱 자세히 다룬다(막 3:31-35). 마가복음의 메시지의 핵심은 예수님의 말씀에 있다.

> 누구든지 하나님의 뜻을 행하는 사람이 바로 내 형제요 자매요 어머니다(막 3:35).

문제는 그 모임에 해당하는 사람들은 예수님의 말을 듣고 하나님의 의지를 실천하려는 사람들이 바로 예수님의 참된 가족이라는 것이다. 마태 역시 예수님에게 있어서 가족의 의미의 폭을 넓힌다(마 12:46-50).

예수님의 신령한 가족이란 그의 육신의 가족들과 마찬가지로 제자들과 같은 가족을 의미했다. 마가는 나사렛에서의 불행스러운 사역을 기록하고 있다(막 6:4).

마태 역시 예수님의 친족 관계의 불편한 점을 기록한다(마 13:57). 즉, 그러면서 사람들은 예수님을 배척했다. 그러나 예수님께서 그들에게 말씀하셨다.

> 예언자는 자기 고향과 자기 집에서만은 배척당하는 법이다(마 13:57).

예루살렘 교회 초기 시절의 3인의 지도자들(베드로, 야고보, 시므온) 시대와 같게 되었다. 마가는 베드로와 야고보 그리고 요한이 가지고 있는 그들의 소명에 관한 이야기를 비롯한 몇 가지 전통적인 이야기를 기록하였다. 즉, 야이로의 딸에 대한 치유, 변화산과 겟세마네 동산에서의 사건을 진술하였다.

마가는 야고보와 요한을 그들의 성격을 나타내는 말, 즉 '우뢰의 아들' (눅 9:54)로 표현한다. 마가는 예수님께서 요한에게 주의 이름으로 귀신 쫓는 것을 금하신 것을 기록하나 마태는 이를 다루지 않는다.

마가는 야고보와 요한이 하늘나라에서의 그들의 지위를 예수님께 요청할 때 분노를 나타낸다(막 10:35-45). 이때 마태는 아들에 대해 야심을 품은 세베대의 어머니에 대한 악평을 확실하게 드러낸다(마 20:28).

이와 비슷하게 마가는 베드로에 대해 크게 공감하지 않는다. "예수님은 그리스도이시다"라는 것을 고백한 사람이 베드로였고 베드로는 예수님으로부터 가장 높은 칭찬을 받았다.

그럼에도 불구하고, 마가는 베드로를 크게 신뢰하지 않는다(막 8:29). 마가는 베드로는 예수님 곁을 차지하고 있으면서 뻔뻔스럽게 항변한 것으로 기록하였다(막 8:32). 마태복음에서는 예수님께서 베드로에게 강한 질책을 하시는 것으로 나온다.

베드로에 대한 마가의 거친 예우는 여러 군데에 나타난다. 마지막 만찬, 겟세마네 동산, 그리고 마가복음 14장에 있는 베드로의 부인 등에서 베드로는 그의 약한 심성에 대한 우리의 동정을 자극한다.

> 바로 그때 닭이 두 번째 울었습니다. 그러자 베드로는 "닭이 두 번 울기 전에 네가 나를 세 번 모른다고 할 것이다"라고 하신 예수님의 말씀이 생각나 엎드러져 울었습니다(막 14:72).

마태복음 26장 75절에서 베드로는 "예수께서 '닭이 울기 전에 네가 세 번 나를 모른다고 할 것이다'라고 하신 말씀이 생각났습니다. 그리고 베드로는 밖으로 나가 한없이 눈물을 쏟았습니다."

제자들에 대한 견해에 대한 두 명의 복음주의자들의 언급은 충분히 비교할 수 있게 해 주었다. 여기에서 두 복음 저자들(마태와 마가)이 가진 확고한 경향에 대한 충분한 증거를 제시하고 있다.

즉, 마가는 제자들을 일반적으로 둔감하고 야심적이며 비겁하기까지 하며, 자기도취적이며 보잘것없는 인간으로 보았다. 사도 바울의 한 동료였던 마가(골 4:10)는 베드로의 권위를 내세웠던 예루살렘 지도자들에게 그들의 신조('게바에게', 고전 1:12)로 저항했다.

마태는 이것을 용납하지 않았으며 예루살렘 지도자들과 예수님의 친족들, 제자들, 그리고 복음의 대변자였던 베드로에 대해 특별히 충성을 보였다.

2. 사도적 전통에 선 교회

유대교적 배경을 지닌 마태는 교회를 유대교 일부분으로 조직된 것으로 보았다. 그 당시 유대교는 일반 사건을 취급하는 지방 법정에는 3명의 재판관이 있었고 수도권에서 다른 주요한 사건을 취급하는 칠십 한 명의 재판관을 둔 최고 법정 산헤드린 공회를 운영하고 있었다.

마태는 유대인의 한 사람으로서 이렇게 기록하고 있다.

> 그러나 나는 너희에게 말한다. 형제에게 분노하는 사람도 심판을 받게 될 것이다. 또 형제에게 '라가'('경박한 자')라고 하는 사람도 공회에서 심문을 당할 것이다. 그리고 '너는 바보다'라고 하는 사람은 누구든지 지옥 불 속에 떨어질 것이다(마 5:22).

기독교인들은 저희 사이에서도 서로 조심하지 않으면 안 되게 되었다. 화를 낸다는 것은 그 자체로 그들에게 지방 재판정에 갈 수 있는 원인이 될 수 있고, 분노는 그들을 이 지상의 최고 법정으로 가게 할 수도 있다는 것을 알았으며 그것이 지옥에도 갈 수 있는 하나님의 심판이 될 수 있음을 깨달았다.

이것은 아마도 수사적 기법에 의한 표현인 것으로 생각되지만 마태는 교회에서의 훈련을 매우 진지하게 생각했던 것 같다. 마태복음 18장 10-17절에서 '제자'들은 '교회의 이 작은 자 하나'라도 잃어버린다면 심각한 범죄를 짓는 것이 되며 이를 찾았을 때는 하늘에서 큰 기쁨을 누리게 된다고 하였다.

그러므로 너(단수, 지방 교회 목회자)는 한 사람의 죄를 정하거나 범죄에 대해 논할 때 한 사람의 증인으로는 충분하지 않다. 어떤 일이든 두세 증인의 증언이 있어야 고소할 수 있다(신 19:15).

> 만일 네 형제가 네게 죄를 짓거든 가서 단둘이 있는 자리에서 잘못을 지적해 주어라. 그가 네 말을 들으면 너는 네 형제를 얻는 것이다. 그러나 만일 네 말을 듣지 않으면 그가 하는 모든 말에 두세 사람의 증거를 얻기 위해 한두 사람을 데리고 가거라(마 18:15-16).

마태는 역시 유대교의 권위주의적 사상을 인수받았다. 하지만, 예수님의 말씀, 즉 "모세의 자리에 앉아 있는 바리새인들과 서기관들이 말하는 바는 지키고 그들이 하는 행위는 본받지 말라"(마 23:2-3)고 말씀하신 예수님은 그 가르치시는 것이 권위 있는 자와 같고 그들의 서기관들과 같지 아니하였다고 하였다(마 7:29).

예수님께서 제시하는 선지자들과 지혜 있는 자들 그리고 서기관들은 실제로는 "회당에서 채찍질하고 이 동네에서 저 동네로 다니며 박해"(마 23:34)를 받을 것이라 하였다.

그러나 예수님께서 온 이후로 신령한 법의 주요한 원리는 예수님은 그 자신의 교회를 위하여 많은 규정을 내려놓았을 뿐만 아니라 자신이 교회를 다스리기 위해 기독교식의 산헤드린과 사도적인 대학을 설립하였다.

예수님은 반석을 뜻하는 시몬 베드로를 게바(Geba)[4]라 부르시고 하나의 건물을 상징하는 교회를 세우셨다. 그리고 그 교회를 여는 열쇠를 베드로에게 주셨다.

그런 점에서 마태는 이와 같은 표현으로 예수님의 교회와 교회 지도자를 적절하게 설명하는 훌륭한 교사라 할 수 있다. 마태는 교사로서의 예수님의 특징을 다른 복음서 저자보다 더욱 강조한다(마 23:8; 7:28).

이에 걸맞게 자신의 복음서 마지막 장면을 부활하신 예수님께서 주시는 이른바 대위임령(大委任令), 즉 예수님께서 분부하신 모든 것을 만백성에게 가르쳐 지키게 하라면서 제자들을 파송하는 장면으로 끝낸다(마 28:20).

이처럼 마태는 전승에서 물려받은 자료를 나름으로 편집하여 모두 3편의 긴 설교 말씀을 통해 가르치시는 예수님의 모습을 자신의 복음서에 분명하게 각인시켰다.

즉, 마태복음 5-7장은 메시아의 말씀 사역인 '산상설교'를 묘사하고, 계속해서 8-9장은 메시아의 치유기적 이야기를 묘사한다. 이렇게 보면 마태복음 4장 23절은 5장-7장에 나오는 산상설교 전체의 서곡을 알리는 절(節)로 간주할 수 있다.

---

4 예수님께서 베드로에게 주신 별명(요 1:42).

또한, 마태복음 4장 23절에 나오는 마태 특유의 표현인 '천국 복음'은 곧 산상설교와 동일시 할 수 있다. 산상설교가 행함을 강조하는 일종의 '명령법'에 해당한다면, 천국 복음 선포는 구원을 선포하는 '직설법'으로 이해할 수 있을 것이다.

다시 말해, 복음과 요청(명령)이 마태의 경우 동일하다고 말할 수 있다. 산상설교의 명령법은 천국을 전망하고 있는 터라 동시에 약속이며 하나님의 은혜이다.

그것은 마치 시내 산 토라(율법)가 이스라엘 백성에게 짐과 부담으로서가 아니라 하나님의 은혜로 주어진 것이라는 유대 전통적 사고방식에 상응한다. 이 점에서 마태는 전적으로 유대 전통적인 사고를 하는 사람임이 드러난다.

예수님은 제자들과 더불어 벳새다에 이르렀다. 벳새다는 로마 황제 빌립의 영토에 속한다. 이 도시는 황제 빌립을 기념하여 세운 도시이다. 이 지역은 유대인과 이방인을 가르는 경계 구역에 위치하기 때문에 예루살렘을 향한 예수님의 여정에 앞서 유대인과 이방인 모두를 향한 예수님의 사역을 조명하기에 적합하다.

마가복음 4장 41절에서 제자들이 제기한 질문을 이번에는 예수님 자신이 주제로 삼고 있다.

> 사람들이 나를 누구라고 하느냐(마 16:13).

제자들의 대답은 마가복음 6장 14-16절에 나온 견해를 반복한다(마 16:14). 예수님은 제자들의 견해를 듣고자 질문하셨다. 그러자 베드로가 대표격으로 대답한다.

주는 그리스도이십니다(마 16:16).

오랫동안 가졌던 제자들의 오해가 사라지고 드디어 예수님은 제대로 이해한 것처럼 보인다. 이러한 베드로의 대답은 단지 외형적으로만 옳다. 예수님께서 의외의 반응을 보이신다.

이에 자기의 일을 아무에게도 말하지 말라고 경고하신다(마 16:20).

예수님이 자신이 메시아라는 사실이 알려지는 것을 원치 않은 이유는 메시아의 칭호가 오해의 소지가 많은 데 있다.[5] 따라서, 예수님께서 침묵 명령을 내리고 있다. 침묵 명령에 이어서 곧장 예수님은 제자들에게 교훈을 주신다(막 8:31-9:1).

베드로의 신앙고백이 확대된다(마 16:16). 마태의 '하나님의 아들' 개념은 특별한 의미를 지닌다. 즉, 메시아 주 예수님은 성령에 의해 인도된 분이라는 것이다(마 1:18-25). 이런 의미에서 예수님은 인간 가운데 하나님의 현존을 드러내는 분이고, 동정녀에게 나신 분이고, 우리와 함께하시는 임마누엘의 하나님이시다. 이 모든 것이 '태의 하나님 아들' 개념에 담겨 있다.

베드로의 고백은 마태복음 14장 33절에 나오는 제자들의 고백("진실로 하나님의 아들이십니다")을 더 상세하게 반복한 것이다. 마태의 본문에 나타나는 가장 중요한 점은 베드로에게 주시는 예수님의 복 선언과 약속의 말씀이다(마 16:17-19). 시몬이 요나의 아들이란 뜻을 가진 바요나[6]로 소개된다.

5　김창선, 『공관복음서의 예수』 (서울: 비블리카 아카데미아, 2012), 222.
6　'바'(Bar)는 아들을 뜻하는 아람어이다. '요나'(Jona)는 '요한'(Johanan)의 축약형이고, 요한난은 '요하네스'(Johannes)와 동일하다. 요 1:42에 따르면 시몬의 아버지는 요

그리하여 예언자 요나의 영적 후계자로 칭찬받는다. 그의 신앙고백은 예언자적 말씀이기 때문이다. "너는 베드로라 내가 이 반석 위에"(마 16:18)라는 표현에는 헬라어 언어유희(말장난)가 담겨 있다(Petros[=베드로]와 petra[=반석]).

본래 독립된 '로기온'(λόγιον)들[7]로 이루어진, 전승에서 유래한 약속의 말씀(18, 19절)은 역사적 예수님으로부터 유래한 것이라기보다 베드로의 완성된 사역을 회고하면서 형성된 말씀일 가능성이 크다.

이 글 초두에서 지적한 바와 같이 '에클레시아', 즉 '교회'란 개념은 사복음서 가운데 오직 이곳과 마태복음 18장 17절에 나타날 뿐이다. 사도적 전통 위에 선 교회의 중요성을 강조하려는 부활 이후의 상황이 반영된 것으로 보인다(마 28:16-20).

18절에서 예수님께서 자기 교회를 세우리라고 말씀하신다. 이것은 분명히 부활 이후의 시기를 염두에 둔 표현이다. "예수 그리스도만이 교회의 터"(고전 3:11)라는 바울의 진술은 그 표현에 대한 비판적 진술로 간주될 수 있다.

마태복음 16장 18절에 언급된 '에클레시아'(ἐκκλέσια)라는 단어는 하나의 범세계적인 의미, 즉 전체로서의 기독교인의 의미로 사용된 것이라는 견해에 대부분의 학자는 동의한다. 예수님께서 공동체를 세우는 목적과 의도는 어떤 민족적 기원이나 율법의 준수 차원이 아니라 예수는 그리스도라는 신앙고백 위에서라는 것이다.

한이다.
[7] 이 표현은 XLL에 단지 4번 나오는데, 그리스어 로고스(말씀)의 지소형(指小形)인 로기온("말씀 한마디"라는 의미)을 번역한 표현이다. 본래 로기온은 간략한 신성한 말씀만을 의미하였으나, 시간이 지나면서 하나님의 의사 전달이나 신탁(oracle)은 무엇이든 가리키는 말이 되었다. 행 7:38과 롬 3:2절에서 "하나님의 말씀"이라는 표현을 사용한다.

즉, 교회를 세우는 것은 어떤 인간적인 조직으로서가 아니라 절대 주권자이신 하나님의 행위에 의해서이다. 이것은 예수 그리스도 자신이 교회의 건축자이심을 의미한다.

그리고 '반석 위에'라는 표현이 베드로의 신앙고백을 의미하는 것인지 아니면 교회의 리더로서 베드로 자신을 가리키는지에 대해서는 논쟁이 있지만, 베드로가 교회를 세울 반석이 되었다는 중요한 근거는 "주는 그리스도시요 살아 계신 하나님의 아들이십니다"라는 엄청난 고백을 하였기 때문이라는 데는 모두가 동의할 것이다.

마태는 베드로에게 하신 예수님의 말씀, 즉 "내가 네게 하늘나라의 열쇠를 줄 것이다. 무엇이든 네가 땅에서 매면 하늘에서도 매일 것이요, 네가 땅에서 풀면 하늘에서도 풀릴 것이다"(마 16:19)라는 말씀을 기록하여 베드로에게는 교회에서 유대인의 권위가 그대로 적용되는 동일한 권위가 있음을 진술하였다.

예수님은 나중에 열두 제자에게도 이 말씀을 반복하심(마 18:18)으로써 어떤 강요나 예외 조항을 두지 않으셨다. 이처럼 마태는 한 사람의 기독교인으로서 산헤드린 공회와 같은 개념으로 사도적 대학을 보았다.

마태는 마태복음 26장에 등장하는 그 당시 예수를 재판한 법정의 대표가 대제사장 가야바였던 것처럼 베드로는 사도들의 대표라고 생각하였다.

마태는 두 가지 측면에서 교회를 보았는데 한 측면은 그는 보수주의자로서 교회는 모세의 자리에 앉아서 방해물(마 17:27)이 될 성전세[8]를 받는 절대적 권위를 가진 유대교 일부분이 되기를 소망했다.

---

[8] 율법에 의하면 유대의 20세 이상의 남자는 일 년에 한 번씩 반 세겔의 성전세를 낼 의무가 있었다(출 30:13-16). 예수님은 베드로에게 바다로 가서 낚시를 던져 먼저 잡는 물고기의 입에 있는 한 세겔로 예수님과 베드로의 성전세를 내라고 말씀하셨다(마 17:27).

그와 동시에 마태는 바리새인적인 야심적인 면을 보았다. 즉, 그는 랍비[9]와 교사(마 23:5-10), 공공 구제 활동(마 6:1-18), 종교의 통속화(마 23:16-28)에서 유대인들이 실패한 것(마 23:37-39)을 보면서 사도적 조직에서는 다른 미래가 전개될 것으로 생각했다.

3. 율법 준수와 이방인에 대한 포용

예수님께서 열두 제자에게 선교 지침(마 10장)을 말씀하셨다.

> 이방인의 길로도 가지 말고 사마리아인의 고을에도 들어가지 말고 오히려 이스라엘 집의 잃어버린 양에게로 가라(마 10:5-6).

그리고 "이 도시에서 핍박하면 저 도시로 피신하라. 내가 진실로 너희에게 말한다. 너희가 이스라엘의 모든 도시를 다 돌기 전에 인자가 올 것이다"(마 10:23)라고 말씀하셨다.

그러나 이 말씀은 열두 제자에게 하신 말씀으로 그 이후 세 번이나 반복하신 사실(마 10:1, 5; 11:1)에 유의할 필요가 있다. 열두 제자는 그들의 선교를 '할례자'(갈 2:7)로 향한 것으로 이해했고, 바울은 이방 선교를 위한 책임(갈 2:9)이 있는 것으로 보았다.

---

[9] 랍비(Rabbi)는 이스라엘에서 율법사 혹은 학식 많은 교사를 높여 부르는 말. 랍비는 '크신 분'이란 뜻을 가진 '라브'(rab)에 소유 접미어가 붙은 형태로 '나의 주', '나의 크신 분'이란 뜻이었다. 이것이 점차 '선생'이란 뜻으로 유대인의 율법 교사를 존경하여 부르는 칭호가 되었다.

그래서 마태는 열두 제자가 팔레스틴 교회들에게 달려가야 할 것으로 생각했고 이방 선교로서 사마리아 지역에 대한 선교에는 어떠한 부담도 없는 것으로 생각했다. 마태는 의심할 나위 없이 이방 선교를 수용하고 그것에 정성을 다했다.

마태는 아기 예수님에 대한 점성가들의 활동(마 2:1-12)을 분명히 알고 있었고, 예수님께서 명령한 마지막 지상 과제는 "너희는 가서 모든 민족을 제자로 삼아 아버지와 아들과 성령의 이름으로 세례를 베푸는" 것임을 알았다.

마태는 예수님께서 이방인 백부장에게 하신 최상의 칭찬을 충분히 파악하고 있었다(마 8:10). 그리고 예수님은 말씀하셨다.

> 그리고 이 하늘나라 복음이 온 세상에 전파돼 모든 민족에게 증거될 것이다. 그때서야 끝이 올 것이다(마 24:14).

마태는 '이방인과 세리'를 확실히 구분했으며(마 18:17), 심지어 이방인의 사도인 바울조차도 '이방 죄인'이 아니라고 하였다(갈 2:15).

교회에 대한 마태의 꿈은 예수님의 씨뿌리는 비유에 대한 해석(마 13:24-30, 36-43)에서 명확히 제시된다. 땅은 세상을 말하고 좋은 씨앗은 '천국의 아들들'을 말하는 데 이는 기독교인들은 좋은 땅에 있다는 것이고 세상으로서 천국을 아는 것을 의미한다. 물론, 이것은 마태가 보는 천국을 보는 것을 말한다.

종종 마태복음에서는 천국은 교회를 가리킨다. 세례 요한이 말한 천국은 침노하는 자의 목표가 되었다(마 11:12).

예컨대, 베드로는 천국의 열쇠(마 16:19)를 갖고 있으며 마지막 날에 천사들이 '불법을 저지른 모든 죄를 골라낼 것'이며, 신랑과 함께하는 혼인 잔치에서처럼 천국과 교회는 동일한 것으로 보게 될 것이다. 거기에서는 무익한 자들은 제거될 것이다.

마태의 이 점에 대한 진술은 신약성경 가운데 가장 명확하게 8장 12절에서 있듯이 천국의 아들들은 유대인들이란 점을 밝히고 있다. 그러나 23장 3절에서 보듯이 바리새인의 교훈을 그대로 내버려 둔다.

씨뿌리는 비유의 메시지는 복음의 씨앗은 이스라엘에만 뿌려지는 것이 아니라 이방인 가운데에서도 뿌려지는 것이다. 주의 심판은 모든 사람에게 임하는 것으로, 세례받는 것만으로는 충분치 못하며 불법자의 죄악은 불태워질 것이라는 보다 높은 윤리적 기준을 요구한다.

이렇게 마태는 율법의 존재가 여전히 중요한 요인으로 등장하는 유대적-기독교를 영원히 재보증을 하는 셈이다.

그러므로 마태는 "모세의 자리에 앉아 있는 서기관과 바리새인"(마 23:2)들을 관찰하고 행동하라고 하였다. 마태식을 따르는 기독교인들은 유대인의 '방법'을 지키려 하였다. 이와 같은 원리들의 실제적인 적용은 마태복음과 함께 마가복음을 비교하는 가운데 나타난다.

마태는 그의 교회의 신자들이 대부분 유대인이었다는 사실을 알고 있었다. 그래서 마태는 일상적인 회당 규율을 수용하면서 '하나님을 경외하는 자들'로서 무할례자들을 포용하였다.

1) 이방인을 위한 교회

마태가 교회에 대해 꿈을 꾸게 된 두 번째 이유, 즉 교회는 주로 이방인의 교회이며 교회에 속한 대부분의 남성은 할례자들이었자는 사실이다.

마태복음 5장에서는 마태는 서기관과 바리새인의 의를 기독교인의 삶과 대조적으로 비교하는 가운데 이들 계명(살인, 간음, 이혼, 잘못된 맹세, 눈에는 눈, 이웃에 대한 사랑과 원수에 대한 증오)을 유대교의 기본으로서 언급하고 있다. 어떤 경우는 구약 시대에 시내 산에서 주어진 것이지만 예수는 이를 뛰어넘는 수준을 요구한다.

예수님은 직접 행위를 하지 않아도 그 행위에 대해 마음에 품는 것만으로도 죄악시하였다(마 5:28). 사도 바울 역시 로마 교회에 보내는 서신에서 이러한 그의 사상을 보여 준다(롬 12:14-21).

여기에 마태의 산상수훈에서의 유명한 구절 "나는 너희들에게 말한다"라는 구절이 탁월한 웅변으로 제시된다. 이처럼 마태는 예수님께서 부자 청년에게 하신 말씀을 상기시킨다.

마태는 모든 길에서 예수님과 함께하고 있다. 구원으로의 길은 율법과 예언자 안에 놓여져 있다(마 5:17). 그러나 사랑의 영혼은 심장에서 관찰되며 같은 말씀에 접근하고 있다.

> 그러므로 모든 일에 네가 대접받고 싶은 만큼 남을 대접하여라. 이것이 바로 율법과 예언서에서 말하는 것이다(마 7:12).

4. 마태의 교회론

AD 70년 예루살렘 멸망 이후에 유대교에 불어닥친 급격한 변화들은 '형성 초기의 유대교' 또는 '랍비적 유대교'와 같은 유대교의 재형성으로 이는 마침내 마태공동체가 유대교로부터의 불가피한 분리를 선택하게 했다.[10]

이와 더불어 정치적으로 그들을 탄압하던 로마제국의 통치는 한층 더 강화되었다. 이러한 주변 환경에 의한 과도기적 상황 속에서 마태는 자신이 속한 마태공동체가 이를 잘 극복하도록 새로운 대안을 제시하고자 하였는데, 그 핵심이 마태복음 1-2장에 집약되어 있다.

그리고 그것은 내외적으로 다윗의 자손으로서의 메시아 예수를 자기공동체의 정체성으로 확립하고 변증하는 일이었다. 이는 유대인들의 메시아사상과 관련하여 예수님에 대한 정통성을 변호하기 위한 마태의 의도였다.[11]

비록 로마의 대리자인 헤롯과 그들의 하수인인 유대 지도자들로부터의 거센 반대와 저항이 예상된다고 할지라도 마태는 이미 구약에 예언된 메시아사상을 약 반세기 전에 로마의 십자가 형틀에서 목숨을 빼앗긴 예수님에게 현재화시킴으로써 죽음을 이기고 부활하신 예수님이야말로 바로 진정한 구약의 성취, 곧 하나님의 아들인 메시아임을 설득하려고 했다.

---

10 정연호, 『유대교의 역사』 (서울: 기독교문서선교회, 2021), 25-28.
11 "신약성서 가운데 마태복음은 특히, 예수에 대한 다윗의 메시아사상(Messianism)을 가장 많이 강조한다", Donald J. Verseput, "The Davidic Messiah and Matthew's Jewish Christianity," *Society of Biblical Literature*, Seminar Papers (1995), 102, 울리히 루츠, 『마태공동체의 예수이야기』([Die] Jesusgeschichte des Matthataeus), 박정수 역 (서울: 대한기독교서회, 2002), 102, 한대호, "'다윗의 자손'으로서 예수 그리스도를 고백하는 마태공동체", 「신학사상」 제194집 2021년 가을호 (한신대학교, 2021), 321-353.

마태복음은 유대교 메시아의 약속과 성취의 구조를 넘어서 예수님이야말로 진정한 의미에서 온 인류의 메시아라고 선포한다. 복음서의 결론에 그가 소위 '대위임령'(大委任令, The Great Commission)을 기록한 것은 예수님의 전체 사역을 선교적으로 해석해야 함을 보여 준다(마 28:16-20).

마태는 예수님의 공적 사역 묘사에 집중하면서 교회에 품은 그의 비전을 제시한다. 즉, 그는 예루살렘을 향한 예수님의 길을 보여 줌으로써 제자들에게 앞으로 나아가야 할 목표를 제시한다.

여기에서 예수님은 제자들이 기대하는 교회 안에서 얻게 될 세상적 권세와는 정반대되는 내용의 말씀을 하신다. 그것은 교회가 나아가야 할 근본적인 방향을 제시한다. 그 방향이란 다름 아닌 낮아지는 자세 곧 섬김의 자세이다.

그 길은 인자 자신의 길과 다르지 않다. 교회는 권력을 향한 세상적 욕심을 버리고 자신을 낮추는 가운데 섬김의 길을 가야 할 것을 가르치신다.

마태가 말하고자 하는 핵심은 가르침에 있지 않고 행함에 있다. 제자들로부터 기대하는 행함은 서기관들과 바리새인들의 외식적인 행함과 대립된다. 이때 제자들 가운데에는 랍비나 선생이나 지도자가 존재하지 않는다는 점을 강조한다.

그 이유를 교회론적으로 말한다. 신앙공동체 곧 교회는 형제자매의 공동체이기 때문이다. 신앙인들은 모두 서로 형제자매이기 때문에 신분고하(身分高下)를 나타내는 칭호는 필요하지 않다.

마태의 수난 이야기(마 26-27장)는 수많은 셈어적(semitic) 표현을 담고 있다. 마태 수난 이야기에 담겨 있는 신학적 특성으로서 다음의 두 가지가 두드러진다.

첫째, 마태는 기독론적 진술을 보다 강화한다.

즉, 예수님은 이스라엘의 메시아로서 성경의 예언을 성취한 분이고 하나님의 뜻에 전적으로 순종한 하나님의 아들이라는 점을 강조한다(마 26:39 등).

둘째, 마태는 수난 이야기에서 교회론을 강조한다.

이는 부활하신 예수님께서 말씀하시는 온 세상을 향한 선교 명령(마 28:16-20)에 명백히 드러나지만, 수난 이야기에서도 부각된다. 베드로의 부인(否認), 유다의 배반, 열두 제자의 실패는 교회를 향한 강력한 권면의 메시지를 던진다.

반면, 예수님의 머리에 향유를 붓는 여인(마 26:6-13)과 십자가 밑에 있는 이방 군인들(마 27:54), 또한 예수님의 사망 후에도 제자의 길을 가는 여인들(마 27:55, 56)과 같은 예를 통해 마태는 교회가 나아갈 길을 긍정적으로 제시한다.

제2장

사도 마가의 교회론

1. 마가의 신앙공동체

예수님의 모습에 대한 마가의 이야기는 과거에 일어난 단순한 기록이 아니라 현재에 사는 사람들에게 도전을 주고 있다. 마가의 관심은 예수님께서 핵심을 이루고 있는 한 공동체에 두고 있다. 그 공동체("그를 둘러앉은 자들"[막 3:34], "함께 한 사람"[막 4:10]들로 구성된)는 예수님의 단체에 속한 사람들로 이루어져 있다.

마가복음은 그 기독교공동체 구성원들은 이미 외부인이 아니라 보다 깊은 관련을 맺으려고 도전하고 있는 사람들이었다. 마가가 교회에 대해 희망한 것은 특별한 기독교공동체에서 겪은 그의 체험을 통해서 나온 것이었다.

마가의 복음은 아마도 그가 그 공동체 안에서 나타난 그 공동체의 요구와 단점으로 기록되었을 것이다. 물론, 여기서 말하고 있는 교회는 모든 기독교 신자를 포함하는 교회라기보다는 단순히 기독교 복음은 복음주의자인 개인의 신앙적 체험과 관련되어 설립된 교회를 의미한다.

그러면 어디에서 특수한 공동체를 찾을 것인가?

그리고 그 문제는 무엇인가?

이러한 질문에 대한 학자들 사이에 일치된 입장이 거의 없으나 그 조직 안에 대부분을 차지하고 있는 이방인 신자들에 대해서는 일치된 견해를 나타내고 있다.

그리고 그 교회가 로마에 있는지 시리아에 있는지 어디에 있는지를 우리는 알 수 없다. 신앙 때문에 박해를 받는 점을 고려하여 선정된 교회가 초대교회를 대표하는 교회인지도 모른다.

그러나 그 교회가 어떠한 상황에 놓여 있든 교회의 문제가 어떻든 마가의 교회는 모든 기독교인과 마찬가지로 열정적인 반응과 참담한 실패, 성실성과 비열성, 즐거움과 두려움, 통찰력과 몰이해가 섞여 있다. 다른 말로 하자면 제자들에 대한 마가의 묘사에 반영된 교회를 말한다.

만일 마가의 교회가 품은 비전을 탐색하려 한다면 제자들의 모습을 보는 것은 적절하지 못하다. 그들이 말하고 있는 복음의 '반대자'라든가 '거짓 교사'라는 것은 크게 과장되었다. 제자들이 제시하고 있는 것은 복음에 대한 전형적인 반응(복음에 대한 열정, 하나님의 길에 대한 무능력, 주어진 것에 대해 즐겁게 여기지만 대가를 치루려고는 하지 않는 안일성)을 보인다.

그들의 부적절한 반응 뒷면에서 그 당시 마가 교회의 공동체를 엿볼 수 있다. 우리가 마가의 교회에 품은 비전을 발견하려면 무엇보다도 마가 자신이 예수님을 어떻게 말하고 있는지 그리고 그 공동체의 중심에 예수님을 두고 있는지를 살펴보아야 한다.

그리고 예수님께서 그의 제자들에게 요청하신 것과, 예수님이 행하셨던 복음에 대한 급진적인 참여를 문자 그대로 십자가에 이르기까지 추구해 보아야 한다.

이것은 예수님을 따르는 사람들에게 연설한 요청이다. 그리고 이것은 예수님의 부르심에 응답한 사람들로 구성된 공동체인 마가의 교회에 대한 비전이기도 하다.

2. 관심의 초점, 예수 그리스도

마가는 그의 기본적 관심의 초점을 예수님에 둔다. 그 자료들은 일차로 그리스도론이다. 예수님께서 사용한 모든 타이틀은 공동체의 존재에 적용하고 있다. 그 타이틀들이 관계성을 가지고 있다는 사실은 놀랄 일이 아니다. 만일 예수님께서 메시아(Messiah)시라면 다윗의 아들과 이스라엘의 왕이 되며 그 공동체는 분명히 이스라엘이다.

이 때문에 타이틀이 보여 주는 대로 "하나님의 아들"은 유대인의 정황은 왕 또는 이스라엘 그 자신을 의미한다. 예수님은 그들에게 보여 주는 것이 기대하지 않은 것일지라도 이 모든 것을 분명하게 해 준다. 이것은 예수님께서 예루살렘에 가까이 오지 않아도 이 타이틀 중 어떤 것도 이미 노출되어 있었다.

마가복음에서 예수님은 "하나님의 아들"로 묘사되고 있다. 후기 사본에 붙여진 본서의 제목으로부터 십자가 앞에서 외친 백부장의 고백에 이르기까지 예수님은 하나님의 아들로서 선언되고 있다.

변화산(變化山) 위에서 그리고 세례를 받으실 때 하늘에서 들려온 음성은 이 사실을 확증해 준다. 심지어 귀신들조차도 예수님은 하나님의 아들이라고 외쳤다.

예수님께서 비유로 말씀하시기를, 포도원 주인이 그 아들(바리새인들도 알고 있었듯이 예수님을 가리키는 말)을 보냈다고 말씀하셨다. 또한, 예수님은 그의 재림의 날과 때는 아버지 외에는 아무도 모른다고 말씀하셨다.

예수님은 예루살렘에 가까이 옴에 따라 '다윗의 아들'로서 소경 바디메오에 의해 노출되었고, 그는 왕으로서 군중의 갈채 속에 예루살렘에 입성하여 '다윗의 계승자'로서 환영을 받았다.

마지막 만찬은 다른 양식으로, 이때 마리아의 기름 부음으로 그의 장례를 위한 준비가 미리 이루어졌다. 그러나 마가의 이야기는 그를 왕으로서 기름 부음을 받은 것으로 하여 예수님은 왕으로서 빌라도 앞으로 소환되어 "유대인의 왕"으로서 십자가에서 돌아가신 것으로 기록했다.

예수님 그 자신이 사역에서 말씀하신 바와 같이 마가는 '인자'(인간의 아들)를 타이틀로 내세우고 예수님 그 자신의 통치와 운명, 그리고 그를 따르는 사람의 공동체 실존을 다루었다.

죄를 사해 주는 인자의 권위는 마가 시대의 교회 지도자들에 의해 단련된 권위로서 거의 확증적인 것이었다(막 2:10). 이것은 예수님 제자들의 행동으로 예수님의 안식일의 주되심이 정당화되었음을 뜻한다.

그러나 인자는 마가에 의해 예언된 일차와 삼차 수난의 고통(막 8:31-38; 9:30-37; 10:33-34)을 겪어야 했고, 그를 따르는 사람들에게 용기를 가지도록 격려를 해야만 했다. 인자는 혐의에서 풀려나와 하나님 오른편 보좌에 앉게 될 것이지만 그의 신뢰하는 제자들은 그의 변명을 공유할 것이다.

무엇보다도 인자(人子, Son of man), 즉 인간의 아들이 그의 공동체에 속해 있는 사람들의 삶에 영향을 주는 것은 그의 삶이 사람들의 대속물(代贖物, 막 10:45)로 드려지는 것이다.

그러나 인간의 아들과 그의 추종자들 간의 관계는 그가 누구이며 그들이 무엇이 되어야 하며 그리고 그가 좋아하게 될 것을 요청하는 대로 진술되어야 한다는 것이다. 인자는 그가 행하는 대로 따라 하기를 기대한다.

마가가 우리에게 말하고 있는 예수님은 하늘나라의 도래에 대한 복음인데 복음의 소식을 믿는 사람들이 회개하는 것을 원하고 계신다(막 1:15).

복음의 시초는 세례 요한으로 그의 외양은 선지자와 같은 모양 세를 갖추었으며 그의 예수님의 길을 예비하는 광야에서 베푸는 그의 세례는 "매우 유의미한 이벤트"[1] 로서 하나님의 백성을 새롭게 하며 그의 후계자를 배출하는 선지자적 행위로 이해되었다.

마가는 그의 과대한 언어로 세례 요한의 사역 성취를 강조하였는데, 요한은 온 유대와 예루살렘으로부터 온 무리에게 세례를 베풀었다. 요한 그 자신은 물로 세례를 베풀었지만 앞으로 오실 분은 성령의 세례를 베풀어 이스라엘 백성이 심판을 받거나 새롭게 될 것이라고 하였다.

마가는 예수님의 선포를 간결하게 종합하는 요약문으로 예수 이야기의 본론을 시작한다. 이 진술은 예수님이 선포하신 "복음의 요약이고, 인류에게 전하고 싶은 말씀의 핵심"이라고 말할 수 있다.

세례 요한이 잡힌 후 예수님의 갈릴리 사역이 시작되었다고 말하나, 요한이 잡힌 이유에 대해서는 언급하지 않는다. 그 이유는 나중에 가서 보도한다. 예수님은 임박한 '하나님 나라'에 관한 '하나님 나라의 복음'을 선포한다(막 1:14). 예수님은 하나님의 복음을 선포하는 일을 자신의 가장 중요한 사명으로 여기셨다.

---

1 Morna D. Hooker, *The Gospel According to St. Mark*, (London: Bloomsbury Publishing Co., 2001), 39.

'복음'에 해당하는 헬라어 명사 '유앙겔리온'(εὐαγγελίον)과 동사 '유앙겔리제스타이'(εὐαγγελίζεσθαι)는 구약의 예언자 전통에서 유래한 것으로 하나님이 자신의 백성을 통치하고 해방할 것을 선포한다. '하나님의 복음'이란 하나님이 세상 사람들을 위해 마련하신 궁극적인 구원 선포를 뜻한다.

마가가 사용하는 복음의 개념은 바울이 사용하는 개념과 차이가 난다. 바울에게 복음이란 구원 사건으로서의 예수님의 죽음과 부활을 가리킨다면, 마가는 메시아이며 하나님의 아들로서의 예수님의 행하시는 선포와 삶 전체를 복음으로 이해한다.

마가복음 3장 7-12절은 예수님의 사역을 요약하는 보도이다. 이로써 예수님의 사역이 갈릴리를 넘어서 주변 지역으로 이르렀고 남으로는 예루살렘까지 그리고 두로와 시돈까지 확장되었음을 보여 준다.

마가는 특히 "많은 사람을 고치셨다"(막 3:10)는 예수님의 치유를 강조한다. 마가복음 3장 11-12절에는 예수님은 자신이 하나님의 아들이라는 사실을 드러내지 말라고 귀신들에게 침묵 명령을 내리신다.

열두 제자의 선택은 예수님의 실제 행위로 간주된다. 그것은 새로운 이스라엘의 회복과 관련된 종말론적 표시 행위이다. 이러한 예수님의 본래 의도를 마가가 얼마나 깨달았는지는 알 수 없으나, 마가에서 열두 제자란 일차적으로 교회를 가리킨다.

이제껏 예수님은 유대 땅을 거의 떠나시지 않고, 단지 예외적으로 이방인을 만났을 뿐이나, 이제 이스라엘의 경계를 넘어 전통적으로 심판이 예고된 이방 도시 두로로 가신다(막 7:24). 이와 같은 정보는 마가의 구상과 잘 맞아떨어진다. 마가는 이 이야기에서 훗날 이방 선교의 토대가 놓였다고 보기 때문이다.

이 이야기는 사실을 명확히 보여 준다.

> 자녀들을 먼저 배불리 먹게 해야 한다. 자녀들이 먹을 빵을 가져다가 개에게 던져 주는 것은 옳지 않다(막 7:27).

그러나 수로보니게[2] 여인은 예수님을 전적으로 신뢰하는 말을 한다.

> 그렇습니다 주여 하지만 개들도 식탁 밑에서 자녀들이 떨어뜨린 부스러기를 주워 먹습니다(막 7:28).

여인의 이 말로 인해 예수님은 여인의 간청을 들어 주신다(막 7:29). 마가는 14장부터 시작되는 본격적인 수난 이야기를 보도하기 직전 13장에서 종말에 관해 예수님이 말씀하시는 비교적 긴 장면을 묘사한다. 종말에 관한 말씀을 다루는 마가복음 13장은 해당 본문의 길이만 보더라도 마가복음 안에서 두드러진다. 예수님의 비유 말씀이 집결된 4장과 비견할 만하다.

그런데 4장에 나오는 각 비유는 앞뒤 비유들을 연결해 주는 중간 설명을 통해 서로 연결된 것과 달리, 마가복음 13장 1-37절의 종말에 관한 예수님의 말씀은 도입부를 제하면 중간에 끊어지지 않고 연속적으로 구성된 가장 긴 말씀이다.

이 말씀은 조용히 가르침을 받고 있던 네 명의 제자(3절)를 넘어 전체 기독교 세계를 향해(37절) 선포된 것으로 볼 수 있다. 그 말씀을 들은 그들은 몹시 놀라 이렇게 말했다.

---

[2] 수로보니게(Syrian Phoenicia)는 팔레스틴 북부 수리아 지역의 베니게를 이르는 말이다. 수로보니게는 로마의 지배 아래 있는 수리아의 베니게란 뜻이다(막 7:26).

> 예수께서 행하시는 모든 것은 참으로 대단하다. 듣지 못하는 사람도 듣게 하시고 말 못 하는 사람도 말하게 하신다(막 1:27).

특히, 9-13절은 제자공동체, 즉 교회를 염두에 둔 진술이다. 세상을 뒤흔드는 혼돈의 세력들(5-8절)이 제자공동체를 가만히 내버려 두지 않고 죽음의 공포로 위협한다. 제자들이 처한 환란에 가정불화까지 겹친다.

그러나 예수님의 이름으로 끝까지 견디는 자는 구원을 받으리라 약속한다(13절). 마가의 시각에서 보면 특히 10절이 중요하다.

> 복음이 먼저 만국에 전파되어야 할 것이다(막 13:10).

만백성을 향한 복음 선포는 마가가 복음의 시작을 토대로 묘사하는 예수 이야기의 결과이다. 복음 선포는 예수님과 함께 시작되었다(막 1:14-15). 복음 선포가 '먼저' 이루어진다고 하여 종말의 때를 계산해 낼 수 있는 것은 아니다. 최후 종말의 시와 때는 어떤 누구도 산정할 수 없다. 그것은 하나님의 전권에 속한다(막 13:32).

3. 복음 선포에 참여하는 길

복음의 시작을 알리는 예수님의 선포(막 1:14-15)에 이어서 마가는 예수님에 관한 본래 이야기를 시작한다. 여기에는 전승에서 물려받은 것으로 보이는 두 개의 소명 이야기가 나온다.

하나는 예수님이 시몬과 그 형제 안드레를 제자로 부르는 장면(16-18절)이고, 다른 하나는 세베대의 두 아들 야고보와 요한을 부르시는 이야기(19-20절)이다.

두 장면은 같은 구조로 이루어져 있다. 이러한 이야기의 구조는 생업을 버리고 엘리야를 따르는 엘리사 이야기(왕상 19:19-21)와 같은 구약의 예언자 소명을 토대로 한 것이다. 먼저 상황 묘사가 있고, 이어서 말이나 행위로 일어나는 소명이 나오고, 마지막으로 따라감이 보도된다.

갈릴리 해변을 지나가던 예수님은 이들을 그들의 그물로부터 불러내신다. 그것은 곧 그들의 생업과 사회적 관계망에서 떼어 내는 것이다. 제자됨의 목적은 물고기를 낚는 어부에서 사람 낚는 어부가 되는 것이다.

곧 예수님의 선포 사역에 동참하는 것이다. 이들은 아무 거리낌도 없이 어떤 조건도 내세우지 않고 이내 예수님을 따른다. 여기에 극단적인 예수 운동의 단면이 드러난다.

예수님과 함께 팔레스틴을 두루 여행했던 제자들은 부활 이후에도 선교사와 사도와 선지자로서 '방랑의 생활 방식'[3]을 유지했던 초대교회의 지도자 계열에 속한다.

무주택, 무소유, 무방비, 무가족의 에토스를 강조하는 공관복음 전승은 '방랑하는 카리스마적 지도자들'이 처한 초대교회 상황에서 나온 표현이라고 교회사학자 게르트 타이센(Gerd Theißen) 교수는 설명한다.[4] 그는 방랑하는 카리스마적 지도자들은 비상함과 함께 견유학파(Cynic)들과 같이 순회

---

[3] 예수님의 제자들은 고향과 가족 친지를 '떠나' 알 수 없는 곳, 모험과 위험이 가득 찬 미지의 세계로 끝없는 '유랑'을 계속했다. 그들은 예수 그리스도만을 바라고 무조건 추종을 이루었다.

[4] 게르트 타이쎈(Gerd Theißen), 『복음서의 교회 정치학』(*Gospel Writing and Church Politics-A Socio-rhetorical Approach*), 류호성·김학철 역 (서울: 대한기독교서회, 2011), 55-63.

교사나 설교자의 형태를 취하게 된다고 제안하고 있다.

무엇보다도 예수님은 이 네 명을 불러서 그의 교회, 즉 예수님의 교회를 시작하였다. 천국에 대한 예수님의 복음이 선포되고 인간의 전적인 순종이 뒤따름으로 신앙공동체가 탄생한다. 제자를 부르시는 일은 신앙공동체 탄생의 본보기이다.

그러므로 이후 예수님께서 제자들에게 가르치시는 모든 것이 교회의 가야 할 길을 나타내는 것으로 볼 수 있다.

마가복음 3장 7-12절은 예수님의 사역을 요약하는 보도인데, 예수님의 사역이 갈릴리를 넘어서 주변 지역에 이르렀고 남으로는 예루살렘까지 그리고 북으로는 두로와 시돈까지 확장되었음을 보여 준다.

복음을 증거하기 위해 파송되었던 제자들의 복귀에 대한 간단한 언급은 마가의 편집에서 나온 것이다. 이것은 이어서 나오는 오병이어(五甁二魚)의 이야기로 안내하는 성격을 갖고 있다. 그런데 흥미롭게도, 열두 제자를 가리키는 '사도들'이란 개념이 나온다. 마가복음 가운데 이곳에 단 한 번만 나오는 이 개념은 칭호가 아니라 선교사로서 '보냄을 받은 자들'(ἀπόστολοι, 아포스톨로이)을 가리키는 개념이다.

"한적한 곳에 가서 잠깐 쉼"에 관한 언급이 나오는데, 이는 32절의 보도에 대한 이유로 이해할 수 있다. 많은 사람이 몰린다는 표현은 마가복음 3장 20절의 경우와 유사하다.

> 예수님께서 집으로 들어가시니 또다시 사람들이 몰려들어 예수님과 제자들은 음식 먹을 겨를조차 없었습니다(막 3:20).

마가복음 6장 32-56절에는 오천 명을 먹이시는 예수님의 기적이 기록되어 있다. 기적이 어떻게 일어났는가에 대한 묘사는 없고, 기적이 일어난 사실 자체의 확증에 대해 상세히 묘사한다. 그리하여 오천 명의 남자들이 떡 다섯 개와 물고기 두 마리로 배불리 먹고도 열두 바구니에 남았음을 이야기 마지막 부분에서 강조한다(막 6:42-44).

마가복음 6장 32-44절 이야기의 기본 모델은 선지자 엘리사가 20개의 떡으로 100명을 먹이는 이야기를 담고 있는 구약성경 열왕기하 4장 42-44절에서 유래한다.

여기에서 묘사되는 오병이어의 식사는 단지 육신의 순간적 배고픔을 채우는 이야기를 넘어서고 있음을 알 수 있다. 풍성한 식사란 온갖 종류의 허기를 채우고 온갖 기대를 능가하는 종말론적 선물 표시이다.

마가는 이 기적 이야기를 통해 종말론적 구세주인 예수님의 권세를 보여주려 한다. 예수님은 자신의 권세 있는 가르침을 통해 인간들을 하나님께 이끌고자 한다. 사람들에게 나누어 주시는 '떡'은 하나님 계시의 선물이다.

이런 의미에서 특히 41절은 성만찬을 연상시킨다. 남은 열두 바구니는 열두 지파에 대한 암시로 볼 수 있다.

그 후 마가는 물 위로 걸으신 예수님(막 6:45-52)을 통해 예수님의 제자들은 예수님의 놀라운 행위들을 직접 체험했다고 말한다. 이 모든 것은 제자 됨의 길을 이야기 형식으로 표현한 것이라 볼 수 있다. 제자 됨은 물 위를 걷는 걸음과 같다. 그것은 자신들의 안락한 보금자리에서 뛰쳐나오는 길이다. 첫 신앙의 열정은 험난한 인생의 파고 속에서 검증되어야 한다.

마가공동체는 예루살렘에서 사역하시는 예수님을 통해 공동체의 갈 길을 깨닫게 된다. 마가는 예수님은 여리고에서 시각 장애인 바디매오를 고쳐주시는 이야기(막 10:46-52)를 통해 예수님의 예루살렘 입성 장면을 준비했다. 예루살렘 입성에 이어서 그곳에서 이틀을 머무는 동안 일어난 일에 대해 보도한다.

예수님의 무화과 나무에 대한 저주(막 11:12-14)는 예루살렘에서의 예수님의 사역과 관련된 유일한 기적 이야기이다.[5] 그러나 이를 저주의 기적으로 해석할 것이 아니라 예언자적 상징 행위로 이해하는 것이 옳다고 사료된다.[6]

무화과 나무가 열매를 맺지 못한다는 이유로 벌을 받는 것이 아니다. 그 나무를 통해 말하고자 하는 것은, 결정적인 순간에 꼭 필요한 열매를 맺지 못하는 상황을 확실하게 보여 주려는 데 있다.

마가의 의도는 무화과 나무를 저주하는 장면을 통해, 심판하려던 자들이 스스로 하나님의 심판에 놓이게 된다는 사실을 독자들에게 미리 밝히려는 데 있다.

이러한 사실은 다음날 일어난 말라죽은 무화과 나무를 둘러싼 예수님과 제자들 사이의 대화에서 분명해진다(막 11:20-25). 22절에 나오는 "하나님을 믿으라"는 진술은 하나님은 무화과 나무를 통한 상징적인 심판을 시행하실 수 있는 분이라는 사실을 확신시키고 있다. 이어서 나오는 23절, 24절의 말씀은 공의의 심판을 기다리고 있는 신앙공동체가 신앙 가운데 그들의 기도가 반드시 하나님께 상달되리라는 점을 강조한다.

---

[5] 영국의 철학자 버트런드 러셀(B. Russell)이 "왜 나는 기독교인이 아닌가?"라는 제목의 에세이에서 이 성경에 등장하는 예수의 행위를 "총명스러움의 면에서 뿐만 아니라 덕스러움의 면에서도 예수는 결손된 면이 많아서 나는 결코 기독교인이 될 수 없다"고 단언하면서 기독교를 비판하는 데 이 무화과 나무의 저주에 대한 이야기를 인용하였다. 그 이후 이 무화과 나무 이야기는 세계적으로도 유명하게 알려졌다. B. Russell, *Why I am not a Christian*, ed. by P. Edwards (London: The South London Branch of the National Secular Society, 1957), 14.

[6] 김득중, "마가의 무화과 나무 저주 이적 본문 연구", 「신학과 세계」 제32호 (감리교신학대학교, 1996), 29-30.

이러한 상황에는 용서에 대한 요청도 잘 어울린다(25절). 심판은 신앙공동체의 역할이 아니라, 신앙공동체의 허물을 사하여 주신 하나님의 전권에 속한다.

4. 마가의 교회론

마가가 그의 복음서를 진술해 보냈던 신앙공동체는 고난의 교회 혹은 순교의 교회였다. 마가복음 자체가 이러한 마가공동체의 역사적 상황에 대해 몇 가지로 지시해 주고 있는데, 특별히 4장, 8장, 13장에는 마가공동체가 '고난의 교회'였음을 암시해 주는 구절들이 많이 나타나 있다.

제자들에 대한 가장 중요한 교훈의 주제는 예수님의 세 차례에 걸친 수난 예고(막 8:27-9:1; 9:30-37; 10:32-45)와 관련되어 등장한다. 예수님은 제자들이 가야 할 십자가의 길에 대한 교훈을 수난 예고와 결부시켜 교훈하는데 각각 다음과 같은 동일한 형태를 보인다.

예수님 자신의 수난 예고(막 8:31; 9:31; 10:33-34)와 제자들의 몰이해 (막 8:32-33; 9:31 등), 그리고 예수님의 제자에 대한 교훈(막 8:34; 9:1 등)이다. 수난 예고의 내용은 예수님 자신이 고난을 받을 것과 죽임을 당할 것, 그리고 다시 살아날 것에 관한 내용이다.

첫 번째 수난 예고 직후 베드로는 예수님께 큰 꾸중을 듣는다. 그리고 예수님은 바로 제자훈(弟子訓)을 말씀하신다.

> 나를 따라 오려거든 자기를 부인하고 날마다 제 십자가를 지고 나를 좇을 것이니라 (막 8:34).

　예수님의 첫 번째 제자훈은 예수님의 제자가 되기 위해서는 십자가를 져야 한다는 것이다.
　두 번째 수난 예고에도 제자들은 이해하지 못하고 서로 누가 큰 자인가에 관한 토론을 벌인다. 이에 대하여 예수님은 다음과 같이 말씀하신다.

> 첫째가 되고자 하면 뭇사람의 끝이 되며 뭇사람을 섬기는 자가 되어야 하리라 (막 9:35).

　제자들에 대한 섬김의 제자훈을 말씀하시는 것이다.
　세 번째 수난 예고 직후 야고보와 요한은 각각 주의 우편과 좌편에 앉게 해 달라고 요구하며 이 같은 요구에 제자들은 분히 여긴다. 예수님께서 그와 같은 모습을 보이는 그들에게 이렇게 가르치신다.

> 누구든지 크고자 하는 자는 너희를 섬기는 자가 되고 누구든지 으뜸이 되고자 하는 자는 모든 사람의 종이 되어야 하리라(막 10:43-44).

　마가복음 8장의 제자훈(弟子訓, 막 8:34-9:1) 가운데서도 마가공동체가 고난의 교회였음을 암시하는 몇 개의 구절들이 나타난다. '목숨'(ψυχή, 퓌케)이라는 단어가 중심 단어로 계속해서 강조되고, 다른 복음서에서 사용되지 않는 '복음을 위하여'(τοῦ εὐαγγελίου, 투 유앙겔리우)라는 말이 특별히 사용되고 있다는 점 등은 마가공동체가 고난의 교회였음을 반영해 준다.

마가는 이런 상황 속에서 예수님의 수난 이야기를 그의 공동체를 위한 본보기로 사용하고 있다. 마가는, 고난 겪고 있는 교회가 직면한 핍박에 대해 잘 준비하여 대처하게 되기를 원하고 있다. 그러므로 마가는 그의 공동체가 당하고 있는 고난을 뒤로 소급해서 예수님의 고난을 연관시키고 있다.

마가복음에는 예수님의 가르침에 대한 제자들의 몰이해 장면이 자주 등장한다. 제자들은 예수님의 고난의 필연성을 이해하지 못하고, 자신들이 서 있는 위치도 이해하지 못했다. 그들은 예수님의 메시아 직(職)의 본질을 고난받는 메시아 직으로 이해하는 것이 아니라, 자기들에게 권세를 가져다 줄 왕적 메시아 직으로 이해한다.

그런데 초대교회공동체도 이와 같은 실수를 저지르고 있다. 그러므로 마가의 의도는 분명하게 나타난다. 그것은 예수님을 따르는 공동체가 그들이 처한 상황에서 예수님을 바르게 이해하고 그들이 가야 할 너무나도 확실한 길을 예수님의 길에서 발견하도록 하는 것이다.

마가는 자신의 공동체를 "고난당하는 인자"에게 굳게 결속시키기 위하여 예수 그리스도에 대한 적극적인 복음을 선포(막 1:1)함과 동시에 십자가를 지라는 부름을 거절하고 제자 직의 수행을 실패하게 하는 왜곡된 영광의 신학에 대하여 강력하게 반대하고 있다.

그리고 예루살렘 교회와 마가의 불일치 요소로서 마가의 갈릴리공동체의 강조(막 16:7), 이방 선교 강조, 의식적 금기 폐기, 그리고 십자가의 집중을 든다.

마가복음에서 예수님의 가르침에 대한 제자의 몰이해와 실수들이 강조되는 것은 마가공동체에 대한 마가의 엄중한 경고일 수 있다. 그것은 마가복음에 등장하는 모습처럼 예수님을 영광의 메시아로 인식하여 고난의 장에서 그를 버리지 말라는 경고이다.

한편, 제자들의 무지와 실수의 강조 뒤에는 무한한 하나님의 사랑에 대한 강조가 있다. 실수가 많고 무지했던 제자들이 하나님의 사랑을 통해 받아들여졌고, 다시금 회복되어 승리하는 모습으로 제자의 길을 가고 있는 것을 볼 때, 그것은 마가공동체에게 큰 위로와 격려가 된다.

마가복음에 나타난 제자들의 역할은 이처럼 마가공동체를 위한 귀한 본보기이다. 그것은 제자들 자신의 가치나 실수를 나타내 보이기 위한 본보기가 아니라 그들을 통하여 공동체에 교훈을 주기 위한 본보기인 셈이다.

마가의 목적은 제자들의 권위를 깎아 내리고 손상해서 그들을 정죄하고 그들을 비판하려고 하는 데 있는 것이 아니라, 오히려 제자들의 실패 모습을 본 자신의 공동체에 이제는 영광만이 아닌 예수님의 고난과 수난에도 함께하고 참여하는 것이 참된 제자의 모습임을 밝혀 줌으로써 그들을 참 제자로서의 길로 끌어들이려고 하는 것이다.

마가의 교회에 품은 꿈은 매우 단순하다. 이스라엘 백성들이 그의 주권을 인정하고 예수 그리스도의 사역 속에서 선포된 것처럼 하나님과 이웃을 사랑하라는 말씀에 순종하는 공동체를 지향하는 것이 바로 교회에 품은 마가의 꿈이기 때문이다.

예수님을 메시아로, 하나님의 아들로 믿음으로 받아들이는 것이 주 예수님을 따르는 첫걸음이 된다.

제3장

사도 누가의 교회론

1. 누가가 꿈꾼 신앙공동체

어떤 세대이건 그 시대에 존재하는 교회들은 당시 사람들이 집착하는 삶에 대한 비전이 필요하다. 교회는 기본적으로 이 세상 구원을 위한 하나님의 계획 속에서 임명받은 거룩한 조직체이다. 그러므로 교회가 최초에 어떻게 출발했든지 간에 교회가 세상으로 들어갈 때는 그의 비전을 새로이 할 필요가 있다.

누가는 그 당시 예수님의 사역에 대한 기록과 문헌들과 지중해 연안 도시들을 둘러싼 초대교회의 사역 활동에 대한 자료들을 정리하면서 하나님의 교회에 품은 꿈을 제시하였다.

그의 주된 관심은 그가 가진 자료에 대한 영적 검토에 두지 않고 예수님의 사역과 예수님께서 설립한 교회가 이스라엘 백성들의 하나님에 대한 소망에 어떻게 대응하는 것인지를 검토하는 것에 두었다.

그러므로 예수님의 일상생활에서 보이는 사도적 역할에 관심을 두었으며 예수님에 대해서는 설립한 예수공동체에 대해 사색적인 신학자의 한 사람으로서 접근했다. 그의 복음서에서는 교회에 대한 언급이 거의 보이지 않지만, 사도들에 대한 선교 활동에 대한 초기 기록에서 급작스럽게 등장하기 시작한다.

실제로 누가복음은 예수님의 일생을 가장 완벽하게 묘사한 복음서이다. 그러나 예수님의 공동체를 교회로 보고 공동체의 형성 과정에 대해서는 별로 언급하지 않고 있다. 교회에 대한 본격적인 묘사는 예수님이 승천하신 후에 예루살렘에서 제자들의 모임에 대한 기록을 통해서 나타나기 시작한다.

물론, 순수한 사회적 인간관계로서 형성된 초대교회에 대한 설명이 쉬운 일은 아니었을 것이다. 예수님께서 처형으로 돌아가시게 되자 많은 그의 추종자는 예수님은 오실 왕(메시아)이신 것에 대한 기대 속에 실망이 매우 컸을 것이다.

그러나 그의 다시 나타나심, 즉 부활로 그들의 희망은 재정비되었다. 이처럼 본질적인 사고처럼 보이는 것이 교회의 역사이다. 교회의 역사와 그 예수운동이 예수님의 선교 사역과 교회의 성립을 연결하는 기본적인 하나님의 계획인 셈이다.

예수님의 도래는 하나님 나라를 표방하는 상징이므로 초대교회의 선포가 하나님의 나라를 증언한다면 예수님의 직무를 재현하는 것이다.

누가복음의 이야기에서 투영된 것은 교회의 보이지 않는 것에 대한 명백한 이유를 나타낸다. 회개를 부르짖는 세례 요한은 그의 세례가 이스라엘 백성을 두 종류의 집단으로 분류하여 교회로 이끄는 단순한 이유를 보여 준다.

세례 요한의 사역은 앞으로 도래하실 분이 적절히 다룰 알곡과 쭉정이를 만드는 것이었다. 세례 요한은 하나님에게 속하려는 의지를 상징하는 행위로 세례를 베풀었다. 요한은 세례를 받으려 나아오는 무리에게 회개에 합당한 열매를 맺으라는 강렬한 메시지를 외쳤다. 누가에게 회개(悔改)란 죄 사함과 구원의 전제로서 죄로부터 돌아서는 것을 의미한다(행 2:38; 3:19; 26:20).

누가는 세례 요한과 예수님 사이를 분명하게 구분한다. 그는 요한의 시간을 약속의 시간으로 여기고 예수님의 시간을 성취의 시간으로 구분한다. 요한은 마지막 예언자이고 예수님과 더불어 구원의 시대가 열린다. 예수님을 예비하는 자로서 세례 요한은 회개의 선포자이나, 예수님은 구원을 가져오시는 분이시다.

누가복음은 예수님의 앞뒤를 둘러싼 뭇 군중들 속에서 복음을 외치시는 모습을 묘사하고 있다. 천국이 예수님과 함께 존재하며 구원에 대한 기쁨은 예수님을 전하는 하나님의 아들을 받아들이는 것에서 비롯된다는 사실을 나타내고 있다.

이처럼 예수님은 모든 백성에게 심판이 아니라 하나님이 수용하신다는 사실을 고향 나사렛 회당에서 선포하신다.

> 주의 영이 내게 내리셨다. 이는 하나님께서 내게 기름을 부으셔서 가난한 사람들에게 복음을 전파하도록 하기 위해서다. 하나님께서는 포로 된 사람들에게 자유를, 못 보는 사람들에게 다시 볼 수 있음을, 억눌린 사람들에게 해방을 선포하기 위해 나를 보내셨다. 주의 은혜의 해를 선포하도록 하기 위함이다(눅 4:18-19).

누가의 이야기 속에서 이스라엘의 회복은 백성들이 신령한 방문자(=예수)를 거부함에 따라 멈추게 된다. 그리하여 예수님의 죽음과 부활, 그리고 승천을 통해서 새로운 구원의 계획이 이스라엘 백성들에게 선포된다.

이스라엘의 회복과 주의 재림에 대해서는 사도행전 1장 6-8절에서 설명한다.

> 그래서 그들은 다같이 모여 있을 때 예수께 물었습니다.
> 주여, 주께서 이스라엘에게 나라를 회복시켜 주시려는 것이 지금입니까?
> 예수께서 그들에게 말씀하셨습니다.
> 그날과 그때는 아버지께서 자신의 권세로 정하셨으니 너희가 알 것이 아니다. 그러나 성령께서 너희에게 오시면 너희가 권능을 받고 예루살렘과 온 유대와 사마리아와 땅 끝까지 이르러 내 증인이 될 것이다(행 1:6-8).

모든 회복은 하나님이 선택한 미래에 이루어진다. 예수님은 사도들을 그의 왕국에 초청하여 그들은 예수님의 약속을 믿는 사람들로서 왕국의 일부분이 될 것을 선언한다. 그와 같이 교회는 새로운 이스라엘로 전적으로 구분된 존재로서 태어나는 셈이다.

누가복음 11장 14-23절에 의하면 예수님은 그 자신과 그의 추종자들을 묘사하기를 사탄의 왕국으로부터 사람을 '모으는 것'(Gathering)으로 묘사한다. '모으는 것'은 유의미한 에클레시아(교회)의 사전 단계적인 주제로 누가복음에 종종 나타난다.

1) 기도공동체

예수님과 제자들은 어둠으로부터 사람들을 초청하고 아직 밝혀지지 않은 미래를 위해 새로운 공동체를 구성한다.

그러므로 예수님의 제자들은 그들에 대한 적대감과 시련 속에서도 자진해서 그 무리들을 위하여 기다리고, 봉사하고 고통을 겪으려고 한다. 이렇게 복음에 대한 이해를 교회에 품은 사도행전에서 보이는 접근 방식으로 시도한다.

사도행전이 예수님의 제자들로 구성된 초대교회의 양상인 동시에 누가복음의 예수님은 선포하고 가르친 내용을 계승하여 반복한다고 할 때 예수님은 선포한 내용과 통일성을 갖는다.

사도행전 앞부분의 장(章)에서 신자들이 만나는 공동체, 즉 가정과 성전에서 모인 예수 추종자들의 공동체는 무명의 공동체였다. 이 모임은 곧 예루살렘 교회로 초대교회의 '에클레시아'(ἐκκλησία)로 나타나게 된다. 그런데 누가는 그 용어를 사용하지 않는다.

모인 신자들은 다음과 같이 묘사되어 있다.

> 그들은 모두 그곳에 모인 여자들과 예수의 어머니 마리아와 예수의 동생들과 함께 한마음으로 기도에 전념하고 있었습니다. 그 무렵 모인 사람들이 약 120명쯤 됐는데 베드로가 형제들 가운데 일어나 말했습니다(행 1:14, 15).

> 다 같이 한곳에 모였더니(행 2:1).

> 믿는 사람이 다 함께 있어 모든 물건을 서로 통용하고(행 2:44).

> 하나님을 찬미하며 또 온 백성에게 칭송을 받으니(행 2:47).

> 사도들이 놓이매 그 동료에게 가서 제사장들과 장로들의 말을 다 알리니(행 4:23).

> 믿는 무리(πλήθος, 프레도스)가 한 마음과 한뜻이 되어(행 4:32).

누가의 서신을 복사하는 사람들은 사도행전 2장 44절의 "믿는 사람들"을 '다양한 사람의 조합'이라는 뜻을 가진 '에클레시아'(ἐκκλησία)로 표기하는 것이 어려웠다.

이 사도행전 2장 47절에 나오는 '에피 토 오 아우토'(ἐπὶ τὸ αὐτό, 함께 [장소에 관한])란 어구에서 누가가 사용한 '에클레시아'(ἐκκλησία, 교회)로 옮기는 데 어려움을 느꼈다. 그래서 그들은 '믿는 자들의 가까운 연합'으로 진술했다.

부활하신 예수님을 향한 응집성으로 기본적으로 정립된 새로운 공동체가 형성되었다. 베드로의 오순절 설교는 예수님을 하나님의 거룩한 왕('주와 그리스도')으로 밝힌다.

십자가에 못 박은 예수님은 주님이시며 동시에 '폐역한 세대'(행 2:40)로부터 그리스도(행 2:36)를 믿는 구원받은 자들은 성령에 의한 세례로 선별된다.

그리스도의 추종자의 교회적 의미는 베드로의 설교에서 나타난다. 즉, "하나님의 백성"(λαός, 라오스, 행 3:23)으로부터 제외된 불순종한 백성들에게 선지자 모세가 약속한 사실을 베드로는 그의 오순절 설교에서 설명한다.

이처럼 누가는 새로운 공동체를 "하나님의 백성"(λαός, 라오스), 즉 구약성경의 아브라함에게 축복하신 후손으로서 묘사한다(행 3:25-26).

이러한 기본적으로 정의되었던 특성은 바로 누가의 교회에 품은 비전으로 나타난다. 누가복음의 목적은 이와 같은 믿음으로 이끄는 것이다. 그리스도 안에서 갖는 이러한 믿음 없이는 그들이 세례를 받은 지역의 교회 구성원이든 하나님 백성의 구성원은 될 수가 없다.

예컨대, 가룟 유다(눅 6:16), 아나니아와 삽비라(행 5:1-6), 그리고 마술사 시몬(행 8:9)과 같은 사람이다.

사도 바울이 전도 여정 가운데 에베소에서 장로들에게 마지막으로 간곡하게 부탁한 말씀들이다.

> 유익한 것은 무엇이든지 공중 앞에서나 각 집에서나 꺼림이 없이 너희에게 전하여 가르치고(행 20:20).

> 유대인과 헬라인에게 하나님께 대한 회개와 우리 주 예수 그리스도께 대한 믿음을 증언한 것(행 20:21).

> 내가 달려갈 길과 주 예수께 받은 사명 곧 하나님의 은혜의 복음을 증언하는 일(행 20:24).

> 하나님의 나라를 전파하였으나(행 20:25).

이러한 말씀들이다. 이 설교는 누가의 예루살렘 교회에 관한 관심과 비전을 담고 있다. 그가 바라는 것은 어떤 교회이든 예수님과 장로들이 교회에서 외치고 있는 말씀을 계속해서 이어가기를 바라고 있다는 것이다.

사나운 이리가 양 떼를 아끼지 아니하듯, 제자들을 끌어 자기를 따르게 하려고 어그러진 말을 하는 사람들이 앞으로 일어날 것을 걱정한다(행 20:28-30).

2) 은사 공동체

바울의 서신은 AD 50-60년의 교회의 시대적 정황을 전하면서 "하나님이 자기 피로 사신 교회"(행 20:28)를 보살피는 일에 힘써야 할 것을 강조한다. 주와 그리스도로서의 예수님을 전파하는 것이 누가복음과 사도행전의 주된 주제이다.

예수님의 제자들이 기독교인이 되기를 포기하거나, 지역 교회들이 하나님 교회(Church)와의 관계를 상실하지 않는 한, 그 주제는 결코 잊지 못할 것이다.

약 2,000년 전 예루살렘에서 역사했던 성령은 2,000년 기독교 역사를 흘러오면서 여러 모양으로, 여러 상황 속에서 역사하였고, 그 동일한 성령이 오늘 이 시각에 세계 여러 문화 속에서, 다양한 모양으로 역사하고 계신다.

'성령행전'[1]이라고도 불리는 사도행전은 성령께서 어떻게 예루살렘에서 '땅끝까지' 하나님의 선교를 수행했는지를 보여 준다. 사도행전의 저자, 누가는 하나님의 말씀 전파, 그리고 교회의 설립과 성장에 관해 기록했다. 성령을 충만히 받은 초대교회는 새 이스라엘공동체이다.

육신의 혈통으로 이루어진 이스라엘공동체가 아니고 유대인이나 이방인이나 가릴 것 없이 성령으로 거듭난 백성들의 공동체이다(행 15:14).

누가는 새 이스라엘공동체가 전통적 고정 관념에 매이지 않고 성령의 인도하심에 따라 새로운 선교를 수행하는 과정을 묘사하려 했다. 성령의 강

---

[1] 사도행전은 '오순절 성령 강림 사건'을 소개함으로써 신약 교회의 탄생과 더불어 성령 시대를 알린다는 의미에서 '성령행전'이라고 불린다. 실제로 사도행전에는 '성령'이란 말이 70회 등장한다. 아더 T. 피어선(Arthur T. Pierson), 『성령행전』(Acts of the Holy Spirit), 황을호 역 (서울: 생명의말씀사, 1992).

림으로 말미암아 태어난 새 이스라엘공동체인 초대교회는 총체적으로 균형을 이룬 성장을 경험한다.

누가는 개방적이었기 때문에 주의 이름을 부르는 이는 누구든지 하나님의 백성이 된다는 개방적 이해를 가졌다고 한다.[2] 유대인이나 어떤 문화 속에서 살든지 다같이 새 이스라엘공동체는 성령으로 말미암아 태어난 것이다(행 2:1-13). 그리고 이 새 공동체는 누가가 묘사하는 이상적인 교회의 모습을 반영한다.

그 공동체는 사도의 가르침을 받고 서로 교제하며 떡을 떼며, 기도하기를 전혀 힘쓰는 공동체요 그들의 소유를 통용하는 공동체요, 하나님을 찬미함으로 인하여 날마다 구원받는 사람의 수가 늘어 가는 공동체이다.

이 새로운 공동체는 그리스도께서 수행하신 전도 사역을 계속하였으니, 복음 전파와 친교와 봉사를 통해 그의 지상 명령을 지속해서 감당하였다.

새로운 공동체의 가장 주된 성령의 식별은 그 교회는 성령을 소유하고 있다는 사실이다. "주 예수에게서 오는 새롭게 되는 날"(행 3:19-20)은 곧 미래에 일어나는데 성령이 오시라는 것이다.

새로운 집단은 성령의 세례가 극적으로 그리고 기적적인 모습으로 나타나 그를 따르던 모든 사람에게 성령의 약속이 이루어졌다.

그 공동체는 큰 은혜를 받고(행 4:33) 다 성령이 충만하여 성령의 임재를 느꼈다(행 5:1-11). 성령은 교회의 사역을 촉진하며 예수를 믿는 사람들에게 은혜로 나타났다. 이방인인 누가는 성령의 역사로 복음은 누구에게나 보편적으로 제시되어야 한다는 사실을 강조한다.

---

2   이상호, "누가-사도행전에 나타난 교회관", 「신학과 현장」 제5집 (목원대학교, 1995), 89-92.

누가는 성령이 그의 공동체를 특징짓고 있던 구성원의 종교적, 인종적, 문화적, 다양성으로 인한 갈등 요인을 극복하게 해 주신다고 믿었다. '오순절 성령 강림 사건'은 언어적 장벽과 지리적 장벽과 인종적인 장벽, 그리고 성별적이고 계층적인 장벽까지도 철폐하는 것을 경험시켜 주었다.

유대인뿐만 아니라 이제는 이방인도 예수님으로 인해 구원을 받게 되었다. 누구든지 회개하고 복음을 믿으면 구원을 얻을 수 있고(행 2:21) 성령의 선물을 받게 되며 참된 하나님의 백성이 될 수 있음을 보았다.

예루살렘 사도 회의에 나타나는 베드로의 설교는 구원은 할례나 율법을 지킴으로서가 아니라 오직 믿음으로(행 15:9), 그리고 오직 은혜로(행 15:11) 받는다는 중요한 토대를 마련하여 놓았다.

이제 이방인들은 할례나 율법 준수의 의무에 구애받지 않고 자유롭게 주님께로 돌아올 것이다. 그래서 하나님의 계획이 성취될 것이다. 이방인 선교는 바울이 한 것으로 일반적으로 알고 있다.

사도행전에서 성령의 역할은 제자들에게 힘을 주어 선지자 같은 말씀의 선포와 이적을 행하게 하는 것이다. 이처럼 초대교회를 움직인 가장 큰 힘은 성령이었다. 오순절에 초대교회가 시작되던 때 성령이 임하셔서 모든 일의 원동력이 되었다.

누가에게 있어서 인생들의 가장 좋은 선물은 바로 성령이다(행 2:38; 11:17). 성령이 임하신 목적을 누가는 사도행전 1장 8절에서 분명히 밝히고 있다. 즉, 성령이 임하시면 증인의 삶을 살게 된다는 것이다. 이러한 그의 목적은 베드로의 설교에도 여전히 강조되고 있다(행 3:15; 5:32; 10:39, 41).

성령의 임재를 나타내는 몇 가지 뚜렷한 묘사는 새로운 공동체의 특징으로서 내세우고 있는 사도들의 가르침, 사도들의 기도와 찬미, 그리고 사도들의 기적적인 사역(행 2:42-47)등과 같은 것이다. 이처럼 누가의 성령에 대한 초점은 바로 성령이 이미 예수님의 제자들을 능력 있는 증인으로 만들었다는 것이다.

2. 나눔과 치유공동체

1) 마음과 물질 그리고 복음을 나눔

사도들의 가르침에 따라 봉사하게 된 새로운 신자들은 "서로 교제하고 떡을 떼며 기도하기를 힘썼다"(행 2:42). 점차 교회에 사람들이 많아지자 열두 사도에게 교인들에 대한 접대가 부담으로 다가오자 사도들은 모든 제자를 불러 그들에게 사도들 자신들은 "오로지 말씀 사역과 기도에 힘쓸 것"(행 6:4)이므로 일반 신자들의 도움을 청했다.

누가는 이 예루살렘 교회에서의 가르침과 기도가 제일 중요한 과제로 보았는데 그가 보기에 예루살렘의 사도들은 가르치는 교사들이었고 교회에서 행하는 기도의 지도자들이라고 생각했다(기도공동체, 행 1:14).

> 그들은 모두 그곳에 모인 여자들과 예수의 어머니 마리아와 예수의 동생들과 함께 한 마음으로 기도에 전념하고 있었습니다(행 1:14).

여기에서 우리는 매일 성전에서 갖는 모임의 가장 중요한 사역이, 가르치는 것과 기도하는 것으로 나중에 교회 사역의 방향을 짐작할 수 있다.

사도행전에서 누가가 계승한 기독교 운동의 핵심도 복음에 대한 증언과 사도들의 가르침과 기도하는 것에 있음을 알 수 있다. 사도행전에서 가르침이란 복음 선포를 의미한다. 사도 바울은 에베소에서 2년간이나 하나님 나라에 대하여 강론하였다(행 19:8-10).

바울과 그의 동료들은 가는 곳곳마다 "말씀을 전하여 많은 사람을 제자로 삼고"(행 14:21-23), "교회들을 견고하게 하고"(행 15:41), "모든 제자를 굳건히" 하고(행 18:23), "여러 말로 제자들에게 권하며"(행 20:2), "강론했다"(행 20:7).

가르치는 일은 사도들에게만 한정해서 일어난 사역이 아니었다. 기자 누가는 안디옥 교회에 사도들 외에 다섯 명의 선지자와 교사들이 활동하고 있음을 소개하고 있다(행 13:1).

그리고 '수다한 다른 사람들'(행 15:35)이 가르침에 동참하고 있다고 하였다. 알렉산드리아 출신의 유대인인 아볼로 역시 주의 도를 가르치는 일에 협조하였다. 그는 나중에 브리스길라와 아굴라의 눈에 띄어 주의 도(道)에 관해서 보다 깊이 접하게 되었다(행 18:24-28).

바울이 에베소 장로들에게 한 고별 설교에서도 나타나 있는 바와 같이 그의 생동적이며 "생명조차 조금도 귀한 것으로 여기지 않는 신앙으로 전파한"(행 20:24) 복음은 "하나님의 완전하신 성령의 도움"(행 20:17-35)으로 각 지역의 가정 교회들은 번영을 가져왔다.

2) 치유공동체

예루살렘 교회 신앙공동체는 다락방에 모여 오로지 기도하기에 힘썼던 기도공동체였으며, 소외된 이웃을 향해 마음을 나누고 유무상통 했던 나눔공동체이기도 했다. 그러나 기도와 나눔만이 예루살렘공동체가 가진 모습의 전부는 아니었다. 그들은 또한 치유공동체로서, "마음을 같이하여"(행 5:12) 치유를 경험하곤 했다(16절).

> 모든 사람에게 두려움이 임했는데 사도들을 통해 기사(奇事)들과 표적(表蹟)들이 나타났습니다(행 2:43).

사도행전의 교회는 기사(기적)와 표적이 많이 나타나는 교회였다. 누가는 첫 교회에서 일어나는 기적을 강조한다.[3]

가르침과는 달리 기사나 표적은 이야기해서 설명되는 것이 아니다. 다른 사도들과는 달리 바울과 바나바 그리고 빌립은 기사 사건에 관련되어 있다. 바울이 보여 준 그의 탁월성은 그가 기사를 일으키는 사도라는 것이다.

누가가 바울의 사역 활동을 설명하려고 시도할 때 바울의 기사 활동은 베드로의 것과 닮은 것임을 강조한다.

누가는 에베소 교회를 비롯한 다른 많은 교회에서 바울에 의해서 일어난 기사나 바울의 '놀라운 능력'을 취급한다(행 19:11). 그와 같은 표현은 초대교회에서 일반적으로 일어난 일이 아니라는 것을 누가는 설명한다.

모세의 후계자 여호수아, 엘리사와 엘리야가 기사를 행했던 것처럼 사도들이 수행한 기사나 표적은 초대교회의 지도자로서 하나님의 주권을 나타내고 성령이 그들과 함께하심을 증명하는 것에 그 목적이 있었다.

에베소 교회에서 바울이 장로들에게 사역을 인계할 때 기사나 표적에 대해서는 아무런 언급이 없었지만, 사역 중에 부딪힌 일, 즉 가르침과 겸손,

---

[3] 이적, 표적, 기사 이 세 가지는 성경에서 거의 동일한 의미로 쓰이지만, 약간의 차이가 있다.
첫째, 이적(異蹟, miracle)은 상식적이고 이성적으로 설명할 수 없는 초자연적이거나 초이성적인 비상한 사건(일)을 가리킨다.
둘째, 표적(表蹟, sign)은 초자연적 능력에 의해 외부로 나타난 현상을 말한다. '표징'과 동의어로 쓰인다.
셋째, 기사(奇事, wonder)는 기이하고 경이로운 일 또는 장래 일에 대한 징조나 암시를 가리킨다. 놀라운 일을 경험한 자의 입장에서 나타낸 표현으로, 주로 그 사건의 신비성에 강조점을 둔다.

눈물 그리고 시험, 감금과 고뇌, 약한 자를 돕는 것의 피곤함과 같은 것에 대해서 구체적으로 언급하였다(행 20:17-35).

3. 말씀공동체

1) 코이노니아

사도행전은 교회의 탄생과 원형을 고스란히 담고 있다. 원형적 교회의 실체가 바로 첫 교회인 예루살렘 교회이다. 말씀에 기록된 교회요, 사도적 전승으로 세워진 교회이기 때문이다. 원형적 교회의 실체인 예루살렘 교회를 들여다보는 것은 교회의 본질적 모습을 살펴볼 수있는 기회가 된다.

누가는 초대교회에서 벌어진 성도들의 '교제'(交際, κοινωνία, 코이노니아)를 특별히 강조한다. 초대교회 신자들은 각자의 가정을 개방하여 서로 사귀며 함께 떡을 뗄 뿐 아니라 자신들이 가진 재산을 사도들에게 가져와서 서로 함께 공용하는 생활을 하였다.

사도행전 2장 42절과 4장 32절, 두 군데의 기록을 보면 몇 가지 헬라어 격언 예컨대, "친구란 모든 소유물을 공유한다"에서 의미하고 있는 진정한 우정을 가진 형제자매로서의 사귐을 가졌다.

그들은 모든 재산을 공동 소유로 하며 통용하도록 했다. 그들은 '하나의 재산', '하나의 영혼'을 추구하면서 자신의 소유권을 내세우지 않았다(행 2:44; 4:32).

누가는 그들은 사유재산제도를 폐지한 것은 아니지만 서로가 공유하고 함께 나누는 생활을 하였다. 누가는 그의 헬라인 독자들이 하나님의 은혜로 더욱 이상적인 생활을 할 수 있게 되기를 원했다.

그는 헬라인에 헬라인 식으로 진술했다. 그는 '우정'(友情, φιλία, 필리아)이란 말보다도 '친교'(親交, κοινωνία, 코이노니아)란 용어를 더 즐겨 사용했다. 그 이유는 우정이란 개념에는 사업 거래적인 체제 때문에 품위를 손상하는 것으로 생각했기 때문이었다.

이처럼 예루살렘공동체에서는 활발한 친교가 이루어졌는데 거기에는 기사나 표적과 같은 것에 강조를 두는 변명적인 동기가 있었다. 불의한 청지기에 대한 비유(눅 16:1-17)에서 예수님은 그의 제자들에게 그가 실패하여 재물이 없게 되었을 때 불의의 재물을 사용하여 그에게로 돌아올 몫은 영원한 처소로 영접하는 것이라고 하셨다(눅 16:9).

예수님은 이 비유에서 그의 청취자들에게 부의 위험에 대한 경고나 자선에 대한 권면이 아니라, 종말론적 상황에서 단호한 행동을 취할 것을 요청한다. 종말의 마지막 때를 지혜롭게 이용하라는 권면은 예수님의 선포 상황과 잘 어울린다.[4]

친교에 대한 종말론적 동기를 강조함으로써 초대교회의 공동생활이 가져다주는 공개적인 생활이 더욱 강화된다. 그리고 '죄인들'과 '버림받은 자들'을 한 사람의 제자로서 예수님을 따르게 함으로써 예수님은 그의 제자들을 연결해 준다.

이렇게 함으로써 그들이 현재와 도래하는 천국 사이를 이어주는 다리를 건립하게 한다.

---

4 김재성, "불의한 청지기 비유와 이웃과의 의사소통", 「신학연구」 제69집 (한신대학교, 2016), 75-77.

코이노니아는 성령이 신자들이 그리스도와 하나님과 교제하게 하는 것을 말한다. 인간의 죄로 하나님과 단절되었던 관계가 예수님의 구속 사업으로 회복되었다.

그 회복은 예수님 한 분이 전 인류를 상대로 하여 단번에 이루신 일대 다수의 사역이었다. 그 일대 다수의 관계를 예수님과 신자 개인 간의 일대 일의 관계가 될 수 있도록 하는 것은 성령이 친히 예수님과 신자 개인 사이에 교제가 이루어지도록 해 주기 때문이다(행 2:1-4).

성공회의 신학자 그리피스 토마스(W. H. Griffith Thomas) 교수는 다음과 같이 말하였다.

> 성령만이 하나님과의 교제를 가능하게 할 수 있고, 그것을 현실화할 수 있다. 칭의(稱義)[5]를 통하여 한 영혼이 하나님께로 인도되는 것은 하나님과의 친교의 삶이 시작되었다는 것이다.[6]

이러한 의미에서 영국의 신학자 에드윈 팔머(Edwin Palmer) 박사는 이렇게 주창했다.

---

5 칭의(稱義, Justification). '의롭다고 간주하다', '흠 없다고 여기다'라는 뜻으로 이 단어가 성경에 직접 나오지 않는다. 칭의란 원래 법정에서 재판관이 죄지은 사람에게 죄가 없다고 선언하는 법정 용어였다. 모든 사람은 죄를 지었기 때문에(롬 3:10) 죽음의 형벌을 벗어날 수 없는 존재들이며(롬 6:23) 또한 사람은 죄와 죽음의 문제를 스스로 해결할 수 없는 존재들이다. 이런 우리에게 하나님은 예수님을 보내셔서 우리 모든 사람을 대신하여 죗값을 치르게 하셨다(롬 3:25). 하나님은 예수님을 믿는 사람들 속에 있는 예수님의 의로운 피를 보시고 그들을 죄 없다고 선언하셨는데(롬 3:24-26) 이것을 칭의라고 한다.

6 W. H. 토마스 그리피스(W. H. Griffith Thomas), 『성령론』(The Holy Spirit of God), 신재구 역 (서울: 크리스천다이제스트, 2003), 323.

성령의 코이노니아가 신앙생활의 출발점이다.[7]

'복음의 해석자 예수'는 그의 제자들과 식사를 함께 하고 신랑이 그의 백성들과 혼인하는 새로운 시대를 축하하는 축하연에 하나님이 그들을 천국으로 초대한 죄인들과 참석한다(눅 5:33-39; 15:1-32).

새 가죽 부대는 도래하시는 그리스도에 대한 기대 속에 사는 사람들에게 베푸시는 연회를 연상시킨다. 제자들에 대한 표현(기쁨과 순전한 마음, ἀφελότητι καρδίας, 아펠로테티 카르디아스)을 보면 제자들은 음식에 대한 정결성에서 일말의 양심의 가책도 느끼지 않았음을 보여 준다.

이처럼 누가의 공동체에 대한 진술은 사도적이며 깊은 의미를 가지고 있다. 이는 공동체 안에 임재해 계시는 하나님과 그의 천국과의 관련을 보여 주는 교회 생활의 본질을 보여 준다.

앞서 언급한 바 있듯이 성령의 세례를 받아 변화된 베드로의 설교를 통하여 삼천 명의 유대인들이 회개하여 예수님을 믿게 되는 역사가 일어났고, 사도들과 함께 이들은 최초의 신약 교회 성도들이 되었다.

사도행전 2장의 마지막 부분인 42-47절은 성령의 역사로 이루어진 초대 교회의 공동체적 삶의 모습을 보여 준다.

여기서는 '코이노니아'(42절은 '교제', 44절은 '통용'으로 번역됨)란 용어가 본격적으로 등장하면서 코이노니아의 수평적인 인간관계가 전개됨을 볼 수 있다.

---

[7] 에드윈 팔머(Edwin Palmer), 『성령』([The] Holy spirit), 최낙재 역 (서울: 개혁주의신행협회, 1973), 7.

성도들 간의 수평적인 코이노니아에는 영적인 코이노니아, 정신적인 코이노니아 그리고 물질적인 코이노니아의 세 차원으로 세분하여 설명할 수 있다.

코이노니아는 예수 믿는 자들끼리만 사랑의 나눔의 삶을 갖는 집단 이기주의적인 교제가 아니다. 온전한 코이노니아는 기독교인들의 울타리를 벗어나 지역 사회 속에 있는 고통당하는 이웃과 더불어 삶을 같이하는 영역을 포함한다.

누가는 그의 교회에 품은 비전을 사도행전 2장 47절, 즉 "초대교회의 성도들이 온 백성에게 칭송을 받았다"라는 말씀에 근거하여 교회의 이웃과의 관계에서 나타나는 본질과 관련된 비전을 보고자 하였다.

오순절[8] 성령 강림절은 신약 교회의 생일이다.[9] 성령의 친교하게 하는 역사로 말미암아 하나님과 사람, 사람과 사람 사이에 전인적인 친교가 비로소 가능하게 되었다. 교회는 그리스도를 머리로 하여서 하나 되게 하는 성령의 코이노니아로 이루어진 그리스도의 한 몸이다(고전 12:17; 엡 4:1-4).

---

8 오순절(Pentecost)은 구약의 3대 절기 가운데 하나인 '칠칠절'의 헬라식 표기이다. 칠칠절을 오순절로 표기한 이유는 유월절 축제 때에 보릿단을 바치고 난 후 50일이 되는 날에 이 축제가 시작되기 때문이다. 바로 이날부터 처음 익은 열매의 봉헌이 시작되었다. 신구약 중간기를 거치면서 이 절기는 또한 시내 산에서 율법을 받은 기념일로 지켜지기 시작했다.

9 신약에서 오순절이 언급되고 있는 곳은 세 곳(행 2:1; 20:16; 고전 16:8)이 있지만, 무엇보다 중요한 사건은 '오순절 성령 강림 사건'이다. 사도행전 2장에 묘사된 이 사건은 예수님의 승천 이후에 즉시 일어났다. 예수님은 제자들에게 "예루살렘을 떠나지 말고 아버지의 약속하신 것을 기다리라. … 너희는 몇 날이 못 되어 성령으로 세례를 받으리라"(행 1:4-5)고 말씀하셨다.
그 약속은 오순절에 이루어졌다. 이 사건으로 베드로는 처음으로 복음을 선포할 수 있었다(행 2:14-18). 베드로는 선지자 요엘(엘 2:28-32)에 약속한 성령을 목격하고 일어난 현상들을 설명했다(행 2:17-18). 그 결과 성령으로 말미암아 예수 그리스도의 본체로서의 생명력 있는 교회가 탄생하게 되었다.

역사적으로 개혁교회는 가톨릭교회의 외향적·조직체적인 교회관에 교회의 본질을 두지 않고 단순히 '성도의 교통'(交通), 즉 그리스도를 믿고 그를 머리로 하여 연합되는 '유기체적인 공동체'에 교회의 본질을 두었다.

그래서 전통적인 종교개혁 신앙은 교회의 본질을 '코뮤니오 상트룸'(*Communio Sanctrum*), 즉 '성도의 교통'이라고 정의하였다. 성도들이 구체적으로 한 몸으로 존재하며 성도들 간의 교제를 구체적으로 가능하게 해 주는 것이 '성령의 코이노니아'이다.

그러므로 교회는 바로 '성령의 공동체'라고 표현할 수 있다. 가시적이고 조직체적인 교회에 반발하는 유기체적인 교회의 특성은 '공동체로서의 교회'이다.

초대교회는 성령 충만하여 회개의 역사, 회심, 말씀 전파만 한 것이 아니라 교회 내적으로 서로 나누어 평등하게 가지고, 사회적으로 가난한 자들의 생활에 실제적인 도움과 영향력을 보여 주는 복음의 결정체였다.

1세기 기독교의 사도 교부 유스티누스(Justinus 또는 순교자 저스틴, Justin Martyr, AD 100-165년?)는 기독교를 변증하는 그의 글에서 코이노니아가 교회 내의 울타리를 넘어 이방인에게까지 대사회적으로 행해졌다는 사실을 다음과 같이 말해 주고 있다.

> 전에는 돈과 재산을 무엇보다도 소중히 여겼지만, 이제는 가진 것을 공동의 일을 위하여 내어놓고 누구든지 아쉬운 사람과 나누어 가지는 우리다. 서로 미워하고 죽이고 하면서 우리 동족이 아닌 사람들과는 생활 습관이 달라서 한 번도 공동 유대를 유지해 본 적이 없었지만, 그리스도께서 나타나신 후

로 이제는 그들(이방인)과 함께 공동체로 사는 우리다.[10]

유스티누스의 증언은 초대교회의 코이노니아가 사도행전 2장과 4장에서만 일시적으로 이루어진 것이 아니라 사도 교부 시대까지 이루어졌으며, 로마에서도 이방인들에게도 대사회적인 코이노니아를 광범위하게 실천했다는 사실을 말해 준다.

그것은 단순히 복음만 증거하는 것이 아니라, 어려운 이방인들의 물질까지 나누며 섬기는 코이노니아임을 말해 준다. 즉, 헬라인이나 유대인이나 야만인이나 스구디아인(=스키타이족)이나 종이나 자유자나 차별이 없었다(골 3:11). 초대교회공동체는 대사회적인 코이노니아를 광범위하게 실행하였다. 이러한 구제는 곧 선교의 발판이다.

코이노니아를 통한 교회의 공동체성은 교회 내적으로는 성령의 역사로 영적·정신적인 교제만이 아니라 물질까지 완전히 나눌 수 있는 교제를 실천하여 실제적인 그리스도의 한 몸이 되는 것이고, 기독교인들의 자원적인 섬김으로 비기독교인들의 필요를 채우면서 고통당하는 이웃과 더불어 함께 사는 것을 의미한다고 볼 수 있다.

3) 에클레시아의 역사적 기원과 본질

사도행전 5장 11절과 9장 31절에 나타난 '에클레시아'(ἐκκλησία)가 역사적 기원이나 교회의 본질에 대한 주요한 시사를 준다. 사도행전 5장 11절

---

10 Justin Martyr, "Apology", *The Anti-Nicene Fathers*, vol. XIV, (Grand Rapids: Eerdmans, 1971), 225.

이전에 에클레시아가 언급되지 않았으나, 예수님을 주와 그리스도(행 2:36)로 고백하는 사람들에게 성령이 임재하셨을 때(행 2:1-4, 38-41) 교회가 창립된 것으로 본다.[11]

누가는 사도행전 5장 11절의 '온 교회'(ὅλη ἡ ἐκκλησία, 오레 에 에클레시아)와 같이 8장 1절의 '예루살렘에 있는 교회'에 나타난 대로 에클레시아를 사용할 때 교회의 본질적 단일성을 부각하는데 일관성을 보여 준다.

사도행전 8장 3절은 에클레시아와 오이코스(집, 가정) 모임을 구별하는데, 바울 이전 단계에서 이미 에클레시아는 예루살렘 교회의 단일성을 위해 사용되고 그것은 소규모로 나눠서 모인 집 모임과 구별되었다.[12]

구약에 약속된 성령께서 마침내 임재하셔서(욜 2:28-32; 겔 36:27) 교회의 본질이 단일성, 즉 하나의 교회에 있음을 강조한다. 사도행전에서 에클레시아는 이미 하나의 전체 교회를 가리키며 집집마다 모이는 가정의 모임과 구별되고 있다(행 2:46; 5:42).

누가는 '에클레시아', 그 용어를 만든 것이 아니라 그 용어에 매우 깊은 의미를 부여하였다. 누가는 그 용어(행 5:11)를 임시적으로 사용했는데 거기에 신학적인 정체성을 부여하였다(행 7:38). 그리고 그의 헬라인 독자들에게 사도행전 8장 1절에서 사용하고 있는 교회에 품은 개념을 바르게 연상시키려고 하였다.

그렇게 함으로써 누가는 그 용어가 갖는 순수한 세속적 문맥 속에서 의미를 찾으려 했다. 즉, 누가는 공식적인 에베소 모임과 데메드리오(Demetrius)라

11　장석조, "사도행전 5:11과 9:31에 나타난 에클레시아", 「신약연구」 제20권 제2호 (한국복음주의신약학회, 2021), 382.
12　박영호, 『에클레시아: 에클레시아에 담긴 시민공동체의 유산과 바울의 비전』 (서울: 새물결플러스, 2018), 246-254.

는 은장색(銀匠色)이 주동한 불법적 모임(행 19:32, 39, 41)과를 구별하였다.

에클레시아를 이해하기 위해서는 단지 단어의 합성어 조합인 '~으로부터'(from)의 뜻을 지닌 전치사 '에크'(ἐκ)와 '부르다'(call summon)의 뜻을 지닌 동사 '칼레오'(καλέω)를 합쳐 "~으로부터 불려 나온 사람들" 혹은 "~으로부터 부름을 받은 사람들"이라고 이해하는 것을 넘어서, 에클레시아가 신약성경 시대의 실생활에서 어떤 의미로 사용되었는지 이해할 필요가 있다.

BC 5세기경부터 이미 사용되던 이 단어를 초대교회 신자들이 빌려 '교회'라는 뜻으로 사용하였다. 초대교회 신자들이 이 단어를 빌리기 전에 에클레시아는 '시민들의 모임 혹은 총회'라는 의미로 사용되었다.

고대 그리스의 에클레시아를 교회로 표현한 것은 다양한 사람, 낯선 사람들이 참여의 능력을 발휘해 서로 얼굴을 마주하여 자유롭게 섞일 수 있다는 의미가 있다.

사도행전 19장 32, 39절에서 '민회'(民會, Civic Assembly)라고 표현하는데, 이는 시민들의 총회, 합법적인 집회나 모임을 뜻하는 정치적인 용어이다. 이는 사도 바울 시대에 이르러서도 민주주의 이상과 시민들의 총회 및 책임감과 같은 특징들을 지닌 채 남아 있었다.

이 단어가 기독교인들 가운데 사용되면서 기독교인들의 회중을 의미하는 것으로 발전하였다. 결국, 이 단어는 두 가지 뜻으로 나누어진다.

첫째, 정규적으로 소집된 정치적 단체로서의 백성들의 모임을 말한다.
둘째, 종교적 목적을 가지고 모이는 이스라엘 사람들의 회합을 나타낸다.

교회의 본질에 관한 언급은 에클레시아가 사도행전 1장 1절-6장 7절의 전반부에는 나오지 않지만, 그 개념이 단락을 마무리하는 사도행전 2장

41절에 요약된 것에서 확인된다. 교회는 사도 베드로가 가르친 '그 말씀'(행 2:16-40)을 받아들인 자들로 정의된다(행 2:41).

누가는 에클레시아라는 호칭보다 교회의 정체성을 확립케 하는 가장 중요한 요소로 '그 말씀'을 제시하려 한다. 사도행전 제1부의 후반부(행 2:16-40)와 그 말씀을 받아들인 자들(행 2:41)인 에클레시아의 정체성을 보여 준다.

에클레시아는 성령의 능력으로 선포된 사도적 가르침에 근거하여 하나의 교회로서 하나님 나라의 이상적 공동체성을 드러내는 종말의 새 언약 백성이다. 율법과 선지자의 성취를 가르치는 사도적 가르침과 새 언약 백성은 율법과 선지자의 약속에만 매달리는 유대교의 회당과 구별된다.

> 교회의 본질은 기본적으로 사도가 가르친 '그 말씀'을 받아들이고 가르침과 기도로 하나님과의 수직적 관계를 유지, 발전시키는 데 힘을 모으는 공동체이고, 동시에 교제와 떡 떼기를 통해 공동체 상호 간에 수평적 관계를 유지, 발전시키는 데 힘을 모으는 공동체이다.[13]

4) 디아코니아

예수님에 의해 탄생이 예고된 교회(에클레시아)는 성령의 강림과 강력한 개입을 통해서 이 땅에 생성된다. 최초로 세워진 기독교 신앙공동체는 처음부터 성령에 의해서 탄생되고 성령에 의해서 주도된 '성령의 공동체'였다.

---

13 장석조, "사도행전 5:11과 9:31에 나타난 에클레시아", 385.

성령의 공동체는 처음부터 세상 다른 공동체와 구분되는 특징을 지니고 있는데 여러 가지 특징(말씀공동체, 기도공동체, 성례전공동체, 친교공동체, 찬양공동체, 능력공동체, 은사공동체 등) 중에서 눈에 띄는 것은 '나눔과 섬김의 공동체'로서의 변화된 모습이다.

누가의 보도로는 예루살렘 초대교회공동체는 두 번에 걸쳐서 강력한 성령 체험을 경험하는데 사도행전 4장 23-37절에 보도되고 있는 두 번째 성령 체험 사건에서도 나눔의 주제는 중요한 의미를 지니게 된다.

사도행전 4장 31절의 "무리가 다 성령이 충만하여"와 2장 4절의 "저희가 다 성령의 충만을 받고"는 동일한 성령의 강력한 활동 개시를 전제로 하고 있고, 그 결과 신앙공동체에서 나타난 공통적인 현상으로 물건의 통용(通用, 행 2:44; 4:32)과 재산과 소유의 나눔(행 2:45; 4:32)을 언급하고 있다.

이것은 최초의 기독교공동체는 그 출발에서부터 나눔과 섬김의 '디아코니아'(διακονια, 봉사)[14]형 공동체로 시작되었음을 강력히 시사해 주는 것이다.

기독교인의 삶에 있어서 디아코니아적 행위의 중요성을 강조한 교회는 1세기의 팔레스틴계 교회만이 아니었다. 안디옥 교회를 중심으로 발전한 헬레니즘계 교회의 초기 지도자는 바나바였다(행 11:22).

그는 성령과 믿음이 충만할 뿐만이 아니라(행 11:24), 무엇보다도 나눔과 섬김의 정신을 직접 실천한 디아코니아적 인물이었다. 예루살렘 교회 소속이었던 그는 성령 충만함을 받은 후 아낌없이 자신의 밭을 팔아 그 재물을 예루살렘 교회 가난한 성도들을 위해 사용할 수 있게 한다(행 4:36-37).

---

14 '봉사'로 번역되는 헬라어 '디아코니아'는, 한때 교회의 자선사업 분담과 가난한 사람들을 구제하기 위한 목적으로 교회 옆에 지은 지정 건물을 뜻했다. 그런 맥락에서 '디아코니아'는 '자선과 구제'의 의미를 포함한 말로서, 주님의 몸 된 교회 안에서 이뤄지는 '봉사'라는 의미를 담고 있다. 그런데 이 단어가 개신교에서는 봉사하는 일꾼으로서의 '집사'(deacon)를, 가톨릭에서는 사제의 보좌역인 '부제'(副祭)를 가리키기도 한다.

이러한 디아코니아적 지도자와 더불어 성장한 안디옥의 헬레니즘계 교회는 처음부터 구제와 봉사 활동을 교회의 본질로 이해하였다.

예루살렘 교회에서 선출된 일곱 집사는 주로 헬라파 유대 기독교인들이었고, 이들이 후에 안디옥으로 이동한 헬레니즘계 교회의 지도자적인 역할을 하였는데, 이들은 처음부터 구제와 봉사 등 디아코니아적 활동을 위해 선출된 집사(디아코노스, διάκονος)들이었다(행 6:1-7). 이들은 스데반 집사의 순교 후(행 7:1-60) 수리아와 소아시아 그리고 유럽으로 흩어지게 되는데 이들 중 수리아의 안디옥에 헬레니즘계 기독교공동체를 세우게 된다.

안디옥에 복음을 전파한 이 최초의 기독교인 이름은 확실치 않지만 분명한 것은 이들이 헬라파 유대 기독교인들이었고, 그들의 고향은 바나바와 같은 구브로였다는 점이다(행 11:19, 20). 이들을 중심으로 형성된 안디옥 교회는 '주의 손'(행 11:21)이 함께 하심으로 눈부시게 성장하였는데 이 교회는 말씀과 성령으로 충만할 뿐만 아니라 또한 구제와 섬김의 활동에도 모범적인 교회였다.

AD 40년대에 예루살렘을 중심으로 온 팔레스틴에 극심한 기근이 일어나 많은 사람이 가난과 굶주림으로 고통을 당했는데 이 때 예루살렘의 유대인들을 가장 먼저 물질적으로 도운 교회가 바로 안디옥 교회였다(행 11:27-30).

바나바와 헬라파 유대 기독교인들을 중심으로 급성장한 이 안디옥 교회는 최초로 이방인들에게까지 복음을 전파하여 기독교가 세계적인 교회로 뻗어나갈 수 있는 기초를 놓았을 뿐만이 아니라 그 후의 모든 교회들에게 구체적으로 섬김과 나눔의 본을 보인 대표적인 디아코니아(*diaconia*)형 교회였다.

바나바와 함께 안디옥 교회의 지도자 역할을 했던(행 11:25-26) 바울 역시 디아코니아 정신으로 투철한 실천적인 사랑과 섬김의 사도였다. 그는 생명의 위협 속에서도 이방인들에게 복음을 전파하였을 뿐만이 아니라 유대 땅의 가난한 성도들을 물질적으로 돕기 위해서 헌신적으로 노력한 사도였다.

바울이 3차 전도 여행 때 죽음의 위협을 느끼면서도 예루살렘에 올라간 이유도 바로 이 구체적인 구제 헌금을 예루살렘 교회에 전하기 위해서였다(롬 15:25-26). 결국, 이 일을 수행하다가 바울은 체포되고 죄수의 신세가 되어 로마에까지 끌려가서 순교당하였다.

바울에게 있어서 섬김과 봉사의 활동은 그만큼 큰 비중을 차지하고 있었다. 바울은 '오직 믿음을 통한 구원'을 강조했지만, 그가 말하는 믿음(πίστις, 피스티스)은 공허한 입술만의 고백이 아니라 구체적으로 "사랑으로써 역사하는 믿음"이었다(갈 5:6).

바울은 고통당한 이웃을 돕는 구제와 사랑의 행위를 성도들의 삶에 반드시 있어야 하는 "의의 열매"로 이해하고 있고(고후 9:10), 이것을 모든 성도에게 주어진 "봉사의 직무"(고후 9:12)로 해석한다.

사도가 된 이후 바울의 온 삶이 바로 섬김의 '종'(하인, δοῦλος, 둘로스)의 삶이었고 그는 하나님과 이웃을 섬기며 그의 사랑을 행동으로 실천하였다. 바울에게서 사랑과 섬김의 실천은 앞선 하나님의 은혜와 사랑에 대한 구원 받은 자의 감사의 응답으로 나타난다.

따라서, 죽기까지 섬기며 봉사하며 살아간 '디아코니아의 사도' 바울은 감옥에 갇혀서도 온 마음으로 기뻐할 수 있었고 매를 맞으면서도 하나님을 찬양할 수 있었다(빌 4:4; 행 16:25).

바울의 성령 안에서의 삶의 구체적인 모습은 실천적인 사랑과 섬김, 즉 디아코니아에 있었다.

4. 누가의 교회론

누가복음과 사도행전을 통해서 누가가 제시하는 교회론은 다음과 같이 몇 가지로 생각할 수 있다.

1) 성령의 역사를 경험하는 교회

누가가 말하는 교회의 비전으로 제시하는 교회의 중요한 실체는 성령으로 잉태된 교회를 말한다. 교회는 그냥 태어난 것이 아니라 성령으로 해산(解産)되었다는 사실이다. 누가의 지향하는 교회는 오순절 날 성령이 임했던 것처럼, 그런 성령의 역사가 실제로 경험되고, 이야기되고, 그 역사를 볼 수 있는 교회이다(행 2:1-4).

2) 예수공동체를 이루는 교회

누가의 교회에 품은 비전에 등장하는 교회는 다음의 성경 말씀에 나오는 일이 일어나는 교회이다(행 2:42-47).

> 그들은 사도들의 가르침을 받고 교제하며 빵을 떼는 것과 기도하는 일에 전념했습니다. 모든 사람들에게 두려움이 임했는데 사도들을 통해 기사들과 표적들이 나타났습니다. 믿는 사람들이 모두 함께 모여 모든 물건을 함께 쓰며 재산과 소유물을 팔아 각 사람에게 필요한 대로 나눠 주었습니다. 그리고 날마다 성전에서 한마음으로 모이기를 힘쓰고 집집마다 빵을 떼면서 기쁨과 순수한 마음으로 음식을 나눠 먹었습니다. 그리고 하나님을 찬양하고 사람들로부터 칭찬을 받아 주께서 날마다 구원받는 사람들을

더하게 하셨습니다(행 2:42-47).

3) 소유(所有)를 공유하는 교회

사도행전 4장 32-35절에 보면 지상 교회에 살면서 가장 위대한 믿음은 물질을 극복하는 것임을 알 수 있다. 물질을 극복하는 것, 소유를 극복하는 것, 이기심을 극복하는 것, 그것이 초대교회였다(행 4:32-37).

누가는 초대교회공동체의 두 가지 특징을 기술한다. 즉, 영적 예배와 거룩한 성도의 교제이다. 이 두 가지 서로 연관된 요소들은 지속적인 성장으로 특징지어졌던 초대교회의 모습을 나타내 보여 준다. 초대교회의 예배는 신자들을 고무시켜 복음을 선포하게 했고 그 결과 교회가 성장했다.

안디옥 교회에서부터 시작된 선교 사역은 예배 중에 탄생했다. 성령 충만한 교회는 예배하는 교회일 뿐 아니라 사랑하며 돌보고 나누는 교회임을 사도행전은 보여 준다.

4) 순결과 거룩을 꿈꾸는 교회

누가의 교회에 품은 비전은 순결과 거룩을 꿈꾸는 교회이다. 사도행전 5장에 나오는 아나니아와 삽비라의 사건을 통해서 교회는 순결하고 거룩해야 할 것을 가르쳐 준다. 그 사건은 교회의 본질, 즉 순결과 거룩성에 어긋나는 사건이었다(행 5:1-11).

이 사건을 통해 누가는 베드로에 의한 교회의 집단 명예 회복이 초대교회의 선교에 긍정적으로 기여했다고 설명한다.[15]

교회의 거룩성은 하나님을 아는 것에서 자라나는 것인데 이는 양육을 통해 더욱 구체화되며 현실화된다. 이러한 거룩성은 그 자체로서 완전함 또는 완성을 의미하는 것이 아니라 완전을 향한 성장을 가리킨다.

5) 영적 지도자를 세우는 교회

영적 지도자를 세우는 교회이다. 사도행전 6장 3-7절에 나타난 헬라파 유대인과 히브리파 사람들 간에 야기된 갈등을 조절하기 위해 사도들은 다음과 같은 의견을 낸다.

> 성령과 지혜가 충만한 사람을 택하여, 우리는 말씀과 기도하는 일에 전무 하도록 지도자를 세우자(행 6:3-7).

여기에서 중요한 진정한 교회는 몇몇 사람이 독점하는 것이 아니라 리더십을 나누는 교회였다(행 6:1-7).

성경적이고 능력 있는 말씀 선포가 있었다. 초대교회 교인들이 어디를 가든지 말씀을 전했다. 복음 전파가 얼마나 성공적으로 진행되었는지를 가리킬 때마다 누가는 "말씀이 자라고 널리 퍼졌다"(행 6:7)라고 말했다.

---

[15] 정복희, "'아나니아와 삽비라 사건'과 집단 명예", 「신약논단」 제26권 제4호 (한국신약학회, 2019), 1,011-1,044.

6) 이방인을 품는 교회

사도행전 10-11장을 보면 이방인들에게는 절대로 세례를 줄 수 없다던 베드로가 하늘에서 보여 준 환상을 보고는 이방인 백부장 고넬료를 만나 그에게 설교하는 동안 성령을 받게 되고 그에게 세례를 베푼다.

교회의 본질은 자기와 같은 국적, 고향 사람, 취미나 성격이 같은 사람들과 끼리끼리 노는 것이 아니라, 다른 사람을 가슴에 품는 것에 있다. 나와 문화가 다르고 언어가 다르고 가치관이 다른 사람들과 예수 그리스도의 이름으로 한 형제자매가 되는 것이다(행 10:17-23). 세상의 모든 단체는 회원의 자격을 규정하고 있지만, 교회의 회원이 되는 것은 세상의 기준으로 다루어서는 안 된다. 교회는 모든 사람에게 개방되어 있고, 누구든지 받아들여야 한다.

7) 땅끝까지 복음을 전하는 교회

누가의 교회에 품은 비전에는 땅끝까지 이르러 복음을 전하는 교회가 있다. 그리고 쉬지 않고 교회를 개척하는 교회이다. 하늘 아래 이 세상 어느 곳에 사는 민족이나 언어라도 구별하지 말고 복음은 전파되어야 한다(행 13:13; 28:30-31).

전도와 선교의 결과로서의 교회 성장은 초대교회의 공통적인 현상이었다. 성령은 말로 선포하는 증거와 모범적 삶을 통해 예수 그리스도의 복음을 전달하도록 그의 백성을 부르시며, 사람들을 그리스도 안에 있는 구원에 이르도록 하신다.

사도행전에 나타난 교회는 지속적인 성장을 가져올 수 있는 전도 방법을 따랐는데, 그것은 제자와 교회의 증가운동이었다. '오순절 성령 강림 사건'으로 생긴 삼천 명의 새 신자들이 지속해서 자신들을 영적 훈련에 헌신했음을 누가는 기록한다.

그리스도를 따르는 사람들은 즉각 '제자들'로 부름을 받았다. 제자 삼는 일은 그리스도의 지상 명령을 완수하는 데 근본적이었다. 제자들은 나가서 세례를 주고 가르칠 뿐 아니라 주의 제자로 삼는 일에 진력했다. 그들의 사귐은 예루살렘의 놀라운 사건이었으며 구원받는 수가 점점 더해 갔다(행 2:41-47).

8) 끊임없는 기도가 있는 교회

기도는 사도행전에서 신자들을 위한 활력소였다. 예루살렘 교회는 오순절 기도 모임 속에서 탄생했다. 연합한 기도, 혹은 마음으로, 한 목적을 가지고 기도하는 것은 사도행전의 교회가 사용할 수 있었던 역동적인 힘이었다. 초대교회 교인들은 그들이 위협이나 육체적 핍박에 직면했을 때 기도했다(행 1:14; 2:42).

기도는 초대교회의 경이적인 성장의 바로 그 중심에 있었다.

제4장

복음서에 보이는 요한의 교회론

1. 요한공동체의 기원

초대교회에는 다양한 성격의 기독교공동체가 존재했다. 즉, 신약 시대에는 하나의 정통적인 기독교공동체가 있었던 것이 아니라 여러 서로 다른 입장의 기독교공동체가 다양성 속에 서로 공존, 협조, 때로는 긴장 관계에 있었다.[1]

사도행전에 기록되어 있는 예루살렘 교회 안에서도 이미 헬라어를 말하는 신자들과 히브리어를 말하는 유대인의 분파가 발생한다(행 6:1). 처음에 기독교공동체가 출발한 것은 예수를 따르는 무리인 제자 무리에서였다.

요한공동체의 특징은 종말론적이며, 따름의 원리가 강조되었고, 누구에게나 개방되어 있었고, 예수님 자신에게 그 중심이 있었다고 요약된다. 제자들의 무리는 오순절 이후 예루살렘에서 교회를 이룬다. 이 예루살렘 교회의 특징은 열정적인 특징으로 출발하여, 교회 안에 직제와 기구를 갖추게 된다.

---

1 James D. G. Dunn, *Unity and Diversity in the New Testament*, (Philadelphia: Westminster Press, 1977), 267.

예루살렘 교회가 핍박을 받아 교인들이 흩어지면서 각 지역과 지도자에 따른 다양한 공동체가 출현한다. 요한공동체는 초대교회의 발전에 있어서 사도 바울의 공동체, 베드로공동체와 함께 '축'을 이루는 집단이라고 할 수 있다.

그들은 예수님의 공생애(共生涯)[2] 기간부터 독특한 집단을 형성하였으며, 신약성경에 포함된 다섯 편의 문서를 제작해 냈고, 또한 고(高)기독론(High Christology)[3]을 창출하여 기독교의 기본 교리 발전에 선도적인 역할을 하였다.

따라서, 1세기 후반에서 2세기 초 기독교의 발전을 이해하는 데서 요한공동체의 변천을 파악하는 것은 필수적인 일이다. 특히, 1945년 쿰란 문서가 발견되면서 요한공동체에 대한 평가와 연구가 활성화되었다.

요한공동체가 견지했던 세계관이 쿰란 문서에서 나타난 세계관과 유사하다는 것이 밝혀지면서 요한공동체가 가장 '유대적인' 성격을 갖고 있다는 것이 밝혀졌기 때문이다.[4]

요한공동체는 세례 요한의 제자였다가 예수님을 메시아로 받아들인 제자들, 특히 사도 요한과 그의 추종자들로 출범하였다. 요한복음에 명확히

---

[2] 신약성경에서 예수님의 공생애는 요단강 근처, 로마 유대와 트란스요르단의 시골에서 그의 세례로 시작하고, 그의 제자들과의 최후의 만찬을 따라 예루살렘에서 끝난다. 예수님의 연대기는 일반적으로 그의 공생애의 시작이 약 AD 27-29년이며 AD 30-36년에 끝나는 것으로 추정한다. Paul L. Maier, "The Date of the Nativity and Chronology of Jesus" in *Chronoros, kairos, Christos: nativity and chronological studies* by Jerry Vardaman, Edwin M. Yamauch, 1989, 113-129.

[3] 저기독론(low christology)은 예수님을 인간 가운데 최고의 존재, 혹은 구약이 예언하고 있는 인물(인성, humanity)로 본다. 예수님의 예언자, 메시아, '사람의 아들' 등의 칭호가 여기에 들어간다. 반면, 고기독론(high christology)은 예수님에게 어떤 신적 속성, 즉 신성(Deity)이 있다고 생각한다. '하나님의 아들', '주님', '하나님' 등의 칭호를 사용하는 것이 여기에 해당된다. E. Brown, *An Introduction to New Testament Christology*, (New York, 1994), 4.

[4] D. Flusser, *Judaism and the Origins of Christianity*, (Jerusalem, 1988), 26.

밝혀져 있는 이 사실은 요한공동체의 초기 성격을 규명하는 데 매우 중요한 의미가 있다.

요한공동체가 피력했던 묵시 종말론이 쿰란 문서의 발견으로 유대 묵시 종말론에 근거한 것으로 밝혀졌기 때문이다. 따라서, 요한공동체의 초기 성격을 헬레니즘의 영향으로 파악하기보다는 유대적 세계관의 계승으로 파악하는 것이 정확할 것이다.

요한공동체의 초기 성격을 파악하는 데 있어서 중요한 두 번째 요소는 베드로와의 경쟁이다. 요한복음은 베드로와 권위 경쟁을 벌이는 애제자의 모습을 담고 있다.[5]

베드로가 예수님의 최고 제자였고 그를 추종하는 집단이 1세기 말에 최대 분파였다는 것을 고려해 보면 애제자와 베드로의 경쟁은 요한공동체가 베드로공동체에 대해서 경쟁심을 가지고 있었다는 것, 다시 말해 요한공동체의 세력이 상당히 컸다는 것을 짐작할 수 있다.

요한공동체는 예루살렘 교회의 창립에 참석하였으며 예루살렘 교회 초창기에 주요한 역할을 담당하였다. 이는 베드로와 요한이 예루살렘 교회의 기둥으로서 교회를 이끌었다는 사실에서 잘 드러난다. 그러나 요한공동체는 AD 40년대 중반 예루살렘 교회를 떠났던 것 같다.

AD 44년경에 헤로데 아그립바가 사도 요한의 형, 사도 야고보를 죽이고, 베드로 또한 감옥에 가두었다(행 12:1-19). 헤로데의 박해는 지도자 몇 명에 대한 박해가 아니라 '갈릴리 출신에 대한 박해'였을 것으로 생각된다.

---

5   김동수, "요한복음의 베드로와 애제자: 적인가 동지인가?" 「복음과 신학」 제6권 (평택대학교, 2003), 152-173.

당시 유대 민족주의가 강렬해지면서 예루살렘의 유대인들이 '갈릴리 출신의 제자들'을 좋아하지 않았기 때문이다. 따라서, 사도 요한을 따르는 무리가 이때 예루살렘을 떠나 다른 곳으로 갔다고 추론하는 것이 합리적이다. AD 49년에 열린 사도회의 때에 사도 요한이 등장하지 않은 것도 이런 추론을 뒷받침한다.[6]

요한공동체가 이렇게 큰 세력을 갖출 수 있었던 것은 예수님이 공생애를 펼치고 있을 때부터 많은 유대인이 개인적으로 혹은 집단으로 요한공동체에 편입되었기 때문이다. 요한공동체는 예루살렘 교회에 참여했던 갈릴리 출신들이 헤로데 아그립바의 박해를 받고 피난하였던 AD 44년경에 예루살렘을 떠났던 것 같다.

이후 요한공동체에는 사마리아인이 대거 유입되었다. 이는 요한복음이 친 사마리아 경향을 강하게 보이며, 예수님께서 사마리아에 선교했다는 이야기를 통해서 확인된다(요 4:39-42). 사도 요한이 그 회의에 참석했다면 사도행전이 그의 존재를 당연히 언급하였을 것이다.

예루살렘을 떠난 요한공동체가 어디로 이주했는지는 확실하지 않다. 다만 전승에 따라서 에베소로 갔다고 추론할 수 있을 뿐이다. 에베소에 도착한 요한공동체는 유대인 회당에 소속되어 신앙을 이어갔는데, 그동안 구성원의 변화가 있었다.

요한복음 1-12장은 예수님의 선교 때문에 예수님의 가르침을 받아들인 사람들을 제시하고 있는데, 이는 예수님 어린 시절부터 요한복음이 쓰일 때까지 요한공동체로 편입된 사람들의 이야기를 담고 있다(요 4:1-42).

---

6   정기문, "요한공동체의 기원과 발전", 「역사문화연구」 제64집 (한국외국어대학교, 2017), 154.

가장 먼저 요한공동체를 구성한 사람들은 앞에서 언급했듯이 세례 요한의 제자였던 안드레와 사도 요한이었다. 그 후 많은 사람이 개인적으로 때로는 집단적으로 요한공동체에 편입되었다.

개인적인 개종으로는 갈릴리 지역의 고관 가족(요 4:43-54), 38년이나 병을 앓다가 치료를 받은 사람의 이야기가 설명되어 있고(요 5:15), 집단적인 개종으로는 오병이어(五餅二魚)의 기적을 보고 예수님을 믿게 된 사람들(요 6:14), 예루살렘의 유대인들(요 7:25)이 소개되어 있다.

이렇게 유대인들이 요한공동체에 편입되었던 것은 조금도 이상한 일이 아니다. 예수님은 공생애를 펼치면서 상당히 많은 추종자를 얻었을 것이고, 바로 그들 가운데서 요한공동체가 형성되었을 것이기 때문이다.

그런데 요한복음은 다른 복음서와는 달리 예수님은 이미 생전에 이방인과 사마리아인에게 복음을 전파했다는 이야기를 명확히 전하고 있다. 이는 공관복음, 특히 마태복음에서 예수님은 생전에 그의 사역을 유대인에게 한정하려는 경향을 보였다는 사실과 대조된다.[7]

공관복음과 달리 요한복음이 예수님의 이방인 선교, 사마리아 선교가 명확하게 기술되어 있는 것은 앞에서 지적했듯이 그 기사가 예수님 당대의 사실을 전하는 것이 아니라 후대의 상황을 예수님에게 소급한 것이라 볼 수 있다.

그런데 이방인 선교 기사와 사마리아인 편입 기사는 요한공동체의 발전에 대해서 중요한 시사를 한다. 예수님의 이방인 선교는 다음과 같이 매우 간략하다(요 12:20-21).

---

7 누가복음이 사마리아 선교에 관심을 보이기 했지만, 누가공동체의 열정은 요한공동체의 열정에 미치지 못한다. 박호용, 『요한복음의 재발견』 (서울: 쿰란출판사, 2007), 198.

> 명절에 예배드리기 위해 올라온 사람들 중에 그리스 사람들도 있었습니다. 그들은 갈릴리 벳새다 출신인 빌립에게 와서 간청했습니다. 선생님, 우리가 예수를 뵙고 싶습니다(요 12:20-21).

이 구절에서 예수님을 만나기를 원했던 자들은 '그리스인'(Ἕλληνες, 엘레네스)이기에 그들은 이방인임이 틀림없다. 그렇지만 그들은 예루살렘 예배를 드리려고 왔다. 따라서, 그들은 이방인이었지만 유대교에 호의를 가지고 있었던 반(半)개종자였을 것이다. 그들은 아마 사도행전에도 언급된 "하나님을 경외하는 자들"[8]이었을 것으로 생각된다.

예루살렘 교회 수립 이후 하나님을 경외하는 자들이 기독교에 많이 유입되었는데 요한복음의 이 기사는 이런 사실을 반영하고 있는 것 같다. 그런데 그들의 숫자가 많았다거나 예수님이 그들을 적극적으로 환영했다는 이야기는 없다. 이는 요한공동체에 편입된 그들의 숫자가 아직 많지 않았다는 것을 암시한다.

요한복음이 요한공동체가 회당에서 축출된 직후에 쓰였다는 것을 생각해 보면 이는 당연한 사실일 것이다. 요한공동체가 회당에 소속되어 있을 때는 순수한 이방인을 공동체 성원으로 받아들이지 않았을 것이고, 하나님을 경외하는 자들 역시 그렇게 큰 비중을 차지하기 힘들었을 것이기 때문이다.

이렇게 그리스인의 편입이 간략하게 묘사됐지만 사마리아인의 유입은 매우 길고 자세하게 소개되고 있다. 요한복음 4장 1-42절이 사마리아에 대

---

[8] 송순열, "예루살렘 회의-하나님의 경외자(God-fearer)의 입장에서 읽기", 「신약논단」제15권 제2호 (한국신약학회, 2008), 377-406.

한 선교를 담고 있다.

이에 따르면 예수님은 사마리아 땅에 직접 들어갔고, 우물가에서 한 여인을 만났다. 예수님은 예루살렘만을 예배 장소로 설정했던 유대교의 한계를 지적하면서 예배 장소의 보편성을 가르치고, 자신이 '오시기로 예언되어 있었던' 메시아임을 밝혔다. 이 여인은 예수님의 가르침에 감동하고 동네 사람들에게 가서 "예수가 그리스도이시다"라고 전파하였다(요 4:39-42).

요한공동체에 사마리아인이 대거 유입되었다는 사실은 회당의 동료 유대인들이 요한공동체를 '사마리아 사람들'이라고 인식했다는 사실에서 명확히 드러난다.

요한공동체에 편입된 사마리아인들은 고(高)기독론의 발전이나 예루살렘 중심성의 극복 등에서 중요한 역할을 했으며, 그 때문에 요한공동체는 회당에서 추방당하였다.

요한공동체는 종족의 문제에 있어서 보편주의를 추구하였다. 따라서, 요한공동체가 일찍부터 이방인 선교에 관심을 보였다. 그렇지만 요한공동체가 유대인 회당에 소속되어 있을 때는 이방인의 대거 유입이 힘들었을 것이다. 회당에 소속된 요한공동체가 율법과 할례를 강제했을 것이고, 그런 상황이 이방인 선교에 우호적이지 않기 때문이다.

90년경 요한공동체가 회당에서 추방되면서 이런 상황은 극적으로 바뀌게 된다. 이런 상황은 특히 요한일서에 잘 담겨 있다. 요한일서의 저자는 선교사 문제에 대해서 깊은 관심을 나타내고 있다.

또한, 요한일서의 수신 공동체는 전적으로 이방인으로 구성되어 있었다. 요한일서의 끝맺는 말이 이 사실을 입증한다.

> 나의 사랑하는 자녀 여러분, 우상을 멀리하십시오(고전 10:14).

이 말은 오직 이방인에게만 해당하는 말이기 때문이다.

2세기 초 요한공동체에 이방인 신자가 대거 유입되면서 요한공동체는 이전의 정체성을 유지할 수 없었고, 주변의 기독교공동체에 편입되었을 것이다. 그리하여 1세기 중반에서 2세기 초에 기독교의 발전에 중요한 역할을 했던 요한공동체는 소멸하였다.[9]

전승에 따르면 사도 요한은 예루살렘 교회가 소멸한 이후에 예수님의 어머니 마리아를 모시고 소아시아의 에베소로 갔다.[10] 그러나 앞에서 지적했듯이 이들이 예루살렘 교회를 떠난 것은 AD 44년경 헤로데 아그립바의 박해 때였을 것이다.

예루살렘을 떠난 이들은 처음에는 가이사랴와 같은 해안 지역에 정착했지만, AD 60년대 후반 유대 반란이 일어나면서 다시 에베소와 그 일대로 이주한 것 같다.[11]

2. 요한이 교회를 묘사하는 언어들

요한복음에는 '교회'(에클레시아)란 단어가 한 번도 나오지 않기 때문에 사도 요한의 교회론을 이야기하는 것에 대한 논란[12]이 있지만, 요한복음에는 교회에 대한 다양한 묘사가 나온다. 요한이 그 나름 대로의 독특한 용어

---

9 송혜경(번역·주해), 『신약 외경 하권: 행전, 서간, 묵시록』 (한님성서연구소, 2011), 57.
10 김주찬, 『밧모섬에서 돌아온 사도 요한』 (서울: 향유옥합, 2004), 34.
11 F. F. Bruce, *Peter, Stephen, James & John: Studies Non-Pauline Christianity*, (Grand Rapids, 1994), 121-122.
12 요한복음 교회론의 가능성에 관한 논의는 다음의 책에서 잘 다루고 있다. 김동수, 『요한복음의 교회론』 (서울: 대한기독교서회, 2005), 17-33.

와 사상으로 그의 교회론을 전개하고 있다.

요한은 구약성경의 하나님 백성을 상징하는 '목자와 양'(요 10:1-18), '포도나무와 가지'(요 15:1-17) 등의 이미지를 신약성경의 교회의 표상으로 묘사하고 있으며, '제자들의 모임'(요 1:12; 11:52), '성령공동체의 모임'(요 14:6-7, 25-26 등)으로 교회를 표현하고 있다.

또한, '신부로서의 교회'(요 3:29), '교회의 씨로서의 밀알'(요 12:14) 등의 신약성경 시대의 전통적인 교회 용어도 사용하고 있다. 이처럼 교회를 예수님을 믿는 무리 혹은 공동체라고 했을 때, 요한복음에는 다양한 교회의 모습이 나옴을 볼 수 있다.

그러므로 요한복음에서 제시하고 있는 교회의 모습에서 요한의 교회에 품은 비전을 볼 수 있다.

복음서는 기본적으로 예수 그리스도의 생애와 관련되어 있기 때문에 교회론도 기독론적 교회론일 수밖에 없다. 물론, 교회는 하나님의 백성이라 할 수 있으니 신론(神論)과도 연관될 수도 있을 것이고, 교회는 성령의 전(殿)이기 때문에 성령론과도 연관될 수 있을 것이다.

그러나 복음서에 나오는 교회는 특히 예수 그리스도와 관련되어 탄생하고 발전한다. 따라서, 요한복음 교회론은 기본적으로 기독론적 교회론이다.

이처럼 요한복음에서 교회는 성전이신 예수님과 연결되어 성전이 된다. 하나님 아들이신 예수님 때문에 교회는 하나님의 가족이 된다. 목자이신 예수님에 의해 인도받는 양 무리가 곧 그의 교회이다. 포도나무이신 예수님께 붙어 있는 가지들이 교회이다.

선생이신 예수님의 가르침을 받은 제자들의 교회이다. 예수님과 서로 친구가 되는 무리가 교회이다. 교회는 또한 아들이 아버지로부터 세상에 보냄을 받았듯이, 아들로부터 세상에 보냄을 받은 선교공동체이다.

이처럼 교회의 정체성은 그들이 믿는 예수 그리스도의 정체성과 연동된다. 예수 그리스도의 모습에 따라 교회의 모습이 달라진다.

신학자 유은걸 교수는 교회론을 하나의 공동체 집단의식으로 볼 뿐만 아니라 기자 요한이 이상적으로 그리는 교회의 모습으로 보아 요한복음의 광범위한 본문에 드러나는 교회론적 주제를 추출하여 요한의 교회론을 생각하려고 한다.[13]

요한복음에서 교회는 철저하게 예수 그리스도와 연결된다. 따라서, 요한복음 교회론은 기독론적 교회론이다. 예수님은 성전이시기 때문에 그와 연결된 교회는 성전공동체이다. 예수님께서 독생자이시기 때문에 그와 연결된 교회는 하나님의 자녀, 하나님의 가족공동체가 된다.

목자이신 예수님의 음성을 듣고 따르는 교회는 양 무리 공동체이다. 포도나무이신 예수 안에 거하는 교회는 열매 맺는 가지공동체이다. 선생이신 예수님의 말씀을 듣고 배우는 교회는 제자공동체이다. 예수님과 교회는 서로를 위해 목숨을 바치며 사랑하는 친구공동체이다.

예수님이 아버지께로부터 보냄을 받았듯이, 그의 교회는 예수님께 보냄을 받은 선교공동체이다. 이러한 선교공동체인 교회의 모습을 신약학자 권해생 교수는 요한복음에서 나오는 대표적인 교회론으로 논의하고 있다.[14]

---

13 유은걸, "요한복음서의 교회론", 「신약논단」 제24권 제3호 (한국신약학회, 2017), 640-648.
14 권해생, "요한복음 교회론 연구: 요한복음에 나타난 7가지 교회 모습과 논쟁들", 「국제신학」 제22권 (국제신학대학원대학교, 2020), 152-173.

3. 요한복음이 묘사하는 신앙공동체

1) 가족으로서의 교회

교회가 하나님의 가족이라는 개념은 요한복음에서만 나오는 것은 아니다. 공관복음은 예수님께서 직접 하나님의 새로운 가족을 정의하시는 내용을 소개한다(마 12:46-50; 막 3:31-35 등).

육신의 가족들이 그를 찾으러 오자, 예수님께서 누구든지 하나님의 뜻을 행하는 자가 그의 형제요, 자매요, 어머니라고 말씀하신다. 바울은 디모데에게 쓴 서신에서 교회를 '하나님의 집'이라 하며, 이어서 이것이 곧 하나님의 교회라고 밝힌다(딤 3:15).

여기서 '집'(οἶκος, 오이코스)이라는 말은 오늘의 영어 성경이 번역한 대로, '가족'(household)으로 보는 것이 적절하다. 바울은 이 서신을 쓰는 목적이 디모데로 하여금 하나님의 가족인 교회 안에서 그가 어떻게 사역해야 하는지를 가르치려는 데 있었다(딤전 3:15).

이러한 사도 바울의 관점은 또한 에베소서에서도 볼 수 있다. 그는 이방인들이 주축을 이루는 에베소 교회를 향하여 이제는 그들이 "하나님의 권속"(眷屬)이라고 선언한다(엡 2:19). '권속'(οἰκεῖος, 오이케이오스)이라는 말은 '가족의 구성원'이라는 뜻이다. 갈라디아서에서도 이 말은 교회를 의미하는데, '믿음의 가정'(οἰκείους[15], 오이케이오우스, 갈 6:10)이라 표현된다.

바울은 에베소의 그리스도 안에 있는 이방인들이 더 이상 외인이나 나그네가 아니라, 하나님 교회의 성도라는 뜻에서, 하나님의 가족이라는 표

---

15 οἰκείους, '오이케이우스'는 집안 사람, 친척이란 뜻.

현을 사용한다.

그러나 요한복음만큼 가족 용어가 많이 등장하는 성경은 없다. '아들', '자녀', '아버지', '독생자' 등 가족의 구성원들이 언급된다. 하나님은 예수님의 아버지가 되시고, 예수님은 그의 아들이 되신다. 아버지-아들 관계는 요한복음 기독론의 핵심이다(요 1:34, 49; 5:25 등).

하나님의 아버지 되심은 단지 아들 예수와의 관계에만 국한된 것은 아니다. 하나님은 신자들의 아버지도 되신다. 신자들이 하나님의 자녀라는 사실은 하나님이 그들의 아버지가 되신다는 사실을 보여 준다.

유대인들은 마귀를 아비로 둔 마귀의 자녀인데 비해(요 8:41, 44), 신자들은 하나님의 자녀라 일컫는다(요 1:12; 11:52).

2) 양 무리로서의 교회

요한복음은 예수님과 교회를 '목자(牧者)-양'(羊)으로 비유한다(요 10:1-21, 26-29).[16] 예수님께서는 자신을 종말론적 구원을 위한 선한 목자로 드러내신다. 따라서, 예수님을 믿는 자들은 목자이신 예수님과 관계 속에서 양으로 묘사된다. 교회는 목자와 관계를 맺는 양들의 공동체이다.

양 무리로서 교회는 다음과 같은 세 가지의 특징을 가지고 있다.

---

16   김현태, "요한복음의 선한 목자 모티프 연구" (호서대학교 박사학위 논문, 2003), 81-165.

첫째, 교회는 목자에 의해 각각 부름받은 사람들의 공동체이다(요 10:3).

개인적으로 부르는 것을 뜻하는데, 당시 이스라엘의 목양 문화에서 보통 한 집에 약 백 마리 정도의 양이 있었는데, 어떤 양들에게는 그들의 생김새나 색깔, 특징을 따라 별명을 붙여 주기도 하였다. 목자가 이렇게 이름을 부르는 것은 양들이 그의 소유라는 뜻과 함께 양들에 대한 그의 친밀함을 보여 준다.

둘째, 교회는 목자의 음성을 따라가는 공동체이다(요 10:4-5, 27).

목자로부터 부름을 받은 교회는 목자를 따라가는 공동체이다. 특히, 그의 음성을 따라간다. 교회는 예수님의 말씀을 통해 그의 음성을 듣는다. 따라서, 그의 말씀을 따라가는 공동체이다. 양은 타인의 음성을 알지 못하기 때문에 타인을 따르지 않고 도망간다. 따라서, 목자와 양 사이에는 서로를 아는 인격적인 친밀함이 있다.

이러한 친밀함은 아버지와 아들이 서로 아는 것과 같다(요 10:14-15). 따라서, 양들의 공동체인 교회는 말씀을 통해 목자이신 예수님과 교제하며, 말씀을 듣고 순종하는 공동체이다.

셋째, 교회는 목자에 의해 하나 되는 공동체이다(요 10:16).

목자 예수님은 유대교의 우리(cage)로부터 그의 양들을 불러내시는데(요 10:3) 또한 유대교 우리 안에 있지 않은 다른 이방인 양들도 인도하신다.

그리하여 마침내 앞에 부름을 받은 양과 나중에 부름을 받은 양들은 둘 다 목자의 음성을 듣고 따라가서 한 무리를 이루게 된다.

예수 그리스도의 말씀을 통해, 그 말씀을 듣고 믿는 자들이 하나가 되는 교회공동체를 이룰 것이라는 뜻이다. 이러한 하나 됨이라는 주제는 요한복음이 일관되게 강조하는 주제이다(요 11:52; 17:11, 21).

3) 파송된 선교공동체로서의 교회

요한복음에서 예수님은 아버지께로부터 보냄을 받은 분으로 나온다 (요 5:36; 6:29; 7:29; 8:42; 9:4; 10:36; 12:44; 17:22 등). 세상으로 보냄을 받은 것이다. 보냄을 받은 목적은 선교이다.

그것은 세상을 구원하는 것이고(요 3:17), 아버지의 말씀을 전하는 것이며 (요 3:34; 17:8) 또한 아버지의 뜻을 행하는 것이다(요 4:34; 6:39). 그를 믿는 자로 영생을 얻게 하는 것이다. 이런 목적을 위해 아버지는 아들을 세상에 파송하셨다. 그런데 예수님께서 그가 세상에 파송을 받았듯이, 그의 제자들을 세상에 파송하신다.

그가 선교를 위해 세상에 보냄을 받은 것처럼, 그의 제자인 교회도 세상에 보냄을 받게 하셨다. 보내심의 목적은 선교이다. 아버지와 아들을 세상에 드러내어, 세상이 영생을 얻고, 구원을 받게 하는 것이다.

세상에 보냄을 받은 그의 교회가 선교를 위해 특히 힘써야 할 것은 세 가지이다. 이러한 세 가지 선교 사역은 보냄을 받은 분이신 예수님께서 세상에서 하셨던 사역을 계승하는 것이다. 물론, 예수님께서 성자로 수행하신 독특한 구속 사역은 모방할 수 없다. 다만, 예수님께서 하신 구속 사역에 기초해서 교회가 계승해야 할 선교 사역이 있다는 것이다. 이러한 선교 사역은 '증인이 되는 것', '하나 되는 것' 그리고 '죄를 용서하는 것'이다.[17]

---

[17] 권해생, "요한복음 교회론 연구: 요한복음에 나타난 7가지 교회 모습과 논쟁들", 173-174.

첫째, 교회는 증인이 되어야 한다.

예수님께서 증인으로서 보고 들은 것을 증언하셨다(요 3:32). 그는 진리를 증언하기 위해 세상에 오셨다(요 18:37). 아버지에게서 본 것을 말하고(요 3:38), 들은 것을 제자들에게 전달해 주셨다(요 15:15). 이제 제자들은 성령과 함께 아들이신 그리스도를 증언한다(요 15:26-27).

성령은 아들이 하신 말씀을 생각나게 하실 것이다(요 14:26). 성령은 아들을 영화롭게 하실 것이며, 아들로부터 받은 말씀을 제자들에게 알려 주실 것이다(요 16:14).

그리하여 제자들은 그들이 보고 들은 것을 증언할 것인데, 성령께서 그들의 증언 사역을 도울 것이다.

요한복음은 예수님께서 이 땅에 계실 때부터, 그를 증언하는 사람들을 소개하고 있다. 세례 요한은 예수님을 증언하는 사람이었으며(요 1:7), 사마리아 여인도 예수님을 마을 사람들에게 증언하였다(요 4:39).

심지어 요한복음 저자 자신도 증언하는 사람으로 묘사한다(요 21:24). 이처럼 교회는 세상으로 보냄을 받아, 예수를 증언하는 증인공동체이다.

둘째, 하나 되어야 한다.

세상에 보냄을 받은 그리스도의 교회가 아버지와 아들을 증언하는 다른 방법은 일치를 이루는 것이다. 서로 하나 될 때, 사람들은 그들의 연합을 보고 아버지와 아들을 만나게 된다. 이러한 원리가 예수의 고별 기도에 나타나 있다.

예수님께서 죽기 전에 제자들을 위해 기도하셨는데, 특별히 그들의 하나 됨을 기도하셨다(요 17:11, 21 등). 그들이 하나 되어 아버지와 아들 안에 있을 때, 세상은 아들을 통해 아버지를 만나게 될 것이다. 여기서 교회의 하나 됨은 아버지와 아들의 하나 됨을 본 받는 것이다.

아버지와 아들이 하나 되신 것처럼 그들이 하나 될 때, 세상은 그들이 아버지께서 사랑하시는 공동체라는 것을 알게 될 것이다. 이러한 내용이 그가 하신 기도에 있다. 따라서, 세상이 아버지와 아들을 아는 중요한 방법은 교회의 하나 됨이다.

셋째, 죄를 용서해야 한다.

부활하신 예수님께서 제자들을 세상에 보내시면서 죄 용서의 사명을 주셨다(요 20:23). 그들이 누구의 죄든지 사하면 사하여질 것이고, 그대로 두면 그대로 있을 것이다.

이러한 죄 용서 사역은 예수 그리스도의 죄 용서 사역과 깊이 연관되어 있다.

물론, 예수님께서 십자가에서 어린 양으로서 성취하신 죄 용서 사역과 같은 권위와 효력은 아니다. 교회의 죄 용서 사역은 예수님의 십자가 사역에 기초해서 사람들의 죄를 용서하는 것이다. 십자가 복음을 전해서 사람들이 복음으로 죄 용서받게 하는 것이다.

4) 가지로서의 교회

포도나무와 가지 비유에서 예수님께서 자신을 참 포도나무로, 그리고 그를 믿는 제자들을 그 포도나무의 가지로 표현하신다(요 15:5). 따라서, 가지로서 교회의 모습은 포도나무로서 예수님의 정체성과 긴밀하게 연결되어 있다.

포도나무와 가지 비유를 통해 다음과 같은 교회의 특성을 알 수 있다.

첫째, 교회는 그리스도 안에 거하는 자들의 공동체이다.

예수님께서 제자들에게 "내 안에 거하라"고 말씀하신다(요 15:4). 예수님 안에 거한다는 것은 참된 믿음을 의미한다. 예수님을 알고 신뢰하는 것을 뜻한다. 예수님과 내가 인격적 관계를 형성하는 것이다.

참된 믿음으로 그리스도와 연합하는 것이다. 요한복음 15장 2절에 "내게 붙어 있어 열매를 맺지 아니하는 가지"가 나오는데, 이것은 직역하면 "열매를 맺지 아니하는 내 안의 가지"가 된다. 이런 가지는 예수님 안에 있는 것처럼 보이지만, 사실은 예수님 안에 거하지 아니하는 가지이다.

둘째, 교회는 열매 맺는 공동체이다.

교회는 예수님 안에 거하는 자들의 공동체이면서, 또한 예수님 안에서 열매를 맺는 공동체이다. "열매"를 뜻하는 "칼포스"(καρπός)는 15장에서 8번 사용되고, 나머지는 4장 36절과 12장 24절에 나온다. 이 말씀은 선교적 열매를 뜻한다. 복음 전도를 통해 회심자를 얻는 것을 뜻한다.

셋째, 교회는 새 이스라엘공동체이다.

앞서 포도나무는 구약성경에서 이스라엘을 상징하는 대표적인 표현이다. 그런데 구약성경에서는 특히 하나님이 기뻐하시는 열매를 맺지 못하는 실패한 이스라엘을 지칭할 때, 포도나무 상징이 자주 나타난다.

따라서, 예수님께서 자신을 "참 포도나무"로 언급하신 것은 곧 자신을 실패한 이스라엘을 대체하는 새 이스라엘로 제시하신 것이다.

새 이스라엘이신 예수님의 믿음으로 연합한 교회도 또한 새 이스라엘에 편입된 것이다. 교회는 하나님이 함께하시고, 하나님의 사명을 성취해야 할 새 이스라엘공동체이다.

5) 제자로서의 교회

요한의 교회론에 있어 중요한 개념 중 하나는 "제자"이다. 이것은 공관복음에도 그대로 적용되는 사항이다. 그러나 요한복음의 제자 이해가 독특한 것은, "예수님이 사랑하시는 제자"(애제자, 愛弟子)가 이상적인 제자상을 주도한다는 점이다.[18] 요한복음에는 "예수님이 사랑하시는 제자"가 등장하여 현저한 역할을 수행한다. 요한복음을 이해하는 열쇠라고까지 평가되고 있는 이 애제자는 다른 복음서에는 언급조차 되지 않는다.

요한복음 전공 신학자인 R. 알렌 컬페퍼(R. Alan Culpepper) 박사가 지적한 바와 같이 이 애제자는 요한공동체의 성격을 이해하는 관건이 된다.[19] 애제자는 요한복음 안에서 권위의 상징이다. 그는 최후의 만찬 때에 누구보다도 예수님의 가까이에서 그의 뜻을 물을 수 있는 존재이며(요 13:23-26), 예수님께서 체포된 후 가야바의 집 뜰까지 동행하는 인물이다(요 18:15-18). 애제자는 예수님의 십자가 밑을 지키고 마리아를 돌보라는 예수님의 유언을 받는다(요 19:26).

특히, 주목할 것은 그가 부활한 예수님을 사실상 처음으로 목격할 뿐만 아니라(요 20:8), 결정적으로 요한복음의 기록 전체를 그에게 소급시킨다(요 21:24). 애제자가 줄곧 베드로와 비교 우위에 놓이기 때문에, 베드로를 위시한 사도들이 부정적 제자상을, 애제자는 긍정적 제자상을 대표한다고 볼 수 있다.

---

18   서중석, "요한복음서의 베드로와 애제자", 「신학논단」 제19집 (연세대학교, 2012), 25-44.
19   R. Alan Culpepper, *The Gospel and Letters of John: Interpreting Biblical Texts Series*, (Nashville: Abington Press, 2011), 265.

요한복음에서 예수님은 "선생"(διδάσκαλος, '디다스칼로스')으로 불리신다. 때때로 "선생"을 뜻하는 히브리어 "랍비" 혹은 아람어 "랍오니"로 불리신다. 예수님께서는 그를 따르는 자들(요 1:38), 나다나엘(요 1:49), 제자들(요 4:31; 9:2; 11:8), 무리들(요 6:25), 그리고 막달라 마리아(요 20:16)에 의해 "선생"으로 불리신다.

예수님께서 세족식(洗足式)에서 직접 그의 제자들에게 자신이 그들의 선생이심을 밝히신다(요 13:13). 이러한 명칭을 따라 요한복음에서 예수님은 가르치시는 분으로 묘사된다. 그분은 회당에서 가르치시고(요 6:59; 18:20), 성전에서 가르치셨다(요 7:14, 28; 8:2, 20, 28), 예수님께서는 아버지께 보고 들은 것을 제자들에게 가르치셨다(요 15:15; 17:8).

따라서, 요한복음에서 교회는 예수님 제자들의 공동체인데, 예수님께 배우기 위해 예수님을 따르는 자들의 무리이다.

6) 친구로서의 교회

요한복음 안에서 '친구'라는 호칭이 독특한 이유는 공관복음에서 매우 주변적으로 처리되는 "예수님의 친구"라는 정체성이 강화되어 나타난다는 점이다.

> 내가 너희에게 명하는 것은 이것이다. 너희는 서로 사랑하라(요 15:17).

흥미로운 점은 요한이 초대교회 안에 널리 유포되어 있던 "그리스도의 종"이라는 정체성에 대비하여 "예수님의 친구"라는 측면을 강조한다는 사실이다. 예수님의 친구라는 표현은 사실 누가복음에 한 번 나올 뿐(눅12:4),

나머지는 모두 요한복음에 있다(요 3:29; 11:11 등). 예수님은 그를 믿는 자의 친구가 되시고, 그를 믿는 자는 예수님의 친구가 된다. 예수님과 신자가 친구 관계가 형성된 것이다. 교회는 예수님 친구의 무리이다.

많은 학자는 요한복음에 나오는 친구 개념의 배경으로 그리스-로마 문화를 든다.[20] 왜냐하면, 예수님의 친구와 가이사의 친구가 대조되고 있기 때문이다(요 19:12). 개역개정과 우리말 성경은 '충신'으로 번역했지만, 원문은 친구를 뜻하는 '필로스'(φίλος)를 사용한다.

예수님을 석방하려는 빌라도를 향하여, 유대인들은 만약 그를 놓아주면 가이사의 친구가 아니라고 빌라도를 협박한다. 이에 빌라도는 가이사의 친구임을 드러내기 위해 예수님을 십자가에 못 박도록 내어준다(요 19:16). 그리스-로마 문화에서 왕으로부터 신임을 받는 측근을 '왕의 친구'라 불렀는데, 가이사의 친구는 가이사 가까이에서 교제할 수 있을 뿐 아니라 다양한 특권을 부여받았다.

그러나 예수님과 제자의 친구 관계는 반드시 그리스-로마 문화를 바탕으로만 해석될 수 있는 것은 아니다. 왜냐하면, 기본적으로 구약성경에 하나님의 친구 개념이 나오기 때문이다. 구약에서는 하나님의 사랑을 받은 사람을 '하나님의 친구'라 불렀다.

개역개정에 따르면, 구약에서 하나님의 친구로 나오는 인물은 두 명이다. 광야 회막에서 하나님께서는 "사람이 그 친구와 이야기하듯" 모세에게 말씀하셨다(출 33:11, 34).

---

[20] 김문현, "요한복음에 나타난 친구 관계, 어떻게 이해할 것인가?" 「신약연구」 제13권 제3호 (한국복음주의신약학회, 2014), 405-434.

또한, 하나님은 이스라엘을 가리켜 "나의 벗 아브라함의 자손"이라고 하셨다(사 41:8). 여기서 '벗'은 히브리어 동사 '아하브'(אהב)의 분사이다. '아하브'의 기본적인 의미는 "사랑하다"이다. 따라서, 하나님의 벗 또는 친구란 하나님이 사랑하시는 자이다.

이러한 하나님의 친구 개념이 예수님의 친구 개념과 연결될 수 있다. 예수님의 친구란 예수님께서 사랑하시는 자이기 때문이다. 예수님께서는 서로 사랑하라는 계명을 주시면서 목숨을 바치는 친구 사랑을 말씀하신다(요 15:12-13). 이어서 제자들을 자신의 친구라 하신다(요 15:14-15).

다시 말하면, 제자들은 곧 그의 친구인데, 왜냐하면 그가 목숨을 바쳐 사랑하는 자들이기 때문이다. 구약에서는 아브라함과 모세와 같은 소수의 특정 인물에게만 "하나님의 친구"라는 호칭이 붙여졌다면, 이제 신약에서는 예수님의 사랑을 받은 모든 제자에게 "예수의 친구"라는 호칭이 붙여진다. 그야말로 교회의 큰 특권이 아닐 수 없다.

그러나 여기에는 특권과 함께 책임이 따른다. 예수님의 사랑을 받은 자는 예수님을 본받아 서로 사랑해야 한다(요 15:12, 17). 예수님의 사랑을 받은 자는 그 사랑을 다른 사람에게 드러내야 한다. 따라서, 예수님의 친구로서 교회는 서로를 사랑하는 공동체이다.

예수님의 친구란 아버지와 아들로부터 계시의 말씀을 받은 자이다(요 15:15). 아들은 아버지께 들은 말씀을 제자들에게 전하셨는데, 왜냐하면 그들이 친구였기 때문이다. 이것은 친구 사이의 친밀함을 뜻한다. 종은 주인과 이런 친밀함이 없다. 오직 주인의 친구만이 이런 친밀함 때문에 비밀스러운 말씀을 받는다.

따라서, 예수님의 친구는 아버지와 아들만 알고 있는 비밀의 계시를 전달받는다. 마치 모세가 시내 산에서, 회막에서 친구처럼 여호와 하나님으로부터 말씀을 받은 것과 같다(출 33:11).

아브라함도 하나님의 비밀의 말씀을 받았다. 소돔과 고모라를 심판하시기 전에, 하나님은 아브라함에게 비밀을 말씀하셨다.

구약에서는 아브라함과 모세 같은 소수의 특정인만 하나님의 말씀을 받았다. 그러나 이제 신약에서는 모든 기독교인이 예수님의 친구로서 하나님의 말씀을 받고 있다고 믿는다.

한편, 예수님의 친구인 교회에 이러한 특권만 있지 않다. 예수님의 친구는 자신이 받은 말씀으로 열매를 맺어야 한다. 세상에 가서 말씀의 열매를 맺어야 한다(요 15:16). 이렇게 볼 때, 요한복음의 교회론에 있어서 제일 중요한 이슈는 "서로 사랑의 계명"이라고 할 수 있을 것이다(요 13:34-35).

"새 계명"이라는 개념은 "옛 계명"을 전제한다. 그렇다면 이 새 계명은 옛 계명을 비판하는 것으로 이해할 수 있다. 그러나 이웃 사랑은 레위기 19장 18절 등 구약에서 이미 강조한 계명이다.

일단 레위기에는 하나님에 대한 사랑의 항목이 추가되었을 뿐, 이웃 사랑에 대한 요구는 결코 새롭게 제기된 것이 아니다.

요한복음 15장 10절에는 이에 대한 간접적인 단서가 발견된다.

> 내가 아버지의 계명을 지켜 그의 사랑 안에 거하리라(요 15:10).

여기에서 "내 계명"은 요한복음 13장 34-35절에서 요구된 "서로 사랑의 계명"이라는 사실이 이어지는 요한복음 15장 12절에서도 확인된다. 예수님의 새 계명은 그가 하나님의 계명을 지켰다는 점에서 그 근거를 확보하는 것이다.

그렇다면 요한복음 안에서 제시된 하나님의 계명은 무엇인가?

요한복음 10장 17-18절에 따르면 아버지께 받은 계명은, 자기 목숨을 버렸다가 다시 얻는 것이다.

아버지에게 받은 희생의 계명을 이제 예수님은 제자들에게 요구하는 것이다. 간단히 말하자면, 하나님-그리스도-신자의 서로를 위한 희생의 다름 아니다.

그러므로 요한의 "서로 사랑의 계명"이 구약에서 말하는 이웃 사랑의 계명과 근본적으로 구별되지 않는다면 요한이 말하고 있는 '사랑' 그 자체에 있는 것이 아니라, "내가 너희를 사랑한 것 같이"(요 13:34)라는 예시에 있다고 할 수 있다.

그리스도의 도래 이전에 받았던 구약의 옛 계명에 온전한 사랑의 모범이 없었던 것에 비해, 요한의 새 계명은 그리스도가 몸소 보여 준 사례가 있기에 새로운 것이다. 이렇게 말을 바꾸어서 하자면, 예수님의 십자가야말로 완전히 새로운 사랑이다.

이렇게 보면 예수님은 십자가의 죽음을 감내할 만큼 제자들을 사랑한 것처럼 제자들은 서로를 사랑해야 한다. 일상적인 사랑의 실천과 여전히 차별되는 부분이다.

7) 성전으로서의 교회

요한이 묘사하고 있는 성전으로서의 교회의 모습은 성전 기독론과 밀접한 관계가 있다. 교회가 성전일 수 있는 이유는 교회와 연합한 예수님께서 성전이시기 때문이다.

사실 요한복음은 예수님께서 성전이시라는 명시적인 언급이 있는 대표적인 성경이다(요 2:21; 계 21:22). 예수님께서 스스로 그렇게 말씀하실 뿐만 아니라 사도 바울도 이와 같은 뜻을 그의 에베소 교회에 보낸 서신에서 기록하고 있다(엡 2:20).

요한복음에서는 예수님의 제자공동체인 교회는 성전 개념을 따라 규정된다. 교회는 아버지와 아들이 임재하시는 "거할 곳"이 된다(요 14:2, 23). 아버지는 아들 안에 계시고, 아들과 교회는 상호 내주(內主)하게 된다(요 14:20). 이러한 일은 보혜사(保惠師, Counselor)[21] 성령을 주심으로 가능하다(요 14:16; 20:22).

예수님의 제자들은 또한 계시공동체이다. 그들은 예수 그리스도를 통해서 하나님 아버지의 말씀을 받았고(요 17:8), 그 계시의 말씀을 믿는다(요 8:47). 성령을 통해 제자들은 예수님께서 하신 계시 말씀을 기억할 수 있다(요 14:26). 그리고 예수님의 제자들은 더 이상 특정 장소에 얽매여 예배드릴 필요가 없다.

교회는 진리의 영이신 성령을 받아, 성령이 증거하는 예수 그리스도 안에서 예배하는 공동체인데, 그 공동체가 곧 성전이다(요 4:23-24).

요약하면, 구약의 성막과 성전에서 일어났던 임재와 계시 그리고 예배가 예수 그리스도라는 새로운 성전에서 나타나고, 믿음으로 그리스도와 연합한 그의 교회 안에 나타난다. 교회는 하나님의 임재하시는 공동체이고, 하나님 말씀이 있는 계시공동체이며, 또한 하나님께 예배가 드려지는 예배공동체이다.

---

21 성령을 지칭하는 어휘(요 14:16, 26; 15:26; 16:7)로 이것은 성령의 사역을 단적으로 드러내는 말이다. '보혜사'로 번역된 헬라어 '파라클레토스'(parakletos)는 '다른 사람에게 도움을 베풀도록 곁에 부름받은 자'로 '변호사', '조력자', '위로자', '상담자', '친구'를 뜻한다. 또한, 이 단어는 하나님 앞에서 성도들을 변호하시는 예수 그리스도를 지칭하는 말로도 쓰였다(요일 2:1).

4. 요한의 교회론

앞에서 요한공동체는 1세기 말 다른 기독교공동체와의 교류 속에 요한의 신학을 전개하였다.

그러면 요한공동체는 요한복음서를 통해서 동시대의 다른 기독교공동체들에 무슨 말을 하려고 한 것인가?

우선 베드로와 그 사랑하시는 제자를 같이 등장시켜 상호 미묘한 관계로 계속해서 나타나게 한 것은 다음과 같은 두 가지 의도가 숨어 있는 것 같다.

하나는 베드로와 그 사랑하시는 제자가 나란히 등장하는 모습을 통해서 요한공동체도 사도적 공동체와 어깨를 나란히 할 수 있는 공동체라는 것을 암시적으로 보여 주려는 것이다.

다른 하나는 더 중요한 것으로 요한공동체는 요한복음을 통해서 사도적 공동체에 갱신의 목소리를 내려 한 것이다.

교회가 예수 그리스도를 따르는 자의 무리라는 개념에서 멀어지는 것을, 또 그와의 개인적 친교에서 멀어져 가는 것을 요한공동체는 경계한 것처럼 보인다. 비록 요한공동체는 베드로로 대표되는 사도적, 주류 기독교공동체와 동반자임을 주장하지만 예수님과의 친밀한 관계, 그의 뜻을 깨닫는 것에는 항상 우위성을 주장하는 데서 이러한 입장을 암시받을 수 있다.

이것은 초대교회가 그리스도와의 개인적 교제를 통해서 그 생명성을 회복하자는 '교회 갱신운동'이었다. 이러한 교회 갱신의 신학은 요한복음이

기록된 1세기 말의 교회적 상황을 관찰해 보면 분명해진다.[22]

1세기 말의 교회는 점점 더 기구화(機構化), 보수화의 길을 걷게 된다. 교회는 예수님을 따르는 무리라는 개념에서 벗어나 주교, 장로, 집사 등이 직제의 서열로 존재하는 양상을 띤다(딤전 3:1-13 참조).

이러한 경향성은 2세기 초중반 안디옥의 교부 이그나티우스에 의해 극단화되어 나타나는데, 그에 의하면 예수 그리스도와의 생명적 연합에 의해서가 아니라 감독(監督)[23]이 곧 교회와 동일시된다. 비록 암시적이기는 하나 요한복음은 위와 같은 교회적 상황에 대해 우려의 목소리를 내고 있다.[24]

요한복음에 의하면 교회는 예수님과 생명적 관계 없이는 절대 존재할 수 없다. 그것도 누구의 중개에 의해서가 아니라 각 신자의 예수님과의 직접적인 생명적 관계를 통해서만 기독교인이 될 수 있다. 양의 목자이신 예수님은 양 하나하나의 이름을 부르시는데, 양도 이에 호응하여 따라간다(요 10:3-4).

요한의 교회에 품은 꿈인 포도나무와 가지(요 15:1-8)의 관계도 바울의 교회상(敎會像)인 머리와 몸(고전 12:12-27)의 관계보다도 밀접하다. 바울의 교회상이 교회 안에서의 은사의 다양성에 있다면, 요한의 강조점은 교회 안에서 각 신자의 예수님과의 생명적 관계에 있다.

---

22 김동수,『요한복음의 교회론』, 74.
23 감독(그리스어 : ἐπίσκοπος, '에피스코포스') 또는 '주교'는 기독교의 여러 교회가 모인 교구나 지역의 책임을 지는 기독교의 성직자로, 공교회에서 비롯된 교회의 제도이며 직책으로 본다. 영어로는 '비숍'(Bishop) 또는 존칭 의미인 '라이트 레버런드'(Right Rev.)도 사용된다. 현재는 공교회제도를 따르는 교단에서 볼 수 있다. 공교회제도와 운영 방식의 차이는 있지만 감독(주교)은 현재에도 교회의 동방전통과 서방전통에 남아 있고, 서방전통의 개신교회에서도 많은 교단이 이를 따른다.
24 158) 조윤호, "갈등을 신앙으로 승화시킨 이그나티우스의 신학과 사상 연구해",「한국개혁신학」제68집 (한국개혁신학회, 2020), 218-268.

요한에 의하면 가지가 포도나무에 붙어 있지 않으면 열매를 맺을 수 없고 결국 말라 불에 살라져 버리게 된다. 요한은 더 나아가 이러한 신자와 예수님과의 생명적 관계가 하나님 아버지와 예수님의 관계에서 그 원형을 찾을 수 있는 것으로, 교회의 구성 요소 중 그 무엇보다도 중요한 것으로 여겼다.

요한공동체가 우려한 바는 교회가 예수님과 생명적 결합에서 멀어져 점점 더 기구화, 직제화된다는 데 있었다. 이러한 것은 요한의 교회 직제 이해에서도 볼 수 있다.

요한에 의하면 교회 안에서 가장 중요한 명칭은 '제자'였다. 그래서 요한복음에만 사도라는 명칭이 나오지 않은 것은 결코 우연이 아니다. 요한복음에서는 사도 혹은 열두 제자가 많은 무리의 제자와 구별되어 나타나긴 하지만(요 6:66), 열두 제자도 '사도' 혹은 '열두 제자'라는 말보다 제자라는 말이 더 선호되어 불린다.

여성이 제자로 명명된 적은 없지만, 요한복음에서 여성은 남성 제자와 거의 동일한 신앙고백과 선교의 역할을 담당한다(요 4:7-11; 11:1-44; 19:25; 20:1-2). 또한, 교회에서도 어떤 직책이나 교사를 통해서 그리스도를 만나는 것이 아니라 신자 각자에게 임하는 성령의 기름 부음이 가장 중요하다(요일 2:20, 27).

즉, 요한공동체에 있어서는 근본적으로 교회 안에는 직제에 따른 신앙 등급의 구별이 있을 수 없다. 만약 구별이 있다면 신자 각자와 예수님과 얼마나 친밀한 관계인지 또는 신자 각자가 얼마나 예수님을 사랑하는지에 의해서 구별될 것이다.

그런데 이러한 요한 신학은 동시대 교회의 흐름에 도전하는 것으로 이것은 당시에 일종의 개혁운동, 교회 갱신운동의 하나로 볼 수 있다. 그러나 이단 사상이나 쿰란공동체[25]와는 다르게 요한공동체는 다른 기독교공동체의 사도성을 인정하면서 자기의 개혁적 목소리를 낸, 일종의 내부 개혁운동으로서 1세기 말 다양한 초대교회공동체 중의 하나였다.

---

[25] 쿰란공동체(Qumran community) 또는 쿰란 교단. 고대 팔레스타인의 유대인 종교집단으로 사해 문서 중의 쿰란 사본을 만들어 낸 사람들이 조직한 종교단체를 말한다. 교단으로 번역되는 말은 히브리어 '야하드'로, '하나로 결합한다'는 의미이다. 즉, 하나로 맺어진 공동체를 뜻한다.

제5장

서신서에 보이는 요한의 교회론

1. 요한서신이 시사하는 교회의 의미

일반적으로 요한서신이라고 하면 사도 요한이 쓴 사복음서의 하나인 요한복음을 제외하고 신약성경의 일부분인 요한일, 이, 삼서와 요한계시록을 말한다. 요한은 요한복음(AD 90년경)을 저술하였고, 그의 신앙공동체, 즉 요한공동체 앞으로 요한계시록(AD 95년경)을, 그로부터 약 20년이 지난 후 요한일, 이, 삼서(AD 90-95년경)를 기록했다.

요한복음을 기록한 사도 요한이 쓴 문헌인 그의 서신들에서 교회론이 어떻게 나타나는지를 살펴보려고 하는 이유는, 요한복음과의 관계를 볼 때 각 문헌의 역사적 배경에 따라 문헌에 나타나는 문학적인 특징의 유사성과 아울러 차이점을 볼 수 있기 때문이다.

요한일서와 요한복음에는 똑같은 신학적인 방법론이 사용되어 있고 일반적으로 말해서 이 두 책은 똑같은 주제들을 취급하고 있다는 것이 학자들의 일치된 의견이다. 그러나 요한일서와 요한복음과의 현저한 유사성이 있음에도 불구하고 몇 가지의 차이점을 명백하게 나타낸다.

성육신의 교훈이 두 곳에서 다 같이 중요하지만, 그것이 요한서신에서는 예수님의 참된 인간성에 집중되었지만, 요한복음에서는 그것이 예수님의 신적인 영광에 집중되어 있다는 것이다. 요한복음은 중생의 문맥에서 성령에 관련된 언급을 많이 하는 데 비해 요한일서는 갱생(更生, rebirth)의 문제에서 특별히 성령에 관련된 내용이 없다.

언어학적으로도 수사적인 질문들은 요한서신의 특징을 이루고 있으나 그것이 요한복음에서는 전적으로 무시되어 있다. 요한서신에서는 조직적인 문장들을 사용하는 경향이 있는데, 이것은 요한복음의 특징이 아니다.

요한복음은 구약성경을 많이 사용하지만, 요한서신서에 구약성경의 인용이 하나도 없으며 아마도 단 한 번 구약성경에 관련된 언급이 나오는 것 같다. 요한복음에는 유대교를 살아 있는 종교로 보고 관심을 쏟고 있으나, 이것이 요한서신에는 빠져 있다.

요한복음은 요한서신보다 60년 이전의 상황을 반영하는 것으로 보인다. 그때에는 유대교가 현존한 문제였기 때문이다.

요한서신에서 구원이 본격적으로 "생명" 또는 "영원한 생명"으로 표현된다(요일 1:1; 2:25 등). 요한은 애초부터 예수 그리스도를 "생명의 말씀에 관한" 문맥에서 소개하는데, 이 말씀 속에 있는 생명은 세상이 지음을 받기 이전 "태초부터 있는" 생명인 동시에(요일 1:1), 주의 재림 이후에나 본격적으로 전개될 "영원한 생명"을 가리킨다.

세상이 창조 되기 이전의 생명이며 동시에 세상이 심판을 받아 고난 이후에 오는 영원한 나라의 생명이다. 그래서 예수님을 믿었다는 것, 곧 예수님을 받았다는 것은 바로 이 영원한 생명을 받았다는 것을 말한다(요일 5:20). 이 생명을 받은 자는 이 세상에 있지만, 세상에 속해 있지 않다. 그가 받은 생명이 이 세상에 속한 것이 아니기 때문이다.

요한은 이것을 "하나님께로서 난 자"(요일 2:29; 3:9)라고 표현한다. 특히, 요한일서 3장 9절에서 "하나님께로서 난 자"라는 용어는 구원을 "영원한 생명"을 얻은 것으로 이해하는 단적인 표현이다.

이런 맥락에서 요한일서 3장 2, 3절은 종말론적 구원의 확실성에 근거한 성화(聖化)에의 요청이다. "장래에 어떻게 될 것"은 "아직 나타나지 않았다". 하지만, 주께서 "나타내심이 되면" 그때 우리의 영적 생명에 따라 온전해진 참모습이 비로소 드러난다. 우리 속에 있는 말씀 생명의 결과로서의 '온전해진 우리 자신'이 드러나는 것이다.

마지막으로, "믿음과 행함"에서 그 "행함"은 주로 "사랑"을 가리킨다는 점을 확인해 둘 필요가 있다. 구원받는 믿음이 요구하는 행위의 요체(要諦)가 어떤 복잡한 의(義)의 체계가 아니라 근본적으로는, 성도가 이미 그리스도 안에서 받은 하나님의 긍휼, 하나님의 사랑을 형제 사랑, 이웃 사랑으로 발현하여 온전케 하는 것 외에 다른 것이 아니기 때문이다.

예수님께서 친히 율법의 강령을 "하나님 사랑과 이웃 사랑"(마 22:34-40)으로 요약하신 것처럼, 이는 바울에게 있어서도 다르지 않다.

율법의 행위들과 관련해서 "그리스도 예수 안에서는 할례나 무할례가 효력이 없되 사랑으로써 역사하는 믿음뿐"(갈 5:6)이라 한 것이나, 성령의 열매로 "사랑"을 가장 먼저 든 것(갈 5:22), 그리고 "믿음, 소망, 사랑 그중에 제일은 사랑이라"(고전 13:13) 한 것은 그리스도 안에서 성취하는 율법 요구의 요체요 절정이 사랑임을 드러낸 것이다.

요한서신은 그리스도 안에서 새로운 법(法), 곧 "새 계명"을 선포하는데, 그 내용은 주께서 "우리를 사랑하신 것처럼 너희가 서로 사랑하라"는 것이다(요일 2:7-10; 3:23-24). 이것은 바울이 "너희가 서로 짐을 지라. 그리하여 그리스도의 법을 성취하라"(갈 6:2)고 했을 때 의미한 "서로 사랑하라"는 명령과 다르지 않다.

다만 요한서신은 믿음에서 나오는 이 사랑이 그 믿음과 신앙고백의 진위(眞僞)를 증명하는 명백한 증거임을 강조한다. 요한에게 있어서 사랑은 단지 신앙고백 속에 포함된 말뿐이 아니라 "행함과 진실함"으로 하는 믿음의 증거이며(요일 3:18), 하나님에게서 시작한 신적 사랑이 그 형제 사랑 안에서 온전함에 이르는, 그 "온전해진 사랑"(요일 2:5; 4:12)을 가리킨다.

성도가 받은 믿음과 그 믿음을 통해 이미 임한 구원으로서의 영원한 생명은 이렇듯 "온전해진 사랑" 안에서 존재하는 것이며, 그것과 분리되거나 그것 없이 그 생명의 임재를 증거할 다른 방식을 갖고 있지 않다는 것이 요한이 거듭 강조하는 논지이다.

그래서 사랑은 율법의 행위가 요구하는 본질적인 "의"이며, "믿음의 행위"는 구약 율법의 요체인 사랑과 본질에서 다르지 않다.

하지만, 예수 그리스도께서 그 율법의 요구를 십자가의 긍휼로 성취하셨고, 그 십자가의 긍휼을 입은 성도는 바로 그 긍휼로 형제를 사랑한 사실에 대하여 심판을 받는다(약 2:13).

그러므로 "사랑"이 성도의 구원과 심판의 맥을 잇는 가장 핵심적이고 중대한 원리이다. 사랑의 복음으로 거듭난 성도의 믿음은 반드시 그 사랑으로 역사하는 믿음의 행위를 하게 되며, 그것이 그의 신적 성품의 열매의 요체(要諦)이기도 한 것이다.

결국, 믿음을 받은 성도의 행함은 결국 사랑받은 자가 사랑을 드러내는 일이다. 그것은 서로 분리될 수가 없다. 사랑하는 자가 곧 사랑을 받은 자이기 때문이다. 사랑받은 자가 사랑하지 않을 수 없고, 사랑에 있어 성장하지 않을 수 없다. 사랑이 곧 믿음의 증거이다.

요한일서의 설교투인 어조는 아마 자기의 메시지가 집합된 회중들에게 읽힐 것이었다고 생각한 그 저자의 의식 때문이었던 것 같다. 이 저자가 널리 탁월한 영향을 끼치던 기독교 지도자였다는 것은 이러한 세 가지 문서들 모두에서 명백하게 나타난다.

이 저자가 이러한 서신들을 쓰면서 노력하던 그 심중에는 분명히 권위의 풍채가 있었으며 독자들을 그들의 신앙의 면에서 육성시키려는 현저한 의욕이 있었다. 요한일서에서 신앙과 사랑을 두드러지게 강조한 것은 그 당시의 거짓 교사들과 거짓 교훈의 위험 때문이었다.

요한일서는 여러 교회를 위하여 의도되었던 것일 수 있다. 다른 두 서신에 사용되었던 "장로"라는 용어가 신앙공동체와 목회적인 관계를 맺었던 그 저자의 사정을 가리키는 것으로 생각되어 왔다. 요한이서는 요한일서의 축소판인 것처럼 보인다.

왜냐하면, 그의 더 긴 서신에서 이미 사용되지 않았던 어귀는 거의 단 하나도 여기서 새롭게 나타나지 않기 때문이다.

그러므로 요한이서의 "장로"는 존경받는 교회의 지도자였다. 그는 이미 감독이었을 것이다. 그는 이미 널리 퍼져 가는 거짓된 교훈의 위험성을 취급하는 목회서신으로서 요한일서를 기록한 자이다.

세 편의 서신들이 모두 구체적인 삶을 다루며 추상적인 것들을 취급하지 않았다. 그 저자의 강렬한 개인적인 감정들이 어디에서나 명백하게 나타난다. 그와 그의 독자들과의 관계는 서로 똑같이 결속되어 있었다.

그는 자기 독자들의 필요와 사정에 대하여 다 같이 잘 알고 관계를 나타내줄 만큼 그들에게 구체적인 호소를 하였다.

2. 교회론을 통한 기독론적 접근

요한은 예수님은 하나님이시며(요 10:20), 동시에 인간성을 가지신 분(요 16:28)이라고 주장한다. 그러기 때문에 세상의 구속자가 되실 수 있다는 것이다(요 4:42; 요일 4:14).

사도 요한은 기독론적 균형감을 가지고 유대적 배경을 가진 집단의 요한공동체[1]가 제기한 문제에 접근하였다. 앞서 요한복음에서 보았듯이 요한서신 역시 교회론에 대한 기독론적 접근을 찾아볼 수 있다.

그리고 요한서신에서 요한복음에서 본 하나님과의 교제를 논의함으로써 그의 공동체의 신앙생활과 아울러 하나님 교회에 품은 이미지를 보여 주고 있다. 요한서신의 서곡을 이루는 문장은 길고도 약간 얽힌 구조를 지니고 있는데, 그것도 그리스도 안에 있는 영원하고 신적인 생명을 인격적이고도 집합적으로 이해한 것을 강조한 내용이다(요일 1:5-2:2).

예수님의 사람들은 그 예수님의 체험을 서로 나누었다. 여기서 반복적으로 나오는 "우리"는 그 사도의 증거와 증언만을 가리키는 것이 아니라 그리스도의 백성, 곧 예수님께서 발견하기 위하여 왔던 "구원"의 백성들이 제시한 집단적인 증언도 지시하고 있다.

---

[1] 이대주, "요한공동체의 그리스도 이해", 「대학과 선교」 제46집 (서울신학대학교, 2020), 264-265.

1) 하나님과의 교제

요한일서 1장 1-4절의 기본적인 진술에 근거를 두고 제일 먼저 확대된 사상은 "하나님과의 교제"와 관련되어 있다. 종교적인 모든 체험의 진정한 의미는 그 저자에게 있어서 이 구절을 통하여 요약된다.

요한의 시대에 많은 이단이 있었다. 그들은 하나님을 생생하게 체험하였다고 주장을 하면서도 예수님은 진실로 하나님의 아들이요, 인간의 육신을 입고 오신 하나님이라는 사실을 부인하였다.

그래서 요한은 자신의 서신의 서두에 나오는 진술에서 주장하기를 예수님을 인정하지 않는 자는 아무도 하나님과 사귀는 자가 아니라고 하였다.

왜냐하면, 인간들이 하나님과 사귈 수 있게 만들고 계속해서 그들이 그러한 사귐 속에 머물러 있도록 하는 것은 예수님의 피밖에 없기 때문이었다. 요한은 기독교인이 체험한 사실들을 진술하였다. 그 체험은 그러한 교제의 시작과 유지에 관련된 것이다.

요한은 하나님과의 교제를 시작하고 유지하기 위해서는 예수님의 계명을 지키는 것(요일 2:3-11)이고, 하나님의 자녀로서 적그리스도를 조심해야 하며(요일 2:18-28), 올바른 일을 해야 하며(요일 2:29-3:10), 확신을 품고(요일 3:19-24), 하나님 안에 거하며(요일 4:7-12), 신앙을 가지는 것(요일 5:1-12)이다.

요한이서는 요한일서와 대동소이하나 요한의 서신 수신자였던 교회는 "진리 안에서 사랑하라"는 요한의 친숙한 주제에 순복할 것(요이 1:4-6)을 명령한다. 요한은 자기 서신의 수신인들과 관계하는 면에서 사랑을 실천하였다. 요한은 그의 어떤 자녀들과 접촉하였으며 그들이 진리를 따르고 있는 것을 발견하였다(요이 1:13).

요한삼서는 그 "장로"가 가이오(Gaius)에게 보낸 것이었다(요삼 1:1). "가이오"라는 이름은 1세기에 아주 보편적이었으며 그 개인은 이 경우에 적극적으로 동일시될 수가 없다. 신약성경에는 이러한 이름으로 세 사람이 제시되어 있다.

고린도의 가이오(롬 16:23)는 그의 자비심 때문에 유명하였다. 마게도니아의 가이오(행 19:29)는 선교 여행 중의 바울의 동료였다. 더베의 가이오(행 20:4)는 전도 여행 중 바울과 동행하였다(그가 사도행전 19장 29절의 가이오와 동일인일 수 있다).

요한삼서 1절의 가이오가 누구였든지 간에 그 "장로"를 이 사람에게 연결한 그 유대성은 복음의 맥락에서 나타난 기독교인의 형제애였다.

여기서 "장로"는 가이오가 영적으로 번성하였던 것과 똑같이 육체적으로, 물질적으로 번성하기를 위하여 기도하였다(요삼 1:2). 가이오의 번영에 대한 이와 같은 관심은 첫째 그가 자기를 방문한 선교사들에게 자기의 물질적인 소유물을 나누어 주면서 베풀어 준 친절함과 관련되어 있었다.

이러한 선교사들은 가이오의 봉사 활동에서 나타난 바와 같이 그의 진리에 대한 헌신과 그의 충성스러운 청지기 직책에 대하여 보고를 하였다. '진리를 따르는 것'은 특별히 사도 요한의 용어이다. 이것이 의미하는 것을 제시한다면, 그 사람이 복음대로 살았으며 복음의 생활로써 자기 성격을 형성하였으며 그리스도 안에서 가르친 그의 교훈 때문에 지배되고 정복된 사람이었다는 뜻이다.

가이오에게 특별히 이 "장로"의 칭찬을 받게 한 사실은, 가이오가 속해 있던 교회를 위하여 봉사한 순회 전도사들에게 그가 후대하였다는 것이다. 틀림없이 가이오의 친절함은 그의 동료 교인들에게서 좋은 평판을 들었을 것이다.

가이오는 슬기롭게 행한 것에 대하여 그 "장로"로부터 칭찬을 받았다. 요한이서에서는 그 "택함을 입은 자매"가 어리석은 행동을 하지 말라는 경고를 받았다. "그들을 여행하도록 보내 준다"는 표현은 선교 사업을 위하여 비용을 마련해 준다는 의미로 신약성경에 나온다(행 15:3; 21:5 등).

이렇게 요한서신도 요한복음처럼 요한공동체의 핵심 신학은 하나님과의 교제임을 강조하고 있음을 볼 수 있다.

3. 일곱 유형교회에 기대하는 교회론

요한계시록에서는 교회에 대하여 몇 가지 비유적인 묘사들을 제공하고 있는데, 그 성격의 어떤 특정한 면을 강조하고 있다. 그 가운데 뚜렷하게 표현하고 있는 "새 예루살렘" 혹은 "하늘의 예루살렘"(계 3:12; 21:2)이라는 묘사와, 하나님과 그의 백성 이스라엘 사이의 관계를 결혼 관계로 설명하고 있다.

요한계시록에 교회가 그리스도의 신부라는 면을 가장 뚜렷하게 표현한 구절이 있다. 요한계시록 19장 7절에 교회는 어린 양의 신부로 나타나 있다. 같은 장(章)에서 '혼인식'은 신부가 그녀의 신혼생활을 새 시대에 시작하는 모습으로 그려져 있다.

교회는 시작과 끝맺음에 있어 다 하나님의 교회이다. 교회는 사람들의 노력으로 조직하는 것이 아니라 도리어 하나님으로부터 이 교회를 선물로 받는 것이다. 교회는 하나님에 의해서 하나님을 위하여 조성된 것이다.

그 교회의 일원이 되는 것은 인간적인 지명이 아니라 하나님의 부르심으로 된다. 그러므로 교회는 본질에서 하나님의 기관이다. 교회는 "모든 믿는 자들의 복 있는 무리"로 불려 왔다.

그것은 어떤 딱딱하고 준엄한 조직이 아니라 그리스도의 영이 개인적으로 혹은 집합적으로 내주(內主)하는 모든 자의 교제인 것이다. "성도로 부르심을 받은" 자들인(롬 1:7) 신자들의 공동 사회인 것이다.

요한계시록은 교회가 걸어가야 할 방향을 그 당시 아시아에 있는 일곱 교회 사자(使者)들에게 알려 주고 있다(계 1:9-3:22). 그 일곱 교회는 에베소에서 서머나를 통하여 버가모까지 해변을 따라 북편으로 가는 길목에 위치해 있었다.

버가모에서 또 다른 길 하나가 남으로 뻗어 있는데 이 길은 내륙 방향으로 뻗어 두아디라, 사데, 빌라델비아, 라오디게아를 지나 다시 돌아서 에베소로 향해 있다.

이 요한계시록을 가진 사람은 한 바퀴 돌며 이 모든 도시를 방문했을 것이다. 에베소는 웅장한 아데미 신전이 위치한 곳이며 서머나는 아시아의 중요 항구이며, 버가모는 거대한 제우스 신당, 곧 의학과 치료의 신(神) 아스클레피오스(Aesculapius)의 신전과 지방 행정 관청의 소재지였다.

두아디라는 농업과 면직 공업의 중심지였고, 사데는 루디아의 수도였다. 빌라델비아는 중앙의 비옥한 고원 평야로 가는 길목이고, 라오디게아는 번창한 은행 중심지였으며, 또한 양털 재배지였고, 안약 제조지였다.

바울은 에베소와 라오디게아에 편지한 적이 있고, 이그나티우스도 그 일곱 교회 도시 중 몇 도시는 잘 알고 있었다. 그 일곱 도시는 아시아 지방의 주요한 핵심지였고, 아마 요한이 잘 알고 있는 큰 교회 중의 대표적 교회일 것이다.

일곱 교회를 선택하신 것은 그들이 사도 시대의 교회를 대표하기 때문일 것이다. 일곱 교회는 어떤 면에서 모든 시대의 교회들을 대표한다. 그들은 오늘날 교회가 당면한 문제들을 가지고 있었다.[2]

일곱 교회 각각이 처한 형편과 모습에 따라 보낸 칭찬과 책망 및 격려와 경고의 메시지는 요한계시록이 쓰이던 당시의 교회는 물론이고, 오는 세대의 모든 교회가 어떠한 모습으로 존재해야 할지를 보여 주는 말씀이다.

그런 의미에서 요한계시록에서 일곱 교회에 대한 예수 그리스도의 계시를 통해서 주님이 원하시는 하나님 교회의 모습을 읽을 수 있다.

1) 에베소 교회: 처음 믿음을 회복하는 교회

"아시아의 빛"(*Lumen Asiae*)이라 불리던 에베소는 아시아 지방의 최초요 최대의 도시였다. 부활하신 그리스도는 에베소 교회에 처음 사랑, 처음 행위를 가질 것을 권면하신다.

에베소 교회에 보내는 예수님의 첫 말씀, "내가 네 행위와 수고와 네 인내를 알고"(계 2:2), 이 말씀의 의미는 병행문인 데살로니가전서 1장 3절의 "너희의 믿음의 역사와 사랑의 수고와 우리 주 예수 그리스도에 대한 소망의 인내"를 통하여 더욱 명확히 드러난다.

역사-수고-인내가 믿음-사랑-소망에 병행되어 있으며 서로 관련되어 있다. 요한계시록의 "행위"는 데살로니가전서의 "믿음의 역사"다. 그런데

---

2 아서 F. 글라서(Arthur F. Glasser), 『성경에 나타난 하나님의 선교』(*Announcing the Kingdom*). 임윤택 역 (서울: 생명의말씀사, 2006), 583.

믿음의 행위와 역사는 사랑의 수고와 소망의 인내에 대한 상위 개념이다.

바울이 에베소서 1장 15절에서 에베소의 기독교인들에 대하여 듣고 감사한 내용의 첫 마디인 "주 예수 안에서 너희 믿음과 모든 성도를 향한 사랑"은 교회의 우선순위가 주 예수 안에서의 확고한 믿음임을 일깨워 준다. 믿음의 바탕 위에 견실하게 서 있어야 모든 현지인을 향한 사랑이 진정성을 띠게 된다.

요한계시록 2장 4절의 "그러나 내가 네게 책망할 것이 있으니 그것은 네가 첫사랑을 버린 것이다"와 5절의 "그러므로 너는 어디서부터 잘못됐는지 생각해 보아 회개하고 처음에 행했던 일들을 행하여라"에서 믿음의 행위는 처음 사랑과 연결된다. 처음 사랑을 회복하는 길은 처음 행위로 돌아가는 것이다. 그런데 사랑의 '수고'(κόπος, '코포스')는 "땀을 흘리기까지 일하는 것, 기진맥진할 때까지 일하는 것"이다.

"확고부동한 의연함, … 시련 속에서의 참고 견딤"[3]인 소망의 인내도 결국은 믿음의 발로(發露)라고 할 수 있다.

요한계시록 2장 2-3절을 살펴보면 "행위"는 악한 자들을 용납하지 아니하고 거짓 사도에 대항하여 싸운 교회의 수고와 주 예수 그리스도의 이름 때문에 고통을 견디고 게으르지 않았다는 것으로 설명된다.

즉, "행위"는 대항하고 인내하면서도 부지런한 교회의 행동을 말하고 있다. 공관 복음서에 나오는 "나중까지 견디는 자"(막 13:13; 마 10:22; 눅 21:17)에 상응하는 요한계시록의 표현은 "이기는 자에게 주는 구원의 약속"(계 2:7, 17)에 관한 말씀이다.

---

3 하인리히 크라프트(Heinrich Kraft), 『요한묵시록 47』(Die Offenbarung des Johannes), 황현숙·김판임 역 (서울: 한국신학연구소, 1988), 94.

2) 서머나 교회: 죽도록 충성하는 교회

서머나는 로마가 대제국으로의 발전 가능성이 극히 희박했을 때부터 로마와 운명을 함께하기로 하고 그 이래로 내내 좋을 때나 언짢을 때나 그 충성심(loyalty)을 버리지 않은 도시였다.[4] 부활하신 그리스도는 서머나 교회에 죽도록 충성할 것을 권면하신다.

기독교인들에게 잘 알려지고 애용되는 다음 구절 말씀은 충성스러운 교회를 위한 격문이라고 볼 수도 있다.

> 너는 고난당할 것을 두려워하지 마라. 보라. 마귀가 너희 가운데 몇몇을 감옥에 집어넣을 텐데 너희가 10일 동안 핍박을 받을 것이다. 너는 죽도록 충성하여라. 그러면 내가 생명의 면류관을 네게 줄 것이다(계 2:10).

면류관을 아곤(Agon) 대회에서 승리한 자가 얻었던 월계관과 연관시키면, 충성의 목적을 시합에서의 승리로 이해할 수 있다.

면류관을 로마의 개선장군의 군사적인 업적에 대한 가장 좋은 표창인 개선의 화관(corona triumphalis)과 연결하면, 신앙생활을 위한 목적을 선한 싸움에서의 승리로 생각할 수 있다. 충성의 방법과 한계를 나타내는 "죽도록"이라는 말은, 순교가 아레나[5] 경기장에서의 승리로 상징되어 나타나는

---

[4] 윌리엄 버클레이(William Barclay), 『계시록(상)』(*The Revelation of John*. Vol I), 고영춘 역 (서울: 기독교문사, 1989), 132.

[5] 아레나(Arena)는 중앙을 볼 수 있게 해 놓은 경기장을 말하는데, 라틴어 '아레나'(*harena*)는 원래 모래라는 뜻으로, 검투사들이 싸우면서 흘리는 피를 흡수하기 좋도록 모래를 깔아놓는 데에서 지금의 뜻으로 발전했다. Amanda Claridge, *Rome: An Oxford Archaeological Guide*(First ed.) (Oxford, UK: Oxford University Press, 1998), 276–282.

『페르페투아와 펠리치타의 수난기』(Passio sanctarum Perpetuae et Felicitatis)[6]를 떠올리게 한다.

예수님의 교회는 환난(9, 10절)과 궁핍(9절)과 비방(9절)과 고난(10절)과 시험(10절) 중에도 죽도록 충성해야 한다.

3) 버가모 교회: 회개로부터 시작되는 능력의 교회

버가모는 아시아 지방의 행정적 수도였다. 이것은 버가모가 "아시아 지방의 가이사 경배의 중심지였다는 것을 뜻"하며, 버가모는 "사단(Satan)의 위"였다. 사람들이 주(Lord)라는 명칭을 그리스도에게 주는 것이 아니라 가이사에게 주어야만 하는 곳이다. 기독교인에게는 이것보다 더 악마적이요 사탄적인 것이 없다."[7]

사단의 권좌가 있는 곳에 살면서도 믿음을 저버리지 아니한 버가모 교회에 보내는 서신은 큰 격려가 된다.

"사단의 지배력이 가장 강한 곳이요 사단이 그 권위를 가장 강하게 구사하고 있는 곳"인 버가모에 사는 기독교인들은 "사단의 보좌가 있는 곳에서 기독교인으로 처세해야 했고 거기에 그대로 머물러 있어야 했다. 만약에 초대교회 기독교인들이 그들이 매우 힘든 일을 당할 때마다 도피해 버렸다면 그리스도의 세계는 꿈도 꿀 수 없었을 것이다."[8]

---

[6] 페르페투아(Perpetua)와 펠리치타(Felicitas) 그리고 네 명의 동료 순교자 이야기는 초기 순교자들의 전기 중에서도 가장 감동적이고 인상적이다. 특히, 『페르페투아와 펠리치타의 수난기』(Passio sanctarum Perpetuae et Felicitatis)는 페르페투아와 그녀의 하녀였던 펠리치타의 순교에 관한 가장 신뢰할 만한 기록으로 히포(Hippo)의 아우구스티누스(Augustinus)도 이 수난기를 자주 인용하였다. Thomas J. Heffernan, *The passion of Perpetua and Felicity*. (Oxford: Oxford University Press, 2012).

[7] 윌리엄 버클레이(William Barclay), 『계시록(상)』(*The Revelation of John*. Vol I), 141.

[8] 윌리엄 버클레이(William Barclay), 『계시록(상)』(*The Revelation of John*. Vol I), 144.

목숨 건 증거를 수행하고 있음에도 불구하고 부활하신 그리스도는 버가모 교회에 회개할 것을 권면하신다. "그러므로 회개하라"(계 2:16)는 말씀은 회개가 교회가 이 지상에서 치루어야 할 영적 전쟁의 최대 무기임을 일러 준다.

4) 두아디라, 사데, 빌라델비아 교회: 가진 것을 굳게 잡는 교회

가장 긴 말씀이 주어진 두아디라는 일곱 곳 중 가장 미미한 도시였다. 두아디라 교회에 다른 짐을 지우는 대신에 부활하신 그리스도는 "다만 너희에게 있는 것을 내가 올 때까지 굳게 잡으라"(계 2:25)고 권면하신다.

빌라델비아는 일곱 곳 중 가장 역사가 짧은 도시였다. 부활하신 그리스도는 빌라델비아 교회에 "내가 속히 오리니 네가 가진 것을 굳게 잡으라"(계 3:11)고 권면하신다.

두 교회에 공히 그리스도의 재림을 고대하며 현재 소유하고 있는 것을 굳게 잡으라는 교훈이 주어진다. 끝까지 지키는 자와 이기는 자에게는 은혜의 약속이 주어진다.

두아디라 교회를 향한 두 가지 약속, "만국을 다스리는 권세"(계 2:26)와 "새벽 별"(계 2:28)을 주리라는 약속은 그리스도의 "지배에 참여"하라는 소명과 그리스도가 "가져오는 빛을 비추어 주는 일에 참여"[9]하라는 소명을 준다.

빌라델비아 교회를 향한 두 가지 약속, "내가 또한 너를 지켜 시험의 때를 면하게"(계 3:10) 하고 "성전의 기둥이 되게"(계 3:12) 하리라는 약속

---

9 하인리히 크라프트(Heinrich Kraft), 『요한묵시록 47』(*Die Offenbarung des Johannes*), 119.

은 "그리스도의 조력을 기대할 수 있다"[10]는 소망과 초대 예루살렘 교회의 기둥들이었던 야고보, 베드로, 요한(갈 2:9)의 반열에 들 수 있다는 소망을 준다.

두아디라 교회를 향한 격려 "끝까지 내 일을 지키는 그에게"(계 2:26)와 빌라델비아 교회를 향한 칭찬 "네가 나의 말씀을 지켰은즉"(계 3:10)을 통하여 교회가 굳게 잡아야 할 것은 그리스도의 일과 그리스도의 말씀임을 확인할 수 있다.

스코틀랜드의 신학자 바클레이(William Barclay) 교수는 말한다.

> 진정으로 생명력 있는 살아 있는 교회는 그 지역의 양심이 될 수밖에 없고, 그러므로 그 양심의 소리를 잠잠하게 하고 제거하려는 자가 자연히 많이 생길 것이다. … 어떤 교회가 세상에 순응한 나머지 세상이 그 교회에 무엇인가 비난하고 공격할 것을 발견할 수 없다면 그 교회는 죽은 교회이다.[11]

부활하신 그리스도는 사데 교회에 "너는 일깨워 그 남은바, 죽게 된 것을 굳건하게 하라"(계 3:2)고 권면하신다. 이 말씀은 "깨어 있으라 그리고 죽어가는 남은 자들에게 힘을 넣어 주라"는 뜻이다. 일깨워진 교회가 되라는 것이다.

---

10 하인리히 크라프트(Heinrich Kraft), 『요한묵시록 47』(Die Offenbarung des Johannes), 135.
11 윌리엄 버클레이(William Barclay), 『계시록(상)』(The Revelation of John. Vol I), 184.

5) 라오디게아 교회: 차든지 뜨겁든지 해야 할 교회

라오디게아는 동양으로 가는 대로 위에 걸터앉아 있는 것 같은 도시였는데, 빤히 바라볼 수 있는 바로 건너편 루코 강둑 쪽에는 광물성 온천으로 유명한 히에라폴리스가 있었다.

라오디게아는 원래 산성이었기 때문에 적어도 9.6 킬로미터 떨어진 곳에서 물을 끌어와야 했다. 히에라폴리스의 온천물이 지하관을 타고 흘러오는 동안에 미지근하게 될 수밖에 없었다.

설상가상으로 이 온천물은 가끔 그 화합 물질로 인하여 맛과 냄새가 고약해서 구역질이 나게 될 때가 있다. 그것을 마시는 사람은 실질적으로 병이 날 것 같이 느끼게 된다. 라오디게아 교회를 볼 때 그리스도는 이처럼 느끼게 되는 것이다.

그러므로 부활하신 예수 그리스도는 비난조의 말씀으로 라오디게아 교회에 차든지 뜨겁든지 할 것을 권면하신다. '차다'는 뜻을 가진 단어인 '프수크로스'(φυχρός)는 빙점(氷點)을 의미한다. 뜨겁다는 단어인 '제스토스'(ξεστός)는 비등점(沸騰點)을 말한다.

미지근하다는 단어는 '클리아로스'(χλιαρός)인데 미지근한 물건은 가끔 구역질 나는 결과를 가져오는 수가 있다. 더운 음식이나 찬 음식은 맛있고 먹을 만하지만 미지근한 음식은 구역질이 나게 만든다.

부활하신 그리스도께서 힐책하신 것은 라오디게아 교인들의 무관심한 중립적인 태도와 그들이 세속화되어 명목상의 기독교인이 된 점이었다. 라오디게아는 은행과 재정과 의류 제조업의 중심지요 의학적으로도 상당한 지위에 있었으며 유대인 인구가 극히 많은 도시였다.

부활하신 그리스도는 요한계시록 3장 18절에 금전적 부요를 자랑하는 라오디게아 기독교인들에게 "불로 연단한 금을 사서 부요하게 하고," 의류 상업을 자랑하는 라오디게아 기독교인들에게 "흰옷을 사서 입어 벌거벗은 수치를 보이지 않게 하고," 안약을 자랑하는 라오디게아 기독교인들에게 "안약을 사서 눈에 발라 보게 하라"고 권면하신다.

문제는 이 도시가 너무 풍요하여 하나님을 필요로 하지 않았다. 라오디게아 교회의 비극은 바로 이러했다.

> 인간적으로 판단하여 말하면 소아시아에서는 라오디게아보다 더 번창하는 도시는 없었다. 그러나 영적으로 하나님의 기준에 따른다면 그리스도께서는 소아시아 지방에서 라오디게아보다 더 빈곤에 허덕이는 도시는 없다는 것이다.[12]

오랫동안 풍요의 지하관을 타고 흐르면 믿음이라는 온천수도 미지근해질 수 있음에 주의해야 한다.

진정한 설교가 예언적이듯 요한계시록의 일곱 교회에 보내는 말씀은 전부 예언적이다. 일곱 교회에 보내는 말씀은 모든 시대의 교회에 보내는 예언이다. 즉, 약함을 드러내고, 하나님의 불쾌함을 명심시키며, 불순종의 결과를 경고하고, '들을 귀가 있어서' 기꺼이 들으려고 하는 모든 사람에게 하나님의 의지를 선포하는 예언이다.

그런 면에서 일곱 교회에 성령께서 말씀하신 내용은 주 예수님께서 교회에 바라시는 비전이기도 하다.

---

[12] 윌리엄 버클레이(William Barclay), 『계시록(상)』(The Revelation of John. Vol I), 218.

4. 요한계시록에 보이는 교회론

앞서 본 요한계시록에 보이는 교회론은 실제적인 요한계시록의 구체적인 소아시아 일곱 교회를 향한 성령의 권면을 중심으로 지상의 교회가 지녀야 할 이상(꿈)을 제시한 것이었다.

그럼 요한계시록의 전반적인 내용을 통해서 보이는 교회론은 어떠한 모습일까?

요한계시록의 단편이든 전체든 요한계시록에 등장하는 말씀에서 교회론을 언급하는 몇몇 신학자가 제시하고 있는 교회론을 살펴본다.

1) 칼 바르트가 요한계시록에 보이는 교회론

바르트는 요한계시록 1장 6절의 말씀 속에 나오는 "세상에서 아버지 하나님을 위한 왕 같은 제사장"이란 성경 구절의 주석을 통해서 "하나님의 백성"으로서 교회의 모습을 보다 분명하게 설명한다.[13]

이 성경 구절에 대한 바르트의 주석에 따르면, 교회는 세상과 화해하기를 원하시는 하나님을 위하여 세계사의 한복판에 존재하면서 하나님의 뜻에 저항하는 세상을 향해 예언자적인 증언 사역을 통하여 하나님의 말씀과 뜻을 선포하고 관철해야 하는 사명이 있다고 한다.

이와 같은 바르트의 해석에 따르면, 하나님의 백성으로서 교회는 하나님으로부터 부여받은 왕 같은 제사장의 권세를 가짐으로써 신구약성경에 나

---

[13] 신동욱, "칼 바르트의 교회론에 나타난 요한계시록의 해석학적 적용에 관한 연구", 「인문사학21」 제10권 제1호 (인문사학21, 2019), 349-360.

오는 대안적 규범과 가치 구조를 근간으로 국가나 사회의 다양한 공동체나 문화의 영역과 대립적 태도를 보이며 모든 유형의 불법을 거부할 수 있어야 한다.

역사적 이스라엘이 세계사 속에서 하나님의 말씀을 맡은 선민으로 구분되었던 것처럼 교회는 세계사 속에서 세상과 대립적 태도를 보이도록 '대조 사회'(對照社會) 혹은 '대항 현실'(對抗現實)로 선택받았다. 대조 사회로서의 교회는 누룩과 소금이라는 이중적인 실존 형태를 취한다. 빠른 파급을 상징하는 누룩과 부패 방지를 상징하는 소금으로서의 교회는 하나님의 백성들로 구성된 공동체인 대조 사회이다.

하나님을 향해 불순종하는 세상 한복판에서 그리스도의 역사적-지상적 실존의 형상으로서 자신의 정체성을 구체적으로 실천함으로써 세상을 변화시켜야 한다. 그래서 교회는 세상 안에 존재하지만, 세상을 넘어 존재한다고 말할 수 있으며, 또한 교회는 세상과의 적대적인 관계로서 대조 사회가 아니라 하나님을 향해 저항하는 세상을 새롭게 창조하기 위해서 존재하는 대조 사회이다.

이런 의미에서 하나님의 백성으로서의 교회는 대항 현실과 대조 사회로서 세상과 대립함으로써 세상을 위해 존재한다. 이런 교회는 세상 안에 존재하지만 세상으로부터 유래하지 않는다.

바르트의 요한계시록 1장 6절의 해석은 하나님의 백성으로서의 교회가 기존의 지배 체제에 대한 대조 사회 혹은 대항 현실로 해석할 수 있는 길을 열어 주었을 뿐만 아니라 세상에 대한 교회의 비판적인 역할을 강조하는 바르트의 교회론을 촉진해 주었다.

그리고 자기 시대의 불의한 현실을 거부하는 교회의 예언자적인 증언을 통해서 제시되는 대항 현실은 참된 교회가 추구해야 하는 이상이며 목표인

데, 바르트는 그것을 요한계시록 21장 1-5절에 나오는 두 가지 환상을 통해서 다음과 같이 설명한다.

여기에 등장하는 두 가지 환상은 새 하늘과 새 땅에 대한 환상과 하늘에서 내려오는 새 예루살렘에 대한 환상이다. 바르트는 이 두 가지 환상을 종말론적인 입장에서 해석하지 않고 정치-사회학적인 입장에서 교회론적으로 해석한다.

바르트는 새 하늘과 새 땅에 바다가 더 이상 존재하지 않는다는 성경 구절을 해석하면서 이 세상에 무질서와 혼돈을 야기하는 세력의 근원지를 상징하는 "바다가 더 이상 존재하지 않는 세상"이 불의한 지배 체제가 사라지고 복음의 실천을 통해서 창조되는 새로운 평화공동체를 지칭한다고 해석한다.

이러한 평화공동체에서는 사회적 약자들이 눈물을 흘리도록 만든 모든 원인이 제거되어 더 이상 억울하게 죽어가는 희생자들이 등장하지 않으며, 부당하게 착취당하며 아파하는 앓는 소리가 들리지 않으며, 전쟁과 폭력으로 인해 통곡하는 사람들이 사라진다.

그에 따르면 예수 그리스도의 죽으심과 부활을 통해서 나타난 하나님의 구원 능력이 "그리스도의 몸"인 교회 안에서 모든 형태의 폭력이 사라진 진정한 평화공동체가 선취(先取)되어야 한다. 또한, 평화공동체인 교회를 통해서 세상이 평화공동체로 재창조되어야 한다는 사실을 강조한다.

2) 가족 관계로 은유한 요한계시록의 교회론

신학자 송영목 교수는 요한계시록에 보이는 교회론을 하나님의 가족 은유(隱喩)로 분석한다. 즉, 요한계시록의 부부와 부자 관계 즉 하나님과의 가

족 관계를 종합적으로 은유한다.[14]

성경의 언약 은유들 가운데 언약 당사자들의 가장 친밀한 상태를 강조하는 것은 혼인이다. 요한계시록 19장의 어린 양의 혼인 잔치가 새 예루살렘성 환상(계 21:2, 9-10)으로 자연스럽게 이어지는데, 두 본문이 결혼 이미지를 담고 있다.

친밀한 혼인으로 언약 관계를 주도하시는 분은 하나님 자신이시다. 하나님의 "새로운 창조"를 중심 주제로 삼는 요한계시록 21장의 환상들은 크게 두 가지로 나뉜다.

첫째, 새 하늘과 새 땅(1절)
둘째, 하늘에서 내려오는 새 예루살렘성(2절 이하)

실제로 요한은 새로운 환상 단락을 소개하는 표현인 "그리고 내가 보았다"를 요한계시록 21장 1절과 21장 2절에 각각 기록하여, 독자들이 이 둘을 구분된 환상으로 이해하도록 돕는다. 그런데 새 하늘과 새 땅은 2절 이후로는 직접 언급되지 않으므로, 요한계시록 21-22장에 새 예루살렘성이 초점이다.

문맥상 새 하늘과 새 땅과 더불어 새 예루살렘성은 하나님의 새 창조 사역의 일부이며, 옛 거룩한 성 예루살렘(계 11:2)의 회복과는 무관하다. 오히려 새 예루살렘성 환상은 어린 양이신 그리스도와 그의 신부인 교회 사이의 부부 관계를 통해 그리스도의 가족의 영광스러운 정체성과 사명을 밝힌다.

---

14 송영목, "요한계시록의 부부와 부자 관계에서 본 하나님의 가족", 「신약논단」 제26권 제2호 (한국신약학회, 2019), 505-543.

요한계시록 자체의 설명에 따르면, 새 예루살렘성은 물리적 장소가 아니라 신부 교회이며(계 21:2, 9-10), 하나님께서 성도들 안에 거하심을 뜻한다. 요한계시록 3장 12절은 새 예루살렘성이 장소가 아니라, 성도 자신의 정체성과 연관된다고 소개한 바 있다.

3절의 하나님이 자기 백성 가운데 거하신다는 사실은 2절의 새 예루살렘성(城)의 실재를 설명한다. 바꿔 말하면, 새 예루살렘성은 하나님이 자기 백성을 신부와 거처로 삼고 계심이라는 새로운 창조를 가리킨다.

따라서, 요한에게 있어 성도가 신랑 그리스도의 거처와 신부로서 연합되어 있다는 사실보다 더 새로운 실재는 없다. 그러므로 신부가 성령 충만하여 신랑을 초청하여 그와 연합하려는 소망은 자연스럽고 간절하다(계 22:17).

요한은 새 예루살렘성에 대한 환상을 몇 가지 범주로 나누어, 장소라기보다 하나님의 백성, 곧 교회성(敎會性)을 부각시킨다. 크고 높은 담은 12지파의 이름이 적힌 12문을 가지고 있는데(계 21:12), 구약의 하나님 백성을 가리킨다.

기초석에는 신약 교회를 대표하는 어린 양의 12 사도의 이름이 적혀 있다(계 21:14). 따라서, 구약과 신약의 하나님의 백성이 그리스도 안에서 통합된다. 그런데 새 예루살렘성은 구약 이스라엘을 대체하기보다 이스라엘의 남은 자들을 계승한다. 또한, 새 예루살렘성은 "만국"과 "땅의 왕들" 가운데 남은 자들인 이방인 크리스천도 포섭한다(계 21:24).

어린 양의 신부는 최대한 자신을 의롭고 아름다운 행실로 단장해야 한다(계 19:8). 지상에서부터 이미 시작되어 재림으로 완성될 부부 결혼 관계는 어린 양과 교회 사이의 언약적 사랑과 친밀감은 물론, 아름다운 교회가 맺어야 할 결실을 강조한다.

요한계시록 전체에서 21장 7절과 관련된 본문들을 찾을 때, 먼저 근접 문맥에 놓인 21장 3절을 본문으로 주목해야 할 이유는, 언약 구문을 담고 있는 21장 7절처럼 이 구절은 "하나님의 백성"이라는 언약 문구로 표현하기 때문이다.

이런 요한계시록 안의 관련성 때문에, 21장 7절 역시 "그에게 아버지가 될 것이다" 대신에 "그에게 하나님이 될 것이다"라고 표현한다. 이런 맥락에서 요한은 새 예루살렘성 곧 성도를 "성부 하나님의 백성"이자(계 21:3), "성자 하나님의 아들"이라 부른다(계 21:7).

요한은 새 예루살렘성을 1차 독자들인 소아시아의 일곱 교회의 문맥과 다음과 같이 의도적으로 연결하고 있다.

① 소아시아의 일곱 교회가 회복된 하나님 나라에서 누릴 생명 나무(2:7)
② 불멸의 생명이라는 면류관(2:10)
③ 하늘의 생명 양식인 만나와 흰 돌(2:17)
④ 만국을 다스리는 권세(2:26)
⑤ 승리의 흰옷(3:5)
⑥ 하나님의 이름이 적힌 성전 기둥(3:12)
⑦ 어린 양의 보좌를 공유함(3:21)

그렇다면 박해받던 독자들이 이기는 자로 살 때, 일곱 가지 약속과 복을 선취할 수 있다. 물론, 이기는 교회는 '이것들'을 그리스도의 재림으로 완성될 신천신지(新天新地)에서 영원히 상속할 것이다.

결국, 이 모든 약속과 복은 요한계시록 21장 7절의 하나의 문장으로 구성된 마지막 진술인 "나는 그의 하나님이 될 것이고, 그는 내 아들이 될 것이다"로 요약된다.

3) 요한계시록에 보이는 종말론적 교회의 모습

신학자 이필찬 교수는 요한계시록에서의 종말론적 교회의 모습을 다음과 같이 묘사하고 있다.[15]

요한계시록에서 교회에 대한 묘사는 신약의 다른 성경과 비교해 볼 때 그 표현 기법에 있어서 매우 독특하다. 이는 유대 묵시 문학적 전통의 영향을 받았다는 점이 매우 중요하게 작용하고 있다.

묵시 문학의 특징 중 가장 중요한 것은 공간적 그리고 시간적 초월성이다. 여기에서 공간적 초월과 시간적 초월은 서로 밀접하게 관련되어 있다. 요한계시록은 이러한 두 측면의 초월성, 다시 말해서 공간적 초월로서의 하늘과 시간적 초월로서의 종말을 근간으로 하여 교회를 설명한다.

그것은 교회는 현재 전투하는 교회로서 이 땅에 존재하지만 동시에 승리한 교회로서 하늘에 존재하며 그 하늘에서 교회는 종말을 경험한다는 것으로 요약할 수 있다. 이것이 요한계시록에 나타난 교회의 모습이다.

새 예루살렘인 종말적 교회공동체의 삶에서 에덴의 완전한 회복을 통해 첫 창조의 목적이 완전히 회복된다(계 22:1-5). 구약적-유대적 전통에 의하면 새 에덴은 항상 종말론적 축복으로서 새 예루살렘과 공존한다.

왜냐하면, 종말론적 완성은 첫 창조의 회복이라고 여겨져 왔기 때문이다. 먼저 생명수 강물의 출발점을 비교하는 것은 매우 흥미롭다. 창세기의 에

---

15 이필찬, "요한계시록에서의 종말론적 교회의 모습", 「목회와신학」 통권 130호 (두란노, 2000), 94-103.

덴동산에서는 에덴동산 꼭대기에서 강물이 흐른다.

에스겔 47장에서는 성전에서 강물이 흘러나온다. 요한계시록 22장 1절에서는 그 강물이 하나님의 보좌에서 흘러나온다.

이러한 강물 원천의 변화는 무엇을 의미하는가?

에덴동산과 에스겔의 성전을 통해 기대했던 바가 새 예루살렘에서 온전히 이루어졌다는 것을 의미한다.

왜냐하면, 새 예루살렘에서는 에덴동산도 아니고 성전도 아닌 하나님 자신이 당신의 백성과 함께 있어 생명수 샘물의 원천이 되셨다는 것을 보여주고 있기 때문이다. 여기에서 생명수 강물의 흐름은 그리스도 안에서 완전해진 하나님 나라의 생명이 계속적으로 유입되고 있다는 것을 상징한다.

이러한 의미에서 완전해진 왕국의 삶의 축복이 하나님의 백성을 가득 채운다. 새 예루살렘에서 에덴의 회복은 생명수 강, 양 옆에 있는 달마다 열두 실과를 맺는 생명 나무에 의해 더욱 강조된다.

첫 창조 시에 아담과 하와를 위해 마련되었던 생명 나무가 이제 종말에 교회를 위해 마련된다. 생명수 강이 그런 것처럼 생명 나무도 하나님 나라의 영원한 생명력을 상징하는 것으로 보아야 할 것이다.

여기에서 요한이 생명 나무에 대해 언급하고 있는 것은 종말론적 교회공동체의 삶 속에서 주어지는 에덴의 회복을 강조하기 위해서이다.

제6장

사도 바울의 교회론

1. 신약성경이 제시하는 교회론

같은 사도 바울이 쓴 서신서라고 할지라도 그 신앙공동체의 내용과 사회적 정황에 따라 서신서들은 각자의 독특성을 보여 준다. 예컨대, 갈라디아서는 다른 복음과 바울의 참 복음의 관계에 대한 올바른 지침서(갈 1:6-12)로, 고린도전서는 세례론(고전 3:3-9)을 필두로 정치적(고전 11:18-34), 그리고 예배학적(고전 14:34-40) 분열과 괴리에 대한 경고와 권면으로 기록되었다.[1]

데살로니가전서는 부활의 소망과 임박한 재림 지연에 대한 신자의 바람직한 태도에 대하여(살전 4:13-5:11), 로마서는 강한 자와 약한 자로 분열 위기에 있는 상황을 극복하고 교회 통합을 유지하는 교회 정치적 의도가 확연히 드러나는 책(롬 14-15장)이라면, 에베소서는 교회론의 책으로서 그 특성이 드러난다.[2]

---

[1] M. M. Mitchell, *Paul and the Rhetoric of Reconciliation: An Exegetical Investigation of the Language and Coposition of 1 Corinthians*, (Louisville: John Knox, 1993), 20-49.

[2] 서동수, "에베소서에 나타난 심층-구조적인 교회론", 「신학논단」 제92집 (연세대학교, 2018), 188.

그러한 각 문헌의 독특성이 있음에도 불구하고 교회론은 모든 신약성경이 지면을 할애하고 있는 중요한 계시의 내용이기 때문에 여기에서는 우선 각 서신서에서 제시하고 있는 교회론을 분석하면서 각기 강조하고 있는 교회론의 공통적인 요소를 추출하려고 한다.

초대교회가 형성되던 시대의 기독교인들은 자신들의 교회를 구약 이스라엘 백성과 전혀 관련이 없는 독립된 종교적 분파운동으로 생각하지 않았다. 도리어 하나님께서 이스라엘 백성에게 맺었던 언약과 그들에게 약속한 축복들이 자신들에게 성취되었기 때문에, 신약의 교회는 자신들이야말로 참 이스라엘이요 하나님의 백성이라는 자의식을 가지고 있었다(롬 2:28; 갈 6:6).

이러한 인식 때문에 아마도 기독교인들은 처음부터 유대교와 그들의 성전이나 회당 예배로부터 자신을 의식적으로 분리하지 않았을 것이다.

사도행전의 보도에 따르면, 바울은 아마도 AD 55년경에 있었던 그의 마지막 예루살렘 여행에서 여전히 성전 예배에 참석하였고(행 21:17), 소아시아, 마케도니아, 그리스의 유대인 회당들을 발판으로 삼아 그의 선교 사역을 펼쳤다(행 9:19-22; 14:1-4).

유대 기독교인들은 그들 자신의 독립된 교회를 설립하기 전까지 상당한 기간 예루살렘 성전과 유대인 회당들에서 계속 예배를 드렸다. 이러한 관찰들은 신약의 교회가 구약의 언약 배경과 구속사적(救贖史的)으로 연속선상에서 발전된 것이라는 초대교회 기독교인들의 자의식을 반영한다. 초대교회 내에는 이와는 정반대의 사상적 발전을 보여 주는 측면이 있다.

그들은 자신들의 교회가 구약의 언약 백성의 축복을 이어받은 합법적인 하나님의 백성이라는 자의식을 소유하면서도 더 이상 유대교의 한 분파로 남아있기를 거부하고 거기서 뛰쳐나와 그들의 독립된 교회를 세우며 종말론적인 새로운 하나님의 백성으로서의 자기 정체성을 확인하기 시작하였다.

이것은 신약의 교회가 구약 이스라엘 백성(또는 유대인들의 종교)과 불연속 선상에 놓여 있는 차원이 있음을 시사해 준다.

신약 교회의 이러한 독특한 자기의식은 바울이 자기가 설립한 이방 교회들을 묘사할 때 흔히 구약의 언약 백성에게 붙여져 사용되던 술어들을 인용해 쓴다는 사실에서 분명하게 나타난다.

1) 바울의 에클레시아

신약성경에서 '에클레시아'(ἐκκλησία)라는 용어를 가장 즐겨 사용하는 자는 사도 바울이다. 바울의 에클레시아는 하나님의 부르심으로 이루어진다. 고대에 전령관(傳令管, herald)이 각 가정에서 시민을 불러낸다는 기본적 의미의 출발은 같지만, 바울의 에클레시아는 하나님이 각 개인을 부르시고 (고전 1:1) 성취하신 결과물이라는 점이 그리스의 에클레시아(ἐκκλησία)와 다른 점이다.[3]

바울이 설립한 이방 교회들은 "거룩한 백성"(롬 1:7; 고전 1:2; 엡 1:1), "하나님의 이스라엘"(갈 6:16), "참 할례자"(롬 2:28; 빌 3:3), "아브라함의 자손"(롬 4:11; 9:7; 갈 3:7, 8, 29), "선택자"(롬 9:33; 엡 1:4; 살전 1:3; 살후 2:12-13), "하나님의 영이 거하시는 성전"(고전 3:16; 고후 6:16) 등으로 묘사된다.

이것들은 모두 구약 이스라엘 언약 백성들에게 적용되던 용어들이다.

---

3 장계은, "밀실에서 광장으로-고린도전서의 바울의 교회론", 「신약연구」 제16권 제4호 (한국복음주의신약학회, 2017), 182-184. 그리스의 에클레시아는 노예, 여성, 불명예스러운 행동 때문에 그들의 정치적인 권리를 잃은 사람들, 거류 이방인 또는 외국인들을 배제한다. 바울의 에클레시아는 사회적 지위, 출생, 성별, 그리고 인종에 의해 제한되지 않는다.

그런데 흥미로운 사실은 신약 교회들이 이들 언약적인 용어들을 넘겨받아 사용함으로써 자신들이 구약 언약 백성의 신분과 축복을 합법적으로 이어받은 "참 하나님의 백성"이라는 자의식을 소유했다는 점을 보여 준다는 점이다.

신약의 교회는 전에 이스라엘에 속해 있던 특권들과 책임들을 이어받았다. 하나님의 나라를 유업으로 받는 것은 전에 이스라엘 백성에게 속해 있던 축복이었으나 이제 신약의 교회 구성원들이 그 축복을 유업으로 받게 되었다(고전 6:9-11; 갈 5:21).

하나님의 자녀가 되는 것은 전에 이스라엘만이 소유한 특권이었으나(출 4:22; 호 11:1), 이제 신약의 기독교인들도 하나님 아들의 명분을 얻게 되었다(갈 6:5-6; 롬 8:14-17). 바울서신 내의 이러한 진술들은 바울이 신약 교회의 정체성을 정의할 때 구속사적 전망에서 사고하고 있음을 보여 준다.

구속사적 전망이란 것은 바울이 다른 성경 기자들과 마찬가지로 하나님의 구원 역사가 연속 선상에서 발전된다고 보는 신학적 관점이다. 이것은 바울을 포함하여 다른 신약 기자가 '약속-성취'라는 동기와 관련된 많은 주제를 그들의 저술에서 끌어들이는 데서 분명하게 나타난다.[4]

바울이 교회의 본질을 규정할 때 사용하는 신학적인 원리들은 여러 가지로 찾아볼 수 있는데, 그 가운데서도 가장 결정적인 원리는 그의 유명한 '이신칭의'(以信稱義, justification by faith) 교리라고 할 수 있다.

"오직 믿음으로 의롭다함을 받는다"라는 원칙은 바울의 교회론을 형성하고 규정하는 근본적인 원리일 뿐만 아니라, 구약과 신약 시대를 통해 구원사 전체 기간에 존재했고 존재하는 모든 하나님의 백성을 하나로 성격

---

4 이한수, "바울의 교회론", 「신학지남」 제59권 제1호 (신학지남사, 1992), 39.

규정하고 이들 두 시대를 공통으로 묶을 수 있는 신학 원리이다.

이스라엘과 신약 교회와의 사이의 구속사적 연속성 문제가 심도 있게 다루어지는 바울서신서 내의 구절들은 갈라디아서 3-4장과 로마서 4, 9-11장이다.

특히, 로마서 9-11장에서 바울은 구속사에 대한 독특한 분석을 시도하고 있는데, 여기서 그는 메시아를 거부하고 결국 하나님께 불순종하는 이스라엘의 역사적 현실에 직면하여 과연 "그러면 내가 묻겠습니다. 하나님께서 자기 백성을 버리셨습니까?"(롬 11:1)라는 질문을 제기하고 결코 그럴 수 없다는 결론을 내린다.

이스라엘에 대한 하나님의 말씀과 약속은 결코 구속사 전체 기간을 걸쳐 포기되거나 변경된 적이 없다(롬 9:6). 이스라엘 백성이 하나님의 선택받은 백성으로서 특권적 지위(롬 11:28)를 남용하여 지금 불순종에 빠져버렸다.

구약의 구원사(救援史)에 나타난 기본적 원칙은 육적인 이스라엘에 태어났다고 해서 모두 다 아브라함의 참 자손 또는 하나님의 백성이 아니라는 사실이다(롬 9:6-13).

이스라엘의 선택에 나타난 하나님의 본래 목적은, 바울에 따르면, 아브라함의 참 자손들, 범세계적인 '믿음'의 공동체를 형성하는 것이었다(롬 4:12). 바울은 그리스도께서 새 시대를 도래시키기 오래전에 아브라함이 믿음으로 의롭다 하심을 받았다고 주장한다.

믿음이 신구약의 구속사 전체를 통해서 그리고 율법의 시대 동안에도 시종일관하게 참 하나님의 백성을 성격 규정하는 유일한 원리라는 사실이 분명해진다.

결론적으로 교회의 뿌리는 그리스도의 인격과 사역에서 시작된 것이 아니고, 이미 순종하는 하나님의 백성이 존재해 왔던 구약 시대까지 소급되어야 한다는 것이다.

　무엇보다도 열두 제자가 살았던 제자도(弟子道) 자체가 새 시대의 실존의 반영이란 사실이다. 제자들은 이미 신앙공동체이고 이들은 새 시대의 징표로서 예수의 사역과 말씀을 통해 흘러나오는 성령의 깊은 감화와 심대한 영향을 받고 있었다.

　오순절 이후에 제자들이 기도할 때 성령을 통해 하나님을 "아바"(Aββα)[5]라고 부를 수 있었던 것처럼, 오순절 이전 예수님의 제자들도 "아바"라는 칭호를 가지고 하나님께 기도드릴 수 있었을 뿐만 아니라 예수님께서도 그들에게 그렇게 기도함으로 하나님과의 전적으로 새로운 관계를 표현하도록 독려하였다(마 6:9; 요 14:2).

　이런 기도는 전혀 성령의 도우심이 없이 이루어질 수 있는 성질의 고백이 아니다(마 16:16).

　그러나 그들의 성령 체험에 있어서 오순절 이전과 이후에 한 가지 중요한 차이점은 존재한다. 지상 사역 기간에 예수님의 제자들과 그를 추종하던 사람들은 역사적 예수님 개인의 인격과 말씀을 통해 성령의 감화와 영향을 경험하지만, 오순절 이후에는 부활 후 승천하신 예수님을 통해 그를 주(主)고 고백하는 사람들이 성령의 깊은 감화와 인도하심을 경험한다.

　일반적으로 예수님의 사역 기간에 존재했던 제자들의 무리는 결과적으로 '교회'를 탄생시킨 하나님이 주신 동인(動因)의 일부라고 할 수 있다.

5　아람어로 '아버지'라는 뜻이다. 이 아람어는 1세기 경에 팔레스틴의 어린이들이 아버지를 아바(Abba)라고 부르기도 했다. 예수님은 겟세마네 동산에서 기도하시면서 하나님을 '아바 아버지'라고 부르셨다(막 14:36). 이런 호칭은 하나님과의 관계가 아주 친밀함을 보여 주는 것이었다. 이것은 당시 유대인의 경건 문학 그 어디에도 유대인들이 하나님을 이렇게 부른 적이 없었던 것과 비견되는 일이다.

그러나 교회라는 용어가 복음서 기자들을 통해 적극적으로 사용되지 않은 이유는 그것이 사도들과 제자들의 주변에 상당한 무리가 가시적으로 형성되었을 때 붙여진 표현이기 때문이었을 것이다.

2. 바울의 하나님 교회에 대한 표현

바울은 교회의 본질을 '믿음'의 개념과 관련하여 정의하고 있다. 바울은 구약의 언약 백성에게 붙여져 사용되었던 개념들을 신약 교회의 정체성을 밝힐 때 인용하고 있다. 그 대표적인 예가 '아브라함의 자손'이라는 용어이다. 그리스도에 대한 믿음은 이 아브라함의 믿음 속에서 예견된 것이기 때문이다.

그러므로 예수 그리스도를 믿는 사람들은 누구나 아브라함의 자손이요 하나님의 백성이다(롬 4:12; 갈 3:7). 예수님을 믿고 그를 따른 사람들은 오순절 이후의 독특한 현상이 아니고 그의 지상 사역 동안에도 이미 존재하였고 그래서 예수님은 삭개오를 아브라함의 자손이라고 선언하셨다.

바울이 표준적인 '교회'의 정의 가운데 정규적으로 사용하는 표현이 있다. 이들 표현에 따르면 '교회'는 하나님의 주도적인 행위의 관점에서 "예수 그리스도의 것으로 부르심을 받은 자들" 또는 "성도로 부르심을 받은 자들"(롬 1:6; 고전 1:2; 갈 1:6)로 묘사되고, 인간 자신의 행위의 관점에서 "우리의 주 되신 예수 그리스도의 이름을 부르는 모든 자"(고전 1:2) 또는 "그리스도 예수 안의 신실한 자들"(엡 1:1)로 묘사된다.

예수님을 주로 고백하는 것은 예수님을 신뢰하고 영접하는 전형적인 '믿음' 행위를 지칭하고, 바울서신에서 부르심도 항상 하나님께서 복음을 통해 사람을 부르시는 것을 의미하고, 그것은 필연적으로 그의 믿음의 반응을 포함한다(살후 2:14).

결과적으로 바울은 그리스도를 주로 고백하고 믿는 무리를 '교회'로 간주하고 있음이 분명하고 이들의 존재는 그리스도의 지상 사역과 더불어 출현하였다.

구약에서 지칭할 때 흔히 수식되는 표현은 '하나님의 백성'이라는 단어이다. 이 말은 흔히 하나님과의 특별한 언약 관계에 서 있는 사람들을 지칭하는 기술적인 의미를 가진다. 하나님께서 아브라함을 주도적으로 부르시고 그를 선택하여 그를 통해 역사적인 언약 백성을 형성하셨다.

언약 백성이 형성된 기원과 뿌리는 하나님 자신이며 그의 주권적인 선택 행위에 기초한다. 이 사실은 신약 교회의 뿌리를 구약에서 찾는 바울에게 있어서도 마찬가지이다.

그러므로 바울은 그가 설립한 이방 교회를 '하나님의 이스라엘'로 명명하고(갈 6:1, 6; 롬 2:28), 신약 교회의 기원을 그 구성원들의 개인적인 믿음의 결단에서 찾지 않고 영원 전에 결정된 하나님의 선택 행위에서 찾는다.

그래서 신약 교회의 성도들은 하나님의 택하심을 입은 사람들이다(롬 8:33; 11:5; 고전 1:26). 하나님은 이미 구약에서부터 선택의 원리에 의해 하나님께 충성하는 남은 자들을 남겨 두신 것처럼 신약에서도 하나님은 동일한 선택의 원리에 따라 그의 교회를 주권적으로 창조하신다.

은혜를 따라 택하심을 입은 구약의 '남은 자'(Remnant)[6]처럼, 그리스도를 믿는 신약 교회의 구성원들은 하나님께서 재창조하신 새로운 하나님의 백

---

6 패전으로 인해 백성들이 자기 나라에서 추방되거나 갈려간 후 본토에 남아 있는 사람을 말한다. 후에 '남은 자'에 대한 개념은 발전되어 하나님께서 불러 모으시고 구원하시는 하나님의 백성을 의미하는 단어로 쓰이게 되었다(사 28:5; 37:32). 모든 이스라엘 백성이

성, 참 이스라엘이다.

하나님의 언약에 신실한 구약의 모든 유대인뿐만 아니라 이방인들을 포함한 신약의 모든 신자는 성령으로 하나님을 예배하고 마음에 할례를 받은 참 할례자이며(빌 3:2; 골 2:11) 아브라함의 자손이다(갈 3:7, 29; 롬 4:16).

바울이 사용하는 또 다른 특징적인 표현은 교회가 하나님의 영(靈)이 거하시는 하나님의 새로운 성전이라는 것이다(고전 3:16). 구약과 유대교는 장차 임할 하나님의 나라에서 새로운 하나님의 성전이 창조될 것을 기대하였다(겔 37:26; 학 2:9).

예수님께서 건물을 짓는 것처럼 그의 교회를 지을 것에 대해서 말씀하신 적이 있다(마 16:18). 또한, 자신의 죽음을 통해서 손으로 짓지 않은 새로운 성전을 세울 것이라고 하셨다(요 2:19).

교회를 하나님의 성전으로 이해하는 바울의 사상은 이러한 예수님의 전승뿐만 아니라 비슷한 사상을 담고 있는 구약의 전승에 기인한 것이다(레 26:11; 시 114:2). 이들 구절에서는 성전이 분명히 하나님이 거하시는 장소로 지칭되고 있다. 바울은 아마도 이 말씀에 기초하여 교회를 하나님이 임재하시는 장소로 해석하게 되었을 것이다.

바울은 구약과 유대교 그리고 예수님으로부터 기원된 것으로 보이는 성전 전승을 신약 교회 이해에 적용할 때, 그것을 기독론적으로 발전시켰다. 바울이 세운 이방 교회들은 사실 그리스도의 "터" 위에 세워진 성전이다(고전 3:11). 이 터 위에 세워지지 않은 어떤 건물도 하나님의 전(殿) 또는 그리스도의 교회라고 할 수 없다.

'남은 자'가 아니라 하나님의 은혜로 구원받은 소수의 사람들을 가리키는 말이 되었다(사 10:22). 또한, 남은 자는 하나님의 심판 때에도 은혜 언약 안에서 살아가는 사람들을 말한다(미 5:7-8).

바울의 후기 서신에서 그는 이와 관련해서 보다 발전된 사상을 전개한다. 신약 교회는 사도들과 선지자들의 "터" 위에 세움을 받은 신자들의 무리이며, 그리스도는 친히 성전의 "모퉁이 돌"이 되셨다.

교회 내의 모든 구성원은 사도들과 선지자들이 세운 터 위에서 모퉁이 돌이 되신 그리스도를 중심으로 서로 연결되어 "성전"이 되어 간다(엡 2:20).

에베소에서 그리스도를 지칭하는 "모퉁이 돌"은 건물의 기초에 중요한 위치를 차지하는 기초석으로 생각된다. 그것은 건물 전체의 무게를 그 위에서 집중시키며 벽과 기초를 함께 묶어 두는 돌이기 때문에(사 28:16; 벧후 2:6), 결국 하나님의 성전인 교회의 모든 구성원들을 하나로 묶어 주는 것은 그리스도이시다.

이것은 사도들과 선지자들이 그들의 계시 사역을 통해 교회의 터를 닦아 놓았다는 것과 불일치하는 것은 아니다(갈 1:8, 고전4:17). 왜냐하면, 그들의 계시 사역의 핵심은 여전히 그리스도 자신이기 때문이다.

3. 그리스도의 몸으로서의 교회

바울의 교회 이해 가운데 가장 특징적인 개념은 '그리스도의 몸'이란 말이다. '그리스도의 몸'이란 용어가 지니는 교회론적 함축을 다음 몇 가지로 요약해 보면 다음과 같다.[7]

---

7 임진수, "고린도전서와 바울의 십자가 교회론", 「신학과 세계」 제96호 (감리교신학대학교, 2019), 28-35.

첫째, 바울은 성육신(成肉身)[8]하고 십자가에 못 박히신 그리스도의 몸이 신자들을 위해 행한 구원 사역을 묘사할 때, '그리스도의 몸'이란 말을 비유적으로 사용한다. 그래서 바울은 로마의 독자들이 "그리스도의 몸으로 말미암아 율법에 대하여 죽임을 당하였다"(롬 7:4; 골 1:22; 3:15; 엡 2:15; 벧전 2:24)고 말한다.

교회의 정체성은 십자가 위에 달린 바로 그의 몸에 의해서 확증되고 측정된다. 교회는 십자가 위에 달린 그리스도의 몸과 형상을 지닐 때 그리스도의 교회일 수 있다.

둘째, 교회는 십자가에 못 박히신 그리스도의 몸에 의해 그 정체성이 측정되기 때문에 교회를 그리스도의 몸이라고 할 때 그리스도의 십자가 사역이 완성한 교회의 통일성과 완전성 개념이 전면에 주목받는다.

이런 의미에서 바울은 그리스도께서 율법을 자기 육체로 폐하시고 유대인과 이방인을 자기 안에서 "한 새 사람을 지어 화평케 하시고 또 십자가로 이 둘을 한 몸으로 하나님과 화목하게 하셨다"(엡 2:15; 골 3:15)고 한다.

그러나 바울이 교회를 그리스도의 몸이라고 말할 때, 그는 단순히 교회와 그리스도를 동일시하는 것은 아니다. 바울이 말하는 '그리스도의 몸'은 평등한 수평적 관계의 교제를 위한 교회론을 표현한다. 바울의 교회론적 관심은 한 구체적인 예를 들자면 고린도 교회의 분쟁과 분열이 수직적이며 위계적인 질서의 문제와 깊이 관련되어 있음을 반증한다.[9]

---

8 성육신(成肉身, Incarnation) 동정녀 탄생은 성령에 의해 이루어진 기적이자, 성육신 사건의 실재를 보여 준다. 보통의 출생은 시작이 있지만, 예수께서는 마리아의 몸에 잉태되면서 존재하기 시작한 것이 아니다. 그분은 영원한 아들이다. 즉, 그의 영원하신 신성에 순수한 인성을 취하신 것이다. 이것이 동정녀 탄생이며 성육신이다(골 2:9).

9 이상목, "바울의 성령 이해와 그리스도의 몸이 지닌 공동체적 의미", 「신약논단」 제23권 제2호 (한국신약학회, 2016), 466.

신자들은 그리스도와 함께 죽고 그의 부활에 연합하였기 때문에 그의 부활의 몸에 동참하여 같은 부활의 생명을 누리는 공동체가 되었다(고전 15:20-22, 45-47). 몸보다 머리가 우선이고, 교회보다 그리스도가 우선이라는 것이 바울의 기본적인 사상이다.

셋째, 교회가 '그리스도의 몸'이라고 불리울 때 교회는 십자가에 못 박혔고 지금은 영광중에 계신 그리스도에 참여하고 그를 통해 양육을 받고 인도를 받으며 그를 통해 성장해 간다는 개념이 함축되어 있다(엡 4:15; 골 2:19).

교회는 '그리스도의 몸'이다. 그리스도께서 그의 교회를 위해 모든 위대한 일들을 행하셨고 지금도 행하고 계신다. 교회는 십자가 위에서 찢어지신 그리스도의 몸을 통해 세워진 공동체인 것처럼, 부활하신 그리스도는 지금도 자신을 세상에서 핍박을 당하는 교회와 동일시한다(행 9:4; 22:7; 26:14).

넷째, '그리스도의 몸'이란 이름이 교회에 붙여질 때 그것은 그리스도께서 교회에 나타나시고 또 역으로 교회 때문에 그리스도가 현현되는 역동적이고 살아 있는 관계를 함축한다. 그것은 교회를 통치하시며 교회를 자신의 도구로 사랑하시는 그리스도의 권한을 의미한다.

교회의 구성원들은 성령께서 주신 여러 은사(恩賜)[10]에 기초해서 그리스도의 '지체들'로 불리워진다(고전 12:12). 그리스도는 이 지체들을 사용함으

---

10 은사(恩賜, spiritual gift). 기독교에서 값없이 주어지는 것을 뜻함. 하나님이 주시는 각양의 좋은 것으로 그 선물은 '구원'(롬 5:15), '영생'(요 4:10), '성령'(행 2:38), '예수 그리스도'(롬 8:32), '신령한 능력'(고전 12:8-11; 약 1:17) 등이다. 이 선물을 주신 목적은 믿음을 굳게 하고(롬 1:11), 안위를 얻게 하며(롬 1:12), 그리스도를 증거하며 복음을 전하기 위해(막 16:17-20; 행 1:6-8; 롬 15:18, 19), 그리고 교회를 온전히 섬기게 하려 함이다(롬 5:15-16; 고전 12:7).

로써 교회와 세상 속에서 활동하시는 그리스도를 나타낸다.

다섯째, "그리스도의 몸"이란 말은 종말론적인 새 창조의 질서를 예견하는 표현이다. 교회는 세상에서 연약함과 비천함에 싸여 있을지라도, 공동체 구성원들의 연약한 몸은 현재 그리스도의 부활 능력과 그들을 통치하는 그의 왕적 영광을 예시적으로 경험하고 있고, 이것은 교회가 언젠가 그리스도께서 입으신 썩지 않는 영광의 몸을 덧입게 될 것을 미리 시사한다(고전 15:43; 빌 3:21).

여섯째, 후기 서신에서 바울은 교회를 그리스도의 몸으로 이해한 전기 서신의 기본 사상을 받아들이면서 특별히 "교회의 머리"(엡 1:22; 골 1:18) 되신 그리스도의 개념을 우주론적인 맥락 속에서 발전시킨다. 그래서 그리스도는 교회의 머리가 되실 뿐만 아니라 만물의 머리도 되신다.

여기서 '머리'(κεφαλή, '케팔레')라는 말은 그리스도의 구속공동체인 교회뿐만 아니라 그가 창조한 만물에 대해서도 궁극적인 '우월성'을 소유하고 있음을 함축한다.

> 그리고 하나님께서는 만물을 그리스도의 발아래 복종하게 하시고 그리스도를 만물 위에 교회의 머리로 삼으셨습니다(엡 1:22).

> 또 하나님의 아들은 그분의 몸인 교회의 머리십니다. 그분은 근본이시요, 죽은 사람들 가운데서 먼저 살아나신 분이십니다. 이는 그분이 친히 만물 가운데 으뜸이 되시려는 것입니다(골 1:18).

4. 바울서신서에 보이는 교회론

1세기에는 다양한 교회공동체가 제자들의 사역을 통해서 탄생하고 존재하였다. 이들 교회공동체들이 함께 공유한 체험은 예수님에 대한 믿음과 성령의 능력 있는 임재였다. 많은 이가 1세기 교회들의 신앙과 예배에 대한 글을 후세대를 위하여 남겨 주었지만, 그중에서도 성령의 사역에 대하여 가장 많은 관심을 보여 주고 있는 이들은 바울과 누가이다.

누가는 초대교회의 역사를 서술하면서 어떻게 오순절 날 임한 성령이 유대인들과 이방인들의 땅에서 교회들을 탄생시켰는지에 대해 자세히 설명하였다. 여기서 우리가 부인할 수 없는 분명한 사실은 누가와 마찬가지로 바울에게도 성령은 그리스도의 몸 된 교회를 탄생시키고 유지해 가는 교회의 주인이라는 것이다.

그러나 우리는 오순절 교회의 탄생과 성숙에 연관된 성령의 역할에 대한 논의에서 바울과 누가의 강조점의 차이를 분명하게 찾아볼 수 있다. 누가는 성령의 사역을 통하여 어떻게 교회들이 시작되었는지에 대해서 거시적으로 묘사하고 있는 반면에, 바울은 개개인들이 어떻게 성령의 세례를 받아 교회공동체의 일부가 되어 교회를 세워 가는지를 미시적으로 설명하고 있다.[11]

또한, 바울은 이방인 교회에 보내는 자신의 서신서에서 성령에 의하여 탄생한 교회의 유지와 운영에서의 성령의 다양한 사역을 자세히 설명해 준다. 이런 측면에서 볼 때, 성령과 교회에 대한 누가와 바울의 설명은 상호

---

[11] 이승현, "누가와 바울이 본 성령과 교회의 탄생", 「영산신학저널」 제36권 (한세대학교, 2016), 249.

대립하는 것이 아니라, 서로 다른 강조점들을 통하여 상호 보충하고 있음을 알 수 있다.

따라서, 바울은 교회의 탄생을 성령으로 세례를 받고 영적으로 회복되고 살아난 다수의 개인이 한 성령으로 말미암아 한 몸이 된 사건이라고 정의한다.

고린도전서 1장 23-24절에서 바울은 믿는 자들로 구성된 교회를 의미하는 "우리"라는 표현을 통해서 유대인들과 로마인들과 구분되는 새로운 예수공동체의 존재를 부각시킨다. 바울은 자신의 서신서에서 자신이 세우고 돌보아야 할 이방인 교회들의 다양한 문제에 대한 해결책들을 제시한다.

데살로니가전서 1장 6절에서 바울은 데살로니가 교인들에게 어떻게 그들이 성령의 기쁨으로 자신이 선포한 복음을 영접했는지에 대해서 상기시킨다.

여기서 바울은 하나님을 칭하기를 성령을 주시는 분이라고 말한다(살전 5:19-20). 유대인들의 율법, 특히 할례를 자신들에게 행하고자 하는 갈라디아 교인들에게 바울은 그들이 경험한 성령은 이미 그들이 아브라함의 약속의 자손들이 된 것에 대한 증거라고 선포한다(갈 3:1-5).

여기서도 바울은 하나님을 성령을 주시고 그들 가운데서 기적을 행하시는 분이라고 칭한다. 또한, 고린도전서에 바울은 고린도 교회를 향한 자신의 특별한 가르침을 제시하기에 앞서, 어떻게 고린도인이 자신의 복음을 듣고 성령을 체험하게 되었는지에 대해서 먼저 언급한다(고전 2:4).

바울은 이 성령을 통해서 고린도의 이방인들이 주님과 하나로 연합되어 주님의 몸 된 교회를 이루게 되었다고 선포한다(고전 6:17). 물론, 고린도인들이 회심의 때에 경험한 성령은 그들 안에 거하시면서 그들에게 각종 은사를 허락하시는 분이다(고전 3:16; 6:19; 12:3-13). 그들에게 은사를 허락하시는 성령의 의도는 자신이 거하고 있는 그리스도의 몸 된 교회를 세우고자 함이다.

그리고 로마서에서 바울은 성령이 폭우처럼 로마인들에게 퍼부어졌음을 강조한다(롬 5:5). 이 성령의 부어짐은 로마인들이 마음의 할례를 받아 참 유대인이 되고 율법의 저주를 극복하여 하나님의 법을 만족시키는 새로운 삶을 살 수 있게 한 사건이다(롬 7-8장).

바울이 로마인들에게 상기시킨 성령이 부어진 사건은 로마인들의 회심과 더불어 로마에 하나님의 백성인 교회를 탄생시킨 그들이 경험한 오순절 사건이다.

바울은 자신의 서신서에서 이방인 출신 성도들이 경험한 성령의 체험을 한 번도 변증하려 하지 않는다. 대신 바울은 성령을 모든 성도들이 다 공통적으로 그리고 역동적으로 경험한 체험이라는 사실에 근거하여 자신의 논리를 전개한다.

바울에게 있어서 하나님의 성령을 소유하지 못한 자는 하나님께 속하지 않은 자이다(롬 8:9, 14). 그리고 바울과 이방인 출신 성도들이 경험한 성령은 역동적으로 말씀의 사역에 임한 하나님의 능력이다.

따라서, 바울은 자신의 복음 전파와 교회를 세우고 유지하는 사역에 동행한 성령의 임재를 경험을 통해서 잘 알고 있었다. 바울과 그의 복음을 들은 이방인들이 경험한 성령은 마치 하늘에서 마른 땅으로 쏟아지는 폭포수와 같았다.

그들이 경험했던 성령 체험은 마치 폭포수를 마시듯이 강력하게 체험했던 그런 종류의 것이다. 이 성령의 체험은 복음을 전하는 자들의 선포와 사역에 능력을 더하였고, 복음을 들은 자들에게는 놀라운 회심을 가져왔으며, 그렇게 회심한 자들을 모아 그리스도의 몸 된 교회를 탄생시켰다.

바울은 자신이 성령 체험한 사실을 그의 서신서 가운데 여러 가지 모양으로 진술하고 있다. 성령은 바울이 복음을 전할 때 그와 함께 역동적으로 역사하였고, 이방인들이 그의 복음을 들을 때 그들 안에 회심을 일으키며 그들 가운데 교회를 창조하였다(살전 1:5; 롬 15:16; 갈 3:2-5).

따라서, 데살로니가전서 1장 5절에서 바울은 복음이 데살로니가 교인들에게 선포될 때, 단순히 말로서만이 아니라 성령의 능력의 나타남으로 확증되었다고 고백한다.

사도의 사역에 능력 있게 동행한 성령은 이방인 회심을 가능하게 하였고, 회심한 성도들이 그리스도의 몸 된 공동체(교회)를 구성하게 하였다.

성령은 그리스도의 몸 된 공동체 곧 교회 안에 거하면서 그의 몸을 세워가도록 역동적으로 역사하신다. 여기서 회심이라고 하는 것은 개인이 하나님을 향하여 인생의 방향을 바꾸는 개인적인 경험인 동시에, 그 회심한 개인은 반드시 그리스도의 몸이라는 우주적 공동체의 구성원이 된다는 측면에서 공동체적인 경험이다(롬 12:3-13; 고전 12:13; 골 1:24-25).

또한, 그리스도의 몸의 지체들이 된 성도들은 그들과 함께 거하시는 성령의 역동적인 사역을 계속 그리고 반복해서 경험하게 된다. 성도들이 경험하는 성령의 체험은 그들이 자각할 수 있도록 객관적이고 역동적인 동시에, 개인의 영적인 유익을 초월하여 공동체 전체에 영향을 끼치는 공동체적 성격을 띤다.

복음과 함께 성령을 체험하고 한 몸이 된 그리스도의 지체들은 이제 성령의 교제로 초대받는다(고후 13:13; 빌 2:1). 성령의 교제는 성령에 의하여 창조되고 유지되는 성령과 그리고 성령의 인도를 받는 성도들 간의 교제를 일컫는다.

성령은 그리스도의 몸이 그 구성원들 모두의 인간적인 차이점들을 극복하고, 그리스도의 온전함에 이르기까지 계속해서 자라가기를 원하기 때문이다.

이를 위하여 성령의 교제 주체가 되는 성령은 이제 성도들 개인에게 다양한 은사를 제공한다. 성령의 은사들을 통하여 성도들은 서로를 섬기고 세워 그리스도의 몸을 온전하게 하도록 초대받는다(롬 12:6; 고전 12:7).[12]

성도들은 성령이 자신의 자유로운 뜻을 따라 부여한 성령의 은사들과 사역들을 통해서 그리스도의 몸을 세우는 다양한 기능을 행하게 된다. 바울은 로마서 12장 6-8절과 고린도전서 12장 8-10절 그리고 28-30절에서 다양한 성령의 은사에 관해서 설명한다.

바울이 언급한 성령의 은사들은 크게 말에 관한 은사들과 행동에 관한 은사들로 나눌 수 있다. 말에 관한 은사들은 지혜의 말씀, 지식의 말씀, 예언, 그리고 방언을 포함하고, 행동에 관한 은사들은 봉사, 나누어 줌, 가르침, 치료, 경영, 그리고 인도 등을 포함한다.

그리스도의 몸을 섬기기 위한 성령의 은사들은 다양성을 그 특징으로 한다. 그리스도의 몸에는 다양한 필요가 존재하기 때문이다. 이런 측면에서 볼 때, 성도들은 한두 가지 특정한 은사들에만 자신들의 관심을 집중하지 말고, 다양한 성령의 은사를 사모해야 한다.

---

[12] 이상목, "로마서 12장 은사 단락이 지닌 공동체적 의미: 로마 교회 지도자들의 갈등과 바울의 일치 권고", 「한국기독교신학논총」 제104집 (한국신학회, 2017), 55-82.

1) 주어진 은사를 발휘하는 공동체

고린도전서에서 바울이 교회를 그리스도의 몸으로 지칭할 때, 그것을 교회 내에서 주어진 '은사'(χάρισμα, '카리스마')와 관련하여 설명하고 있다(고전 12:14). 몸이 여러 '지체'로 구성된 것처럼, 그리스도의 몸인 교회도 여러 영적인 은사를 지닌 개별 기독교인들로 구성된다.

교회 내에 이렇게 다양한 은사가 존재하는 것은 교회 내의 모든 신자 구성원들이 이미 동일한 성령으로 세례를 받아 '한 몸'으로 연합된 구원론적인 경험에 기초한다.

이 구원론적 원리에 따라서 성령께서는 교회 내의 개별 구성원들에게 다양한 은사를 분배하고, 또한 이들 은사는 자체 내의 독립된 목적을 지니기보다는 공동체의 유익을 도모하고(고전 12:7) 그리스도의 몸을 세우려 한다.

그러므로 기독교인들은 그들이 소유한 다양한 은사 때문에 한 성령으로 세례를 받아 이제 그리스도의 '한 몸'이 된 교회론의 기초를 거부하는 방식으로 은사들을 사용해서는 안 된다.

바울에게 있어서 교회는 '카리스마들'이 나타나는 장소이다. 이것은 바울의 서신에서 공동체 내의 얼마나 많은 기능과 직책이 카리스마적 성격을 지니고 있는가 하는 사실을 검토해 보면 분명해진다.

'오순절 성령 강림 사건'과 바울의 카리스마 이해 사이의 연계점이 발견되는 지점이 바로 여기에 존재한다. 누가가 이해한 '오순절 성령 강림 사건'의 의미는 그 사건을 목격한 베드로가 설교 중에 그 의미를 설명하기 위해 인용한 구약의 요엘서 예언 가운데 발견된다(행 2:15-21; 욜 2:28-32).

베드로는 오순절 사건을 결국 요엘의 예언 성취로 인식했기 때문에, 요엘서 예언의 성격 자체가 오순절 경험의 성격을 규정한다고 할 수 있다. 선지자 요엘이 예언한 성령은 바울이 이해한 새 창조의 영이나 양자의 영처럼 사람을 하나님의 아들로 변화시켜 새 사람으로 창조하는 구원론적 기능을 지닌 하나님의 영이라기보다는 일차적으로 '예언의 영'이다(행 2:17, 18).

그러므로 성령의 사역은 예수님께서 지금 하나님 우편에서 온 우주의 왕으로서 통치하고 있음을 보여 주는 징표이며 제자들의 선교 활동 배후에서 그들을 지원하고 다스린다는 것을 보여 주는 것이다(행 2:31-36).

오순절에 경험한 성령은 사람들에게 보통 여러 가지 다양한 은사를 선물하는데, 이 은사들은 올리우심을 받은 그리스도께서 이제 만유의 주로서 통치하고 계심을 보여 주는 징표로서 그것들을 통해 그리스도께서는 공동체에 활력을 제공한다.

오순절의 성령 세례를 경험한 제자들은 자신들의 삶과 사역과 예배에서 전에 없던 활력을 경험하게 되었다. 물론, 그들이 경험한 새로운 활력은 전적으로 그들 안에 거하면서 역사하는 성령으로 말미암았다.

따라서, 누가는 예수님의 제자들이 경험한 오순절의 성령에 대해 묘사하면서, 마른 땅에 하늘로부터 퍼부어진 폭우라는 표현을 쓴다(행 2:17; 욜 2:28; 겔 39:29). 흥미로운 사실은 바울도 로마서 5장 5절에서 하나님의 사랑이 성령을 통하여 폭우처럼 우리의 마음에 부어졌다고 선포한다는 것이다.

나아가 바울은 폭우처럼 쏟아지는 성령과 하나님의 사랑을 성도의 관점에서 묘사하면서, 우리가 다 유대인이든 그리스도인이든 자유한 자이든 노예이든지에 상관없이, 한 성령으로 세례를 받아 한 몸이 되었고, 우리가 다 한 성령을 마시게 되었다고 선포한다(고전 12:13).

"퍼부어졌다" 혹은 "마시게 되었다" 등의 생생한 표현들은 성도들이 경험했던 성령 체험이 객관적으로 자각할 수 있을 정도의 강력한 것이었음을 강조한다.

마치 에스겔이 본 마른 뼈의 환상에서처럼, 바울은 이 표현을 통해서 영적으로 죽어 있던 자들을 살리는 성령의 강력한 생명력에 관해서 이야기하고 있다.

성령께서는 영감 된 말씀, 환상, 능력 있는 사역을 통해서 공동체 가운데 그리스도의 임재와 통치를 강하게 느껴지게 만들며 이런 경험은 그 구성원들의 예배와 생활과 그들의 복음 증거에 생명력을 부여한다.

이렇게 자주 나타나거나 또는 특별히 현저한 곳에서, 그 은사들은 역동적 신앙과 확신을 일으키고, 기쁨과 희생적 헌신을 가지게 만든다.

이 점에서 바울과 누가는 공통된 은사 이해를 하고 있다. 교회는 성령의 은사들이 두드러지게 나타나는 장소이다. 그것들은 공동체에 생명력과 활력소를 제공하며 그 구성원들을 강하게 만든다(롬 1:11).

은사는 하나님께서 신자들을 성실하게 지켜주신다는 표징이며, 공동체 개별 구성원들은 자신들이나 다른 사람들이 소유한 은사를 통해 굳세게 되고 승천하신 그리스도와 더 가까운 교제를 누리게 만든다(고전 1:6-9).

바울의 교회론에 있어서 공동체 내의 '기능들'뿐만 아니라 공식적인 '직책들'까지도 카리스마적 성격이 강하다는 것은 주지의 사실이다. 그러므로 '은사적인 기능'과 '교회의 상임 직분'을 구분하는 것은 임의적이다.

물론, 장로(감독)와 집사 등은 교회의 전형적인 상임 직분들이지만, 디모데전서에서 이들 직분을 담당할 사람들의 자격을 논할 때 '잘 다스리는 자'(살전 5:11) 또는 '잘 가르치는 자' 같은 자격들은 모두 은사적 성격을 지닌 자격들이었다.

디모데가 장로회에서 안수를 받을 때 그는 이미 장로회에서 그가 받은 은사에 대해 인정을 받았었다(딤후 1:6).

이러한 면에서 바울이 언급하는 직분들은 은사적인 성격을 지니거나 또는 은사 경험 없이 수행될 수 없는 성격을 지닌다고 말할 수 있다. 그럼에도 불구하고, '카리스마'와 교회론 사이에는 또한 구분이 그어져야 하는 측면도 있다.

바울의 어떤 은사들은 (예를 들면, 서로 돕는 것, 긍휼을 베푸는 것, 구제하는 것, 섬기는 것, 권위하는 것 등[롬 12:7-8; 고전 12:28]) 윤리적 성격이 강한 은사들이기 때문에, 바울의 은사론이 교회론에 깊은 관련이 있음에도 불구하고 교회론에 완전히 통합되지 않는 측면도 있다.

2) 십자가공동체로서의 교회

바울은 교회를 '한 몸', '한 십자가' 공동체로 구성하는 기초를 기독교인들이 받는 '세례'와 연결한다(고전 12:13). "세례를 주다"라는 동사는 바울서신에서 문자적인 의미에서 물세례에 대해서 사용될 수도 있고(고전 1:13-17) 또는 은유적인 의미로 신자들을 그리스도와 연합시키는 영적인 변화에 대해 사용되기도 한다(롬 6:2-5).

이 구절에서 바울은 세례 의식적 행위를 암시하고는 있지만 '한 성령으로'란 표현을 덧붙임으로써 그는 세례 용어를 교회론의 기초를 나타내기 위해 영적인 의미로 적용하고 있다.

특별히 고린도전서 10장에서 바울은 성례전적 용어를 사용하여 고린도 회중 가운데 존재하는 지나친 성례전적 강조점들을 비평하기까지 한다. 아마도 고린도인 중에는 기독교의 성례전이 마치 마술적인 효과가 있어서 그것을 경험한 사람들이 궁극적인 운명을 자동으로 보장받는 것처럼 생각하는 자들이 있었던 것 같다.

그러나 바울은 구약의 언약 백성들이 모세의 세례를 경험하고(2절) "신령한 음료와 신령한 음식"을 먹었어도(3절 이하) 결국 하나님께 불순종하여 멸망 당했던 것처럼 이런 일들은 신약의 기독교인들에게도 적용되어 거울이 된다.

하나님의 백성 된 신분은 결국 그들이 경험한 성례들 때문에 자동으로 지탱되는 것이 아니다. 그것은 하나님 백성다운 그들의 윤리적인 삶과 행위 없이 지탱될 수 없다.

그러므로 바울은 성례를 주께서 교회에 명하신 중요한 의식으로 생각하면서도, 교회 이해의 핵심적이고 필수적인 요소로서 성례의 '의식적인' 요소를 강조하려고 하는 것 같다.

교회는 앞서 말한 바와 같이 '거룩'을 위해 부르심을 받은 백성이며, 하나님의 영이 거하는 '거룩한' 성전(聖殿, νάος, '라오스')이다. 이처럼 교회는 더럽고 악한 세상에서 거룩함을 위해 부르심을 받았기 때문에 바울은 고린도 교회를 "그리스도 안에서 거룩하여지고 성도라 부르심을 입은 자들"(고전 1:2)이라고 특징화시킨다.

기독교인들을 하나님의 집 또는 성전이라고 할 때도(고전 3:9; 16:19), 바울은 어떤 구조나 건물을 염두에 둔 것이 아니라 하나님의 거룩한 성전인 교회의 신앙공동체를 염두에 두고 있다.

바울이 부도덕의 문제를 다룰 때, 성전 이미지를 다시 끌어들인 것은 처음부터 거룩성을 강조하는 것이 의도적이었으며 결국 바울의 윤리적 판단과 훈계를 준비하기 위함이었음을 시사한다.

이렇게 고린도 교회가 교회의 본질적인 표지로서 거룩성을 나타내야 함에도, 그들 가운데 온갖 분쟁과 부도덕 등이 존재한다는 사실은 교회의 '존립 근거'가 파괴될 위기에 놓여 있었다는 것을 보여 준다.

교회의 위기는 바울서신에서 교리와 복음 편승의 부패로 기인하는 것과 윤리적 삶의 부패에서 기인하는 것과 관련이 있다. 고린도 교회가 자기 정체성을 상실할 위기에 놓인 것은 그들이 "세상의 지혜"를 따라 분쟁과 시기와 부도덕의 세상적 삶을 살기 때문에 기인한 것이다.

바울은 고린도전서 처음 장들에서 고린도인들이 취하려 하는 "세상의 지혜"와 대립적인 위치에 놓인 "하나님의 지혜"(고전 1:18-2:16)는 바울이 전하는 "십자가의 복음"(고전 1:18; 2:8)과 동일시된다.

바울에게 있어서 진정한 제자들과 그 제자들의 모임인 교회는 바로 십자가 사건 속에 나타난 이러한 '종(servant)의 형상'(막 10:45)에 의해 성격이 규정된다.

바울이 교회에서 모일 때마다 성만찬을 실천한 것은 교회가 "십자가공동체"라는 것을 항상 상기하는 목적을 지닌다. 그리스도의 몸 된 교회는 십자가에 못 박힌 주께서 계속 사역하는 장소이다. 그리스도의 몸 된 교회는 십자가 위에서 찢김을 당함으로 존재할 수 있었다.

그러므로 성만찬을 행하는 교회는 그의 죽음을 기념하는 공동체이다. 교회는 그리스도의 죽음을 통해 이제 교회의 모든 구성원이 한 피와 한 몸에 참여한 십자가공동체임을 상기해야 할 뿐만 아니라 "그리스도의 남은 고난을 그의 몸 된 교회를 위해 채울"(골 1:24) 준비를 해야 한다.

바울이 그의 교회를 위해 수많은 고난과 괴로움을 당한 것은 결국 그가 그리스도의 고난에 동참하는 것인 것처럼, 그의 교회 구성원들도 다른 사람들 속에 생명이 역사하게 하려고 동일한 그리스도의 고난에 동참해야 한다.

교회가 그리스도와 같이 고난과 찢김을 당함으로 다른 형제들과 세상을 위해 섬기려는(막 10:45) 준비를 하지 않고 자기 자만에 빠지고 세상의 지혜를 따라 시기와 분쟁을 하며 권위주의적 태도 속에서 교만한 태도를 보이면(고전 4:18; 5:2; 13:4) 그것은 십자가공동체로서 자기 정체성을 상실하는 것이다.

3) 초지역적 네트워크를 형성한 교회

바울은 각 가정 교회로 구성된 신앙공동체들이 실제로 그가 세운 마게도냐 교회와 고린도 교회 및 갈라디아 교회를 비롯한 각 지역의 디아스포라 교회들이 정기적으로 헌금을 모아 예루살렘에 보낸 것은 사도 바울의 교회에 대한 비전이 실행되는 구체적인 한 모습을 보여 준다.

그의 연보(捐補) 활동은 전 세계에 흩어진 기독교 교인들이 하나의 단일체로 자신들을 이해할 수 있는 견고한 근거를 마련해 주었다. 사도 바울이 주동한 예루살렘 교회를 위한 헌금 활동에 대해 성경학자인 박영호 목사는 그 당시 일어난 마태공동체에 대한 비전에 매우 의미 있는 영향을 주었다고 평가한다.

예루살렘을 위한 바울의 헌금은 여러 면에서 디아스포라 유대인들의 성전을 위한 헌금의 관습에서 신학적 연유를 찾을 수 있다. 바울은 이 헌금을 제사 용어로 이해한다(롬 15:16). 지중해 거대 도시의 시민 사회와 유력 조합, 회당의 틈바구니에서 막 생성된 수십 명에 불과한 모임(각 가정 교회)이 세계적 네트워크를 마음에 두고 있었다는 것은 당시 어떤 다른 그룹도 생각하지 못했던 차원의 사고다.[13]

그러므로 고린도에 있는 교회는 물론이고 에베소에 있는 교회 및 다른 교회에 하나님의 백성이라는 강한 동질성이 있었다.

---

13 박영호, 『우리가 몰랐던 1세기 교회』 (서울: 한국기독학생회출판부), 113-114.

4) 노예제에 대해 적극적으로 의견을 개진한 교회

기독교가 발전하여 로마제국 판도의 각 지역으로 확장될 때, 회심자는 각 계급에서 나왔으나 대다수 기독교인은 사회적으로 경제적으로 하층 계급에 속했다. 즉, 가난한 사람들과 노예들이 교회에 많았다.[14]

이러한 여건에 직면하여 이방인 사도로서 범위를 온 세계로 확장하고자 한 바울이 당시 로마 세계에 널리 퍼져 있는 노예 문제에 대하여 원칙을 세우지 않을 수 없었다. 그리하여 성경 저자 중 바울이 노예에 대하여 가장 많은 관심을 가지고 자주 언급하였다.

특히, 바울이 세운 교회 중 에베소, 골로새, 빌립보, 고린도와 같은 교회에는 노예 신자들이 많아 그들에게 보낸 서신에서 그들을 위한 특별한 교훈을 주고 있다. 바울은 기독교인 노예들에게 그들이 부르심을 받은 그 상태 그대로 머물러 있으라고 권면했고(고전 7:21-22), 동시에 주인들에게는 기독교인으로서 형제에게 하듯 종들을 대해야 한다고 말했다(몬 1:16).

바울의 관점에서 볼 때 기독교공동체 내에서는 이제 더 이상 종이나 주인은 존재하지 않게 된 것이다. 기독교인으로 노예는 노예가 될 수 없고, 주인은 더 이상 주인으로 있을 수 없는 것이다.

바울은 당시 로마제국 지배하의 사회에 살면서 당시 사회로서는 노예에 대하여 생각지 못한 원리들을 개진(開陣)한 것이다. 당시의 스토아 철학자들보다도 훨씬 깊고도 근본적인 면에서 노예에 대하여 언급했다. 즉, 주인도 노예도 하나님 앞에서는 평등하며 그리스도 안에는 종과 자유인의 구별이 없다는 것이다.

---

14 F. Filson, *A New Testament History* (London: SCM Press, 1964), 332.

> 유대 사람도 없고 그리스 사람도 없고 종도 없고 자유인도 없고 남자도 없고 여자도 없습니다. 여러분 모두는 그리스도 예수 안에서 하나이기 때문입니다(갈 3:28).

바울 사도가 개인적으로 노예에 대하여 특별한 관심을 가지고 그 신상에 관하여 구체적으로 다룬 것은 빌레몬서이다. 성경 주석가 렌스키(Lenski) 박사는 다음과 같이 말하고 있다.

> 빌레몬서에서 우리는 종을 금하는 외적인 법을 찾아보는 것이 아니고 자동으로 종의 불가능성을 자각하고 그러한 마음을 갖도록 촉구하는 사랑의 복음 정신을 찾아볼 수 있다.[15]

빌레몬은 부유한 상류층의 사람으로 바울의 전도로 회심하였다. 오네시모(오네시보로, Onesiphorus)는 빌레몬에 속하여 있던 노예였는데 로마로 도주하였다. 그는 로마에서 바울을 만나 회심하였을 뿐만 아니라 바울의 심복이 되어 옥중의 바울에게 많은 위로와 도움을 주었다.

그의 봉사는 바울에게 유용하고 고마운 일이었으나 도주한 노예를 그 주인의 허락 없이 봉사하게 할 수는 없었다. 그래서 오네시모를 위해 그 주인인 빌레몬에게 용서를 구하여 그를 주 안에 있는 형제로서 맞아줄 것을 청원한 서신인 빌레몬서를 쓴 것이다.

바울이 오네시모를 빌레몬에게 돌려보내면서 써 준 서신은 그리스도 안에서 형제 되었다고 하는 실존이 노예라는 신분과는 어울리지 않는다는 인

---

15 렌스키 R.C.H(R.C.H. Lenski), 『디모데전후서, 디도서, 빌레몬서』((The) Interpretation of St. Paul's epistles to Timothy, to Titus and to Philemon), 장병일 역 (서울: 백합출판사, 1976), 441.

식을 분명히 보여 준다.

> 이제부터는 그가 더 이상 종과 같지 않고 종 이상, 곧 사랑받는 형제 같은 사람입니다. 특히, 내게 그렇다면 그대에게는 육신으로나 주 안에서나 더욱 그렇지 않겠습니까?
> (몬 1:16)

제7장

사도 베드로의 교회론

1. 베드로전서의 신앙적 배경

　베드로전서는 네로 황제의 본격적인 불시험과 같은 공식적이고 전면적인 박해가 닥치기 직전 곧 베드로가 순교하기 전에 터키의 서부 지역에 있던 초대교회에 보낸 회람 서신이다. 수신자들은 "본도, 갈라디아, 갑바도기아, 아시아와 비두니아에 흩어진 나그네"(벧전 1:1)로 소개된다.

　"흩어진 나그네" 혹은 "이산(離散)된 체류자"들에게 보낸 베드로전서는 베드로의 교회에 대한 고유한 견해가 제시되어 있다. 이 회람 서신의 1차 수신자는 소아시아의 다섯 지방에 흩어진 교회들이었다.

　본 서신 자체가 사도 베드로에 의해서 기록되었음을 주장한다. 저자도 자신을 장로이며 그리스도 수난의 목격자로 부르고 있다(벧전 5:1). 그는 실라(Siluanus)의 도움을 받아 이 서신을 썼고, 요한 마가와 함께 기거하고 있다는 것을 이야기하고 있다(벧전 5:12-13).

"흩어진 나그네"(παρεπιδήμοις διασπορᾶς, '팔레피데모이스 디아스포라스')라는 은유적 표현 때문에 수신자들의 정체성에 대한 논란은 계속되고 있지만,[1] 대부분의 학자는 이 용어가 고난당하고 있는 수신자들의 실제 상황과 연관된다는 점에서는 거의 일치한다.

베드로 사도는 "이렇게 하면 우리 주시며 구주신 예수 그리스도의 영원한 나라에 여러분이 넉넉히 들어가게 하실 것입니다"(벧후 1:11)라고 말함으로써 "영원한 나라"(αιωνιον βασιλειαν, '아이오니온 바실레이안')가 그리스도의 나라임을 분명히 한다. "영원한 나라"는 신약의 다른 곳에서 나타나지 않는 표현으로 본 절에서만 사용된다.

"영원한 나라"라는 표현은 하나님의 속성과 연계하여 표현된 것으로 "흔들리지 않는 나라"(히 12:28), "그의 천국"(딤후 4:18)과 같은 용도로 사용되었다.

왕국은 하나님이 영원히 존재하시는 것처럼 영원한 나라이며, 하나님이 변함이 없으신 것처럼 흔들리지 않는 나라이고. 또한, 하나님과 함께 하늘에 존재하는 나라이다.

그런데 베드로 사도는 "우리 주 곧 구주 예수 그리스도의 영원한 나라"라는 표현을 통해 왕국의 주인이 예수 그리스도이시며 주님 되신 예수는 구속자이심도 확실히 한다.

---

[1] "흩어진 나그네"를 유대인 기독교인으로 보아야 할지 아니면 이방인 기독교인으로 보아야 할지 논란이 된다. 많은 학자는 베드로전서의 수신자들이 주로 이방인 기독교인이었다는 점에 동의한다. J. R. 미켈리스(J. R. Michaelis), 『베드로전서』(*1 Peter*), 박문재 역 (서울: 솔로몬, 2006), 62-76.

1) 교회가 처한 고난과 핍박

고난은 베드로전서를 여는 감사 부분(벧전 1:6)에서부터 서신 본론의 마지막 단락(벧전 5:9-10)에 이르기까지 본문의 중심 모티브이다.[2] 고난은 때로는 "여러 가지 시험"(벧전 1:6)으로, 때로는 "의를 위한 고난"(벧전 3:14)으로, 때로는 "불 시험"(벧전 4:12)으로, 때로는 "기독교인으로서 당하는 고난"(벧전 4:16)으로 다양하게 표현된다.

그러므로 많은 학자는 베드로전서의 저작 목적이 현재 고난을 당하고 있는 공동체의 구성원들을 위로하고 서로 간의 결속을 굳게 다지도록 촉구하는 데 있다고 생각한다.

베드로전서에 따르면, 수신자들이 당하는 박해와 고난은 이상한 일이 아니기에 소망 가운데 인내해야 하며, 그리스도의 고난에 참여하는 것이기에 오히려 즐거워해야 한다(벧전 1:6-9; 4:12-13).

> 사랑하는 사람들이여, 여러분을 시험하려고 오는 불같은 시험이 있더라도 무슨 이상한 일이 여러분에게 일어난 것처럼 여기지 말고 오히려 여러분이 그리스도의 고난에 참여하게 된 것을 기뻐하십시오. 이는 그분의 영광이 나타날 때 여러분이 크게 기뻐하고 즐거워하게 하려는 것입니다(벧전 4:12-13).

그러나 악한 행위 때문이 아니라 선한 행위로 고난을 받아야 한다는 점이 분명하게 지적된다(벧전 3:14-17; 4:14-15). 선한 행위는 기독교인들의 선행을 욕하는 자들에게 그 비방하는 일에 부끄러움을 당하게 할 것이다(벧전 3:16).

---

2 권오현, 『공동서신』 (서울: 대한기독교서회, 1998), 268.

이런 점에서 고난 가운데서도 선행을 베푸는 일은 하나님의 계명을 지키고 그리스도의 본을 따르는 일일 뿐만 아니라(벧전 2:21-25; 3:18-22), 외부의 불신자들에게도 선한 영향을 끼치는 일이 된다.

기독교인들이 박해 가운데서도 선행을 베푸는 모습을 볼 때, 그들 역시 회개하고 하나님께 영광을 돌리게 될 것이기 때문이다(벧전 2:11; 3:13-15).

이처럼 베드로전서의 모든 권면은 고난과 연관된다. 베드로전서는 고난을 중심 모티브로 삼아 그 안에서 기독교인들이 어떤 존재이며 어떻게 살아야 할지를 권면한다.

성도의 선한 양심과 행실은 성도를 욕하기 좋아하는 습성과 무너진 양심을 가진 불신자를 부끄럽게 만드는 효과를 가져온다(벧전 3:16). 성도의 선한 양심과 행실이 불신자에게 낯설기 때문이다. 교회에 악의를 품은 불신자라 할지라도 그들 안에 선한 양심을 알아보는 일반은총(一般恩寵, common grace)[3]은 남아 있다.

2) 주변 문화에 대한 저항과 순응

순응과 저항의 사이에서 베드로전서의 입장은 저항이냐 순응이냐의 양자택일의 문제가 아니었다. 베드로전서에는 교회공동체의 가치와 주변 문화의 가치 사이에 연속성이 있음을 지적하는 자료도 존재하는 동시에 교회공동체와 주변 세상 간의 차이를 지적하는 자료도 존재한다.

---

3 일반은총이란 선택받은 자나 받지 못한 자나 구별 없이 하나님의 사랑과 보살핌을 똑같이 받는다는 것이다. 일반은총은 창조자 하나님이 모든 인류에 보편적으로 주신 은총이다. 이에 비해 특별은총이란 하나님의 보편적인 사랑의 영역이 아니라 인간을 구원하신 하나님의 특별한 의지와 선택에서 그 의미를 찾는다. 하나님의 섭리 때문에 선택받은 사람은 죄를 용서받고 예수 그리스도를 주로 믿는 구원의 은혜를 받는다는 것이다.

다시 말해서, 베드로전서에는 주변 문화에 대한 저항과 순응이라는 양면적인 요소가 병존한다는 것이다. 한편으로 베드로전서의 저자는 수신자들에게 "악에서 떠나 선을 행하고"(벧전 3:11), "악행 한다고" 비방 받을 만한 행동을 피하라고 거듭 권면한다(벧전 2:12; 4:15; 참조 2:14).

그들은 예수님을 알지 못했던 이전의 행동 방식에서 떠나야 한다(벧전 1:14; 4:2-4). 긍정적으로 말하면, 그들은 하나님이 거룩하신 것처럼 거룩해야 하며(벧전 1:15-16), 선을 행해야 한다(벧전 2:12, 15; 3:6, 10-17; 4:19 등).

그런데 여기서 주목할 점은 그들의 선행이 주변 세상과의 갈등 상황을 이미 전제하고 있다는 것이다.

즉, 그들의 선행은 불신자들 앞에서의 선행을 포함한다.

> 여러분은 이방 사람 가운데 선한 행실을 나타내십시오. 그러면 그들이 여러분을 악을 행하는 사람들이라고 비방하다가 여러분의 선한 일들을 보고 하나님께서 돌아보시는 날에 하나님께 영광을 돌리게 될 것입니다(벧전 2:12).

이는 기독교인으로서의 선행이 불신자들에게도 선으로 인정된다는 점을 암시한다. 또한, 베드로전서 2장 11절-3장 12절에 나오는 가정 규례 역시 그러한 선행이 주변의 이교 문화 가치와 기독교의 가치 사이에 유사성이 있음을 보여 준다.

즉, 베드로전서의 저자가 의미하는 선행이 사회적으로 명망 있는 행동과 상당 부분 일치한다는 것이다(예를 들면, 황제를 공경하고 주인과 남편에게 순종하는 행위). 이는 주변 세상과의 소통 및 그에 대한 책임이라는 관점에서 이해될 수 있다.

그러나 다른 한편으로 베드로전서의 저자는 그리스도에 대한 믿음을 타협하라는 압력에는 저항하도록 격려한다. 예를 들면, 저자는 서신 첫 부분에서 수신자들의 정체성을 "흩어진 나그네"로 규정한다.

이 용어(διασπορα, '디아스포라')는 본래 이스라엘 땅 밖에서 사는 유대인들을 가리킨다. BC 586년 바벨론으로 이주한 때로부터 팔레스틴 밖에 사는 모든 유대인은 그들의 진정한 본향인 예루살렘으로부터 유배된 '디아스포라'로 규정되었다.

베드로전서의 저자는 "흩어진 나그네"라는 은유를 통해 이러한 이스라엘 백성의 체험과 정체성을 기독교인들에게 적용함으로써 수신자들의 본향이 이 땅에 있지 않음을 분명히 한다. 이 점은 서신의 끝에 나오는 "바벨론"이라는 용어를 통해서도 확인된다(벧전 5:13).

여기에 언급된 "바벨론"은 로마를 가리키는 부정적인 암호임이 분명하다. 즉, 로마를 바벨론으로 지칭함으로써 베드로전서의 저자는 과거의 바벨론이 그랬듯이 로마를 예루살렘을 정복하고 하나님의 백성을 이 세상의 나그네로 유랑하게 만든 제국의 권력으로 본다.

따라서, 디아스포라, 나그네, 바벨론과 같은 용어들은 수신자들이 로마제국과의 차별성을 부각하며, 자신이 누구인지에 대한 독특한 관점을 제공해 준다.

2. 베드로공동체의 특성

베드로공동체뿐만 아니라 신약성경의 모든 공동체를 온전히 재구성하는 것은 불가능하다. 단지 본문 안에 투영된 공동체의 특성을 나타내는 구절과 그 공동체가 속한 주류 사회와의 관계를 통해서 공동체의 모습을 추측할 수 있을 뿐이다.

먼저 이 서신은 "본도, 갈라디아, 갑바도기아, 아시아와 비두니아에 흩어진 나그네"에게 보낸 것으로 되어 있다(벧전 1:1). 여기에 나타나는 다섯 지역은 현재의 터키 지역인 소아시아의 독립된 영토였으며, BC 133-131년부터 로마의 지배 아래 있었다.

이 지역들은 타우루스 산맥의 북쪽과 서쪽의 지역이며 이 지역의 공통 언어는 그리스어이고 많은 소수 민족이 모여 살았던 곳이며, 문화와 교육적으로 헬레니즘의 영향 아래 있었으며 정치적으로는 로마제국이 지배하고 있었던 지역이다.

이런 점에서 서신의 수신자들인 베드로공동체는 주로 산맥의 서, 북쪽에 흩어져 있는 가정 교회들이었으며, 교회의 구성원들은 유대인과 이방인들이 섞여 있었던 것으로 생각된다.

서신 안에서 어느 특정한 인종의 생활 양식이 나타나지 않는다. 하지만, 구성원들이 누구인가에 대한 암시를 찾아볼 수가 있다. 먼저 베드로전서 1장 1절의 '흩어진'의 의미가 있는 디아스포라는 바벨론 패망 이후 각처에 흩어져 사는 유대인들을 주로 가리킨다.

또한, 구약에 대한 언급(벧전 1:16; 2:3-10 등), 히브리인들의 이야기(벧전 3:6의 아브라함과 사라), 유대 역사에 대한 언급(벧전 1:18; 5:13), 이스라엘의 우상 숭배(벧전 4:3-4) 등은 유대인 기독교인들이 공동체 안에 있음을 반증해 준다.

이뿐만 아니라 이방 기독교인들에 대한 암시도 찾아볼 수 있다. 여기에는 이전 이방인의 삶에 대한 언급이 많이 나타난다(벧전 1:14; 2:10; 4:3). 이방인($ἔθνος$, '에드노스')에 대한 언급은 나오지만(벧전 4:3) 이들이 어떤 인종이었다가 기독교인들이 되었는지 알 수가 없다.

다만 다양한 인종이 소아시아라는 주류 사회의 영향 아래서 가족, 지배계층, 여러 공동체, 제의적 행사 등에 있어서 공통된 생활 양식을 공유했던 다양한 사회적 모체(matrix)였다.

이런 점에서 베드로공동체는 유대인 기독교인들과 여러 소수의 이방인 기독교인이 함께 어우러져 믿음의 공동체, 즉 신령한 집을 형성하고 있음을 짐작할 수 있다(벧전 2:5). 공동체의 구성원들을 지칭하는 용어로서 "자유인"에 대한 언급이 있다(벧전 2:16).

이 언급이 노예제의 사회에서 자유인의 계급을 의미하는지 혹은 그리스도 안에서 자유인들인지 분명하지 않다. 그러나 문맥상 자유인들은 공동체의 전 구성원들을 의미하는 것으로 보아 믿음 안에서 자유인들로 보인다.

공동체 안에는 가정에 소속되어 있는 노예들이 있었고(벧전 2:18-20), 믿지 않는 남편들과 사는 아내들(벧전 3:1-6), 믿는 아내들과 사는 남자들이 있었던 것으로 보인다. 가정 법전이라 불리는 구절에서(벧전 2:18-3:7) 노예가 가장 먼저 언급된다는 점과 주인에 대한 권면이 없다는 것은 공동체 구성원들의 신분이 대부분 낮은 계층의 사람들이었음을 짐작하게 한다.

서신 안에서 공동체 구성원들을 나타내는 가장 중요한 표현은 "나그네"($\pi\alpha\rho o\iota\kappa o\iota$, '파로이코이')와 "행인"(行人, $\pi\alpha\rho\epsilon\pi\iota\delta\eta\mu o\iota$, '파레피데모이')이란 언급이다(벧전 1:1, 17; 2:11). 기독교인에 대한 이러한 정체성의 표현은 마지막을 기다리는 종말론적 신앙의 고백이라고 볼 수 있다(벧전 4:7).

다른 한편으로, "나그네"라는 표현은 소아시아 지역의 소수 인종들에 대한 취약한 신분을 보여 주는 용어일 수 있다. 실제로 소아시아의 소수 인종들은 결혼, 상업, 재산이나 땅의 소유권, 선거, 조세와 세금, 단체 결성에 있어서 막대한 제한을 받았고 더 나아가 처벌에서도 법적인 불이익을 당했다.

더욱이 기독교인에 대한 신앙적인 정체성은 "택하신 족속", "왕 같은 제사장", "거룩한 나라", 그리고 "소유된 백성" 등의 4중적 고백으로 증거된다. 이런 점에서 나그네와 행인의 표현은 기독교인들의 사회-정치적, 그리고 취약한 경제적 상태에 대한 이해일 가능성이 더 짙다.

더 나아가, 소수 인종에 대한 차별과 더불어 베드로공동체는 주류 사회로부터 박해 아래 있었다는 사실이 이러한 정체성의 의미를 더 심화시켜 준다.

베드로공동체는 그들 스스로 낯선 지역을 그냥 스쳐 지나가는 자들과 같은 소외된 나그네, 그리고 언제나 주인이 되지 못하고 마치 '유배되어 온 외국인과 같은 행인들'이라고 불렀다.

박해 아래 있었다는 사실은 베드로공동체가 주류 사회와 갈등 관계에 있음을 보여 준다. 이는 베드로공동체가 사회-정치적으로 아무런 힘이 없는 작은 종파(sect)이며, 그들의 신앙적 삶이 얼마나 어렵고 힘든 삶이었나를 짐작하게 해 준다.

이런 상황에서 그리스도의 신앙을 지켜야 하는 공동체의 윤리는 생존을 위한 윤리가 될 수밖에 없음을 시사해 주고 있다.

베드로전서에는 일반적으로 교회를 지칭하는 에클레시아(ἐκκλησία)라는 용어는 나오지 않지만, 초대교회공동체가 가졌던 교회의 개념은 나타난다. 앞서 언급한 바가 있듯이 에클레시아의 언어적 의미는 '~로부터(ἐκ, 에크) 불러낸(καλέω, 칼레오) 사람들'이라는 의미가 있다.

그런데 베드로전서 2장 9절에 보면, 교회는 하나님께서 특별히 하나님의 아름다운 덕을 선포하도록 "어두운 데서(ἐκ, 에크) 불러낸(καλέω, 칼레오)" 공동체임을 제시한다.

이 구절을 통해서 교회라는 헬라어 용어 '에클레시아'를 적절하게 사용하고 있음을 알 수 있다. 이런 의미에서 서신에 나타나는 택하심을 입은 "너희"(ὑμῖν, 휘민)라는 용어는 모두 믿음의 공동체인 교회를 가리킨다고 할 수 있다(벧전 1:2).

너희, 곧 교회는 "거룩한 자들"이며(벧전 1:15), "거룩한 제사장"이며(벧전 2:5), "택하신 족속"이며, "거룩한 나라"요, "소유된 백성들"이며(벧전 2:9-10), "생명의 목자의 양들"이다(벧전 2:25). 그리스도께서 "너희"를 위하여 고난을 받아 그 자취를 따라오게 하셨고(벧전 2:20), 고난 가운데서도 선을 행함으로 하나님께 영광을 돌리게 하셨다(벧전 3:16; 4:13, 16, 19).

예수 그리스도를 주로 삼고 믿음으로 고백하는 "너희"(벧전 3:5)가 생명의 구원을 얻는 자들이며(벧전 1:9; 2:2; 3:21), 그리스도께서 다시 오실 때에 그의 영광에 기쁨으로 참여할 자들이며, 온전케 함을 받을 자들이다(벧전 5:10).

그리스도 안에서 이 교회가 누릴 영광과 기쁨과 온전함 때문에 교회는 소망의 공동체가 되며, 이 땅에서 나그네와 행인과 같은 어려움과 고난의 삶을 용기와 인내를 갖고 이겨내야 할 이유를 갖게 된다.

이런 점에서 베드로전서의 윤리를 연구하는 것은 믿음의 공동체, 즉 교회의 윤리가 어떻게 형성되고 구성원들이 순종해야 하는 원리가 되는 과정을 살펴보는 기회가 된다. 또한, 베드로공동체가 속한 사회와 문화 속에서 공동체가 가져야 할 윤리의 기능을 통해서 공동체가 어떻게 유지, 보존되는지 알 수 있게 해 준다.

3. 베드로전서에 보이는 선행의 윤리

신학자 현경식 교수의 연구에 의하면 베드로전서에서 가장 빈번하게 나타나는 선행의 윤리는 베드로전서가 표방하고 있는 '신학의 진수'(眞髓)[4]임을 보여 준다.

신약성경의 다른 책들과 마찬가지로 베드로전서에도 여러 형태의 윤리적 권고와 명령이 나타난다. 특이한 것은 다른 윤리적 권면은 반복의 횟수가 적은 데 비해 '선행'에 관한 권면은 여러 번 반복되어 나타난다는 것이다. 적어도 믿음의 공동체를 향하여 계속하여 선행을 강조한다.

베드로전서는 유독, 세상 앞에서 교회가 행하는 "선한 일"(벧전 2:12, 14, 20; 3:1, 11, 13, 16)이나 "선한 양심"(벧전 3:16, 21)에 대한 강조가 많다.

반면에 "악행"을 경고하는 본문들도 많다(벧전 2:1, 12; 3:9), 행함에 대한 강조는 1장 13절부터 본격적으로 나타난다.

사실 그전까지, 즉 12절까지는 "택하심을 입은 자들"(ἐκλεκτοίς, '에클레토이스')로서 그 구원이 얼마나 영광되며 안전하며 놀라운 것인지를 설명했기 때문이다. 특별히 3절에서 묘사된 구원은 "거듭남" 곧 예수 그리스도의 부활 생명에서 솟아나는 "살아 있는 소망"으로 표현된다.

그리고 후에, 베드로는 이 부활 생명을 특징으로 하는 구원이 동일하게 "깨끗하고 썩지 않는 영원히 거하는" 살아 있는 하나님의 말씀으로 된 것임을 표명한다(벧전 1:22-25). 그러므로 베드로전서에서 말하는 성도의 행위는 이런 부활 생명을 특징으로 하는 구원을 믿음으로 받은 성도에게서 솟

---

[4] 현경식, "베드로전서에 나타난 선행의 윤리", 「신약논단」 제18권 제4호 (한국신약학회, 2011), 1183-1212.

아 나옴을 전제로 하는 것이다.

그리고 그 성도의 행실의 특징은 그들이 받은 영적 생명의 특징인 "더럽지 않고 썩지 않고 쇠하지 않는" 구원과 정반대인, "더럽고 썩어지고 허무한"(쇠하는) 즉 죄와 죽음과 허무에 속한 세상을 상대하는 배경으로 주어지고 표현된다(벧후 1:1-4).[5]

특히, 이들은 세상 속을 지나가는 "임시 거주" 외국인과 여행자(벧전 1:1-2; 2:11)로서 선한 행실을 요구받는데, 더 정확히 하면, 세상 속의 제사장(벧후 2:9)으로서의 그들의 영적 생명한테서 나오는 선한 행실을 요청받는다.

선행을 위하여 기독교인들은 부르심을 받았다. 그리고 선행의 본(本)은 예수 그리스도 안에 있다. 그리스도가 먼저 걸어가신 그의 자취를 따르는 것이 곧 선을 행하는 것이 된다. 그리스도의 자취란 그의 십자가의 행위를 의미한다.

그리스도를 영접한 기독교인의 삶은 그리스도에 의해 정해져 있음을 말해 주고 있다. 그러므로 기독교인의 윤리, 즉 그리스도의 자취를 따르는 신앙공동체의 윤리는 그리스도의 십자가의 신학에 근거하고 있음을 증거하고 있다.

이런 점에서 선행의 윤리는 기독론과 십자가의 신학에 근거한 신학적 윤리라고 할 수 있다. 선행의 신학적 동기에 대해서는 베드로전서 1장 3-20절에도 나타난다. 이 구절에서의 윤리적 명령은 모든 행실에서 거룩한 자가 되라는 것이다.

고난을 받으신 예수님도 공의로 심판하시는 하나님께 부탁하셨다. 이러한 믿음의 행위가 오히려 복을 받는 길이며, 공동체의 모든 지체가 선을 행

---

5 채영삼, 『십자가와 선한 양심: 베드로전서의 이해』(서울: 이레서원, 2014), 40-42.

하는 윤리와 동일시된다.

　하나님의 뜻을 따르시며 고난을 받으신 예수 그리스도의 자취가 모든 지체가 따라야 할 본이 되며, 이는 공동체의 구성원들이 행해야 할 선행의 윤리로 제시된다. 또한, 남편에 대한 권면에서 "지식을 따라" 행하기를 명령하고 있다.

　여기서 지식은 이미 그리스도에 의해 형성된 신앙의 내용을 의미한다는 점에서 신학적인 체계라 할 수 있다.

　베드로전서의 윤리뿐만 아니라 모든 신약성경의 윤리적 권면은 그리스도의 빛에서 해석되고 있다. 예수 그리스도만이 신앙공동체의 근원이 되기 때문이다.

　베드로전서 전반에 나타나는 선행의 윤리는 여러 형태의 윤리적 권면 중에서 가장 원초적이며 동시에 포괄적인 윤리에 속한다고 할 수 있다. 앞에서 살펴본 것과 같이 공동체 윤리의 동기는 신학이다.

　선행의 윤리는 특히 기독론과 직접 연관되어 있으므로 신학적 윤리가 된다. 그러므로 믿음의 공동체가 따르고 지켜야 할 우선의 윤리가 믿음의 행위를 결정하는 선행의 윤리가 된다.

　선행의 윤리적 범주를 보면 공동체를 중심으로 외향적인 것과 내향적인 것으로 나눌 수 있다. 신앙공동체의 외부인 사회를 향한 윤리가 있지만, 공동체 자체와 공동체 내부의 지체들을 향한 윤리가 동시에 나타난다.

　이러한 공동체의 윤리적 명령이 공동체의 모습을 주류 사회 안에서 결정짓는다. 공동체의 윤리가 외향적이든 내향적이든 공동체가 특정한 사회적 모체 안에 존재하기 때문이다. 먼저 베드로공동체가 사회를 향해서 어떤 태도를 견지했는가를 살펴볼 필요가 있다.

공동체가 당한 고난은 분명히 사회로부터의 박해를 의미한다. 이는 분명히 사회와의 갈등을 전제한다. 베드로공동체가 당하는 박해가 로마제국에서 오는 공식적인 박해인가에 대해서는 논란이 있다.

만일 그렇다면 베드로공동체가 매사에 반로마적인 혹은 반사회적인 단체임을 증명해야 한다.

그러나 공동체가 사회적인 제도와 권위에 복종하라는 윤리적 명령을 강조하는 것을 보면(벧전 2:13-17) 주류 사회를 향하여 무조건 비판적인 태도를 견지하고 있지 않음을 알 수 있다. 오히려 공동체가 당하는 박해는 공동체의 선행, 즉 믿음의 삶으로 인한 주류 사회의 주민들에게서 오는 박해일 가능성이 크다(벧전 4:15).

베드로전서 안에서 선행의 윤리를 기준으로 윤리적 권면이 집중된 부분인 공동체의 윤리는 믿음의 공동체를 형성하고 유지하는 윤리이다. 이러한 선행의 윤리가 사회로부터 악행으로 오해를 받음으로 고난을 받고 있다(벧전 2:12).

베드로공동체는 선행으로 인한 이러한 고난을 의를 위한 복 있는 자의 고난이라고 하며(벧전 3:13-14), 하나님의 뜻이므로 하나님께 영광을 돌리고, 오히려 즐거워하라고 용기를 주고 있다(벧전 4:13).

1세기 기독교 역사의 분야 중 당시 기독교가 직면했던 중요한 사회 문제 중의 하나인 노예 문제에 대하여 로마사와 연관 지어 연구한 신학자 이대섭 교수에 의하면 "예수께서 직접 노예제도를 반대한 일은 없지만, 그의 사랑의 교훈은 바로 노예제도와는 정반대되는 것이다. 그러므로 예수님의 가르침은 결과적으로 노예제도를 완화하고 노예제도를 폐지하는 데 영향을 주었다고 볼 수 있다. 노예제도뿐만 아니라 고대 세계의 모든 사회적 문제들이 예수님이 전한 복음에 의하여 영향받았다"[6]는 것이다.

노예에 대한 권면과 더불어 베드로전서에는 세 번의 악덕 목록(벧전 2:1; 4:3, 15)과 한 번의 미덕 목록(벧전 3:8)이 등장한다. 이 목록은 분명히 그리스-로마 사회 문화의 윤리적 강령임이 분명하다.

베드로공동체는 악덕 목록을 공동체의 악한 행위로 또한 미덕 목록을 믿음의 선한 행위로 선택했다. 이것의 표면적인 모습은 베드로공동체가 구성원들에게 사회적인 책임을 강조하는 것으로 나타날 수 있다. 분명히 교회가 사회적 악덕을 배척하는 반면에 사회적인 미덕을 수용하고 따르고 있기 때문이다.

더 나아가 기독교인들이 네 가지 정체성을 가지고 살아가야 함을 강조한다. "택하신 족속", "왕 같은 제사장", "거룩한 나라", "소유된 백성" 등으로 자기 정체성을 가지고 있어야 한다는 것이다. 이런 신앙고백은 오직 그리스도만이 공동체의 기초 형상이 되었기 때문이다.

4. 베드로의 교회론

1) 신적 성품을 양성하는 교회

앞서 베드로전서에서는 "구원과 선한 행실"이라는 주제로 베드로공동체에 가르침을 보였다고 한다면 베드로후서에서는 경건 행위의 근거인 신적

---

[6] 이대섭, "고대 로마 사회의 노예제도와 기독교에 관한 연구", 「신학과 선교」 제9권 (서울: 신학대학교, 1984), 122. 109-135.

성품을 앙양하는 일에 지침을 제공한다. 이는 베드로공동체에 대한 비전을 제공하는 것이라고 볼 수 있다.

베드로후서에는 문자적으로 "행함"과 관련된 용어는, "거룩한 행실과 경건함"(벧후 3:11)에서 나온다. 그 반대로 악한 행실에 대한 예들은 2장에 집중되어 열거된다. 이것은 거짓 교사들의 악행들이다.

저들은 호색(好色)하고 성도들로 그것을 좇게 하며(벧후 2:2), 탐심으로 지은 말로 이득을 챙기고(벧후 2:3), 굳세지 못한 영혼들을 음심과 탐욕으로 유혹하며(벧후 2:14, 18), 회개하고 용서받았던 죄로 다시 돌아간다(벧후 2:22).

베드로는 거짓 교사들의 거짓 가르침과 이러한 악행들에 대해, 성도들이 어떠한 선행들로 응답해야 하는지 그 구체적인 행동들을 언급하지 않는다. 그 대신, 서신의 1장 초두에서부터 이에 맞서는 선한 행실들을 행할 수 있는 출처인 "신적 성품"을 그 해법으로 제시한다.

그러므로 베드로후서에서, 믿음과 행함이라 할 때 그 "행함"의 자리에서 "신적 성품"이 전제되어 들어가 있다고 말할 수 있다. 하지만, "신적 성품"은 이미 하나님과 그리스도를 "믿고 참되게 아는" 지식의 열매이다.

이는 베드로후서 1장 1절에서 '믿음'이 언급된 후에, 2절과 3절에서 하나님과 주 예수 그리스도를 "앎으로써" 그리고 부르신 자를 "앎으로써"라는 과정을 통해, 결국 "신적 성품"은 믿음의 결과로 제시됨을 통해서도 분명히 드러난다.

또한, 신적 성품의 성장을 위해 "경건에 형제 우애를, 형제 우애에 사랑을 공급하십시오"(벧후 1:7)라는 표현을 사용하는데, 후에 "이렇게 하면 우리 주시며 구주이신 예수 그리스도의 영원한 나라에 여러분이 넉넉히 들어가게 하실 것입니다"(벧후 1:11)라고 말함으로써, 믿음을 받은 후에 힘써 "행하여 얻는" 신적 성품의 결과에 따라 주어지는 것처럼 표현되어 있음을 알 수 있다.

주목할 것은, 베드로후서에서 "행함"은 하나님의 "부르심과 택하심"을 따른 믿음이 전제된 행함이라는 사실이다.

여기서 종말에 불의 심판을 통해 물질(στοιχεία, '스토이케이아')이 "풀어질 것이며"(λυθήσεται, '루데스에타이', 10절), 모든 것이 "풀어지리니"(λυομένων, '루오메논', 11절), 하늘들이 "풀어질 것이고"(λυθήσονται, '루데손타이')로 표현되었는데, 이는 마치 건물이 무너지는 것처럼 파괴되는 것을 가리킨다.

중요한 것은, 그때 함께 불에 타거나 같이 무너지지 않고 견디고 드러나야 하는 것이 믿음에 근거한 "삶의 방식"(άναστροφη, '아나스트로페')이며 하나님께 대한 마땅한 의무인 "경건"이라는 것이다(벧후 3:11).

왜냐하면, 그 불의 심판과 모든 것이 풀어진 후에 새롭게 펼쳐지는 새 하늘과 새 땅은 "의의 거하는 바" 새로운 구조의 세상이기 때문이다.

결국, 신자가 받은 하나님의 주권적 선물로서의 "의"(벧후 1:1)는 그들이 종말에 들어갈 신천신지(新天新地) 곧 하나님 나라의 특징인 "의"(벧후 3:13)와 본질에서 다르지 않은 것이다.

이렇듯 베드로후서는 믿음과 함께 단지 "행함"에 주목하기보다는 그 행함을 가능하게 하는 신적 성품, 곧 믿음과 주를 앎으로써 일어나는 신자의 내적이고 전체적인 존재의 변화를 요구한다.

믿음을 전제하는 행함이나 선한 행실을 주로 세상 속에서 하나님을 알지 못하는 이방인들을 향한 제사장적 사명으로 이해하고 설명했던 베드로전서에 비하면 또 다른 새로운 차원이라고 할 수 있다.

그러므로 베드로후서에 의하면, "믿음으로 구원받는다"고 할 때, 그 믿음은 믿는 자 안에 하나님을 아는 지식을 통해 본질적인 성품 변화를 일으킨다. 믿음과 결부된 그 본질적인 성품적 변화 없이, 그 믿음은 구원받는 믿음이라고 할 수 없다.

이는 베드로후서에서 전제되는 하나님 나라의 특징과도 결부된다. 교회가 장차 들어가게 되는 나라의 특징은 베드로전서 1장 4절이 밝히는 대로 정확히 세상의 특징과 반대이다.

이런 점에서 베드로후서가 말하는 신적 성품은 "믿음을 받은"(벧후 1:1) 성도의 구원에 있어서, 단순한 행함 이상의 결정적인 요건이라 할 수 있다. 믿음은 주를 아는 지식을 통해 반드시 그 믿음을 가진 성도의 내적 변화 곧 '신적 성품의 변화'를 동반해야 하며, 그렇지 않은 믿음은 그를 구원할 수 없는 거짓된 믿음으로 판명될 것이다.

2) 선행의 윤리를 바탕으로 한 교회공동체

신학자 이승호 교수는 베드로의 신앙공동체가 처한 고난과 박해 속에서 그 시대적 배경 속에 있는 교회가 가진 특성들을 고려하여 신앙공동체가 나아가야 할 방향을 제시하고 있다고 본다.[7]

베드로공동체는 무엇보다도 선행의 윤리 위에 공동체의 나아 갈 길을 설정할 것을 요청한다. 그것은 베드로전서의 윤리는 공동체 구성원들의 현실적인 삶의 차원을 다루고 있기 때문이다.

특별히 믿음의 행위로 규정되는 선행의 윤리는 베드로공동체의 삶의 형식을 제공하는 가장 높은 곳에 있다. 이런 점에서 베드로공동체의 정체성은 선행의 윤리 위에 세울 것이 요구된다.

---

[7] 이승호, "베드로전서에 나타난 교회의 정체성", 「선교와 신학」 제41집 (장로회신학대학교, 2017), 458-462.

선행 윤리의 특징은 공동체 윤리이다. 이 윤리는 공동체 형성과 보존의 윤리라고 할 수 있다. 선행의 윤리를 통해서 구성원들이 하나가 되고 유대감과 정체성이 높아지기 때문이다.

공동체 윤리는 공동체 인식, 즉 공동체의 자기 이해가 없이는 불가능하다. 그리스도의 복음을 통해 형성된 교회는 그리스도의 다시 오심을 기다리는 소망의 공동체임과 동시에 구원의 공동체이다(벧전 1:9; 2:2).

3) 공동체의 특성에 바탕을 둔 교회의 정체성

베드로는 그의 서신에서 처음부터 교회 구성원들의 특성을 강조한다. 교회는 하나님의 "택하심을 받은 자들"이며, "하나님 아버지가 이미 아신 자들"이다. 교회는 "성령으로 거룩해진 자들"이며, "예수 그리스도의 피 뿌림을 받은"(벧전 1:2) 자들이다.

그들은 거듭났고, 하나님의 능력으로 보호하심을 받고 있으며, 일시적인 고난으로 훼손될 수 없는 산 소망으로 궁극적인 구원과 영광의 상속을 기다리고 있는 자들이다(벧전 1:6-9).

이 모든 표현은 교회가 세상과 구별된, 하나님의 사랑과 돌보심을 받는 특별한 공동체임을 암시한다. "택하심을 받은 자들"이란 말이 하나님과의 수직적인 관계를 드러낸다면, "흩어진 나그네"라는 말은 주변 세상과의 수평적인 관계를 나타낸다.

교회는 하나님의 선택으로 구별되었음에도, 아니 하나님의 선택으로 구별되었기 때문에 이 세상이 본향이 아닌 "나그네"가 되었다는 것이다.

따라서, 수신자들은 "나그네와 거류민"(벧전 2:11)으로서 주변 세상과 거리를 두어야 하며, 이 세상의 가치관에 일방적으로 동화되어서는 안 된다.

본향인 천국에 소망을 둔 신앙공동체라면 결코 이 땅에 안주할 수 없기 때문이다.

그리하여 하나님의 택하심(벧전 1:1; 2:9; 5:13)과 부르심(벧전 1:15; 2:9, 21; 3:9; 5:10), 그리고 사명은 기독교인의 새로운 정체성의 가장 기본적인 근거가 된다.[8] 그들은 아직 이 세상에 살고 있지만, 더 이상 이 세상에 속한 사람들이 아니라 하나님의 영역에서 하나님의 영광을 위해 살아야 할 존재들이다.

더 나아가 베드로전서의 저자는 교회를 참 이스라엘로 생각한다. 그는 교회를 "택하신 족속이요, 왕 같은 제자장들이요 거룩한 나라요 그의 소유된 백성"으로 규정함으로써, 과거 하나님의 이스라엘에게 제공된 지위를 기독교인들에게 돌리고 있다.

그들이 이방인 개종자일지라도 이제는 하나님의 백성이 되어 과거 이스라엘의 특권을 누리는 자들로 언급한다. 이러한 자기 정체성의 고취는 아직 수적으로나 질적으로나 미미한 초기 공동체가 하나의 독립된 공동체로 형성하는 데 매우 크고 중요한 역할을 하였을 것이다.

4) 고난과 박해 속의 교회의 결속과 연대

교회의 특성과 함께 베드로가 교회의 연대와 결속을 강조하는 것은 당연한 귀결이었다. 공동체의 분열은 곧 교회 정체성의 파괴를 의미하기 때문이다. 베드로전서의 저자는 교회가 주변 사회로부터 받는 배척과 박해로

---

8 박영호, "만인제사장론과 선교적 교회: 베드로전서 2장 9절의 해석을 중심으로", 「선교와 신학」 제43집 (장로회신학대학교, 2017), 459.

인해 배교의 위험성까지 있다는 사실을 알고 있다.

외부의 압박이 강하면 강할수록 내적 결속력은 더욱 견고해지는 법이다. 이러한 내적 결속력 강화의 가장 효과적인 모델은 '집'이다.[9]

그래서 그런지 베드로전서에는 집과 그에 대한 모티브가 많이 나타난다. 교회는 사회 정치적으로 소외된 사람들에게 안전과 소속감, 그리고 연대할 수 있는 '집'을 제공해 주었다. 그 집은 "신령한 집"이며(벧전 2:5), 하나님을 모신 "하나님의 집"이다(벧전 4:17).

그 집에서는 하나님이 아버지가 되시며(벧전 1:3, 17), 동료 성도들은 하나님의 자녀요(벧전 1:14), 형제자매(벧전 1:22; 3:8; 5:12)가 되는 가족공동체이다. 이처럼 기독교인들은 고난을 받을 때 고립되어 있는 것이 아니라 하나의 가족에 속해 있다.

이 집에서 기독교인들은 함께 세워지고 "하나님이 기쁘시게 받으실 신령한 제사를 드릴 거룩한 제사장들이 된다"(벧전 2:5).

베드로는 이처럼 '집'과 '가족'의 개념을 반복적으로 사용함으로써 주변 세계의 소외와 반목을 극복할 대안으로 가족공동체 안에서의 연대감을 강조한다.

이러한 가족 같은 공동체의 일치를 위해 가장 필요한 것은 사랑이다. 그래서 성도들은 "거짓 없이 형제를 사랑하되 마음으로 뜨겁게 서로 사랑해야"하며(벧전 1:22), "무엇보다도 뜨겁게 서로 사랑하면서"(벧전 4:8) "서로 용서하고 서로 원망없이 대접하고 서로 청지기 같이 봉사해야 한다"(벧전 4:8-11).

---

9 C. 오식크(C. Osiek), 『신약의 사회적 상황』, 김경진 역 (서울: 기독교문서선교회, 1999), 119-120.

5) 고난과 박해 속의 선행과 선교

베드로전서의 수신 공동체는 처음부터 이방 세계와의 다양한 관계와 갈등 구조 속에서 존재했다. 이것은 이미 교회의 존재 자체가 선교적 차원을 지닌다는 것을 의미한다. 교회의 존재와 삶의 방식은 주변 세상에 매력을 주거나 혐오감을 일으킬 수는 있어도 결코 중립적일 수는 없다.

따라서, 하나님의 백성으로서의 택함과 구별됨은 세상과의 단절이나 고립이 아니라, 오히려 하나님의 은혜와 소망을 주변 사람에게 전하는 선교적 호소가 된다.

베드로가 고난과 박해 속에서도 선행을 강조하는 것은 결코 우연이 아니다. 이러한 선행은 유대적인 율법주의자가 말하는 선행이 아니라 이 세상에서 올바른 삶을 사는 것이다. 그것은 국가(벧전 2:13)나 가정(벧전 3:1)과 같은 기존 제도들에 복종하는 것이 아니라 오히려 이방인들의 타락한 생활과 대조되는 의로운 행실을 포함한다(벧전 4:2).

그것은 악을 악으로, 욕을 욕으로 갚는 삶이 아니라 오히려 세상이 감지할 수 있는 모범적인 행실이다. 그래서 베드로는 계속해서 수신자들은 선교적 동기를 가지고 이방인 가운데 살면서 사회가 그들을 주목하도록 두드러질 정도의 선하고 존경할 만한 행실로 살아갈 것을 촉구한다(벧전 2:11-12).

그 이유는 악행 한다고 비방하던 불신자들이 그들의 선한 행실을 보고 하나님께서 찾아오시는 날에 하나님을 찬양하게 하기 위함이다(벧전 2:12). 박해 속에서도 선행을 행할 때, 성도들을 비방하던 자들이 회개하고 하나님께 영광을 돌릴 것이라는 뜻이다.

그러한 선행은 불신자들에게 증거가 되고, 그들의 적대감을 경감시키며(벧전 2:15), 결국 그들을 그리스도에게 인도할 것이다(벧전 3:1).

이런 점에서 교회공동체는 외부의 모든 핍박에도 불구하고, 다음과 같은 행실을 가져야 한다.

> 너희 마음에 그리스도를 주로 삼아 거룩하게 하고 너희 속에 있는 소망에 관한 이유를 묻는 자에게는 대답할 것을 항상 준비하되 온유와 두려움으로 하고 선한 양심을 가져야 한다(벧전 3:15-16).

6) 베드로후서가 교회에 주는 가르침

베드로후서는 거짓 교사들에 대하여 경고하기 위함이었다. 거짓 교사들에 관한 특별한 기록은 없지만, 그들이 퍼뜨리고 다니는 헛된 교리들은 사도들에 의해서 반박되었지만 저주받을 정도로 심각한 영향력을 갖고 있었다.

이런 독소에 대한 베드로의 대책은 거짓 교훈을 물리치는 획기적인 방법으로 성도의 덕행을 촉구하는 것이었다. 사실상 이것이 이 서신의 핵심이며 제1장의 주요 내용이다.

한편, 베드로는 3장에서 보다 심화한 주제로서, 주의 재림에 대비하여 준비한 성도들을 향하여 주의 재림에 관한 회의적인 태도를 퍼뜨리는 교만한 사람들을 질책하고 그의 형제들에게 끝까지 겸손하고 진실하게 주의 영광스러운 재림을 기다리며 은혜 안에서 경건한 생활을 계속하도록 권면한다.

7) 앞으로 완성될 하나님의 나라

베드로후서는 이미 시작된 하나님의 나라와 앞으로 완성될 하나님 나라의 구도를 분명하게 가르친다. 베드로 사도는 하나님의 나라가 이미 시작되었고 앞으로 완성될 것을 믿었다.

그래서 베드로는 "말세에 조롱하는 자들이 와서"(벧후 3:3)라고 이미 말세가 시작되었음을 밝히고, 조롱하는 자들이 "주께서 강림하신다는 약속이 어디 있느냐"(벧후 3:4)라고 예수님의 재림을 불신할 것을 예고하고 있다.

베드로는 하나님께서 현재는 "하루가 천년 같고 천 년이 하루같이"(벧후 3:8) 기다리시지만, 하나님 나라를 완성하는 날은 바로 "주의 날"(벧후 3:10)이요, 그날은 도둑같이 올 것이며 "그날에는 하늘이 큰 소리로 떠나가고 물질이 뜨거운 불에 풀어지고 땅과 그중에 있는 모든 일이 드러나게"(벧후 3:10) 될 것이라고 말한다.[10]

베드로는 성도들이 "구주 예수 그리스도의 의를 힘입어 동일하게 보배로운 믿음을"(벧후 1:1) 받은 자들로 "신성한 성품에 참여하는 자"(벧후 1:4)들이기 때문에 예수의 삶의 모본을 따라 경건한 삶을 이어가야 한다고 권면한다.

베드로가 성품(nature)이라는 용어를 선택한 이유는 그 용어가 성장, 발전, 그리고 특성을 가리키고 있기 때문이다. 대칭적으로 존재(being)라는 표

---

10 베드로서의 저자가 "하루가 천년 같고 천 년이 하루 같다"라고 말한 것은 "인간이 천년을 기다려도 그것은 예수에게는 하루밖에 되지 않는다. 우리는 예수님이 죽은 지 몇십 년이 지났다고 생각하지만 그 시간은 예수에게는 몇 분 정도 밖에 되지 않는다. 그러니 조바심을 버리고 종말의 때가 자꾸 늦어지는 것을 불평하지 말라"라고 주장하기 위함이었다. 정기문, "초기 기독교와 종말 신앙", 「서양사론」 147권 (한국서양사학회, 2020), 242.

현은 본질(essence)을 가리킨다. 우리는 결코 하나님의 본질에 참여할 수 없다. 왜냐하면, 우리는 하나님에 의해 창조된 인간이며 또한 인간으로 남아 있기 때문이다.

베드로가 밝히고 있는 것은 우리들이 우리의 마음에 계시는 성령의 내주(內住)하심을 통해 경험하는 하나님의 거룩함에 참여하는 것이라고 설명한다. 성도들은 그리스도와 연합됨으로 "신성한 성품"에 참여자가 되었다.

그래서 하나님 나라에 속한 성도들은 노아 홍수 때 멸망 받은 경건하지 않은 자들처럼 살아서는 안 되며(벧후 2:5), 또한 소돔과 고모라 시대에 경건하지 않게 살다가 멸망 받은 사람들처럼 살아서도 안 된다(벧후 2:6-8).

베드로는 완성될 하나님 나라를 바라보며 사는 사람 중 "경건한 자"와 "불의한 자"가 함께 살고 있다고 말한다. 그런데 "불의한 자"는 육체를 따라 살면서 정욕 가운데서 행하며(벧후 2:9-10), 음심(淫心)이 가득하며, 굳세지 못한 영혼을 유혹하고, 탐욕에 빠진 자들로, 저주의 자식들이라고 설명한다(벧후 2:14).

그리고 "경건한 자"는 "믿음에 덕을, 덕에 지식을, 지식에 절제를, 절제에 인내를, 인내에 경건을, 경건에 형제 우애를, 형제 우애에 사랑을 더하는"(벧후 1:5-7) 삶을 사는 사람들이다.

8) 도둑같이 임할 주님의 날

예수님이 재림하시는 날은 누구에게도 알려지지 않았다. 그날은 오직 하나님만이 알고 계신다. 그러므로 도둑이 예고 없이 갑자기 임하는 것처럼 예수님의 재림도 갑자기 임할 것이다.

성도들은 예수님의 초림과 재림은 두 사건이라기보다 한 사건의 두 국면이라고 할 수 있다면서 사는 사람들이다.

그러므로 성도들의 삶은 거룩하며, 경건하며, 겸손하며, 성실한 삶을 이어가야 한다. "경건한 자"는 "새 하늘과 새 땅을 바라보면서"(벧후 3:13) 성도의 삶을 이어 나가야 한다. 베드로는 예수님의 재림에 대한 소망을 분명히 가지고 있었다.

그는 "심판 때까지"(벧후 2:4), "멸망의 날까지 보존하여 두신 것"(벧후 3:7), "주의 날이 도둑같이 오리니"(벧후 3:10), "새 하늘과 새 땅을 바라보도다"(벧후 3:13) 등의 말씀을 사용하여 예수님의 재림을 확인하고 있다.

베드로는 예수님의 재림 사건을 묘사하면서 "하늘과 땅은 그 동일한 말씀으로 불사르기 위하여"(벧후 3:7) 보존되고 있으며, "그러나 주의 날이 도둑같이 올 것입니다. 그때 하늘은 큰 소리를 내며 떠나가고 그 구성 물질들은 불에 타 해체되며 땅과 그 안에 있는 모든 것이 드러날 것입니다"(벧후 3:10)라고 말한다.

그리고 이렇게 설명한다.

> 하나님의 날이 임하기를 바라며 간절히 사모하십시오. 그날에 하늘이 불에 타 해체되고 그 구성 물질들이 불에 녹아 버릴 것입니다. 그러나 우리는 그의 약속대로 의가 지배하는 새 하늘과 새 땅을 바라봅니다(벧후 3:12-13).

베드로는 예수님이 재림하시면 세상이 새롭게 변화될 것을 확실히 한다. 이 말씀은 마태복음에 나오는 다음의 말씀과 일치한다.

예수께서 그들에게 말씀하셨다. 내가 진실로 너희에게 말한다. 새 세상에서 인자가 자기의 영광스러운 보좌에 앉게 되면 나를 따르는 너희도 열두 보좌에 앉아 이스라엘의 열두 지파를 심판할 것이다(마 19:28).

재림 때 인자이신 예수님은 영광의 자리에 앉으실 것이요, 세상은 완전히 새롭게 될 것이다. 베드로는 예수님의 재림을 의심하는 사람들에게 예수님의 재림이 교묘히 만든 이야기가 아니라고 가르친다(벧후 1:16).

베드로는 분명하게 말세가 이를 것인데 그날은 "주의 날"(벧후 3:10)이요, "하나님의 날"(벧후 3:12)이며, "새 하늘과 새 땅"(벧후 3:13)이 성도들을 위해 마련되는 날이 될 것이라고 천명한다.

제8장

히브리서에 보이는 교회론

1. 히브리서 공동체의 역사적 상황

히브리서 서신을 처음 받았던 독자들에 관해서는 알려진 바가 없다. 그렇지만 그들이 어떤 특정한 공동체에 속한 사람들이라는 것은 명백한 사실이다.

즉, 이 독자들은 나름대로의 특이한 역사를 지니고 있었으며 저자는 그들의 "전날"(히 10:32-34)에 대해서 언급하고 있으며 그들이 다른 기독교인들에게 베푸는 과거와 현재의 관대함에 대해서도 알고 있었으며(히 6:10), 그들의 현재의 영적 상태까지도 파악하고 있었다(히 12:4-6; 13:7-9).

"히브리인들에게"라는 제목은 2세기의 마지막 4반세기로 거슬러 올라가는데 그것이 이 일의 원래의 사실과 일치하는지는 알 수 없으며, 또 그렇다 하더라도 정확히 어떤 히브리인들을 의미하는지를 알 수 없다. 그 내용으로 보아서 그들이 복음을 받아들인 유대계 그리스인들이 아닌가 유추할 수는 있다.

저자는 기독교인들과 밀착된 관계를 맺고 있었으며 또한 디모데와 함께 그들을 방문하려는 의도를 나타내기도 했으며(히 13:19, 23) 그들에게 기도를 요청하기도 했다(히 13:18).

또, 이 서신의 내용은 전반적으로 유대적 원형들(prototypes)과 레위기의 제사 제도의 영원성을 고수하거나 복고하려는 경향에 대해 반대한다(히 7:11-28). 그리고 이방인 신자의 문제가 되었던 할례나 우상의 제물을 먹는 문제는 다루고 있지 않으며 복음으로 돌아온 뒤 믿음에서 타락하여 예전의 유대교로 돌아가려는 위기에 처해 있던 사람들의 문제를 다루고 있다. 따라서, 위와 같은 점들로부터 유추해 볼 때 히브리서의 수신자는 유대인들로서 현재 신앙의 어려움을 겪고 있는 신자들임을 알 수 있다.

이 서신의 독자들이 어디에 살고 있었느냐 하는 문제 역시 명확하지 않다. 아볼로가 라이커스 계곡(골로새가 위치하고 있던 곳)의 교회들에, 혹은 고린도의 교회들에 서신을 썼다고 하는 견해는 저자가 누구인가 하는 문제와 무관하지 않다.

또한, 독자들이 로마 교회에 속한 유대 기독교인들이라는 견해 역시 상당한 호응을 받고 있다. 그러나 "이달리아에서 온 자들"(히 13:24)이란 언급 이외에는 로마라는 특정한 지명을 암시해 주는 다른 구절을 찾아볼 수 없다. 이에 반해 바나바 저작설은 구브로(Cyprus)를 그 장소로 주장하는데 그 이유는 바나바가 원래 구브로 인이었기 때문이다.[1]

그러나 이 가설들은 그 어느 것도 결정적 증거를 제시하지 못하고 있다. 팔레스틴이 이 서신의 목적지라는 설도 최근에 상당한 호응을 불러일으키고 있는데 그것은 이 서신의 저자의 주요 논점이 쿰란공동체에서 발견되는 것과 같은 유대주의 분파적 형태에 직접적인 비판을 가함에 그 초점을 두

---

[1] 김동주, "기독교 교부들의 히브리서 저자에 관한 논쟁", 「신학과 사회」제31권 제3호 (21세기기독교사회문화아카데미, 2017), 9-43.

고 있다는 데에 그 원인이 있다.

특히, 본 서신의 저자가 고대 이스라엘의 광야 경험을 불신과 실패의 시대로 본다는 것은 광야생활을 이상화시켜 왔던 쿰란공동체와의 극적인 대조를 이루고 있다. 그러나 이 팔레스틴설 역시 문제가 없는 것은 아니다. 그 한 예로 그들이 처음에 주의 말씀을 들은 자들로부터 주에 관한 지식을 얻었다는 진술(히 2:3)은 그 독자들이 피선교 지역에 거주했다고 하는 추론을 자연스럽게 유도하는 것 같다.

팔레스틴 지방, 특히 예루살렘에서는 많은 독자가 이미 개인적으로 예수 그리스도에 관해서 이야기를 들었을 것이다.

더욱이 가난한 자들에게 관대히 베풀라는 언급(히 6:10)은 그 장소가 예루살렘이라는 가능성을 더욱 배제한다. 왜냐하면, 그곳의 궁핍은 더 후기에 만연하였기 때문이다(참조, 행 11:27-29; 갈 2:10).

만약 바나바가 이 서신의 저자라고 한다면 북아프리카의 고대 리비아 도시인 구레네(Cyrene)가 모든 구비 요건을 갖춘 장소로서 대두된다. 구레네는 BC 630년경에는 그리스 식민지였으나 로마 시대에는 괄목할 만한 영향력을 가진 유대공동체가 그곳에 있었다.

그곳에 기독교가 정착한 것은 꽤 일찍이었다고 추측된다. 왜냐하면, 시리아의 안디옥 교회가 구브로와 구레네로부터 보냄을 받은 선교사들에 의해 전도되었다는 사실(행 11:20)이 기록되어 있기 때문이다. 특히, 바나바가 구브로 출신이기 때문에 이 문제에 있어서 구브로와 구레네와의 연관 관계가 우리의 흥미를 끈다.

바나바가 안디옥 교회에서 목회하였을 때 두 동역자였던 "니게르라 하는 시므온"과 "구레네 사람 루기오"(행 13:1)가 있었는데, 시므온의 다른 이름, 즉 니게르는 '검다'는 뜻으로서 그가 그의 동료 루기오처럼 북아프리카 출신임을 말하고 있다고도 추론할 수 있다.

결론적으로 우리는 이 서신의 수신지에 관하여 확실한 증거를 갖고 있지 못하고 있다. 그러나 누가 이 서신을 썼든 또한 어디로 이것이 보내졌든 초대교회가 수세대를 거치면서도 올바로, 그리고 그의 아들을 통하여 명확히 말씀하시는 하나님의 능력 있는 메시지로서 그것을 전하여 내려왔다는 사실이 중요하다.

2. 히브리서 공동체의 생성과 위기

히브리서는 본문만으로는 누가 이글을 기록했는지 그리고 언제 그가 기독교공동체 중 하나의 공동체생활 속에 나타난 위기를 배웠는지 알지 못한다. 히브리서의 작품을 둘러싸고 있는 역사적 상황을 아는 것은 아무것도 없다.

문서에는 삶의 정황이 빠져 있다.[2] 단지 본문을 통해 암시만을 가지고 있을 뿐이다.

본문은 어떤 암시를 하고 있는가?

우선 '박해'에 대한 암시를 주고 있다.

수신자들이 당한 박해의 상황으로 짐작되는 본문(히 10:32-34)과 배교의 상황을 서술한 본문(히 10:26-32)을 바탕으로 한다. 히브리서 10장 32절 이하의 박해에 대한 회상은 이전과 같은 박해가 또 다시 일어날 것 같은 상황

---

[2] 서창용, "멜기세덱 기독론을 통해 본 히브리서 공동체", (평택대학교 박사학위 논문, 2008), 102.

을 암시하고 있다.

분명히 히브리서 안에는 많은 박해에 관한 구절들을 포함하고 있다 (히 10:11, 32-35; 12:4, 15; 13:13). AD 96년 이전의 박해 중 역사적으로 기독교인들에게 가해진 박해는 두 번이다. 한번은 AD 46년의 네로의 박해이고, 다른 하나는 AD 81-96년까지 있었던 도미티아누스 황제의 박해이다.

역사적으로 도미티아누스 황제가 어떤 종류의 박해를 기독교인들에게 가했는지 분명하지는 않지만, 그는 네로 황제 이후 첫 박해자로 전해졌다. 그의 종교정책에 비록 조직적이고 계획적인 박해가 없었다고 해도 신자들로 불안에 싸이게 하고 따라서, 배교자를 많이 만들어 낼 상황에 있었음을 추측할 수 있다.

히브리서 서신의 수신자들은 장차 닥쳐올 박해의 근처에 살고 있었다고 할 수 있다. 히브리서 기자는 참된 목회자의 한 사람으로 양들이 당면한 불안의 시대에 그들이 그 믿음에서 떨어지지 않도록 권면하며, 어떤 일이 있더라도 "진동치 못할 나라를 받은" 신자들은(히 12:28) "게으르지 아니하고 믿음과 오래 참음으로 약속들을 기업으로 받는 자들을 본받는 자"(히 9:13)가 되어 "그러나 우리는 뒤로 물러나 멸망에 이르는 사람들이"(히 10:39) 되지 않도록 권하고 있다.

이 서신의 수신인들은 처음에 지녔던 열의를 잃어버릴 위험에 처해 있었다. 그들이 처음 기독교인이 되었을 때 핍박 가운데서도 기뻐하고 약탈과 모욕도 불평 없이 참았으며 옥에 갇힌 동료 신자들을 돌보는 데도 아낌이 없었을 정도로 의기가 고양되어 있었다.

그러나 세월이 흐름에 따라 그들의 전과 같은 열성은 없어져 갔다. 그들이 열심히 기대했던 재림은 언제 있을지 알 수가 없어 보였고 기독교를 위하여 버렸던 유대교의 회당과 조직은 계속 번성해 갔으며, 로마제국에 의

하여 그 신앙이 허가된 종교로서 보호를 받고 있었다.

　기독교인들의 원래의 기세는 힘을 잃었으며, 그들은 앞을 바라보는 대신 뒤를 되돌아보는 데 마음이 끌렸다. 그러므로 히브리서 저자는 그들이 그대로 밀리지 말고 그 흐름에 저항하도록, 그 경주에서 처지지 말고 믿음을 굳게 지켜 나가도록 여러 가지 비유를 써서 권면할 필요성을 절감케 된 것이다.

　이 서신의 연대에 관하여는 로마의 클레멘트가 이에 대하여 언급함으로써 최근 연대가 주어져 있는 셈이다. 최고의 연대는 저자와 수신자가 다 복음을 주님에게서 들은 자들로부터 받았다고 하는 데서 나타난다.

　이 서신이 AD 70년의 예루살렘 성전의 파괴 전에 기록되었는지, 그 후에 기록되었는지는 완전하게 확실한 대답을 줄 수 없다.

　제물의 의식은 현재 시제로 언급되어 있으며 그 의식의 근거가 되었던 "옛 언약"은 "없어져 가는"(히 8:13) 것이라고 했지만, 그 의식의 설명이 당시의 관례를 바탕으로 하고 있지 않고 모세오경에 정해져 있는 것을 바탕으로 하고 있으므로 이것이 "문학적인 현재"인지 어떤지는 논의의 여지가 있다.

　그러나 이 히브리서를 기록했을 때에 이미 성전이 헐렸었고 희생제물이 끊어졌었다면 이것은 저자의 논의에 무게를 더해 줌으로써 아무리 숨겨진 것이라도 어떤 암시를 주지 않을 수는 없었을 것이다. 확실하지는 않지만, 히브리서는 AD 70년 이전에 기록된 것으로 보는 것이 옳을 것 같다.

　이 서신의 수신인이 로마의 기독교인들이었다면 히브리서 12장 4절에 "여러분이 죄와 싸웠지만, 아직 피를 흘릴 정도로 대항하지는 않았습니다"라는 구절로 그 연대가 AD 64년 이후는 될 수 없는 것이 된다.

　저자의 집필 당시가 그리스도의 죽음으로부터 40년이 다 되어 가고 있었다면 이 시편을 인용한 것은 적절한 일이었다고 볼 수 있다.

팔레스틴 밖에 존재하던 공동체 중 하나에 복음이 전파되었다. 그리고 이것은 그 공동체 구성원들의 신앙을 형성시켰다. 그들은 메시아의 출현과 그 사상의 실현을 감지했다. 물론, 그들은 그가 로마의 형틀인 십자가 위에서 정치범의 누명으로 처형된 것도 하나님의 구원 사역의 계획하심이었으며, 그는 부활을 통해 믿는 자에게 영생을 준다는 선포에 동의했을 것이다.

이것은 기독교 선교의 결과이다. 복음을 수용한 당시의 공동체를 케리그마공동체로 부르는 데 이견은 없을 것이다.

새로운 백성으로서 계약공동체의 개념은 교회가 태동한 첫 세기에 특별한 호소력을 행사했으며, 그 공동체에 참가하는 것은 힘든 법규의 이행이 아닌 하나님의 영에 의해서 전달되는 하나님의 은총에 대한 믿음을 받아들임에 의해 성립되었다.

그러나 통일된 계약공동체의 이상화된 상은 원시기독교의 경험적인 상황과 완전히 일치하지는 않았다. 바울서신에도 교회의 지도자들 사이의 긴장 관계를 암시하는 내용이 스며 있으며, 이것은 신학적이며, 사회학적인 문제이다.

히브리서 기자는 성장하는 히브리서 공동체(히 13:7)에 지금은 죽은 옛날의 기독교 1세대의 지도자들의 행실의 종말 즉, "하나님의 말씀을 여러분에게 전해 준 여러분의 지도자들을 기억하십시오. 그들이 산 삶의 결과를 살펴보고 그 믿음을 본받으십시오"(히 13:7, 1:32)라고 촉구한다. '삶의 결과'란 표현은 아마 '순교로 장식한 증언 사역의 영광스러운 최후'를 의미하지는 않을 것이다.

그리고 평화로운 죽음이었든 고통스러운 죽음이었든 간에 그때의 신앙적 승리 때문에 생전의 '업적'이 완성되었을 것이다. 히브리서 11장이 증명해 주듯이 옛 시대 믿음의 사람들이 이룬 '성과'는 그들의 죽음은 물론 삶에서도 명백히 드러난다.

이 옛 시대 신앙인들이 히브리서 공동체가 본받아야 할 찬연한 믿음의 모범을 남겼다면, 그들에게 말씀을 처음 가르쳤던, 따라서 그들이 개인적으로 잘 알고 있었던, 본문의 이 지도자들도 역시 그렇게 했다.

1) 복음으로부터의 이탈

이스라엘 역사가 보여 주듯이, 만일 율법의 무시가 무서운 결과를 가져왔다면, 복음의 무시 역시 비참한 결과를 가져올 수밖에 없다(히 2:1, 2). 만일 율법을 어긴 자들이 징벌을 받았다면 복음을 거절한 자들은 더욱 그러할 수밖에 없다. 히브리서 기자는 그의 수신자들에게 무관심과 경시에 대하여 매우 심각하게 경고하고 있다.

부주의나 무관심을 통하여 원래의 자리로부터 이탈하도록 자신을 방임하는 자인 듯, 히브리서 기자에게 히브리서 공동체들이 보였다. 즉, 진리를 확실히 붙잡고 복음으로부터 떠내려가지 않도록 할 수 있는 견고한 닻을 그들은 갖고 있지 않았다.

그러므로 히브리서 기자는 기독교인의 소망을 "영혼의 닻 같아서 튼튼하고 견고하다"고 표현했다. 히브리서 공동체는 그들이 고백하는 신앙을 실행하는 데 있어 관심의 소홀, 적용의 결여, 혹은 "고의적인 무관심"으로 인해 신앙심이 있는 기독교인으로서 자격을 상실했음이 분명하다.

따라서, 히브리서에는 이 경고가 반복적으로 나타나고 있다.

2) 최종적인 목표를 잃어버림

그들이 자신의 삶에서 가치 판단 기준을 변경했다는 것은 곧 '부정적 요소'(죄)와 타협했음을 뜻한다. 복음을 처음 수용한 공동체가 삶의 정결을 추구했다면(히 10:32) 이것은 곧 복음을 가치 기준으로 삼았다는 의미이다. 그러나 역설적으로 이 복음의 가치를 거부한 자들의 행실은 공동체 안에서 '갈등의 원인'으로 작용했다.

히브리서 기자는 과거의 이스라엘 백성들의 광야생활은 부정한 백성들의 도태와 새로운 약속의 자녀들의 출현이라는 의미가 있는 것처럼, 수신 공동체에 대하여 같은 맥락에서 광야에서 죽어간 조상들을 따라 죽어가는 자손이 아닌, 약속의 땅에 들어가는 백성이 되어야 한다고 말하고 있다.

만약 신앙의 정결을 한순간이라도 포기하면, 그것은 곧 전체의 포기가 되기에 삶의 모든 부문에서의 완전함이 당연히 요구되는 것이다. 문제는 이런 다원적 사회 구조 안에 사는 신자들이 이런 요소들을 수용하기에는 매우 많은 포기를 감내해야만 하는 것이다.

3) 영적 미성숙

히브리서 5장 11-14절에서 멜기세덱 주제가 해석하기 어려운 것이 그 주제 자체의 난해성이나 저자의 해석 능력의 무능 때문이 아니라, 독자의 귀가 무디어졌기 때문이란 것이다. 즉, 그들은 지금 나태한 상태에 빠져 있다(히 6:12; 10:23-24; 12:12).

"너희가 마땅히 선생이 될 것인데" 이는 수신자들 모두가 교회에서 공식 지도자들이 되어야 한다는 뜻이 아니라, 비공식적인 의미에서 남을 가르칠 수 있을 정도로 성숙했어야 했다는 뜻이다.

수신자들은 신앙고백의 대상인 예수님을 버리고 기독교를 떠나가려는 위험 아래에 있으므로 그들의 신앙의 대상인 예수님에 관하여 견고히 할 필요성이 있게 되었다.

4) 재림의 부인

히브리서 9장 28절에서 히브리서 기자의 관심은 "죄를 다루는 자가 아닌 구원의 완성자로서의 오심"이다. 즉, 그리스도 사역의 정점에 십자가의 사역을 위치해 놓고, 이스라엘 민족이 일 년에 한 번 지성소(至聖所)에서 나오기를 기다리는 것과 같이 그리스도의 오심을 소망한다는 것이다.

히브리서 기자는 복음의 삶의 자리에서 이탈하려는 시도를 강력하게 금지하면서 그 맥락에서 예수님의 재림 신앙을 언급한다. 이것을 통해 이 공동체는 케리그마의 진수(眞髓)를 모두 수용했음을 알 수 있다.

문제는 지금 이들이 예수님의 구원 사역에 대한 의문을 제기하면서 동시에 그의 궁극적인 심판과 구원의 완성으로서의 재림을 거부한다는 데 있다. 재림을 부인하는 세속화는 미래의 희망이 없는 공동체를 지향하는 것이 된다는 것이다.

5) 신앙의 위기 - 배교

히브리서 기자는 위의 구절들에서 광범위하게 배교(背敎)에 관한 주제를 다루고 있다. 따라서, 그의 관심은 단순히 그의 수신자들이 그들이 고백하는 믿음에 성숙되지 못하고 열매가 없는 기독교인으로서 삶에 있어서 정체되고 초보 단계에 머물지 않도록 하는 것이 아님이 분명하다.

그의 큰 관심은 그들 가운데 있는 불신앙에 되돌아가지 않는 것이었다. 배교의 위험은 실제적이고 결코 가상적이 아니었다. 그렇지 않을 경우에 강도 높은 경고를 담고 있는 이 서신은 의미가 없는 것으로 간주되어야 할 것이다.

확실히 히브리서 기자가 판단할 때 상황은 매우 심각하였다. 그는 기독교인의 경주에서 확신과 용기를 상실한 수신자들에게 그 경주를 잘할 수 있으며 회복할 수 있는 희망이 있음을 말해 준다.

3. 그리스도에 의해 설립된 공동체

이 히브리서에서는 기독교인들의 확실한 윤곽을 결코 드러내지 않는다. "잠깐 천사보다 못하게 하시며 영광과 존귀로 관을 씌우신"(히 2:7) "하나님의 아들, 인간 예수님께서 우리를 놓아 주시고"(히 2:15), "형제와 자매들로 새로운 공동체, 교회를 만드셨다"(히 2:11-12).

히브리서 2장 11절과 17절에 나타난 '형제들'(ἀδέλφοί, '아델포이')에 대해 많은 학자는 이것을 동료 인간으로 이해하고, "형제라 부르시기를 부끄러워하지 아니하시고"(히 2:11), "형제들과 같이 되심"(히 2:17)과 같은 표현을 그리스도께서 인간이 되신 것으로 이해한다.[3]

"우리의 믿는 도리의 사도이시며 대제사장이신 예수"(히 3:1; 7:14, 26; 8:1) 는 구약 계약을 능가하시는 새로운 계약의 완성자이시며 하나님 우편에

---

[3] 김규섭, "히브리서 2:11, 17에 나타난 '형제들'(ἀδέλφοί)에 관한 연구", 「신약연구」 제17권 제2호 (한국복음주의신약학회, 2018), 209.

앉으신 대제사장이시다, 우리는 그의 피를 힘입어 하나님께 나아갈 수 있다(히 10:19-25). 믿음의 개척자이시며 완성자이신 예수님(히 2:10; 12:1-3, 17-18)은 기독교인의 정체성의 기원(히 2:17-18)이시다.

그리스도 안에서 기독교인들은 "한 백성"(one people)으로서 살며 그리스도는 우리의 대제사장이 되신다. 그리스도 안에서 우리가 하나가 된다.

이와 동시에 히브리인들은 주의 부활과 다시 오심(재림)에 대한 교회의 수평적 기대를 하며(히 6:2; 9:28; 10:25, 37; 11:35), 천국의 회중(히 12:18-25; 13:14)으로의 '수직적 지향'을 갖는다. 기독교인의 희망과 목표는 공간과 시간, 그리고 역사를 초월한 것이 된다(히 9:28).

1) 하나님의 "한 백성"으로서의 공동체

이 하나님 백성의 정체성과 백성 됨은 다른 구별이 없고 모두가 교회의 동등한 믿는 자로서의 구성원이 된다. 여기에서는 유대인, 비유대인이라는 인종 간의 적대감이 존재하지 않는다.

믿음이란 구약의 개념을 벗어나서, "하나님 백성의 참다운 집"(히 3:5-6)으로 불리운다. 여기에서 참다운 기독교인의 제사(히 13:9-16)가 언급된다.

그러므로 여기에서는 히브리서 저자나 수신자의 음식 규례(히 13:9)에 대한 언급이 없을 뿐만 아니라 초대교회 문헌에서 자주 등장했던 '할례'에 대한 논쟁이 등장하지 않으며(히 3:7-4:11). 다른 문헌들에서 등장했던 성가신 '윤리적 이슈'도 나오지 않는다.

그 대신에 구약 백성의 정체성을 완전한 계속성으로 묘사하고 있다. 즉, 40년 광야생활에서 안식에 들어가지 못하고(히 3:18), 멸망한 사실을 기억하고 기독교인들에게 "하나님에게서 떨어질까 조심할 것"(히 3:12-13; 4:1, 11;

6:4-6)을 권면한다.

그리고 하나님의 집에 대한 그리스도의 주인이심(히 3:3-6)으로 "소망의 확신과 자랑을 끝까지 굳게 잡고 있으면 우리는 그의 집"(히 3:6)이라고 주장한다.

이렇게 이스라엘 하나님 백성의 하나 됨을 강조함으로써 하나님 백성의 통일성과 정체성을 재차 강조하고 있다.

2) 신앙고백과 회복공동체

히브리서 기자는 위에서 제시한 상황에 있는 그의 수신자들을 염려하며 이전의 훌륭했던 믿음의 삶을 잊지 말고 더욱 용기를 내어 승리의 삶을 추구하도록 권면한다. 그는 성경에서 역사 속에 실존했던 믿음의 선진(先進)들 경우를 자세하게 언급하면서 우리의 공동체의 궁극적인 목표를 다시 한 번 강조한다.

시험과 유혹을 이기고 정결한 삶을 누리던 공동체에게 다가온 고난은 성도들의 승리였으나(히 10:32), 지속되는 핍박과 신앙의 긴장은 이들에게 신앙을 포기하게 만드는 역할을 한다.

이런 현상에 대해 히브리서 기자는 예수 신앙은 곧 '십자가의 삶'이며, 이것은 예수 신앙을 고백함으로 다가오는 모든 불이익을 감내하는 '고난의 십자가를 지고서라도 참 구원이 있는 기독교로 나가야 한다'는 점을 강조하고 있다.

4. 히브리서에 보이는 교회론

이상에서 살펴보았듯이 히브리서에서는 교회란 말은 단지 두 곳에 나타나 있을 뿐이지만 교회라는 의미를 지닌 여러 가지 용어를 살펴보는 가운데 교회에 대한 표현과 묘사를 찾아보았다. 몇 가지 교회에 대한 표현에서 교회에 품은 비전을 다음과 같은 몇 가지로 정리할 수 있다.

1) 하나의 그리스도 교회

히브리서는 그리스도의 인격과 사역을 신약의 다른 증언들과는 다른 독특한 관점에서 설명한다. 그 하나님의 백성으로서 기독교인들을 규정하고 있다. 이 점은 이 책의 곳곳에서 논의되고 있으며 저자의 가장 중요한 논쟁의 핵심은 기독교인들의 신앙에 대한 것이다.

히브리서 첫 장 첫 절부터 교회의 확고한 신앙적 기초 위에서 예수 그리스도의 말씀을 전하고 있다. 교회 안에서 "더 좋은 소망"(히 7:19)을, "더 나은 본향"(히 11:16; 12:18-24)을 향하여 나아갈 것을 권면한다.

기독교인들은 하나의 그리스도 교회를 위해 하나님에게로 나아갈 수 있는 유일한 길로서 예수님의 중보적 사역에 관한 이야기를 소개한다. 예수님의 중보적 사역에 관한 이야기는 복음서들(예, 눅 12:8; 22:23; 요 17:6)과 서신서들(롬 8:34; 요일 2:1)에도 나오지만, 히브리서에 뚜렷하게 설명되어 있다.

히브리서 기자에게 있어서 교회에 품은 가장 중요한 도전은 다른 모든 사람을 포용하고 예수 그리스도의 복음을 그의 선물로 받아들여 하나님의 백성이 되는 것을 강조한다.

2) 말씀에 근거하는 공동체

히브리서 기자가 가진 교회의 교리에 대한 제한된 지식에도 불구하고 하나님 백성에 대한 그의 비전은 본질에서 공통적이며 교회론적이다. 그리스도 교회에 대해 히브리서 저자의 강조점은 그리스도 교회에 대한 단순한 강조가 아니라 단결심, 충성심에 대한 열성적인 추구와 같은 정신을 추구하고 있다는 점이다.

히브리서 3장 7-19절에서 사용된 시편 95편은 이스라엘이 약속의 땅에 들어갈 것을 거역함으로써 하나님이 진노하셨던 민수기 14장의 가데스 바네아 사건을 배경으로 한다. '가데스 바네아 사건'(민 14장)에서 불순종에 관한 결과는 "너희가 땅에 들어가지 못할 것이다"(민 14:30)라는 하나님의 진노를 낳는다.

이 진노는 그대로 히브리서 3장 11절에서 "내가 진노해 맹세한 것처럼 그들은 결코 내 안식에 들어오지 못할 것이다"로 인용된다. 히브리서 저자는 가데스 바네아 사건을 하나님의 진노에 대한 증거라고 분명히 보여 준다(히 3:11, 18; 4:3).

이런 점은 "그들의 시체가 광야에서 엎드러졌다"라는 표현에서도 잘 알 수 있다(민 14:29 등).

히브리서 3장 1-6절에서 출애굽 광야 세대의 구원자 모세와 새 출애굽 공동체의 구원자 그리스도를 기독론적으로 논증하였다면, 히브리서 3장 7-19절을 통해 그리스도께서 열어 놓으신 구원에 그리스도와 함께 참여할 것을 초대하는 구원론적 논의로 이어 간다.

곧 히브리서 3장 7-11절은 표면적으로 출(出)애굽 공동체의 "완고함" 과 "불순종"을 말하지만, 실제로는 성령이 말씀하신 음성을 듣고, 구원을 이루신 그리스도에 대한 소망을 끝까지 붙잡아 "그리스도와 하나님의 집"(히 3:6)이 될 것을 촉구한다.

이처럼 하나님의 교회는 이 광야의 길을 걸어가는 순례자처럼 하늘의 본향을 향해 걸어가는 순례자의 삶을 살아야 한다는 것을 가르치고 있다.

히브리서 저자는 구원에 참여하기 위한 조건으로서 광야의 출애굽 세대를 모델로 제시한다. 곧 광야에서 시험하던 날에 거역하던 것같이 마음을 완고하게 하지 않아야 한다(히 3:8).

또한, 믿지 않는 악한 마음을 품지 말아야 한다는 것이다(히 3:12). 출애굽 세대의 이스라엘의 문제는 "완고함"이었다(시 95:8; 히 3:8 등).

예수님의 하늘 제사장직과 희생 죽음을 근거로 하늘의 부르심에 참여한 믿는 사람들은 '맏아들들의 교회'(히 12:23)에 속해 있으며(히 12:22-24), 궁극적으로는 '하늘의 본향'(히 11:16)에 초대받는 것과 같다.

"그리스도와 함께 참여하는 자들"은 구원자와 구원받은 자의 관계를 설명하는 히브리서 2장 5-18절을 통해 서로 연결된다. 그리스도 사건을 통해 아들들(히 2:10), 형제들(히 2:11), 자녀들(히 2:23-24)은 시온 산, 살아 계신 하나님의 도시, 하늘 예루살렘에 들어가는 사람들이며, 하늘에 등록된 자들(히 12:22-23)이다.

3) 그리스도 중심의 교회

예수 그리스도의 중보적 사역에 관한 이야기는 복음서들(예, 눅 12:8; 22:32; 요17:6)과 서신서들(롬 8:34; 요일 2:1)에도 나오지만, 히브리서에서는 뚜렷하게 설명되어 있다. 그것은 예레미야 31장 31-34절에 예언되어 있는 새로운 언약에 속하는 것이며, 그 언약은 아론 가문의 제사장들이 사역했던 시내 산에서 받은 낡은 언약보다도 더 좋은 약속과 더 좋은 소망을 주는 것이다(히 7:11-19; 8:6-13).

그것은 전에 바쳐진 어떤 제물보다도 나은 제물과 관련되어 있으며(히 9:23) 이 세상에서 만든 어떤 것보다도 나은 성소에서 바쳐졌다(히 9:11). 제사장과 직분은 서로 분리할 수 없는 것이다.

그러나 그리스도의 대제사장으로서의 사역은 참다운, 자발적이고 효과적인 제물, 즉 "자기를 드려"(히 9:29)서 수행되었으며, 이것은 다른 모든 제물과는 달리 사람의 양심을 깨끗하게 하여 그로 "살아 계신 하나님을 섬길" 수 있게 한다.

히브리서 기자는 이 완전한 제물이 시편 40편 6-8절에 예언되어 있음을 발견하고 있다. 거기에 보면 말씀하시는 이가 모든 짐승 제물은 좋지 못한 것이라고 제쳐 놓으시고 주의 뜻 행하기를 즐겨 하나님에게 그의 목숨을 바치시는 것으로 되어 있다(히 10:5-7).

이 시의 말씀은 그리스도가 세상에 오실 때에 하시는 말씀으로 이해되고 있다. 하나님을 위하여 "준비된 … 몸"(LXX 시 40:6) 안에서 그는 삶과 죽음에서 모두 다 하나님의 뜻을 이루셨다. 하나님의 뜻을 완전히 순종하는 이 제물로 말미암아 하나님의 백성은 단번에 거룩함을 얻어 하나님께로 나아갈 권리가 주어졌다(히 10:15-18).

성경의 해석을 바탕으로 한 이런 논의들은 그리스도의 구속 행위와 승리 이래로 그들의 생활에서 그의 제사와 중보의 효험을 증명했던 한 세대의 신자들의 실제 경험으로 확증되었다.

그런 제물은 여러 번 드릴 필요가 없다. 이 제물을 거절한 자에게는 다른 속죄물이 있을 수 없다. 그러므로 하나님의 아들을 거부하고 그의 언약과 피를 더럽히지 말라고 엄숙한 경고를 하고 있다(히 10:26-31).

독자들이 그들의 상황에서 필요한 것은 꾸준히 견디는 힘을 기르고 그들의 신앙을 끝까지 지켜 나가는 일이었다. 그들은 소망과 실현이 늦어진다고 실망해서는 안 된다. 오실 이는 오실 것이다(히 10:36-39).

그리스도 안에서 성취된 약속의 소망 속에서 살고 죽어 간 사람들이 보여 준 믿음의 본은 그들 자신이 그 성취를 보지는 못했지만, 그들에게 도움이 될 것이다(히 11:1-4). 그뿐만 아니라 그리스도의 인내 모범은 그들에게 하나님에게 순종하는 길을 지켜 나가며 그 싸움을 포기하지 않도록 더욱 용기를 북돋아 줄 것이다. 그러므로 하나님의 교회는 무슨 일에든지 온 교회공동체가 그리스도를 중심으로 뭉쳐진 모습을 보여야 한다.

4) 거룩한 성도의 교회

'교회'에 대하여 생각할 때 AD 381년에 콘스탄티노플에서 회합을 거쳐 결정된 니케아-콘스탄티노플 신조를 기억할 필요가 있다. 이 결의에 의하면 우리는 "하나의, 거룩한, 보편적인, 사도적인 교회를 믿습니다"[4]로 되어 있다.

그런데 교회의 이 네 가지 속성은 결코 낱개의 개념으로 분리되지 않는다. 오히려 네 가지 속성이 통합적으로 어우러질 때 진정한 교회의 모습이라 할 수 있다.

그러므로 거룩한 교회는 하나가 되는 교회이며, 보편적인 교회이고, 사도성을 지닌 교회로서 선교에 힘을 기울이는 교회이다. 이러한 교회가 거

---

[4] "(We believe) In one holy catholic and apostolic Church. Amen" John N. D. Kelly, *Early Christian Creeds*(3rd ed.) (London-New York: Continuum, 1972), 218.

룩한 교회이다.

하나님의 교회는 거룩한 성도들의 모임(히 2:11; 3:1)이라는 히브리서의 독특한 관점 중의 하나가 시간의 간격을 뛰어넘어 백성들이 연합과 결속을 통해 함께 하늘 도성을 향해 나아간다는 순례 사상이다.

이 모티브는 히브리서 4장 2절과 11장 39-40절에 분명하게 드러난다. 히브리서 11장 39-40절은 새 언약 백성의 특권이 얼마나 크고 책임이 중한가를 잘 보여 주고 있다.

> 그런데 이들은 모두 믿음으로 증거를 받았지만 약속하신 것을 받지 못했습니다. 하나님께서는 우리를 위해 더 나은 것을 예비해 놓으심으로 우리 없이는 그들이 온전해지지 못하도록 하신 것입니다(히 11:39-40).

실로 놀랍고 대담한 주장이 아닐 수 없다. 히브리서 저자는 모세와 그리스도, 아브라함과 그리스도를 통해 주어질 하늘 도성을 연결 짓는데 아무런 거리낌이 없다.

이런 측면에서 보면 광야의 이스라엘 백성들의 실패는 하늘 도성을 향해 가고 있는 새 언약 백성과 연합하지 못한 데서 오는 문제였다.

그리스도를 통해 내면이 새로워진 성도는 그리스도를 닮아 순종의 삶을 실천해야 한다. 예수님 당시의 종교 지도자들처럼 겉으로만 하는 순종이 아닌 내면에서 우러나는 순종의 삶을 살아야 한다.

구약 시대의 어떤 믿음의 선진들보다 더욱 더 나은 위치에서 하나님을 섬기도록 불러주신 특권을 통감하며 은혜에 합당한 삶을 살아야 한다. 은혜와 책임이 멋지게 어우러질 때 하나님께서 우리 삶을 보시며 흡족해하실 것으로 믿는다.

5) 말씀 중심의 교회

히브리서는 말씀의 주체가 되시는 하나님, 그 내용이 되시는 그리스도, 그리고 그 말씀을 현재화시키시는 성령님의 연속성의 차원 위에서 마지막 때에 하나님께서 아들로 불연속 차원을 강조한다.

이런 면을 생각할 때 히브리서에서 제시하는 교회에 품은 비전은 말씀의 우선성(優先性)에 따른 신학적 기초를 분명히 하려고 한다.

히브리서는 또한 예수 그리스도의 대제사장 되심과 관련하여 모세와의 연속성 및 레위 제사장과의 연속성의 바탕 위에서 그의 아들로서의 본질이나 하나님의 맹세로 대제사장 되심의 불연속 차원을 강조한다.

히브리서 기자는 변동, 폐지, 파멸 등의 강한 용어들을 사용하여 첫 언약의 결핍과 한계를 지적한다. 여기에서 히브리서의 강조점이 있음을 고려하여 율법은 곧 구약성서라는 도식을 과도하게 발전시키는 면이 있음을 인정하지 않을 수 없다.

언약 백성의 삶과 관련하여 히브리서는 "약속 상속자들"의 원형적 모델인 아브라함과의 연속적 출발점을 가진다. 그의 삶이 종말론적 바라봄의 삶으로 대표되듯 신약 성도들 역시 계속 바라고 찾는 자들로 묘사되고 있다.

다만 신약 성도들은 구속사에서 가장 특권적 성취의 시대에 살고 있다는 점이 과거와의 불연속을 이루는데, 이런 사실에 따라 성도의 삶이 종말론적 바라봄의 삶이라는 점과 하나님의 약속이 현실 변혁적 능력을 갖춘다는 사실을 알 수 있다.

이와 같은 히브리서 기자의 강조점을 따라 성서신학이 텍스트의 역사적 맥락에만 국한되지 않고 성령과 교회의 삶이라는 경험적 맥락과 함께 가야 할 것을 짐작할 수 있다.

6) 순례의 길을 가는 공동체

히브리서 공동체는 하나님의 계시를 품고 있으니 소망이 이루어질 때까지 믿음을 가지고 하나님의 도성을 향하여 순례의 길을 가는 공동체로서 그 앞서 인도하신 예수님과의 연대와 거룩한 완성은 물론 영광의 자리에 들어가 영원한 안식을 누리게 될 것이다.

여기에 대비해서 히브리서 공동체는 순례하는 성도에게 필요한 덕목을 갖추어야 할 필요가 있다.

히브리서 3장과 4장에서 중요한 것은 마음이다. 이스라엘 백성들의 실패는 마음으로부터 시작되었다. 주의 음성을 들었지만 그들의 마음이 완고해짐으로 순종의 길을 걷지 않았다.

신약의 성도들이 구약의 성도들보다 더 나은 이유가 무엇일까?

그것은 바로 그리스도를 통해 죄 사함을 받은 것인데, 히브리서는 그것을 내적인 변화로 설명한다. 하나님을 향해 불순종하는 인간을 위해 그리스도께서 대제사장이 되셔서 온전한 제사를 지내셨다.

구약의 제사장들과 달리 그는 짐승의 피로 드리지 않으시고 다른 것을 드리셨는데, 그것은 바로 그리스도 자신이다(히 7:27; 10:10). 그리스도께서는 완전한 제사장이며 완전한 제물이 되심으로 우리의 죄를 깨끗하게 하셨다.

그리스도의 제사가 구약 시대의 짐승 제사와 다른 부분이 무엇일까?

히브리서 저자는 그리스도 제사의 특징으로 제물의 순종을 강조한다. 완전한 제물이신 그리스도께서 하나님께 온전히 순종하신 것이다. 자신의 피만드리신 것이 아니라 하나님의 뜻에 철저하게 순종하신 것이다(히 10:5-10).

짐승 제사와는 달리 그리스도께서 드린 제사는 순종의 제사다. 마음으로부터 불순종하여 하나님을 향해 반역하던 인간들의 죄를 깨끗케 하기 위해 그리스도는 순종의 제사를 지내셨다.

그리스도의 순종 제사는 어떤 결과를 초래했을까?

그것은 짐승 제사처럼 육체만 정결케 하는 것이 아니라 마음과 양심을 깨끗하게 했다(히 9:14; 10:22). 이전에는 하나님께 불순종하는 마음을 가졌지만, 그리스도로 인해 온전한 마음을 가지게 되었다. 새 언약 백성이 옛 언약 백성들과 다를 수 있는 근거가 바로 여기에 있다.

그러기에 그리스도를 통해 온전해진 성도는 자신의 내면에 일어난 변화에 주목해야 한다. 새 언약 백성의 삶을 한마디로 표현하면 '자기 이해'라고 할 수 있다. 자기 내면에 그리스도로 말미암아 생긴 변화를 감지하고 새롭게 된 마음으로 하나님을 섬기고 이웃을 사랑하는 것이다(히 10:24; 13:1-3).

이것은 구약의 성도들에게는 불가능한 것이었다. 그러나 그리스도를 본받아 내면으로부터 시작된 순종의 삶을 사는 신약의 성도들은 하나님께서 기뻐하시는 삶의 제사(히 13:16)를 드릴 수 있게 된 것이다.

제9장

사도 야고보의 교회론

1. 야고보의 신앙공동체

야고보서는 헬라 서신 양식에 따라 발신자, 수신자, 인사말로 이루어진 전형적인 서신의 서두로 시작한다(약 1:1). 그러나 그 이후로는 서신이라고 할 수 있는 요소들, 예컨대 개인적인 회상이나 특정한 문제나 상황에 대한 언급 또는 서신의 공식적인 결론, 발신자와 수신자 간의 구체적인 사연이나 관계와 같은 요소들이 전혀 나오지 않는다.

그러므로 야고보서는 서술 방식에 일관성이 없고 사상의 연관성도 모자란 기독교 권면집이라고 주장하는 사람들도 있다.[1] 그런데 이런 경향은 종교개혁 시대에 이르러 야고보서에 대한 이해를 심각하게 왜곡되게 만드는 결과를 가져왔다.

루터(Martin Luther)가 1521년 9월 20일 바르트부르그(Wartburg)에서 겨우 열 주간 만에 독일어로 번역한 신약성경에서 야고보서를 히브리서, 유다

---

[1] L. T. Johnson, *Brother of Jesus, Friend of God: Studies in the Letter of James*, (Grand Rapids/Cambridge: Erdmans, 2004), 39.

서, 요한계시록과 함께 번호 없이 한 칸 아래 하단에 배치한 이후, 야고보서는 "좋은 말만 담고 있는 도덕책에 지나지 않는 책"[2]으로 취급한 이래, 초대교회 때부터 윤리를 말하는 책으로 간주되었다.

루터보다 조금 후의 시대를 살았던 칼빈(Calvin)은 야고보서에서 교리를 바탕으로 하는 윤리를 발견하였고, 자신의 주석 여러 부분에서 야고보서의 신학을 체계적으로 진술하였다.

칼빈은 신자들의 선행과 영생 사이에 필연적 연결이 있음을 분명히 한다. 가령 로마서 2장 7절에 관한 주석에서 칼빈은 이 구절이 "하나님께서 선행을 실천하려 노력함으로써 불멸의 삶에 이르기를 힘쓰는 자들에게 영생을 주신다"[3]는 의미라고 말한다.

칼빈이 말하는 개혁주의 칭의는 '선행이 없는 믿음이나 선행이 곧 칭의'라고 말하지 않는다. "칭의는 오직 믿음으로만 얻는 것이지만, 그 믿음은 반드시 선행을 동반"해야 한다.[4]

종교개혁 신학에서 행함이란 믿음에 대한 공로적 원인이 아니라 도구적 원인이다. 바울이 에베소서 2장 9절에서 고백하는 것처럼, 행위에서 난 것이 아니기에 누구든지 자랑할 수 없는 것이다. 이처럼, "행위는 구원의 근거가 될 수 없으나, 구원의 열매로 나타나야 한다."[5]

---

[2] 조병수, "야고보서의 신론 윤리", 「신학정론」 제30권 제2호 (합동신학대학원대학교, 2012), 546.
[3] 권연경, "칼빈의 칭의론과 '행위': 행위 관련 구절에 대한 칼빈의 주석", 「신학지평」 제22집 (안양대학교, 2009), 222.
[4] 최갑종, "바울에 대한 '새 관점' 무엇이 문제인가?", 「한국개혁신학」 28 (한국개혁신학회, 2010), 87.
[5] 이은선, "'바울에 대한 새 관점'(New Perspective on Paul)의 이신칭의 이해에 대한 비판", 「한국개혁신학」 28 (한국개혁신학회, 2010), 193.

야고보서의 특정한 상황 속에서 전개된 그의 독특한 교회론에 대한 메시지는 오늘날 우리가 본질적인 기독교 교회상(像)을 그리는데 구체적이고도 매우 귀중한 정보를 제공해 준다.

그 당시 야고보의 신앙공동체 안으로 침투해 들어 온 세속성에 오염된 문제에 대한 야고보의 지적은 자신의 정체성과 사명을 망각한 교회공동체를 향해 참다운 교회의 모습(경건)을 강조한 야고보 저자의 독특한 메시지는 정곡을 찌르는 예언자의 외침이라고도 할 수 있다.

야고보의 인사말은 야고보서를 유대인 디아스포라 서신으로 이해할 가능성을 높여준다. 물론, "흩어진 열두 지파"라는 표현이 비유적이고 그 상징적으로 사용되었기 때문에 그 표현만으로 수신자가 유대인 기독교공동체인지, 아니면 이방인 기독교공동체인지 구분하기는 어렵다.

하지만 야고보서의 내용상 다음과 같은 근거들을 통해 야고보서의 수신자들이 일차적으로 유대인 기독교인들이라는 점을 추정할 수 있다.[6]

첫째, 유대의 지혜문학과 서신의 유사성, 율법의 존중, 유일신 중심적 윤리, 수신자들의 회합 장소로 "회당"(약 2:2)이란 용어를 사용(약 2:2)하고 있다는 점

둘째, 구약성경 예언자들과 연관성이 있다는 점

셋째, 예수님의 가르침과의 직접적인 연관성을 가지고 있다는 점

---

6 이승호, "야고보서에 나타난 교회의 세속성 문제", 「신약논단」 제21권 제1호 (한국신약학회, 2014), 240.

이런 점에서 야고보서는 예루살렘의 한 지도층 인물이 팔레스틴 땅 외부에 사는 성도들에게 보낸 회람 서신의 성격을 띠고 있다고 볼 수 있다. 야고보서가 공동서신이지만 가상적인 대상에 권면하는 것이 아니라, 실제적인 수신자에게 실제적인 문제나 관심사를 염두에 두고 쓰고 있다.

이처럼 야고보서는 디아스포라에 사는 유대인 기독교인들의 광범위한 사회적 종교적 상황 내에서 해석되어야 한다고 볼 수 있다. 이러한 디아스포라 상황은 적어도 주변의 다수 헬라적 이교도의 한가운데에서 공동체의 내외적인 경계선이 불확실하거나 취약하여, 심각한 정체성의 위협을 받았을 가능성이 크다.

본문을 통해서 우선 수신 공동체는 여러 가지 고난과 시련을 겪고 있었다(약 1:2-18; 5:7-18). 성도들은 외적으로 부유한 자들에 의해 정치적, 경제적, 종교적 억압을 받고 있다(약 2:6; 5:1-6).

이러한 빈부의 갈등과 연관해서 공동체 내에서도 많은 문제가 발생하였다. 예컨대, 야고보서의 공동체들은 시험을 극복할 지혜가 부족하고(약 1:2-5), 불신앙과 의심, 즉 두 마음 때문에 기도 응답을 받지 못한다(약 1:6-8). 교회 안에 부에 대한 자랑과 가난에 대한 수치감이 존재하고(약 1:9-10), 모든 좋은 것을 주시는 하나님의 신실하심이 의심된다(약 1:12-18). 진리의 말씀에 대한 실천이 없고(약 1:22-25), 가난한 자를 차별하며(약 2:1-4), 믿음과 행함이 일치하지 않는다(약 2:14-26).

세속적인 동기로 선생이 되려는 사람들로 넘쳐 나고(약 3:1-5), 한 혀로 이중적인 말을 한다(약 3:6-12). 세속적인 지혜로부터 온 이기심과 경쟁심 때문에 교회는 다툼과 분열로 신음하고 있고(약 3:13-19), 세상과 벗이 되려는 경향 때문에 하나님과 원수가 되었다(약 4:4).

이생에 대한 자랑(약 4:6)과 세상의 쾌락을 부러워한다(약 4:13-17). 야고보의 교회에서 일어나는 이 모든 문제의 배후에는 공동체 안에 만연된 "세속에 물든"(약 1:27) 것이 있다.

신약의 저자들 가운데 야고보만이 유일하게 "정결하고, 더러움이 없는" 참된 종교(약 1:27)를 강조하고, 두 마음을 품어 세상과 벗이 되지 말고 하나님께 전적으로 순종하라고 강력하게 요청(약 4:4-8)한다는 점 역시 공동체에 침투한 세속성의 영향과 깊은 연관이 있는 것으로 생각된다.

이상과 같은 야고보공동체가 지닌 세속에 물든 것에 대해서 야고보는 앞으로 하나님 나라에서 가져야 할 성도들의 삶을 위해서 몇 가지로 고쳐야 할 것과 지향해야 할 점에 대해서 언급한다.

2. 세속성 문제 해결을 위한 야고보의 권면

야고보는 앞으로 하나님 나라에서 살아야 할 성도의 바람직한 덕목을 제시하는데 이것은 야고보가 추구하는 하나님 교회에 품은 비전을 논의하는 데 중요한 단서를 제공한다.

야고보는 먼저 하나님 나라는 상속 개념의 나라이기에 하나님 나라 안에서는 '부자'와 '가난한 자'와의 구별이 있을 수 없음을 분명히 한다.

야고보서 2장 5절에서 야고보가 마치 부자를 경멸하고 가난한 자를 고양하는 것처럼 보이지만 실제로 야고보는 바로 앞 절인 2장 4절에서 "너희끼리 서로 차별하며"라고 언급한 것처럼 부자들이 내세운 파벌과 파당을 지양하고 교회공동체의 평강과 연합을 위해 말하고 있다.

이와 같은 사상은 뒤따라 나오는 야고보서 2장 6-9절에서도 분명하게 증언되고 있다. 야고보는 하나님 나라에서는 유대인과 이방인, 부자와 가난한 자, 남자와 여자의 차별이 있을 수 없고 삼위일체 하나님을 중심으로 사랑과 평강과 일치의 공동체만 있을 뿐임을 가르친다.

야고보서는 성도들이 현재 천국의 삶을 살고 있으며, 앞으로 예수께서 재림하시면 현재의 삶의 종말을 고하게 될 것을 확실히 하고 있다. 야고보서는 예수님의 초림으로 실현된 하나님 나라를 경험하고 예수님의 재림으로 완성될 하나님을 기대하며 사는 성도들의 현재의 삶을 강조하고 있다.

그래서 야고보서는 성도들이 하나님의 구속 계획에 따라 구원은 온전하게 받았으나 타락한 세상과 접하면서 살아야 하는 형편에 있음을 설명한다. 야고보가 "행함이 없는 믿음은 그 자체가 죽은 것이라"(약 2:17)고 강조하는 말씀을 기록한 이유가 바로 여기에 있다.

야고보서는 성도들이 예수 그리스도를 믿음으로 천국 안에서 천국 백성으로 살고 있지만 앞으로 예수님이 재림하실 때 완성될 천국을 바라다보고 사는 구속적 긴장을 체험하고 있음을 가르치고 있다.

이런 구속적 긴장 속에서 사는 완성될 하나님 나라를 소망하면서 믿음을 지키고, 모든 고난과 고통을 인내하며, 선을 행하며 살아야 한다고 가르친다. 왜냐하면, 구속적 긴장을 인정하고 믿으면서 사는 성도들은 당연히 예수님께서 지상에 계실 때 보여 주신 삶의 본을 따라서 살아야 하기 때문이다.

야고보가 행위를 강조하는 것은(약 2:17 등) 살아 있는 믿음을 근거로 그렇게 말하는 것이다. 그래서 야고보는 이렇게 가르치고 있다.

> 믿음이 그의 행함과 함께 일하고 행함으로 믿음이 온전하게 된 것입니다. 그래서 아브라함이 하나님을 믿으니 이것이 그에게 의로 여겨졌다고 한 성경이 이뤄졌고 그는 하나님의 친구라고 불렸습니다(약 2:22-23).

사람은 선한 행위로 구원을 받지 못하지만, 진실한 믿음은 반드시 상응하는 행위를 수반하는 것이다(약 2:22). 야고보서의 하나님 나라 개념은 "이미 실현된 하나님 나라"와 "앞으로 완성될 하나님 나라"의 구도로 정리된다.

야고보는 성도들이 이미 하나님 나라에 속해 있으므로 예수님의 재림으로 완성될 하나님 나라를 고대하면서 살아야 할 것을 권면하고 있다.

3. 야고보가 제시한 주제들

1) 성결

야고보는 야고보서 3장 17절에서 하나님 아버지가 기뻐하시는 천국 안에서 사는 성도들의 삶을 간략하게 정리한다.

> 그러나 하늘에서 오는 지혜는 무엇보다도 성결하고 또한 화평하며 관용하고 양순하며 긍휼과 선한 열매가 가득하며 편견과 위선이 없습니다. 의의 열매는 화평하게 하는 사람들이 화평의 씨를 뿌려 거두는 것입니다(약 3:17-18).

야고보가 본절에서 사용한 "위로부터 난"('아노덴', ἄνωθεν) 것들은 "빛들의 아버지께로부터 내려온" 것들이다(약 1:7). "위로부터 난 지혜"라는 뜻은 하나님으로부터 난 지혜라는 것이다.

야고보서 3장 17절에 언급된 여덟 가지 삶의 특징들 가운데 첫 번째인 "성결"(ἁγνή, '아그네')은 성도들이 하나님과의 관계뿐만 아니라 사람들과의 관계에 대해서도 동시에 갖추어야 할 특징이다.

그리고 나머지 일곱 가지 특징은 일반적으로 성도들이 다른 사람들과의 관계에서 필요한 삶의 특징들이다.

야고보는 "성결"(pure)을 "위로부터 난 지혜" 중의 하나라고 명시하면서 "성결"이 천국에서의 삶의 특징 중 첫째라고 강조한다.

공동체가 안고 있는 가장 큰 문제가 세속에 물든 것이라면, 우선적인 과제는 공동체를 그 세속에 물든 것으로부터 차단하는 것이다. 이런 점에서 성결의 주제는 이 전반적인 의도와 잘 부합된다.

야고보서에서 성결 및 성결과 연관된 어휘들은 특히 1장 21절, 1장 26-27절, 3장 17절, 4장 4-8절에 잘 나타나 있다. 야고보서 전체를 통해 볼 때 그리 많이 나오지는 않지만, 중요한 지점마다 등장함으로써 전체 맥락에서 차지하는 의미가 매우 크다.

야고보서 1장 21절에서 성결과 연관된 첫 번째 암시가 나타난다.

> 모든 더러운 것과 악한 것을 내버리고(약 1:21).

1장 19-21절에서는 "인간이 성내는 것이 하나님의 의를 이루지 못하기 때문에" 어떤 것을 내버리고, 다른 어떤 것을 받으라는 권면이 골자를 이룬다.

즉, "진리의 말씀"으로 새롭게 태어난 사람(약 1:18)은 "모든 더러운 것과 넘치는 악을 내버리고 너희 영혼을 능히 구원할 바 마음에 심어진 말씀을 온유함으로 받아야" 한다는 것이다(약 1:21).

여기에서 "내어 버리다"라는 의미는 개종의 의미보다는 회개의 의미로 공동체의 정체성 이해와 직접 연관된다. 즉, 공동체는 (마음에) 심어진 말씀을 받음으로 더러움과 넘치는 악을 포기해야 한다는 의미이다.

이는 낯선 가치관의 행동 방식(여기서는 공동체의 분열을 일으키는 인간의 성냄)을 채택함으로써 오는 더러움, 즉 하나님의 의와 반대되는 오염으로부터 회개하라는 도전이다.

성도들이 이 모든 죄악에서 벗어날 수 있는 유일한 길은 말씀의 능력밖에 없다. 즉, "마음에 심어진 말씀"을 온유함으로 받아, 그 말씀이 그 사람을 완전히 지배할 때만 죄와 악에서 벗어날 수 있다.

여기에서 온유함은 1장 19절의 인간의 성냄과 정반대의 태도를 뜻한다. 이런 점에서 독자들은 공동체를 분열로 이끄는 인간의 성냄과, 심어진 말씀을 받기 위한 온유함의 특성 간에 분명한 구분이 있음을 본다.

야고보서 1장 26-27절에서 나타나는 두 종류의 "종교" 사이에도 날카로운 구분이 주어진다. 여기서 참된 종교는 먼저 부정적인 관점에서(헛것), 그 다음에 긍정적인 관점에서(정결하고 더러움이 없는) 규정된다.

이 단락을 이해하는 첫 번째 열쇠는 "종교"(θρεσκεία, '데레스케이아')라는 용어이다. 우리 말 성경에는 "경건"으로 번역된 이 단어는 전형적인 기독교 용어가 아니며, 70인역에 4번, 신약 전체에서 형용사형을 포함하여 단지 5번 나올 뿐이다.

신약성경에서 야고보서 밖에서는 바리새파의 종교라는 의미로 사도행전 26장 5절에, 천사 숭배의 형태로 골로새서 2장 18절에 나오는 것이 유일한 용례이고, 나머지 세 번은 야고보가 종교의 참된 본질을 서술하는 야고보서 1장 26-27절에서만 나온다.

이러한 용례에서 볼 수 있듯이 이 용어 자체는 중립적이며 그것을 수식하는 말에 따라 긍정적이든 부정적으로 사용할 수 있다. 따라서, 강조점은 "종교"에 있는 것이 아니라, "정결하고 더러움이 없는"이라는 수식어에 있다.

야고보서의 저자가 참된 "종교"를 성결의 용어로 규정하는 것은 우선적으로 공동체에 침투한 세속성의 영향과 깊은 연관이 있다고 본다.

우선 부정적인 측면에서 종교는 1장 26절에서 언어 윤리와 연관된다.

> 만일 누가 스스로 경건하다고 생각하며 자기 혀를 제어하지 않고 자기 마음을 속이면 이 경건은 아무 소용이 없습니다(약 1:26).

여기에서 통제되지 않는 말과 자기 속임이 가짜 종교 혹은 더러운 종교와 연관된다. 이에 반해 긍정적인 측면에서의 종교, 즉 하나님 아버지 앞에 정결하고 더러움이 없는 종교는 "고아와 과부를 그 환난 중에 돌아보는" 행위와 "자신을 지켜 세상으로부터 물들지 아니하는" 태도로 규정된다.

무엇보다 성결한 종교를 "하나님 아버지 앞에서"로 수식하고 있는 것이 중요하다. 이 표현은 27절의 "세상에"라는 말과 연관되어서 분명 하나님과 세상 간의 대립을 암시한다. 이를 통해 하나님의 관점이 헛된 종교와 정결하고 더러움이 없는 종교를 구별하는 시금석이 된다는 점이 분명해진다.

참된 종교의 첫 번째 요소가 무력한 자들에 대한 돌봄의 실천을 강조하는 반면, 두 번째 요소는 세상의 오염으로부터 자신을 분리해야 한다는 점이 강조된다. 야고보서에는 '세상'(κόσμος, '코스모스')이란 말이 모두 5번 사용되는데(약 1:27; 2:5; 3:6; 4:4), 모두 정관사와 함께 나온다.

이 용례들은 예외 없이 세상 인간이나 자연을 가리키기보다는 세상의 풍조 또는 세상의 가치관을 의미한다. 따라서, "자기를 지켜 세속에 물들지 아니하는" 것은 곧 그들 주변에 있는 세속적인 가치 체계에 따라 생각하고 행동하지 말라는 것을 의미한다.

야고보서 3장 13-18절의 단락에서도 성결의 언어가 등장한다. 이 단락의 요지는 서로 대조되는 두 종류의 지혜가 존재하고, 그 지혜로부터 초래하는 극단적인 두 종류의 결과가 초래한다는 점이다.

야고보서의 저자는 공동체 안에서 지혜롭다고 주장하지만 실제로는 시기와 다툼을 일삼는 사람들을 책망하는 문맥에서 그들이 지닌 "땅 위의, 정욕적인, 귀신적인" 지혜와 "위로부터 오는" 참된 지혜를 대조시킨다. 거짓 지혜가 시기와 경쟁심으로 "혼란(무질서)과 모든 악한 일"을 초래하는 반면, 참된 지혜는 선행과 온유한 태도로 드러나며 화평을 이루게 한다.

이러한 두 지혜 사이의 대조는 독자들이 어느 지혜를 선택해야 할지 결단으로 이끌게 한다. 야고보서 3장 17절에 따르면, 위로부터 난 지혜의 가장 중요한 특성이 "성결"이다.

야고보서 3장 17절의 문장 구조를 볼 때 성결의 특성은 이어 나오는 다른 지혜의 특성들 보다 우선시된다. 즉, 위로부터 오는 지혜가 성결한 지혜라면, 아래로부터 오는 지혜는 불결한 지혜 외에 다른 것이 아니다.

성결의 특성에 이어 나열되는 특성들은 무엇보다 공동체의 일치와 유지를 위해 중요한 성품들이며, 온유함 안에서 선행을 통하여 입증된다(약 3:12).

한 마디로 위로부터 온 지혜는 먼저 성결할 뿐 아니라 화평함으로써 이 땅의 지혜가 초래하는 갈등과 다툼의 반대편에 있다. 이런 면에서 위로부터 난 지혜는 하나님과 연관된 세계관을 형성하고, 공동체의 정체성과도 연관된 핵심 요소이다.

마지막으로, 성결의 언어는 야고보서 4장 4-10절의 맥락에서도 나타난다. 이 단락은 앞 단락과 긴밀하게 연관된다. 공동체 안에 다툼과 갈등이 존재한다는 것(약 4:1-2)은 그들이 위로부터 난 지혜에 상응하여 살지 않는다는 점을 여실히 보여 준다.

따라서, 야고보서의 저자는 이 단락에서 가장 강력하게 독자들의 회개를 요청한다. 그러나 서신 전체에서의 위치와 전후 문맥상 그 회개 요청은 공동체의 갈등과 다툼만이 아니라, 세속적인 가치관에 오염된 공동체의 전체 행위로부터 돌아서라는 요청을 포함한다. 공동체에 대한 책망은 4장 4절에서 그 절정에 이른다.

2) 온전함과 성결

"온전한"으로 번역된 헬라어 형용사 "테레이오스"(τέλειος)는 신약에서 모두 19회 나오는데, 야고보서에서만 5회 나타난다(약 1:4, 17, 25; 3:2). 또한, 동일한 어근을 가진 파생어 '테레오'(τελέω, 2:8)와 '테레이오'(τελείω, 약 2:22)가 각각 한 번씩 나온다.

이 단어의 잦은 빈도수를 통해 이미 "온전함"이 야고보서 전체의 핵심 주제 중의 하나임을 알 수 있다. 야고보에 따르면, 시험과 인내의 최종 목적은 온전한 기독교인의 인격(약 1:4)이다.

하나님이 주시는 선물은 온전하고(약 2:17), "자유롭게 하는 율법"은 온전한 율법이며(약 1:25), "말에 실수가 없는 사람"(약 3:2)은 온전한 사람이라고 할 수 있다.

"온전한"이란 단어는 하나님의 말씀을 듣고 행하는 태도에도 적용된다 (약 1:19-27). 하나님을 향한 아브라함의 믿음이 온전하게 된 것은 그의 행위를 통해서였다(약 2:22). 이와 같은 온전함의 주제는 성결의 주제와 분리될 수 없을 만큼 밀접하게 연관된다.

야고보는 서신 전체의 주제를 도입하는 1장의 처음과 마지막 부분에서 이미 온전함에 대한 주된 관심(약 1:2-4)을 의도적으로 성결의 문제와 연관시킨다(약 1:26-27). 그에게 가장 문제가 되는 것은 독자들이 "마치 바람에 밀려 요동하는 물결같이"(약 1:6), "두 마음을 품어" "정함(안정)이 없는" 상태에 있다는 점이다(약 1:8).

이는 한 마디로 하나님에 대한 전적인 헌신과 세상의 매력적인 유혹 사이에서 흔들리는 불완전함의 상태이다. 따라서, 그가 요구하는 온전함의 중심에는 독자들이 이처럼 안정이 없고 일관성이 모자란 '어중간한 믿음'에서 속히 떠나 생각과 말과 행위가 변치 않고, 전적으로 하나님께만 신뢰를 두는 태도가 놓여 있다.

그가 제시하는 이러한 참된 "종교"의 한 특성이 바로 "자신을 지켜 세속에 물들지 아니하는 것"이다(약 1:27). 이는 하나님이 인정하시는 참된 종교는 세속적인 가치관과 양립할 수 없음을 의미한다.

따라서, 온전함을 회복하기 위해서는 먼저 세속의 오염으로부터 자신을 차단하는 일부터 시작해야 한다.

야고보서 3장 1-12절에서도 온전함과 성결의 주제가 서로 긴밀하게 연관된다. 여기서 "온몸"이란 표현은 혀를 통제하는 것과 그렇지 못한 것의 두 가지 상반된 결과를 연결한다.

3장 2절에 따르면 혀를 통제하는 자는 말에 실수가 없는 자이며 따라서 "온몸"을 통제할 수 있다. 이 사람은 "온전한 사람"이라고 불린다. 이 사람은 혀를 통제함으로써 하나님에 대한 전적인 헌신을 입증한다.

또한, 온전함과 성결의 주제는 4장 1-10절에서도 긴밀하게 연관된다. 하나님과의 관계 속에서 불성실한 공동체의 행태를 4장 4절에서 가장 분명하게 책망한다. 세상과 벗이 되고자 하는 자는 하나님과 원수 관계가 될 수밖에 없다는 것이다. 이러한 상황의 유일한 치유책은 자신을 낮추고 하나님께 복종하는 형태로 나타나는 완전한 회개이다(약 4:7-10).

하나님과 "세상" 사이에서 머뭇거리는 그들에게 요구되는 것은 세상과의 연합으로 오염된 영향력으로부터 자신을 깨끗하게 하고 성결하게 하는 것이다. 두 마음을 품은 죄인들이 하나님에 대한 전적인 헌신을 회복하기 위해 우선적으로 필요한 일은 성결의 행위를 수행하는 것이다(약 4:8).

손을 깨끗이 씻는 행위와 마음을 성결하게 하는 것은 하나의 행동에 대한 두 가지 묘사이다. 그들은 외적인 행위뿐만 아니라, 그러한 행동을 초래하는 내적인 동기에 대해서도 철저하게 회개해야 한다.

결국, 모든 문제의 해결점은 성도들이 세속적인 방식으로부터 하나님께 온전히 돌아와 그분께만 일편단심 헌신하는 것 외에는 없다. 여기서 다시 한번 세상과 연합된 오염을 가진 채로 독자들이 온전해질 수 있는 길은 없다는 점이 분명하게 제시된다.

3) 지혜와 성결

지혜의 주제 역시 야고보서에서 중요한 주제 중의 하나이다. 지혜의 주제는 야고보서 1장 5-8절과 3장 13-18절에서 집중적으로 전개되지만, 그 의미는 야고보서 전체와 긴밀하게 연관된다.

먼저 야고보는 지혜가 기독교인들이 인내와 믿음으로 시험을 견디는 데 필요한 덕목임을 전해 준다. 인간의 지혜는 불완전하므로 인내를 온전히 이룰 수 없을 뿐만 아니라, 시험 가운데서 기뻐하는 것도 불가능하다.

동시에 하나님에게서 오는 지혜의 은사 없이는 성도의 참된 온전함이란 가능하지 않다. 시험의 궁극적인 목표인 성도의 온전한 인격은 하나님의 지혜가 임할 때만 성취된다(약 1:5).

그러므로 야고보는 시련을 통한 기쁨의 유익을 얻을 수 있는 데 필요한 지혜를 하나님께 구하라고 요청한다. 하나님만이 지혜의 근원이시기 때문이다(약 1:5).

그러나 이 하나님의 지혜는 의심하는 태도나 두 마음이 아니라, 신실하고 나뉘지 않은 순전한 믿음의 기도(약 1:6-8)를 통해서만 얻어질 수 있다. 그러므로 지혜는 온전함의 주제와 긴밀하게 연관되어 있음을 알 수 있다.

기도의 응답으로 하나님이 내려주시는 지혜를 통해서 기독교인들은 시험이 올 때 이를 적절하게 대처할 수 있게 된다. 이 지혜의 주제가 성결의 주제와 밀접하게 연관되는 곳은 야고보서에서 지혜의 주제를 가장 광범위하게 다루고 있는 야고보서 3장 13-18절이다.

여기서는 앞에서 언급된 지혜가 시기와 정욕으로 공동체의 분열과 다툼을 일으키는 땅 위의 지혜와는 근본적으로 다르다는 점이 강조된다. 결국, 모든 다툼의 원인이 되는 정욕은 세속적인 지혜인 반면에 하나님에게서 오는 지혜는 공동체의 유익과 평화를 이루게 한다(약 3:13-18).

세속적인 지혜가 가져오는 결과는 무엇보다 "혼란과 모든 악한 일" (약 3:16)이다. 여기에서 "혼란"으로 번역된 헬라어 단어 '아카타스타시아'(ἀκαταστασία)는 야고보가 1장 18절과 3장 8절에서 두 마음을 가진 사람과 언어의 이중성을 서술하기 위해 사용한 형용사의 명사형이다.

즉, 그것은 마음을 잡지 못하고 끊임없이 흔들리는 이중적 상태를 의미한다. 반면에 위로부터 오는 지혜는 무엇보다 성결이라는 특성을 가진다.

이러한 성결한 지혜의 특성 중 하나가 바로 "편견이 없다"라는 것이다. "편견이 없는 것"으로 번역된 헬라어 아디아크리토스('ἀσίακριτος')는 여기에만 나온다.

이 단어가 '차별하다,' 또는 '의심하다'라는 동사에서 나온 파생어라는 점을 고려할 때, 두 가지 의미를 지닐 수 있다. 하나는 이 단어가 '차별하지 않는,' 또는 '편파적이지 않은'의 의미를 지닐 수 있다.

야고보는 믿음과 편파성이 양립할 수 없음을 강조하였고(약 2:1-4), 그러한 맥락에서 긍휼을 언급한다. 다른 한편 그 단어는 '의심하다'라는 의미에서 '분열되지 않는,' 또는 '나뉘지 않는'의 의미가 있을 수 있다.

야고보서의 핵심 주제 중의 하나는 하나님에 대한 '나누어지지 않는' 일편단심의 충성이었다. 이러한 해석은 뒤에 나오는 단어 즉 '거짓이 없다'는 말과 더 잘 맞아떨어진다.

즉, 위로부터 온 성결한 지혜는 나눔이 없다. 이런 점에서 온전함과 지혜와 성결의 주제는 동일한 개념은 아니지만, 서로 긴밀하게 연결되어 있음을 확인할 수 있다.

4. 야고보의 교회론

야고보가 꿈꾸는 교회는 공동체 구성원들이 그가 이방인이든 유대인이든, 부자이든 가난한 사람이든 관계없이 다양한 사람이 모두가 하나가 되어 교회의 통일성을 이루는 교회이다. 사람들이 내세운 파벌과 파당을 지양하고 교회공동체의 평강과 연합을 이룬 편파성이 없는 교회이다.

그리고 주 그리스도께로 향한 믿음에 두 마음을 품지 않은 사람들의 공동체이다. 야고보서의 핵심 주제 중의 하나는 두 마음을 품은 죄인들이 하나님께 대한 전적인 헌신을 회복하기 위해 우선으로 성결의 행위를 수행하는 곳이다(약 4:8). 하나님에 대한 '나누어지지 않는' 일편단심의 충성이었음을 기억하는 공동체이다.

하나님과의 관계 속에서 불성실한 공동체의 행태를 청산하고(약 4:4), 자신을 낮추고 하나님께 복종하는 형태로 나타나는 완전한 회개(약 4:7-10)를 실천하는 그리스도로부터 새로이 정결함을 인정받은 성도들로 구성된 참 종교성이 회복된 교회이다.

이 교회는 "모든 더러운 것과 넘치는 악을 내버리고 너희 영혼을 능히 구원할 바 마음에 심어진 말씀을 온유함으로 받은"(약 1:21) 자들로 구성되어 있으며 그들은 "진리의 말씀"으로 새롭게 태어난 사람(약 1:18)들이다.

무엇보다도 야고보가 나아가려고 하는 공동체는 "세속에 물든" 것들로부터 완전히 해방되어 주 그리스도를 향한 믿음을 중심으로 성결하게 살아가는 성도들의 모임이다.

제10장

사도 교부들의 교회론

1. 로마의 클레멘트의 교회론

　최초의 기독교인들은 전부가 유대인들이었다. 예수님은 말할 것도 없고 열두 제자, 그리고 전도자 바울 등 핵심 인물들은 모두 유대인들이었다. 교회가 성장해 감에 따라 초대교회는 내외적으로 많은 도전과 시련을 겪게 되었다.

　내적으로는 비유대계 민족들이 기독교로 개종하면서 기독교는 점차 유대적 배경에서 탈피하게 되었다. 초대 유대계 기독교인들은 이 변화에 적응하기가 수월하지는 않았을 것이다.

　이러한 변화는 AD 60년에 유대와 로마의 전쟁이 발발하여 AD 70년에 성전과 예루살렘이 무너지는 재앙을 당하면서 가속화되었다. 예루살렘 중심의 유대계 기독교가 이제 로마 중심의 비유대계 기독교로 점차 그 중심이 이동하기 시작하게 되었다.

　외적으로는 유대교가 기독교에 대한 박해를 가중하기 시작했고, 그리스·로마 사회도 기독교를 핍박하기 시작했다. 이러한 환경은 처음 기독교로 개종했던 유대인들이 그 신앙을 저버리고 다시 유대교로 복귀하고자 하는 유혹을 많이 받게 했다.

무엇보다도 내외적으로 침투한 이단들의 횡행은 교회를 쉴새 없이 괴롭혔다. 이런 와중에서도 교회를 지킨 사람들은 사도들에게서 교회를 인계받은 속사도(續司徒), 즉 사도 교부(Apostolic Father)들이다. 그들은 외부로부터 오는 박해와 환난 속에서, 내부에서 발생한 이단과의 눈물어린 신학적 싸움에서, 기독교의 정체성 확립을 위한 교회론을 정립했다.

영국 종교개혁의 산물인 '웨스트민스터 신앙고백'(1647년)은 신구약 66권을 기독교인들의 "신앙과 생활의 규범"이라고 했다. 이것은 종교개혁자들이 동일하게 부르짖었던 "사상의 종합이요 결정"[1]이다.

사실, 종교개혁자들의 그와 같은 외침은 이미 초대 교부들의 가르침 속에 완전하게 녹아져 있었다.

신학자 주재용 교수는 교부들의 업적을 다음과 같이 말한다.

> 교부들은 기독교 교회 형성기에 교회의 훈련, 삶, 사상 그리고 헌신의 역사에서 가장 지도적인 인물들이었다.[2]

클레멘트(ca. AD 30-100년)가 남긴 유일한 기록은 〈고린도 교회에 보낸 서신〉(The Letter of the Church of Rome to the Church of Corinth)인데, 신약성경 다음으로 가장 오래된 이 서신은 최초의 교부 문헌으로 인정받고 있다.

이 서신은 AD 96년경 당시 고린도 교회에서 장로와 교인 사이에 분규가 생겼을 때(분파운동) 보낸 서신으로 이것을 〈클레멘트 서신〉(The Epistles of

---

1 이호우, "『이단들에 대항하여』 안에 나타난 이레니우스의 성경사용에 관한 연구", 「역사신학논총」 제13권 (한국복음주의역사신학회, 2007), 205.
2 주재용, 『역사와 신학적 증언』 (서울: 기독교출판사, 1991), 66.

Clement of Rome)이라고 부르기도 한다.³

이 서신에서 클레멘트는 성경의 예를 들어 반목과 불화를 꾸짖고 사랑과 순종으로 평화를 회복하도록 권면하고 있다. 즉, 분파를 일으킨 장로들의 복직에 관하여, 교회의 통일성에 관하여, 그리고 그리스도를 본받아 사랑과 겸손으로 화목하고 장로와 집사들에게 순종할 것을 권면하였다.

클레멘트의 교회에 품은 애정과 존경은 서신 서문에서 하나님의 교회라고 말할 만큼 강하다. 클레멘트 서신에 나타난 교회에 품은 표현은 다음 몇 가지로 정리된다.⁴

첫째, 하나님의 선택된 기관으로서의 교회이다.

하나님의 소명과 관련을 맺고 있는 선택은 서신 전체에 묘사되고 있다. 이스라엘은 아주 초기부터 여호와의 백성으로 호칭하였다(삿 5:11). 언약 또한 이스라엘을 주의 소유로, 제사장의 왕국으로, 거룩한 백성으로 선포하였다(출 19:3-6).

신명기 7장 6절에도 이렇게 말씀하고 있다.

> 너는 여호와 네 하나님의 성민이라 네 하나님 여호와께서 지상 만민 중에서 너를 자기 기업의 백성으로 택하셨다(신 7:6).

---

3   J. B. 라이트푸트(J. B. Lightfoot), 『속사도 교부들』((The) Apostolic fathers), 이은선 역 (서울: 기독교문서선교회, 1994), 35.
4   황명길, "클레멘트(Clement of Rome) 서신의 신학적 교회사적 위치에 관한 연구", (호서대학교 박사학위 논문, 2008), 147-150.

이러한 선택 의식은 이스라엘이 계명을 지키도록, 하나님을 사랑하도록, 언약을 지키도록 강요케 했다(신 7:9). 무엇보다 이스라엘의 선택은 하나님의 주권적 사역이었다.

클레멘트는 선택의 어휘들을 구약에서뿐만 아니라 신약의 본문에서도 인용했다(마 26:24; 눅 17:1-2). 선택과 '부름'(소명, calling)이라는 주제는 바울 서신(고전 1:26-28; 롬 8:26; 골 3:12; 엡 1:4-5)과 마태복음(마 22:14)에도 나타나며, 이것은 클레멘트 서신에 나타나는 일관된 주제이다.

클레멘트 서신은 처음부터 마지막까지 고린도 교인들을 부름을 받은 소명인으로 언급하고 있다. 클레멘트는 서문에서 고린도에 있는 하나님의 교회는 "부름을 받은 거룩한 교회"이며, 이러한 부름은 우리 주 예수 그리스도를 통하여 하나님께로부터 왔다고 하였다.

그러므로 클레멘트는 고린도인들이 처음부터 자신의 존재가 그리스도 안에서 하나님의 주권으로부터 왔음을 상기시키고 있다. 알고 보면 이 부름 때문에 고린도 교인들이 거룩하게 된 것이다. 클레멘트는 이러한 사상을 아마도 고린도전서 1장 2절과 로마서 1장 7절에서 모방하고 있는 것 같다.

둘째, 클레멘트 서신에는 선택받은 자들의 수를 암시하는 구절들이 있다. 먼저 2장 4절에 이렇게 기록했다.

> 여러분은 주의 선민의 숫자가 경외(mercy)와 성실함(compassion)을 통하여 구원받게 하려고 형제들을 위하여 밤낮으로 수고하였습니다.

여기 "구원의 수"라는 말은 유대 묵시 문학에 나타나는 어휘인데 이것은 종말 이전에 완성되는 고정된 구원의 숫자를 말하고 있다(외경 바룩 2서

23:4-5; 에스드라 4서 4:35). 그런데 서신 어디에도 구원받는 사람들의 수를 기록한 곳은 없다.

대신 클레멘트는 구원은 하나님의 자비(mercy)와 긍휼(compassion)을 통해 주어짐을 강조하고 있으며 신자들은 구원받을 이들을 위해 기도할 것을 권고하고 있다.

셋째, 도시국가(city-state)로서의 교회이다.

초기 어떤 기독교 문서와 달리 클레멘트 서신에는 교회의 모델로서 도시국가 개념을 사용하고 있다. 이미 살펴보았지만 고린도 교회를 위기로 몰아갔던 것은 분쟁이었다.

이 단어는 정치 영역의 용어로 헬라 도시국가가 오랜 세기 동안 특징적인 악으로 여겼던 분리, 분파를 지칭할 때 사용된 말이었다. 클레멘트는 본문 내용에서 되풀이하여 헬라 도시국가 개념과 정치 용어들을 적용하고 있다.

클레멘트는 시민들의 정상적이고 표준적인 삶을 당대의 기독교인 신자에게 적용하고 있음을 알 수 있다. 따라서, 클레멘트에게 시민권은 기독교인들의 교회들에 가장 적절한 것 중의 하나였다.

클레멘트는 또한 성도들을 '하나님 공화국의 시민'이라고 불렀다. 공화국 시민들에게는 참된 시민권이 있으며, 그 공화국 안의 지도자는 공공의 선을 행함에 흠이 없는 자가 되어야 한다고 덧붙였다.

이처럼 클레멘트는 교회를 당대의 헬라 개념을 토대로 도시 국가 개념으로 인식하였고, 기독교 성도들도 건전하고 올바른 시민으로 이해했다.

넷째, 하나님 양 무리로서의 교회이다.

양 무리에 대한 이미지는 신구약성경과 밀접한 관계가 있다. 이러한 비유(metaphor)는 고대 바벨론, 아시리아, 이집트 등에서 통치자를 언급할 때 사용된 말이었다.

따라서, 양 무리라는 호칭은 목자의 통치 아래에 있는 자들에게 해당하는 말이다. 이스라엘에게 여호와는 목자였다(시 23편). 메시아에 대한 호칭으로서 목자는 에스겔 34장과 37장에서 입증되고 있다.

목자에 대한 비유는 신약 본문에도 다양한 형태로 계속되고 있다(히 13:20; 요 10-11장). 어떤 본문들은 이들을 교회의 지도자로 여겨 "목자"(엡 4:11; 벧전 5:2-4)로, 어떤 본문들은 "하나님 양 무리의 목자"라고 기록했다(벧전 5:2).

클레멘트 서신에는 양 떼라는 말이 4회나 등장한다. 이들 단어는 모두 그리스도의 양 무리로 정확하게 기술되어 있다.

이것은 기독교인의 정체성이 그리스도의 양 무리 속에 있다는 것을 의미하는 것이다. 양 무리 중에 사역자와 성도들의 자질은 겸손이라고 했다. 클레멘트는 그리스도의 공동체는 목자와 양이 모두 겸손해야 함을 일깨우고 있다.

다섯째, 가정으로서의 교회이다.

클레멘트 서신에는 가정을 암시하는 구절들이 있다. 클레멘트는 여기서 과거 고린도 교회의 조화로운 삶과 특징들을 열거하고 있다.

지도자들에게 순종하였으며, 연장자들에게 영예를 돌렸으며, 젊은이들에게는 절제와 올바른 생각을 하게 하였으며, 부인들에게는 남편들을 소중히 여기며 가정의 일들을 경영하도록 가르쳤다고 하였다.

결국, 클레멘트는 이러한 가정의 비유를 통해 이상적인 교회의 모델을 제시하고 있는 셈이다. 클레멘트는 교회(에클레시아)를 '도시' 또는 '가정'과 비슷한 것으로 이해했으며 국가처럼 가정도 질서와 조화가 유지되어야 함을 강조했다. 이외에도 클레멘트는 교회를 몸으로, 군대와 군인으로 표현하기도 했다.

클레멘트의 교회론을 정리하면 그는 속사도 시대의 기독교가 신약성경의 영향을 많이 받고 있었으며, 교회 개념에서도 신약성경의 교회 개념을 그대로 가지고 있다는 것을 알 수 있다. 교회를 그리스도의 몸으로 표현하는 점과 지역 교회 간의 깊은 교류는 아직도 사도행전 교회의 모습을 유지하는 교회의 모습을 볼 수 있다.

클레멘트는 고린도 교회에서 정당하게 선출된 장로가 축출되자 다시 질서를 회복하도록 권유하는 권고 속에서 구약을 인용하면서 "질서"와 "형제애"를 강조하였다. 그는 '사도 계승'(또는 사도적 전승, Apostolic Succession)[5]이라는 용어를 최초로 사용한 교부로 알려져 있다.

2. 이그나티우스와 이레니우스의 교회론

1) 교회의 위기와 이그나티우스

AD 107년경 트라야누스(Trajan, AD 98-117년) 황제의 박해 시기에 안디옥의 감독 이그나티우스(재임 기간, ca. AD 70-107년)는 로마 군인들에 의해 체포되어 로마로 끌려가던 도상에서 일곱 편의 서신을 썼다. 그중에서 네 편의 서신은 서머나(Smyrna)에서 썼고, 세 편은 트로아(Troas)에서 썼다.

〈에베소서신〉, 〈마그네시아서신〉, 〈트랄레스서신〉, 〈로마서신〉, 〈필라델피아서신〉, 그리고 〈서머나서신〉 등의 서신은 그의 직접적인 교회론적 논

---

[5] '사도 계승'이란 예수 그리스도의 12명의 사도들의 권위가 안수하는 형태를 통해 주교단에게 지금까지 전승되고 있다는 올바른 교회의 정당성을 갖기 위한 개념이었으나, 현재는 교단의 정당성을 강조하는 용어로 사용된다.

술이라기보다는 당시 여러 교회 속에 파고드는 이단설과 교회 분열에 대항하여 제시한 그의 기독론적, 교회론적, 성례전적 충고의 성격이다.

이그나티우스가 로마로 압송되어 가는 도상에서 교회들을 향하여 서신들을 기록했을 당시에 그의 마음속에는 세 가지 문제가 큰 관심사로 자리잡고 있었다.

첫째, 교회 안에 있는 거짓 교사들에 관한 문제
둘째, 교회의 통일과 구조 문제
셋째, 그 자신의 임박한 죽음에 관한 문제

이그나티우스는 트라야누스 황제에 의해서 시작된 교회 밖에서 일어나는 박해의 위협보다도 교회 내부에서 일어나고 있는 거짓 교사들의 가르침이 더 큰 위협이 되고 있음을 느꼈다.

그는 교회 안에 나타나고 있는 두 종류의 이단들의 가르침이 교회를 분열시키고, 그 결과로 참된 신앙의 눈에 띄는 표식들 가운데 하나인 하나님이 주신 통일성을 깨뜨리게 될 것을 가장 염려하였다.

따라서, 순교의 길에 올라서서 지도자로서 더 이상 교회를 이끌어 갈 수 없게 된 이그나티우스는 각 교회로 보내는 그의 서신을 통해서 교회의 위협이 되는 '기독교 유대주의자'와 '가현설론자'라는 두 종류의 거짓 가르침을 경계하고 있다.

그러므로 그는 거짓 교사들의 가르침을 공격하면서 교회의 통일성을 강조하기 위해서 '보편적 교회'(普遍的 敎會, '카도리케 에클레시아', καθολική ἐκκλησια)라는 용어를 사용하기 시작했으며,[6] 동시에 교회 일치의 구심점으로서 감독의 역할을 강조함으로서, 이단들의 그릇된 사상으로부터 교회의 통일성을 보존하려고 시도하고 있다.

2) 이그나티우스의 보편적 교회론

이그나티우스는 최초로 '보편적 교회'라는 용어를 사용했는데, 물론 이 보편적 교회란 이단들의 가르침에 의한 교회 분열의 위기를 의식한 데서 나온 용어로 보인다. 그는 "그리스도가 계신 곳에는 보편적 교회가 있으며"라는 서술에서처럼 그리스도의 임재가 있는 곳에만 보편적 교회가 존재하는 것으로 보고 있다.

또한, "감독이 있는 곳에 회중들을 있게 하라"는 말을 통해서 이그나티우스는 개교회에는 감독이 있는데 교회는 그 감독에게 순종해야 할 것을 강조하였다.

이그나티우스는 교회에 품은 감독의 역할을 본질적인 것으로 보았다. 감독이 없으면 교회에서는 아무것도 할 수 없으며, 감독에게 속하지 않는 자는 하나님에게도 속하지 못한다. 또한, 감독의 동의가 없으면 세례와 성찬을 집행할 수도 없다. 감독은 지역 교회의 회의를 관장한다.

---

[6] 공교회(公教會, 고대 그리스어): '에클레시아 카톨리케'(ἐκκλησια καθολικη) 또는 보편교회(普遍教會) 즉, 공통교회(보편교회)를 의미한다. 세상에 널리 퍼진 교회는 각 상황에 대응해야 하는 교회이지만 동시에 삼위일체를 믿고, 예수 그리스도의 몸으로써 공통의 공교회를 의미한다. 다른 장소에 같은 신앙에 따르는 공통성을 지닌 교회이다. Cyril. C. Richardson, ed., *Early Christian Fathers*, (Louisville, KY: Westminster John Knox Press, 2006), 83-86.

이처럼 이그나티우스는 감독을, 교회를 구성하는 본질적인 요소로서, 교회 일치를 위한 권위의 구심점으로 세웠다. 이그나티우스가 교인들에게 감독이 있는 곳에 모여야 한다고 강조하고 있는 이유는 당시 이단들이 교회 안에 생겨나서 분열되어 나가고, 교회로부터 회중들을 유혹하고 있었기 때문이었다.

이그나티우스는 교회의 연합은 기독교인들 사이에서 좋은 감정을 갖거나 조화를 이루므로 얻어지는 것이 아니라, 예수 그리스도께서 자신을 교회 안에 보여 주실 때 가능하다고 하였다. 그렇다고 이 연합이 순전히 영적인 문제라는 뜻은 아니다. 오히려 그는 아버지 하나님, 예수 그리스도, 그리고 사도로 연결되는 계층 구조와 연결해 말하고 있기 때문이다.

이그나티우스는 그리스도의 사역 결과로 우리에게 사망과 분열을 이기는 승리가 주어졌다고 말하고 있다. 사망과 분열은 악한 세력이 인간을 다스리는 도구이기 때문에, 이그나티우스는 계속해서 그리스도 사역의 결과로 인한 연합과 불멸의 중요성을 강조했다.

이러한 그리스도의 사역은 교회와 성례를 통해서 우리에게 전달된다고 보았다. 교회 연합 안에서 그리고 성찬을 통해서 신자들은 그리스도에게 연합되는 것이다.

이그나티우스는 교회의 위기 상황에서 분열을 막고 흔들림이 없는 교회를 유지하기 위한 구심점으로서 감독을 말하고 있는 것이지, 결코 독재적인 고위 성직자가 아니라는 사실을 상기할 필요가 있다.

여기에서의 감독은 지역 교회의 행정에 있어 장로들의 회의에서 같이 결정하고 협동하는 자로서의 감독이다. 이그나티우스는 클레멘트처럼 감독과 장로를 같은 의미로 사용하지 않았다. 그는 클레멘트와 달리 교회 내에서의 감독의 권위를 장로와는 확연히 구별시키고 있다.

이러한 것은 교회가 이단 세력을 대항하기 위한 중심적 인물이 필요하며, 교회 일치를 위한 인물이 필요함에 따라 감독의 권위를 강화하고 교회 내에서의 중심인물로 만들게 되었다. 그의 교회론은 실천적인 성격이 강하게 드러나고 있다.[7]

3) 이단의 도전에 대한 리용의 이레니우스의 응전

리용의 이레니우스(Irenaeus of Lyons, c130-202)는 소아시아의 서머나에서 AD 135년경에 태어났을 것으로 추측된다. 그곳에서 그는 서머나의 폴리카르포스(=폴리캅, Polycarpus) 감독을 알았는데, 당시 이레니우스는 젊은 청년이었고 폴리캅은 늙었는데, 아마도 순교를 당하던 때였을 것이다. 그 후 그는 로마를 경유하여 AD 170년경에 고울(Gaul) 지방으로 가서 리용(Lyon)에 정착했다.

마르쿠스 아우렐리우스(Marcus Aurelius, AD 160-180년) 황제가 통치하던 시기에, 황제는 아첨자들의 영향을 받아 기독교를 박해하기 시작하였다. 박해는 시간이 흐르면서 더욱 강화되었고, 아우렐리우스 황제 치하에서 폴리카르포스가 서머나에서 순교하였다.

폴리캅에 이어 AD 165년 변증가 유스티누스(=저스틴)도 순교의 대열에 합류하게 되었고, 이러한 박해가 AD 177년 고울 지방에서도 심하게 일어났다.

---

7 조윤호, "갈등을 신앙으로 승화시킨 이그나티우스의 신학과 사상 연구: 이그나티우스의 일곱 서신을 중심으로", 「한국개혁신학」 제68권 (한국개혁신학회, 2020), 218-268.

이레니우스가 장로의 직분으로 로마로 서신을 전하기 위해서 파견되었다가 임무를 마치고 돌아왔을 때, 리용의 감독이었던 포티누스(Pothinus)는 박해로 말미암아 이미 순교당한 뒤였다. 이레니우스는 포티누스를 계승하여 리용의 감독이 되었다.

이레니우스가 리용의 감독이 되었을 때, 교회 안에 들어오기 시작한 영지주의 이단들의 거짓된 가르침은 큰 문제 거리가 되었다. 그 가르침은 교회를 분열시키고, 교회의 전통적인 가르침을 파괴하였다.

그래서 이레니우스는 거짓 가르침을 막는 것이 복음 선포의 한 부분이고, 현재 임박해 있는 교회의 과제임을 알았다. 그래서 그는 평생 이 일을 위해 노력하였다.[8]

이레니우스는 이단을 반박하고 기독교인의 신앙을 강화하기 위해서 저술 작업을 시작하였다. 이 작업을 통하여 나온 두 권의 저서가 『소위 영지주의에 대한 고발과 논박』(Denunciation and Refutation of the So-Called Gnosis)과 『사도적 가르침의 논증』(Demonstration of Apostolicpreaching)이다. 『소위 영지주의에 대한 고발과 논박』은 통상 『이단 논박』(Adversus haereses)으로 알려졌는데, 이것은 다섯 권으로 되어 있다.

이 책의 목적은 새 신자의 신앙 지도를 위한 안내서인 동시에, 이미 신앙을 가진 자들의 믿음을 확고히 하는 데 있었다.

여기에서는 역사적 성육신에 기초한 통시적인 구속사와 신구약의 연속성의 개념이 구체적으로 나타나 있다. 이레니우스는 창조에서 최후의 완성에 이르기까지 구원의 역사를 제시하고 있다.

---

8 이레니우스의 「이단 논박」 제1권에 의하면 그 당시 약 20여 개의 이단들이 우후죽순처럼 출현하여 급격히 증가하고 있었다고 한다. 그가 로마를 방문할 때도 이단을 경고하는 서신을 가지고 갔다고 한다. 이호우, 214.

4) 이레니우스의 교회의 본질

이레니우스는 2세기에 유포되어 있었던 교회에 관한 주요한 개념들을 모아서 영지주의에 의도적으로 대항하기 위하여 그 개념들에 더 뚜렷한 윤곽을 부여한다. 그는 교회를 새로운 이스라엘로 보았다.

교회는 그리스도의 영광스러운 몸이자 기독교인들의 어머니이다. 교회에게는 값없이 행사할 수 있는 신비한 권능들이 주어져 있고, 교회는 헤아릴 수 없이 많은 은혜를 수여한다. 그리고 교회는 특별히 성령의 유일무이한 장이기 때문에 우리는 교회 속에서만 그리스도와 친교를 나눌 수 있다.

이레니우스는 교회가 그리스도의 창조 회복의 사역을 위해서 바른 교리를 보전하고 가르치며, 교회 안 구성원들의 연합 및 통일성을 이루어야 한다고 생각했다. 그래서 그는 당시의 교회에 관한 중요한 관념들을 종합하였다. 그는 거짓 교사들과 영지주의자들의 분리 움직임에 긴급하고 강경하게 대처해야만 했다.

이레니우스는 초대 교부들과 마찬가지로 교회를 정의하면서, 교회는 '새로운 이스라엘'이며, '그리스도의 위대하고 영광스러운 몸'이라고 이해했다. 그리고 그는 교회를 신비한 능력을 받아서 그것을 값없이 행하는 곳으로 이해했다.

이레니우스는 그리스도의 사역이 최종적인 완성을 향하여 지금도 계속되고 있는 것으로 판단하고, 그러한 창조의 사역이 교회 안에서도 계속된다고 생각했다.

교회는 아들의 형상에 따라 창조된 인간들의 유기체이기 때문에 교회의 머리와 몸은 예수 그리스도가 되고 우리는 그 지체가 된다. 이레니우스는 성찬의 떡과 잔을 땅에서 얻은 첫 열매라고 생각하였다. 그는 떡과 포도주를 진짜 그리스도의 몸과 피로 이해한다. 성찬은 그리스도의 생명과 피에 동참하는 것을 실현하게 해 주는 것으로 생각했다.

그는 "땅에서 나온 떡이 하나님께 축사 된 후에는 더 이상 평범한 떡이 아니라 지상적인 것과 천상적인 것, 이 두 요소로 이루어진 성찬이 되는 것과 마찬가지로, 우리의 몸도 성찬을 받을 때 영원한 부활에 대한 소망을 지니기 때문에 더 이상 평범한 몸이 아니라"[9]고 말한다.

그는 잔을 마시고 떡을 나누는 행위가 교회의 머리요, 몸이신 그리스도로부터 실제로 영양을 공급받는 것으로 이해했으며, 이것으로 말미암아 기독교인들은 최종적인 부활을 보장받는다고 주장한다. 왜냐하면, 예수 그리스도가 취한 몸과 피는 불멸이라고 믿기 때문이다.

그의 이러한 진술은 예수님의 실재하는 인성을 거부한 영지주의 및 가현론자들을 반박하는 가운데 등장하는 것이다. 이레니우스는 성찬의 효과를 제시함으로써 육체와 물질을 악하게만 보는 영지주의의 이원론적인 견해를 비판한 것이다.

5) 성령의 전(殿)으로서의 교회

이레니우스가 말하는 회복은 인간을 노예로 삼은 사탄의 세력을 그리스도가 이김으로써 다 끝나는 것이 아니라 성령의 역사를 통해 회복의 현재적 장소인 교회 안에서 계속 진행된다.

이레니우스는 교회를 성령이 존재하는 유일무이한 영역으로 주장한다. 그는 성령이 특별히 교회에 위탁된 것으로 믿는다. 따라서, 기독교인들은

---

[9] Robert M. Grant, *Irenaeus of Lyons*, (New York: Routledge, 1997), 57.

오직 교회 안에서만 그리스도와 교통할 수 있다.

우리는 신앙을 교회로부터 받았고, 또한 이것을 보존하고 있다. 그러나 이것은 하나님의 영으로 말미암아 그 젊음을 언제나 새롭게 할 수 있다. 그리스도와 교제의 수단인 성령은 교회 전체에 분재 되어 썩지 않음의 보증과 우리의 신앙을 견고히 하는 수단이자 하나님께로 올라가는 사다리가 된다.

하나님께서는 교회에 사도들과 선지자들과 교사들과 기타의 모든 수단을 세우셨으니, 이를 통하여 성령은 역사하신다. 이 교회에 연합되어 있지 아니한 자들은 성령의 그와 같은 역사에 참여하지 못한다. 대개 교회가 있는 곳에 하나님의 영이 있으시고 하나님의 영이 있으신 곳에 교회가 있다.

그러므로 이레니우스는 다음과 같이 말했다.

> 성령께 참여하지 않는 자는 어머니의 젖으로부터 생명의 양육을 받지 못하며, 그리스도의 몸으로부터 솟아 나오는 가장 맑은 샘을 즐기지도 못한다. 오히려 저들은 흙탕물 도랑에 밑이 뚫린 웅덩이를 파고 더러운 것으로부터 썩은 물을 마시며 교회의 신앙을 멀리하니 저들은 책망받을 길이 없고, 성령을 배척하니 교훈을 받을 길이 없다.[10]

이레니우스는 성령의 역사가 없는 영지주의의 약점을 간파하여 강하게 공격하였다. 이레니우스는 구원은 교회 안에 머무르며, 교회의 구성원을 새롭게 하고 이들 속에 있는 낡은 것을 새롭게 하는 신령한 영으로 이해한다.

---

[10] 헨리 비텐슨(Henry Bettenson), 『초기 기독교 교부』(*(The) Early Christian Fathers*), 박경수 역 (서울: 크리스천다이제스트, 1997), 118.

이레니우스에게 있어서 세례는 다음과 같다.

> 영원한 생명과 하나님 안에서의 우리의 거듭남에 대한 인침이기 때문에, 우리는 더 이상 죽을 사람들의 아들들이 아니고, 죽지 않고 흠 없는 하나님의 자녀들이다.[11]

6) 교회의 표지(標識)

이레니우스와 영지주의자들은 누가 더 사도적인가 하는 문제로 논쟁에 불이 붙었다. 그들 모두는 자신들이 사도들의 가르침을 전수받았다고 주장하였다.

영지주의자들은 자신들이 사도들로부터 비전(秘傳)을 전수받았다고 주장하였고, 이레니우스는 사도의 전통을 계승한 것이 교회라고 주장하였다. 그 전통은 비밀스러운 것도 아니며 성경에 간직되어 있다고 하였다.

영지주의자들은 개인적으로 사도의 총애를 받은 제자들에 의하여 비밀 전통이 보전됐다고 주장하지만, 이레니우스가 볼 때 그것은 근거가 없었다. 그는 교회가 사도적 저작들, 사도적인 구전 전승과 사도적인 신앙을 독점하고 있으므로 진리의 유일한 저장소라고 주장하였다.

교회는 온 세계에 걸쳐 흩어져 있지만, 사도들로부터 물려받은 이 하나의 신앙을 선포하기 때문에 하나라고 주장할 수 있다. 교회는 진리의 수호자이며 사도들의 전통, 즉 신약성경과 신앙 규범을 그 생명으로 삼는다.

---

11 주재용, "이레니우스의 사상-성령론, 삼위일체론, 교회론, 성례전, 부활론을 중심으로", 「한신 논문집」 제8호 (한신대학교, 1991), 13.

이레니우스는 감독 계승이 '안수하는 감독'을 통해서 이루어지는 것이 아니라 진리를 수호하는 직(職)인 '카데드라'(καθέδρα, '가르치는 직')를 통해서 이루어진다고 말한다. 이레니우스에게서 감독 계승은 진리 수호의 직으로서의 계승이다.

이레니우스는 영지주의와 구별되는 진리의 저장소로서 교회의 표지(The Marks of the Church)[12]를 성경의 권위, 교회의 전통, 사도적 계승의 원리로 언급하였다.

7) 성경의 권위

이레니우스 당시에는 아직 신약성경의 경전이 확립되지 않은 시기였기 때문에 이단과 대항해서 성경만을 가지고 영지주의자들을 대항하는 공소(公訴)의 도구로 사용하는 데에는 무리가 있었다. 영지주의자들은 성서를 비평하여 성경의 의미를 자신들의 사상을 피력하기 위해 왜곡 해석하는 데에 능숙하였기 때문에 그 문제점은 심각하였다.

이레니우스는 그리스도의 가르침이 두 가지 방법으로 전달되었다고 보았다. 하나는 구두(口頭)를 통해, 다른 하나는 기록된 문서를 통해서이다. 그러나 아직 신약성경이 정경으로 확립되지 못한 상황에서 이레니우스는 성경만을 가지고 이단들을 대항할 수는 없었다.

---

12 전통적으로 교회의 표지는 교회의 속성 또는 표징이라 불리기도 하는데, 일반적으로 다음의 기능을 가진다.
첫째, 밖으로 나타나는 교회의 특징들이 무엇인가를 묘사한다.
둘째, 교회의 본질이 무엇인가를 가르쳐 준다.
셋째, 어떤 교회가 참된 교회인가의 기준을 제시한다.
넷째, 잘못된 현실의 교회에 대한 비판의 기능을 갖는다.
다섯째, 현실 교회가 지향해야 할 방향을 제시한다.

이단들은 성경이 일관성이 없다는 이유로 성경의 권위를 무시할 뿐만 아니라, 전통을 가진 자들만이 진리를 발견할 수 있는데 그 전통은 기록된 말씀이 아니라 입의 말을 통해 전달되어 왔기 때문에 기록된 성경에 대한 권위를 인정할 수 없다고 주장하였다.

그래서 이레니우스는 진리의 기준이 교회의 공식적인 교사와 감독들의 계승과 더불어 전수됐다고 주장함으로써 영지주의자들과의 논쟁에서 확고한 기반을 잡았다.

그는 독창적으로 정경의 기준을 제시했다. 즉, 그는 사도들의 기초 위에 세워진 교회에 그 기준을 두었다. 또한, 그는 목자이신 하나님이라는 관점에서 성경을 해석한다. 그는 하나님이 인간의 역사 속에 개입하신다고 믿었으며, 성경이 역사적으로 해석되어야 한다고 생각했다. 그는 구전적인 전통과 기록된 성경 모두를 매우 중요시하였다.

영지주의자들과 투쟁에 있어서 이레니우스는 구전적 전통이 사도적 교회에서 모두 동일하게 나타나고 있음을 주장하였다. 그러면서도 그는 시종여일하게, 증명을 위해서는 복음을 기록한 사도들의 문헌에 의존하였다.

8) 교회의 전통

영지주의자들이 논쟁에서 자신들이 사도들로부터 비밀스러운 전통을 받았다고 주장하자, 이레니우스는 교회가 사도적 전통을 계승했다고 강조했다. 그리고 이것은 성경에 명시되어 있고, 진리의 기준 속에 포함되어 있다고 주장하며 전 세계에 흩어져 있는 다양한 교회가 하나의 같은 전통을 갖고 있다는 사실이 그 증거라고 주장하였다.

이러한 이레니우스의 주장을 뒷받침하는 예로, 카르타고의 테르툴리아누스가 신앙의 기준이라고 부르고 있는 것을 요약한 구절과 알렉산드리아의 오리게네스(=오리겐, Origen)이 교회의 가르침이라고 부르는 AD 220년에 저술된 구절을 비교해 보면 이 글들은 내용상에 있어 놀랄 정도로 유사성을 가지고 있다는 것을 알 수 있다.

40년이란 세월에 걸쳐, 고울 지방과 카르타고와 알렉산드리아에 이르기까지 교회가 흩어졌음에도 불구하고 이와 같은 유사성을 견지하고 있는 것을 보면 이레니우스의 주장은 타당성이 있다고 믿어진다. 이점이 기독교와 영지주의의 사상적 분파 간의 큰 차이를 말해 준다.

이처럼 다양한 지역에서 기독교의 가르침이 놀라운 일치성을 견지하고 있다는 것은 기독교의 가르침이야말로 하나의 근원에서 나온 것이며, 최초의 가르침을 가지고 있기 때문이라고 이레니우스는 간단 명료하게 진술하고 있다.

교회가 이어받은 사도들의 유전(전통)은 그것이 진리의 규칙이든 기록으로 남은 복음이든 간에 이것은 죽은 어떤 체계에 불과한 것이 아니고, 성령의 산 역사 가운데서 교회를 언제나 새롭게 하는 성질의 것이다.

사도 바울이 유전을 중시하여 "형제들아 굳게 서서 말로나 우리 편지로 가르침을 받은 유전(전통)을 지키라"고 말하게 된 것은 주께서 반대하시던 전통주의에 다시 돌아가려는 것이 아니고, 이것은 바로 주의 유전으로써, 성령의 역사가 동반되는 유전을 말하는 것이다.

고린도전서 15장 3절과 11장 23절에서 바울은 교회 유전의 참 성격을 밝히고 있는데, 사도들이 직접 주님으로부터 복음을 받았다는 것을 말함으로써, 그들의 유전의 권위에 대해서 말하면서 동시에 이 유전은 성령의 역사로 언제나 새롭다는 것을 보여 준다.

이를 통해 이레니우스는 교회는 어디서나 같은 것을 전하고, 그것은 선지자와 사도와 제자들의 유전임을 말하고, 이에 따르는 성령의 역사를 강조한다. 이레니우스는 교회만이 사도적 문서들과 구전, 사도적 신앙을 독점하기 때문에 교회만이 '진리의 유일한 저장소'라고 말한다.

그는 '진리의 경전' 즉, 교회에서 전수되어 오는 교리의 틀을 강조하면서, 이것은 영지주의자들의 여러 가지 다른 가르침과는 다르다고 주장한다. 그는 발렌티누스 파와 말시온 파, 그리고 그 밖의 이단들과의 논쟁에서 계속 성경을 언급하면서 영지주의자들의 이론이 성경과 조화되지 않음을 주장한다.

9) 사도적 계승

이레니우스는 교회의 진리의 기준과 사도들의 가르침들의 실제적인 일치는 이 기준을 보호하고 가르치는 감독들이 끊임없이 감독직을 계승시킴으로써 보장된다고 주장하고 있다. 이러한 사도적 계승(司徒的 繼承, Apostolic Succession)은 이레니우스에게 있어서, 영지주의 교사들을 대항할 수 있는 효과적인 수단이었다.

전 세계에 전해진 사도들의 전통을 명확하게 이해하기 위해 진리를 보려고 하는 사람은 어느 교회에서나 분명하게 볼 수 있다. 우리는 사도들이 각 교회에 세운 감독들과 오늘날까지의 그의 후계자들을 열거할 수 있다.

또한, 이레니우스는 만일 영지주의자들이 전수할 수 있다고 주장한 것과 같은 감춰진 비밀들이 사도들에게 있었다면, 사도들은 교회를 맡긴 감독들에게 전해 주었을 것이라고 말하고 있다. 그리고 그는 모든 교회의 감독직 계승자들을 열거하기에는 너무 많으므로, 하나의 예로 로마의 계승을 말하고 있다.

이레니우스는 로마 교회의 감독들을 사도로부터 시작해서 12대째 감독인 엘류테루스까지 언급하고 있다. 그리고 사도 요한의 제자 폴리카르포스(=폴리캅)을 언급하고, 또 자신과 폴리캅의 관계를 말하면서 자기는 어릴 때 그를 직접 보았다고 말한다.

그가 이처럼 자신을 폴리캅에 연결하고, 폴리캅을 사도 요한에게 연결함으로써 자신은 사도적 계승의 산증인이라는 것을 영지주의자들에게 보여주고 있다.

여기서 이레니우스가 생각하고 있는 사도적 계승은 사도적 신앙과 생활의 계승을 말하는 것이지, 후대 가톨릭교회에서 말하는 베드로의 권위 계승을 의미하지는 않았다. 그리고 이 신앙과 전통은 비단 로마에서만 찾아볼 수 있는 것이 아니라, 세계 어느 교회에서나 똑같이 그 전통을 찾아볼 수 있다는 것이다.

그리고 이레니우스는 이 신앙의 전통이 반드시 감독들을 통해서 뿐만 아니라, 교회의 장로들을 통해서도 계승된다고 말하고 있다. 그것은 사도적 계승이란 안수를 주는 자로부터 안수받는 자에게로의 계승이 아니라, 한 스승으로부터 다음 스승으로의 전수를 의미하는 '카데드라'(καθέδρα, '가르치는 직')의 계승을 의미하는 것이기도 하다.

이레니우스는 신앙을 가지고 책임 있게 진리의 기준을 수호할 수 있는 인물이 점유해야만 할 하나의 카데드라가 기독교의 중심으로 존재해야 한다고 보았다. 이레니우스는 교회의 사역을 인간을 그리스도에게 연합시키는 것이라고 보았는데, 이 사역을 이루기 위해서는 올바른 교리를 보존하고, 가르쳐야 하며, 지체 간의 통일성이 보존되어야 한다고 보았다. 이런 맥락에서 이레니우스는 기독교의 중심으로서의 하나의 카데드라와 사도적 계승을 주장하였다.

3. 교회의 위기와 키프리아누스의 교회론

키프리아누스(Cyprianus, ca. AD 200-258년)는 테르툴리아누스, 아우구스티누스와 함께 북아프리카에서 가장 유명한 교부였다. 그는 AD 200-210년경에 유복한 가정에서 태어나 수사학과 웅변에 뛰어난 인물이었다.

그는 속세의 불의와 부패에 회의와 실망을 느끼던 중 AD 246년경에 신앙에 귀의하였다. 입교한 지 얼마 안 되어 서품을 받았으며 AD 248년 말 혹은 AD 249년 초에 카르타고의 감독이 되었다.

그러나 키프리아누스가 감독직에 오를 때, 경쟁자였던 노바투스(Novatus)와 일부 나이 많은 사제의 반발이 있었다. 그가 AD 258년에 순교하기까지 약 10년간의 감독 재임 기간은 교회사에 중대한 공적을 남긴 시간이었다.

카르타고의 감독으로 있는 동안, 그는 중요한 두 저술 『배교자들에 관하여』(On the Lapsed)와 『교회의 일치』(On the Unity of the Church)를 썼는데, 전자는 박해를 받을 때 배교한 사람들이 다시 교회와의 교제를 회복하는 문제를, 후자는 분리주의자에 대한 교회 일치를 다루고 있다. 그의 교회의 연합에 관한 이론은 후대에 많은 영향을 미쳤다.

이처럼 교회의 수많은 문제와 관련하여 키프리아누스가 생각한 화두는 교회의 일치와 독립성이었다. 3세기 기독교 세계는 교회의 일치를 통한 기독교 사회의 통합을 가져오려고 했던 것 같다.[13]

---

13 김차규 · 홍사무엘, "키프리아누스의 교회의 일치와 독립성 이론", 「서양 중세사 연구」 제44호 (한국서양중세사학회, 2019), 206.

1) 박해 시기의 교회와 키프리아누스

키프리아누스가 카르타고의 감독으로 선출된 지 얼마 안 되어 로마 황제 데키우스(Trajan Decius, AD 201-251)의 기독교 박해가 발생하였다. 박해가 발발하자 그는 교인들의 권유로 일 년 동안 안전한 곳에서 도피생활을 했다. 도피처에서 그는 서신을 통해 카르타고의 교인들에게 목회 사역을 계속했다.

그런데 그의 도피 행위를 비난하는 교인들도 있었다. 이에 키프리아누스는 자신의 도피 이유를 설명하기도 하였다. 박해가 사라지자 그는 AD 251년 귀환했다. AD 250년 데키우스 황제는 지방 관료와 행정관들에게 정해진 날에 필요한 장소에서 제사를 총괄하라고 명령을 내렸고, 제사를 마친 사람에게는 제사 증명서인 리벨루스(libellus)를 발급하라고 하였다.

데키우스의 명령 앞에 교인들은 순응, 타협, 거부, 도피 중 하나를 택해야만 했다. 제국 내의 기독교인들은 이교도 성전에서 제사를 지냈으며, 어떤 이들은 친구나 친족들의 압박에 못 이겨서 제물을 바치곤 했으며, 또 어떤 이들은 탐관오리들로부터 돈을 주고 거짓 증명서를 사기도 했다.

그러나 얼마 되지 않아서, 심지어는 박해가 끝나기도 전에 이들 가운데 많은 사람이 교회공동체 안으로 들어오고 싶다는 의사를 표명했다. 박해 시 신앙의 절개(切開)를 지켰던 고백자들(confessors)은 배교한 사람들에 대해 교회가 즉각적으로 용서하고 이들이 교회와 화해할 수 있도록 해야 한다고 주장했다.

당시 교회에서 신앙의 순결을 끝까지 지킨 고백자의 권위는 매우 높았고 그들의 발언은 영향력이 있었다. 그러나 키프리아누스는 도피처에서 서신을 통해 고백자인 순교자들의 권위에 근거하여 배교자들을 쉽게 교회로 받

아들이는 것을 거부했다.[14]

고백자들은 그들의 영웅적인 행위로 말미암아 교회 안에서 상당한 영적 권위를 가지고 있었기 때문에 일부 배교자는 교회의 공식적인 참회 절차를 거치지 않고 고백자를 직접 찾아가서 화해 선언을 받아내는 폐단이 발생하고 있었기 때문이다.

이 문제로 키프리아누스는 AD 251년 및 AD 252년의 북아프리카 교회 회의를 주재하였고, 이 회의에서 배교자들이 적절한 참회의 과정을 거친 후에야 교회와 화해하는 것이 가능하다는 키프리아누스의 안을 채택하였다. 배교자 문제가 해결된 지 얼마 안 되어 아프리카 지역에 혹심한 페스트 전염병이 발생하자 교회는 새로운 박해에 직면하게 되었다.

갈루스(Gallus, 251-253) 황제는 이 전염병이 기독교 신자들 때문에 하늘이 분노하여 발생했다고 믿고 기독교를 박해하였다. 새로운 박해가 시작되자 키프리아누스는 엄격한 입장을 다소 완화해 치리 하에 있는 변절자들을 교회로 받아들여 다가오는 박해에 대처하도록 하였다.[15]

2) 키프리아누스의 교회론

그동안 교회를 어지럽게 했던 카르타고 교회의 내부적 갈등은 종식되었다. 키프리아누스의 권위가 강화되었고 노바티안이 순교하자 그의 추종자들이 보편적 교회로 복귀하기 시작하였다.

---

14 김영도, "시프리안의 교회론: 그의 견해는 어떻게 형성되었는가?", 「신학과 목회」 제22집 (영남신학대학교, 2004), 7-9.
15 채승희, "키프리아누스의 교회론", 「신학과 목회」 제48호 (영남신학대학교, 2017), 85-86.

그런데 그 분파의 추종자들을 다시 받아들이는 과정에서 교회는 또 한번 심각한 위기를 맞게 되었다.

AD 255년 초, 성인 막누스(Magnus)가 키프리아누스에게, "만일 이단 교회에서 세례를 받은 자가 가톨릭교회에 들어오게 될 때 그에게 새로 세례를 베풀어야 합니까?"라고 질문하였다. 키프리아누스는 이단자들의 세례가 무효라고 대답하였다.

"이단들과 분열론자들에게서 세례를 받은 것으로 보이는 자들이 하나의 공교회로 오게 되면 세례를 꼭 받아야만 하는가?"

이런 질문과 함께 "당신들이 우리에게 보낸 … 곧 우리는 누구도 밖, 곧 교회 밖에서 세례받을 수 없다"고 믿으며, 그것이 정확하다고 여긴다.

왜냐하면, 거룩한 교회 안에는 오직 하나의 세례만이 제정되었기 때문이다. 이러한 그의 주장은 테르툴리아누스의 가르침에 따른 아프리카 교회의 전통이었다. 그러나 이러한 문제에 대해서는 제국의 지역마다 서로 다른 습관을 지니고 있었다.

북아프리카와 소아시아에서는 이단자들의 손에 의해서 세례를 받은 사람들에게는 재세례를 베푸는 것이 통례였던 반면, 로마에서는 이전에 받은 세례를 유효하다 하여 재세례를 베풀지 않았다.

이러한 다양성 때문에 키프리아누스를 찾아와 면담했던 사람들 가운데에는 그의 대답이 마음에 걸리는 자들도 있었다.

카르타고의 감독은 아프리카 교회의 전통을 옹호하였고, 이것을 확인하기 위하여 감독회의를 소집하였다. 아프리카 지역의 모든 감독도 키프리아누스의 의견을 전적으로 지지하였다.

키프리아누스는 노바티안주의자[16]들의 어떠한 교회적 행사들도 정당성을 갖지 못한다고 주장하였다. 하나의 감독만이 임명권을 갖는다. 그만이 성례전을 집행할 수 있으며, 그만이 다른 이들에게 그들의 의식집행을 위임할 수 있다.

결과적으로 감독들을 갖지 못한 노바티안주의자들은 임명이나 세례, 사면, 성만찬 등을 집행할 수 없었다. 이단자들과 분파주의자들에게 세례를 베푸는 문제를 취급하던 키프리아누스는 또다시 로마의 감독 스티븐(Stephen)과 의견이 충돌하게 되었다.

스티븐 역시 이단자들과 분파주의자들의 교회를 인정하지 않았지만, 분파주의자들의 세례는 인정하고 있었다. 그래서 그들이 가톨릭교회 안으로 들어오려고 할 때, 다시 세례를 주는 것에 대하여는 반대하였다.

그는 이단자들에 의한 세례도 삼위일체의 이름과 물로 베풀어진 세례는 비록 교회 밖에서 이루어진 것이라 할지라도 정당하다고 주장하였다.

다만 그들에게 안수하여 받아들임이 마땅하다고 보았다. 문제는 스티븐이 자신의 견해를 북아프리카의 교회에서도 통용되게 하려고 한 것이다. 스티븐은 이 문제로 인해서 키프리아누스와 충돌하였는데, 키프리아누스의 견해를 채택한 아프리카의 감독회의에서 결정된 사항을 전해 듣고는 아프리카 교회에 서신을 썼다.

그는 그 서신에서 아프리카의 교회들이 로마의 관습에 따라서 이단들이 베푼 세례의 유효성을 인정하라고 촉구하였다. 이렇게 해서 시작된 로마와

---

16 노바티안(Novatian)은 노바티아누스(Novatianus)의 신봉자들, 노바티아누스는 3세기의 가톨릭 성직자. 교황 코르넬리오(Cornelius)가 이교도의 세례에 관대한 것을 이유로 여기에 반대하고 스스로 교황이라 했다. 그의 이교도 세례의 무효에 관한 주창은 제국 내에서 많은 지지자를 얻고, 이 당파는 카타리(淸淨)파로서 거의 2세기까지 계속되었다.

아프리카 사이의 논쟁은 계속되었으며, 스티븐은 키프리아누스에게 만약 이를 따르지 않는다면 아프리카의 교회와 교제를 끊겠다고 위협하였다.

그러자 키프리아누스는 감독회의를 소집하였고 북아프리카 감독회의는 키프리아누스를 강력하게 지지하고, 스티븐에게 불복을 표명하였다. 로마 교회와 카르타고 교회 사이의 이러한 대립은 뜻밖의 박해로 인해 해결되었다.

발레리아누스(Valerianus) 황제는 AD 257년에 박해를 강화하면서 제국 내에서 특히 감독과 사제들을 처단하도록 명령하였다. 이 박해 시에 스티븐은 순교하였다. 스티븐의 뒤를 이어 식스투스가 로마의 감독이 되었는데, 식스투스는 로마의 관습을 아프리카 교회에게 강요하지 않았고 로마 교회와 카르타고 교회의 관계는 다시 정상화되었다.

3) 교회의 거룩성

노바티안주의자들은 박해 시 신앙의 순결을 지켰던 자들이었다. 그들에게 있어서 분리의 타당성은 자신들의 거룩성에 있었다. 노바티안이 생각하는 거룩성의 기준은 박해 시에 배교하지 않고 신앙의 순수성을 지켜낸 사람들의 거룩성이다.

이 기준에서 볼 때, 보편적 교회는 거룩성을 상실한 배교자들의 후예들이었다. 그러므로 그들과 함께 교회의 일치를 유지할 수 없었다.

키프리아누스는 거룩성의 개념을 분리주의자들과 다르게 해석했다. 키프리아누스가 생각하는 거룩성은 신앙의 순수성의 문제가 아니라, 교회의 분리되지 않은 통일성에 있다. 통일성에 기반하지 않는 거룩성은 있을 수 없다.

키프리아누스는 기본적으로 교회의 존재가 거룩한 곳임을 전제하고 있다. 보편적 교회에는 성령이 거하시므로 거룩한 곳이다. 그러므로 그곳에서만 합당한 세례가 집례 된다.

반대로 분리주의자들의 교회에는 성령이 거하지 않음으로 합당한 세례가 집례 되지 못하고 그 교회는 거룩하지 않다. 하나님의 집인 그리스도의 교회 안에는 순결한 사람들이 한마음으로 화합하여 살고 있다고 한다.[17]

이와 같은 교회는 나누어질 수 없는 것이다. 그러므로 이 교회 밖에 있는 자들은 거룩성이 모자란 사람들이다. 교회의 거룩성에 대한 키프리아누스의 견해는 사제와 평신도들에게 그 적용 기준이 달랐다.

키프리아누스는 배교자들이 일정 기간 참회의 과정을 거친 후 받아들였다. 이는 참회한 배교자들을 거룩한 구성원으로 인정한다는 의미였다. 키프리아누스는 비록 죄악된 구성원들이 교회 안에 있다고 하더라도 교회의 거룩성이 이로 인해 침해당하지 않는다고 생각한 것이다.

4) 교회의 일치성

노바티안파는 데키우스의 박해 동안에 잘못을 범했다가 이제 다시 교회의 지체로서의 자격을 얻기를 희망하였던 자들에 대한 혹독한 처벌을 주장했던 엄격하고 교리상으로 정통적인 운동이었기 때문에, 키프리아누스가 교회를 회복하기 위해서는 교리적 정통성보다는 다른 토대를 찾아내지 않으면 안 되었다.

---

[17] 최철, "키프리아누스의 성령 중심의 교회론", 63-86.

그의 모든 논의 속에서 그가 전제하고 있었던 것은 가톨릭(보편)교회는 하나이어야 할 뿐만 아니라 사실 하나라는 것이었다. 이러한 통일성은 하나님의 본성과 존재 자체에 그 토대를 둔 것이었다.

키프리아누스는 교회의 연합과 일치를 묘사하기 위해 여러 가지 이미지를 사용했다. 그는 복음서에 나오는 예수 그리스도의 성의를 통해서, 분리되지도 찢기지도 않은 그리스도의 옷처럼 교회의 온전한 하나됨을 주장하였다. 그 옷은 위로부터 내려온 통일성을 상징한다.

곧 하늘, 성부로부터 내려온 것으로, 그것을 받아 소유한 자들에 의해 결코 찢길 수 없는 통일성을 뜻하며, 그것은 불가훼손적 전체성 안에서 불가분리적으로 취하여진 것이다. 무릇 그리스도의 교회를 나누거나 가르는 자는 그리스도의 옷을 소유할 수 없다.

그는 교회를 성만찬의 빵으로 비유하기도 했다. 무수한 알곡들이 부서져 한 성만찬의 빵을 구성하듯이 하늘의 빵인 그리스도에게는 하나의 몸만이 있는데, 모든 지체는 여기에 연합된다. 또한, 잔 안에서 물과 포도주가 혼합되듯이, 사람들은 그리스도와 연합하여 하나가 된다.

또한, 교회를 어머니로 모시지 않는 사람은 하나님을 아버지로 모실 수 없으며, 교회를 노아의 방주로 비유하여 방주 밖에 있었던 사람 모두가 목숨을 구할 수 없었듯이 교회 밖에 있는 사람 역시 구원받을 수 없다고 한다.

키프리아누스는 자신의 이론으로부터 논리적인 결론들을 도출해 내었다. 분파주의자들은 그들의 가르침이 아무리 옳고 그들의 삶이 아무리 덕스럽다고 할지라도 그리스도를 거부하고 그리스도의 교회와 대항하여 싸우며 하나님의 교회에 저항한다. 따라서, 분파주의자들은 이단자들이다.

키프리아누스는 노바티안에게 다음과 같이 쓰고 있다.

그는 그리스도의 교회에 속하지 않은 자로서 기독교인이 아니다. 그런 사람은 하나님을 그의 아버지로, 교회를 그의 어머니로 가질 수 없다. 교회 밖에서는 성례전들이 불가능하고, 특히 분파주의자들 또는 이단자들에 의해서 행해진 세례는 유효하지 않다.[18]

키프리아누스가 "교회 밖에는 구원이 없다"(*salus extra ecclesiam non est*)[19]라고 말할 때, 그가 의미하고 있는 교회는 진리와 통일성이 있는 교회이다. 그는 교회의 본질적 특성을 진리라고 보았으며, 분파주의자들을 반대하면서 통일성을 강조하였다. 더구나 통일성이 없으면 진리도 없다고 보았다.

5) 교회의 사도성

노바티안주의자들은 교회 일치에 관한 교리에 관련하여 하나의 새로운 문제를 일으켰다. 스스로 가톨릭교회로부터 분리해 나갔던 노바티안주의자들도 신학적으로 볼 때는 정통이라고 할 수 있었다.

왜냐하면, 그들도 신앙의 규범을 준수하고 있었기 때문이다. 따라서, 정통적인 신앙과 사도들의 가르침을 가지고 있다고 해서, 그것만으로 하나의 공통된 교회라는 근거를 주장할 수가 없게 되었다. 그리하여 키프리아누스는 일치된 교회의 근거와 구심점을 감독제도에서 찾게 되었다.

---

18 J. N. D. 켈리(J. N. D.Kelly), 『고대기독교 교리사』(*Early Christian Doctrines*), 박희석 역 (고양: 크리스천다이제스트, 2004), 224.
19 많은 논란을 불러일으킨 이 키프리아누스의 말은 일반적으로 기독교계에서 정통 교리로 받아들이고 있다. 근세에 들어 특히, 가톨릭계 신학자 칼 라너 교수 등의 이 말에 비판을 가하는 언급들이 제기되었으나 최근에는 역시 그들의 주장들이 지지를 받지 못하고 있다. Orlando O. Espín, James B. Nickoloff, eds. *An Introductory Dictionary of Theology and Religious Studies*, (Liturgical Press 2007), 439.

키프리아누스는 그들의 감독은 합법적이지 못하고 거짓된 자들이며, 감독직을 받지 않고 감독의 이름을 도용하는 자들이기 때문에 그들로부터 떠나라고 경고하고 있다. 이처럼 키프리아누스는 그들 자체의 감독들을 가지려는 노바티안주의자들의 노력을 무산시키면서, 교회의 일치에 대한 근거로서 사도적 전통을 이어받은 감독제도를 강력하게 주장하였다.

키프리아누스는 교회의 일치를 위해 베드로, 바울을 잇는 사도적 계승 속에서 교회가 존재하며 감독들이 존재했음을 말한다.

최초의 감독이었던 사도들과 이들의 계승자들인 감독들에게 교회 일치의 기초가 존재해 왔다.

이처럼 교회는 그리스도로부터 수여된 사도적 계승을 이어받은 것이다. 교회가 사도적 전승 속에 있다는 키프리아누스의 교회에 품은 견해는 교회가 일치해야 한다는 근거를 제공한다.

4. 아우구스티누스의 교회론

초대교회의 완성자[20]로 일컫는 아우구스티누스(Aurelius Augustine, AD 354-430)는 북아프리카의 누미디아(Numidia)의 타가스테(Tagaste)에서 태어났다. 경건한 어머니 모니카(Monica)에게서 태어난 아우구스티누스는 카르타고에서 수사학을 배우고 키케로(Marcus T. Cicero)의 영향을 받았다.

---

20 김명혁, "초대교회의 완성자 어거스틴의 생애", 「신학정론」 제11권 제1호 (합동신학대학원대학교, 1993), 148.

그는 또한 신플라톤주의에 깊은 영향을 받았는데, 밀라노의 유명한 신플라톤학파 빅토리누스(Victorinus)가 말년에 기독교로 개종한 사건은 아우구스티누스에게 매우 큰 충격을 주었다.

아우구스티누스가 '교회'(ecclesia)라는 말 한마디에 본격적으로 매달린 세월은 40년 남짓이다. AD 391년 뜻밖에 사제가 되어 AD 430년 일흔여섯의 나이로 죽음을 맞이할 때까지, 반평생 교회가 무엇인지, 또 교회가 누구인지 묻고 가르치고 실천했다. 이 시기에 그가 남긴 저술들 가운데 '교회'와 관련되지 않은 작품은 거의 없다.[21]

키프리아누스와 마찬가지로 아우구스티누스 역시 그 당시 유행하던 이단들과 싸움으로 그의 교회론, 종말론, 성경 해석학 등에서 많은 발전을 거듭할 수가 있었다.

그의 신학적 발전은 시대와 지역의 한계를 넘어 중세기 서방 기독교 신학 발전에 크게 기여하였다. 특히, 도나투스파와의 논쟁은 그의 교회론에 결정적인 영향을 주었다.[22]

아우구스티누스 이전 도나투스를 반대한 인물인 북아프리카의 감독 옵타투스(Optatus)는 도나투스파의 지도자이자 선전책이었던 파르메니아누스(Parmanianus)를 반박하기 위하여 AD 366년(또는 AD 367년)에 반(反)도나투스파 저서 일곱 권을 기록하였는데, 이 일곱 권의 저서들은 아우구스티누스의 교회론 형성에 큰 영향을 주었다.

---

21 최원오, "아우구스티누스의 어머니 교회", 「신학전망」 제195호 (광주가톨릭대학교, 2016), 205.
22 이현준, "아우구스티누스와 도나투스주의 교회론 비교 연구", 「신학연구」 제3권 (한신대학교, 2013), 215-252.

아우구스티누스는 옵타투스의 사상들을 발전시키고 심화시켜서 도나투스주의자들의 교회관을 반박했다.[23]

도나투스파는 자기들만이 참 교회요 가톨릭교회는 사역과 성례전의 타당성을 잃었다고 주장하며 교회 분열을 일으켰다. 도나투스주의자들은 성례전의 타당성을 성직자의 거룩성에 달려 있다고 믿었다.

그들은 가톨릭교회의 도덕적 불순과 교리적 오류를 경고하며 성례전의 효능이 전적으로 성례전을 집행하는 사제들의 도덕적 가치에 의해 좌우된다고 주장하였다.[24]

이에 대하여 아우구스티누스는 다음과 같이 반박했다.

> 그러나 그리스도는 신실치 않은 분이 아니며, 그에게서 나는 죄책이 아닌 신앙을 받는다. 그러므로 진정으로 일하는 이는 그리스도이며, 사제는 다만 그의 기관일 뿐이다.
>
> 나의 기원은 그리스도이고, 나의 뿌리는 그리스도이고, 나의 머리는 그리스도이다. 나를 태어나게 한 씨앗은 하나님의 말씀이며, 비록 그 말씀을 내게 전해 준 설교자가 말씀에 순종하지 않을지라도 나는 순종해야 한다. 나는 내게 세례를 베푼 사역자를 믿는 게 아니라 그리스도를 믿는다. 그만이 죄인을 의롭다하시며, 죄책을 사하실 수 있다.[25]

---

23 김영도, "도나투스주의 논쟁에 나타난 은총의 수단 이해", 「신학과 목회」 제24집 (영남신학대학교, 2005), 53-82.
24 A. E. 맥그래드(A. E. McGrath), 『신학의 역사』(Historical Theology: A History of Christian Thought), 소기천·이 달·임 건·최춘혁 공역 (서울: 지와사랑, 2005), 128.
25 필립 샤프(Philip, Schaff), 『니케아 이후의 기독교』(History of the Christian Church. vol. 4), 이길상 역 (고양: 크리스천다이제스트, 2004), 340.

아우구스티누스의 교회론 기초는 그리스도의 신비적인 몸으로서의 교회이다. 그는 교회를 박해하는 사람에게 "사울아, 사울아, 왜 나를 핍박하느냐"라는 말을 인용하면서 교회를 핍박하는 것이 곧 그리스도를 핍박하는 것이라고 말하고 있다.

그리스도는 삼중적 존재 양태를 가지고 있다. 그리스도는 영원한 말씀으로 존재하고, 중보자로서 존재한다. 그리고 그리스도는 교회로서 존재하는데, 그리스도는 교회의 머리이며 교회는 그리스도의 몸이다. 또한, 머리와 몸은 한 그리스도이다.

그는 우리 없이도 온전하고 전체이지만 몸소 몸을 낮추어 우리와 더불어 온전하게 하려 하신다. 이와 같이 머리와 몸의 완전한 통일의 관점에서 아우구스티누스는 교회를 전적인 그리스도, 한 사람, 온전한 사람, 한 인격 등으로 말하고 있다.

그에 의하면, 교회는 그리스도의 신비적 몸이자 신부, 기독교인의 어머니이다.[26] 그는 교회를 인내하고 포용하는 어머니로 보며 아벨과 에녹과 노아와 아브라함을 출산한 바로 그 어머니가 모세와 우리 주님이 오실 때까지 모세를 계승한 선지자들을 낳으셨다. 그리고 그들을 낳으신 어머니는 또한 우리 사도들과 순교자들, 모든 선한 기독교인을 낳으셨다.

교회 밖에 구원은 존재하지 않는다. 분파주의자들도 신앙과 성례전들을 가질 수 있지만, 성령은 오직 교회 안에서만 수여되기 때문에 그 성례전들을 유익하게 사용할 수는 없다. 사도행전에 기록된 백부장 고넬료의 경우가 보여 주듯이, 적절한 환경 속에서는 교회 외부에서도 분명히 은혜가 수여될 수 있다.

---

26 최원오, "아우구스티누스의 어머니 교회", 204-228.

그러나 꼭 필요한 엄격한 조건은 은혜를 받는 자가 가시적인 은혜의 방편들을 회피하고자 시도해서는 안 된다는 것이다. 아우구스티누스가 주창한 교회론의 또 다른 특징은 성령의 교제로서의 교회이다.

그리스도와 그의 지체들은 "한 인격", 곧 모두가 각자의 기능이 있는 유기적인 통일체인데, 이것은 성찬식의 하나의 떡을 통해서 비유적으로 상징된다. 통상적인 몸이 영혼 또는 영에 의해서 스며들어 있고 각성하며 결합하여 있는 것과 마찬가지로, 신비적 몸의 생명 원리는 교회 밖에서는 받을 수 없는 성령이다.

인간의 육체에 혼이 내재하고 또한 혼에 의해서 육체가 활기를 띠듯이, 성령은 신비적인 몸에 내재하고 또한 활기를 띠게 한다는 것이다.

성령은 인격화된 사랑, 성부와 성자의 상호 사랑의 산물이기 때문에, 교회의 생명 원리는 사랑이다. 바로 이러한 모두를 하나가 되게 하고 각성시키는 사랑이 교회의 본질이다.

이 사랑은 무수한 지체들을 서로 결합하고, 그 몸을 머리와 연합시키는데, 그 결과는 "자신을 사랑하는 하나의 단일한 그리스도"이다. 믿음과 소망은 사랑과 자연스럽게 결합한다.

왜냐하면, 오직 성육신과 십자가에 대한 믿음을 통해서만 사람들은 중보자와의 교제 속으로 들어가게 되고 교회는 소망하고 구속의 완성을 바라보게 되기 때문이다.

아우구스티누스가 교회를 언급하면서 자주 사용하는 또 다른 상징은 비둘기이다. 그는 솔로몬의 노래 6장 9절, "나의 비둘기, 나의 완전한 자는 하나뿐이로구나. 그는 그 어미의 외딸이요."란 구약성서의 언급으로부터 비둘기란 상징을 취한다.

교회는 일치, 순결함, 온화함, 흠이나 주름이 없이 완전함이란 점에서 비둘기를 닮았다.

> 비둘기와 더불어 평화한 자는 풀려나며, 공개적으로 비둘기 없이 지내든지 비둘기 내에 머무는 것처럼 보이든지 비둘기와 더불어 평화하지 않은 자는 묶인다.[27]

1) 교회의 일치성

아우구스티누스는 어떤 경우에도 교회는 일치를 유지해야 한다고 주장한다. 왜냐하면, "교회는 오직 하나만 있으며, 그리스도도 하나이고 그리스도의 신부도 하나"이기 때문이다.

교회는 한 성만찬을 공유하는 성례전적 교제(a sacramental communion)이다. 교회는 시공을 초월한 모임이면서 동시에 가시적인 연합을 이룩해야 한다. 그에게 거룩성의 전제 조건은 교회의 연합에 있다.

오직 교회와 연합된 자들만이 예수 그리스도와 연합된다. 교회는 하나의 몸이며, 교제이다. 교회의 세례는 교회 밖에서 수여될 수 있으나, 영원한 생명의 선물은 교회 밖에서는 부여되지 않는다.

성령의 교제로서의 교회의 본질은 사랑이다. 아우구스티누스는 여기에서 교회의 통일성에 대한 본질을 추론한다. 아우구스티누스에 따르면, 이단, 분리주의, 그리고 죄는 사랑의 결핍을 특징으로 한다. 그에게 있어서 사랑, 연합, 그리고 평화는 밀접하게 연결되어 있다.

---

27 R. W. 배텐하우스(R. W. Battenhouse)(ed.), 『아우구스티누스 연구 핸드북』(*A Companion to the Study of St. Augustine*), 현재규 역 (서울: 크리스천다이제스트, 1997), 227.

아우구스티누스가 생각하기에, 사랑과 일치와 평화는 서로 불가분하게 묶여 있다. 하나인 가톨릭교회의 일치 밖에서는 사랑의 행위들을 발견할 수 없으며 참된 평화 역시 발견할 수 없다.

그는 성령을 '사랑의 연대성'(*vinculum caritatis*)으로 불렀다. 성령께서는 사랑의 연대성 안에서 활동하신다. 비록 순교자라고 해도 연합을 깨뜨리면 구원을 받지 못한다.

교회의 지체들은 한 몸에 속한 지체들이기 때문에 연합되어 있을 수밖에 없다. 영적인 어머니인 교회는 우리에게 영원한 생명을 낳았다. 이 통일성은 믿음의 통일성을 내포하고 있는데, 이것보다 더 심오하고 중요한 것은 교회는 사랑의 통일체라는 것이다. 하나님과 동료 기독교인들을 사랑하지 않는 사람이 교회에 속할 수 있다고 생각하는 것은 망상이다.

2) 교회의 거룩성

도나투스주의자들은 핍박기에 보편적인 교회 감독들의 일부가 종교를 배반함으로써 이 교회는 거룩함을 상실했다고 주장했다. 그러므로 이 보편적인 교회가 베푸는 성례전들은 은총을 매개시키지 못하며, 따라서 죄의 용서와 구원에 전혀 효과가 없다고 단언했다.

도나투스주의자들에게 있어서 교회란 오직 가시적인 교회(the visible church)를 의미했다. 따라서, 교회의 거룩성이란 바로 유형의 교회의 거룩성을 뜻했다. 구체적으로 그들은 도나투스주의자들의 교회만이 성결하며, 따라서 참된 교회라고 주장했다.

도나투스주의자들은 보편적 교회의 오염으로부터 거룩성을 유지하기 위해 교회는 외부인들로부터 차단되어야 했다. 이런 교회의 이미지를 정당화시키기 위해 그들은 아가서를 많이 인용했다.

교회는 "폐쇄된 정원이요, 인봉된 원천"(아 4:12)이다. 그들은 이 이미지를 이용하여 고귀한 세례의 물들이 외부로 새지 않고, 오염된 물들이 외부로부터 새어 들어오는 것을 막아야 한다고 주장했다. 도나투스주의자들에게 교회는 "점과 주름이 없는" 그리스도의 신부이다(엡 5:27).

그들의 교회는 오직 순결한 자들로 이루어져 있으며, 변절자들의 후예들로 이루어진 보편적인 교회는 타락한 교회라고 보았다. 그들은 도나투스주의 교회만이 완전한 신부이며, 그들의 인봉된 원천만이 구원의 물들(세례)을 나누어 줄 수 있다고 주장한다.

아우구스티누스에 의하면 교회의 거룩함이란 그리스도의 거룩함을 의미하지, 인간 구성원들의 거룩함을 의미하지 않는다. 그리고 성례전은 그리스도에게서 기원한다. 역사적, 가시적 교회는 절대로 완전할 수 없다.

교회의 완전성은 종말론적인 개념이다. 교회가 거룩하다고 하는 것은 그 안에 그리스도가 계시기 때문이다. 참된 교회의 지표인 거룩성은 감독에게 달린 것이 아니라, 이의 설립자인 그리스도에게 달렸다.

아우구스티누스는 기독교인들이 거룩한 백성이라는 것은 그들이 개인적으로 거룩해서가 아니라, 그들이 하나님에 의해 선택되었기 때문이라고 말한다. 따라서, 교회의 거룩성은 교회 내부 죄인들의 존재를 부인하지 않는다.

교회는 선인과 악인으로 구성된 '혼합된 몸'(*corpus permixtum*)이므로 그 안에는 알곡과 가라지, 의인들과 죄인들이 섞여 있는 법이다.

아우구스티누스는 교회의 거룩성에 대한 도나투스주의자들의 극단적인 기준에 대해서, 복음서의 알곡과 쭉정이 비유(마 13:24-30), 양과 염소 비유(마 25:31-46) 등을 통해 자신의 원칙을 분명히 한다. 그는 마태복음 13장의 천국 비유들을 인용하면서 교회를 종말론적으로 이해했다.

참된 교회와 거짓 교회의 구분은 주님께서 심판하시는 때인 역사의 종말에 가서야 가능하다는 것이다. 그는 현재 가시적 교회는 절대로 완전할 수 없다고 주장했다.[28]

3) 교회의 보편성

교회의 보편성은 부분적으로는 진리의 선별적인 파편들이 아니라 진리 전체를 가르치는 데 있었고, 또 교회가 전 세계에 걸쳐서 분포되어 있다는 사실에 근거한다. 이러한 보편성은 특정한 지역을 기반으로 융성한 분파들(도나투스파)로부터 보편적 교회를 구별시킨다.

아우구스티누스에 있어서 "보편적"이란 기독교 신앙의 내용의 측면에서 "정통적"을 의미할 뿐만 아니라, 교회의 지리적, 시간적 확장의 측면에서 "보편적인" 것을 의미한다. 보편적 교회는 고대성(역사성)과 일반성(광범위성)을 가지고 있다. 이것들이야말로 보편적 교회가 참된 교회임을 증명한다는 것이다.

따라서, 보편적 교회란 역사성을 가진 다른 지역의 교회들과 지리적 연장 선상에 있어야 한다. 그는 교회 회의와 관련하여 지역 교회 회의는 보편적 교회 회의의 결정을 앞설 수 없다고 보았다.

왜냐하면, 보편적 교회는 전 기독교 세계를 위한 것이기 때문이다. 아우구스티누스가 자주 언급하는 보편적 교회란 말은 공간적 의미에서 그 범위

---

[28] 김명혁, "초대교회에 일어난 분파운동-도나티스트운동을 중심으로", 「신학지남」 제47권 제1호 (신학지남사, 1980), 39-55.

가 세계만큼 넓은 교회를 의미한다.

그는 하나님의 약속과 축복이 모든 나라에 대한 것이었고, 전 세계에 대한 것이었음을 보여 주기 위해서 시편 2편, 창세기 22장 18절, 시편 22편 27-28절, 누가복음 24장 44-47절을 인용한다.

아우구스티누스에게 있어서 전체는 언제나 부분들보다 우위에 있다. 그래서 가톨릭교회가 땅끝까지 확장된 교회라고 그는 생각한다. 그러므로 모든 땅끝까지 확장된 공동체에 소속되지 않은 자들은 가톨릭교회의 구성원이 아니다. 교회는 기독교 신앙에 대한 집단적 증인이며, 이 교회는 지리적으로 온 세상에 퍼져 있다.

교회는 지리적인 보편성, 곧 다른 지역의 교회들과의 결속을 유지해야 한다. 그런데, 도나투스주의자들에 따르면 알곡과 가라지의 비유에서 "들판"은 세상이 아니라 아프리카, 즉 그들의 아프리카였다.

도나투스주의자들은 자신들이 북아프리카 교회의 진정한 계승자들이라고 주장했다. 그들은 테르툴리아누스와 키프리아누스의 입장을 따라, 교회를 "인봉된 원천" 혹은 "닫혀진 정원"으로 이해했다.

보편성과 연대성의 개념에 젖어 있는 아우구스티누스는 아프리카 지역의 조그만 교회가 참된 교회라는 주장을 받아들일 수 없었다.

아우구스티누스는 지리적 보편성뿐 아니라 시간적 보편성도 이야기하고 있다. 도나투스주의자들의 교회는 소수의 선택된 무리의 모임이었다. 그에 비하여 아우구스티누스의 보편성은 그리스도를 머리로 하고, 몸은 아벨로부터 최후에 선택된 사람에 이르기까지 은총으로 의롭게 사는 모든 사람을 망라한다.[29]

29　이현준, "아우구스티누스와 도나투스주의 교회론 비교 연구: 성례론과 교회의 본질론

아우구스티누스에 의하면, 교회는 어느 한 시점에 있어서 보편적이고 경험적인 공동체에 국한되는 것이 아니라, 현재의 기독교인들과 과거에 그리스도를 믿었고 미래에 그리스도를 믿을 모든 신자를 포함하는 것이었다. 도나투스주의자들은 끝까지 보편적 교회와 제국의 화해 노력에 응하지 않았다.

카르타고의 한 회의에서 도나투스주의 감독 프리마누스(Primiananus)는 순교자들의 아들들이 변절자들의 무리와 만나는 것은 수치라고 했다. 참된 교회는 박해당하는 교회(도나투스주의 교회)이며, 박해하는 교회(보편적 교회)가 아니라는 것이다. 그렇게 주장하면서 그는 교회의 분열을 정당화시켰다.

이에 대해 아우구스티누스는 의를 위해 박해당하는 것만이 참된 박해라고 했다.

4) 교회의 사도성

아우구스티누스는 사도적 전통의 연속성과 보편성에 근거한 교회의 연속성과 보편성을 주장한다. 그는 보편적인 교회의 감독들을 통해 사도적 계승이 이루어져 왔으며, 구체적으로 사도적 가르침과 사도적 직책이 보편적 교회의 감독들을 통해 보존되어 왔다고 이해했다.

그는 참다운 사도성은 사도의 계승자들에 의하여 전해진 참다운 복음을 간직하고 있는 것이라고 보았으며, 사도성의 문제에 있어서 한 감독이 공석으로 있는 교구를 승계하는 것을 사도권의 계승으로 보았다.

을 중심으로", 215-252.

아우구스티누스는 교회의 사도성에 있어서 로마 교회는 의심할 것 없이 베드로에 의하여 감독직을 계승한 것으로 사도성이 증명되고 있는 것으로 보았다. 이에 비해서 도나투스파들은 오랜 감독직의 반열에 서 있지 못하고 있다. 그는 로마의 감독, 곧 베드로의 좌에 특별한 위상을 부여하지는 않았지만, 사도적 교구는 단순한 자매 교회 이상이었다.

이 교회는 권위에 있어서 카르타고의 교회보다 우월했다. 아우구스티누스는 로마의 감독을 교회 연합의 상징으로 이해했다. 그는 사도들의 대표자로서 베드로에게 교회를 대표하고 연합을 보존하는 특별한 역할이 부여되었다고 보았다.

사도적 좌(座), 곧 교회적 권위의 담보자(guardian)요, 보편적 교회 연합의 근거로서 베드로의 좌를 이해하면서 이로부터 분리된 가지들(도나투스주의자)은 생명력이 없다고 했다. 사도적 교구들은 확실한 계승에 의해 오늘날까지 보존됐으며 보편적 교회의 교인들은 이에 대한 집단적 증인이다.

아우구스티누스가 교회의 표지로서 사도적 계승을 설명하면서 예를 들고 있는 로마 교회는 성 베드로에게까지 소급되는 단절되지 않은 주교들의 계승을 추적할 수 있는데, 로마가 사도의 감독권을 계승하고 있음이 분명하다.

종장

로마의 국교인 기독교와 국가 간의 긴장

1. 유대계 기독교인과 비유대계 기독교인

유대교에서 분리된 예수파 유대인들은 한편으로는 로마제국에 대한 정경 분리적 호교(護敎)에 힘을 쏟고, 다른 한편으로는 자기의 박해 상황을 혹독하게 비판하여 자기를 확립하려고 한 측면을 가지고 있다.

그러나 그와 같이하여 독립된 집단 정체성은 내부에서는 절대 단순하지 않고 어떤 균열에서 비롯된 독소를 가지고 있었다. '유대계 기독교인'(Jewish christians)들은 유대교와는 종이 한 장 차이와 같은 관계에 있었다.

그리고 서서히 다수파로 가는 중인 '비유대계 기독교인'(Gentile christians)과는 반대로 소수파로 전락해 가고 있었다.

유대계 기독교인(Jewish christians, Judeo-christians)이나 히브리 기독교인(Hebrew christians)은 유대인의 민족 정체성을 지키면서 기독교를 믿는 유대인을 이르는 말이다.

초대교회공동체는 예수님을 성인(聖人)이나 메시아(구세주)로 받아들인 유대인들로만 이루어졌고, 유대의 안식일, 율법, 달력, 관습, 할례, 회당에서의 예배 등을 지켰다. 하지만, 수 세기가 지나고 비유대계 기독교인들이 기독교인의 대부분을 차지하게 되면서 기독교를 믿는 유대인들은 점차 사라져 갔다.

오늘날에는 로마가톨릭, 프로테스탄트, 성공회, 정교회 등 주요 기독교 교파에 속한 유대인 신자들과 유대교의 관습을 지키면서 예수님을 메시아로 인정하는 메시아 유대교(Messianic Judaism)로 분류된다.

'유대계 기독교인'이란 말은 신약 교회와 2세기 교회의 이방인 기독교인들과의 논쟁 가운데 역사적 본문에 나타나기 시작하였다. 이 말은 역시 기독교로 개종하였지만, 유대의 유산과 전통을 고수하고 있는 유대인들에 대한 호칭이었다.

1세기 유대 기독교인들은 신앙심이 예수 그리스도를 구세주로 받아들인 동시대 유대인들에 비해 유별나게 돈독하였다. 그러기 때문에 그들은 마태 공동체가 수용한 유대적 전통을 수용하기를 바랐기 때문에 그들은 '유대주의자들'(Judaizers)이란 소리를 듣는 처지에 이르렀다.[1]

사도 베드로는 이에 대해 어느 정도 이해하려는 태도를 취했으나, 바울은 '안디옥에서의 사건'(갈 2:11-21)[2]을 통해서 베드로가 취했던 유대의 전통적인 음식 규정에 관한 가르침을 반대하였다.

이 사건은 바울의 전도 여행에 중대한 영향을 끼쳤는데 그의 전도 여행을 전반부와 후반부로 나누는 계기를 이룬다. 이후 바울은 안디옥 교회를 두 번 다시 방문하지 않았다.

---

1 Fr. Andrew Stephen Damick, *Orthodoxy and Heterodoxy*, (Chesterton, IN: Ancient Faith Publishing, 2011), 20.
2 이승호, "'안디옥 사건'과 바울의 선교", 「신약논단」 제20권 제1호 (한국신약학회, 2013), 173-175.

예루살렘 공의회(행 15:6-35)에서 바울의 가르침이 전 교회로 확대되는 계기를 마련하였다. 그리고 '유대화'(Judaization)하는 작업은 몇 세기에 걸쳐서 유대계 기독교인들에 의해서 이루어졌다.

사도행전에 "헬라어를 하는 유대계 기독교인"들은 나중에 "아람말을 하는 기독교인"으로부터 분리되어 스데반 집사 순교 후, 예루살렘으로부터 각 지역으로 흩어져 마침내 안디옥에서 정착한다. 이 집단이 나중에 이방 세계에로 선교를 시작한 초기 기독교인의 선구자들이다.

독일 성경신학자 마르틴 헹엘(Martin Hengel) 교수는 다음과 같이 본다.

> 이방 세계에로의 선교를 위해 '헬라말을 하는 유대 사람'들이 안디옥 공동체에 참가한 바울과 예수님의 본래 제자들에게 직접적인 '실제적 가교'의 역할을 하였다.[3]

1세기 말엽에서 2세기에 걸쳐서 기독교는 서서히 그 무대를 세계 각지로 넓혀가고 세계인을 대상으로 앞에서 언급한 '이방인 기독교인'을 주체로 발전해 가기에 이른다.

1) 초대교회의 기독교 집단 정체성

지금까지 기독교공동체의 형성 과정에서 기독교 또는 기독교인의 정체성을 갖기 위한 가장 뚜렷한 행위로 성찬식(聖餐式) 참여와 수세(水洗) 행위

---

[3] Martin Hengel, *Between Jesus and Paul: Studies in the Earliest History of Christianity*, (Translated by John Bowden) (Waco, TX: Baylor University Press, 2013), 35.

에 대해서 집중적으로 거론하였다. 이 두 가지 행위는 초대교회에서 기독교와 기독교인의 정체성을 의미하는 가장 중요한 행위였기 때문이다.

그런데 여기에서 기독교와 기독교인의 정체성의 정립 과정에서 절대로 빠뜨릴 수 없는 또 한 가지 주요한 것은 성령의 사역에 관한 이야기다. 기독교공동체가 기본적으로 성령의 역사에 따라 이루어진 것이기 때문이다. 또한, 이 작업은 초대교회공동체의 본질을 탐색하기 위해서는 필수적인 작업이다.

사도행전 기자는 비록 유대교의 구조 속에 교회공동체의 뿌리를 놓기도 하지만, 그럼에도 불구하고 이를 뛰어넘어 '기독교인' 칭호를 통해서 새로운 공동체의 출현을 알린다. 새로운 공동체는 비록 유대교와 관련이 있다고 할지라도 유대교의 한계를 극복한 공동체인 것이다.

'기독교인' 칭호는 유대인과 이방인, 그리고 헬라파, 히브리파라는 도식적 구조를 뛰어넘어 지리적, 인종적 한계를 극복하는 공동체의 성격을 보여 준다. 유대교의 분파라는 오해나 혹은 유대교와의 관련성과는 전혀 다른 새로운 공동체의 출현이 바로 그 주체가 되는 예수 그리스도를 따르는 사람으로 그 정체가 규정된 것이다.

성령을 통해서 지상의 예수님의 삶이 재현되며, 유대교와 구별되는 기독교, 즉 기독교인의 정체성은 결국에는 성령 사건으로 규정된다. 말하자면, 사도행전은 '성령'을 통해서 지상의 예수님 사역의 지속성을 받아들이는 공동체가 교회이며 이 교회에 속한 사람을 '기독교인'이라고 칭한다.

제의(祭儀)와 예언, 즉 성전과 율법을 통해서 유지되던 유대인공동체의 구조 속에서 지상의 예수님은 그러한 흐름을 깨뜨린 '하나님의 출현'이며, 이 출현은 유대인들의 분노를 촉발하고 예수님을 죽음에까지 이르도록 만

든 요인이었다.[4]

그런데 예수님은 그의 죽음을 넘어서 새로운 실존적 양태로 그를 따르는 사람들과 함께 하신다. 그렇지만 유대교의 구조 속에서, 유대교의 환경 속에서 시작된 기독교공동체에게 예수 그리스도는 유대교의 전통에서 벗어나지 않았을뿐더러 오히려 그 전통의 계승자처럼 보이시기도 하셨다.

이러한 공동체에게 예수님의 승천 사건은 지상 예수님의 부재와 새로운 성령 시대의 선포와 공동체의 출현 예고이다. 사도행전의 성령 사건들은 예수님의 부활 전이나 후에 발생한 지상의 예수님께 의해 이끌리던 공동체가 성령공동체로 전환되는 과정을 보여 준다.[5]

사도행전에서 성령은 지상 예수님의 사역과 교회 사역의 연계성과 지속성을 보증하는 역할을 한다. 오순절 이후의 성령은 민족적이거나 인종적이 아니라 보편적으로, 임시적이 아니라 지속적으로 기독교인들의 내면에서 활동하신다.

사도행전에서는 성령의 인격 및 사역적인 특성이 드러난다. 성령은 유대인이라는 인종적, 지리적 한계를 뛰어넘어 모든 민족까지 포함하는 활동 과정에서 점진적으로 한 개인에게 초점을 맞추는 활동의 전환을 한다. 이 전환의 실체를 보여 주는 것이 바로 '기독교인'의 칭호이다.

그러므로 이 전환을 기폭점으로 유대교와 구분되는 결별하는 새로운 공동체가 출현한다. 이처럼 유대교와 기독교의 분기점은 '성령'이며 이 성령을 통해서 개인화된 신앙을 소유한 자를 '기독교인'이라고 불렀다.

4　John Dominic Crossan, *Jesus: A Revolutionary Biography*, (San Francisco: Harper SanFrancisco, 1995), 145.
5　"교회는 성령으로 거듭난 공동체이다"(행 15:14).

예수님은 열심 있는 유대인이었고, 비유와 같은 그의 가르침은 바리새인 랍비들과 유사했으며, 야고보나 베드로와 같은 그의 제자들은 유대교의 틀 안에 있던 사실상 유대교의 한 일원이고 분파였다.

그러나 이들은 율법의 준수가 아니라 바로 예수님이 메시아라는 것과 이 예수님을 통한 구원을 받아들이면서 점진적으로 유대교의 틀을 벗어난다.

이처럼 유대교와 분리되지 않던 초기 상황 속에서, 또한 유대교에 기반을 둔 상황 속에서 기독교인의 정체성은 그 기반이 되는 유대교와의 결연한 결별을 통해서 가능하게 되었다.

이러한 결별은 자생적인 활동이나 탐구 때문에 이루어지지 않고 대신에 외부적인 요인들에 의해서 이루어졌는데, 이 과정에서 두드러진 것은, 즉 주요 주체는 유대교에서 받아들여지지 않던 '성령'이었다.

바로 이 성령이 교회공동체를 유대교와는 전혀 다른 '새로운 공동체'로 형성했고, 이 공동체에 속한 사람을 안디옥에서 '크리스천'이라고 칭했던 것이었다.

'기독교'라고 하는 집단 정체성은 나사렛 예수님께 그 기원을 둔 '예수운동'(Jesus movement), 더욱 적절하게는 '유대인 기독교'의 개혁운동을 통해 수십 년에 걸쳐서 서서히 형성되어 갔다. 그것이 유대교로부터 명실 그대로 독립한 것은 1세기 마지막 30년 동안에 일어났다.[6]

나사렛 예수님을 따르는 예수운동은 민족의 위기 극복과 유대교 갱신을 추구했던 여러 종파 가운데 하나였다. 이 작은 무리가 유대교의 한계를 넘어 그리스 문화를 매개로 지중해 세계 전역으로 확산하는 새로운 종교로

---

6 Werner Jaeger, *Early Christianity and Greek Paideia*, (Harvard University Press, 1961), 108-109.

발전되었다.

신약성경의 주된 관심은 기독교의 발전 역사보다는 예수 그리스도를 증언하고 당시 교회에서 제기되는 신앙, 목회, 선교와 관련된 문제들을 다루는 데 있었다. 기독교 교회의 초기 발전 역사를 서술한 사도행전도 다른 고대 역사서만큼 신뢰할 만한 역사 서술로 볼 수 있는데, 역사적 전승과 자료가 저자의 목적에 부합되게 재구성된 신학적 '역사'로 생각할 수 있다.[7]

그 마지막 때에 '기독교'란 명칭이 일반화되었다.[8] 그 독립에서는 유대교와 자신들은 어떻게 다르며 또 어떻게 로마제국에 대해서는 위험한 종교가 아닌가 하는 것이 내외적으로 증명하지 않으면 안 되었다.

분명히 그와 같이하여 유대교의 민족적 한계성이 더욱 보편적인 지평을 초월하여 주체는 이방인 출신의 교인들에게로 이행했지만, 동시에 유대교에로의 저주나 성찬 전승의 추이에서도 본 바와 같이 유대교적 문화 요소의 냉혹한 단절도 포함하였다.

2. 초대교회와 로마제국과의 관계

초대교회사는 로마제국사와 깊은 관련이 있으므로[9], 초대교회에 대한 이해는 단지 신학이나 종교와의 관계만이 아닌, 로마제국의 역사와 함께 다룰 때 가능하다. 로마는 그리스의 고전 문학을 발전시켰으며, 기독교를 세

---

7   서원모, "유대교의 한 종파에서 세계 종교로 — 기독교와 헬레니즘의 관계 연구", 229.
8   Linda Woodhead, *Christianity: A Very Short Introduction*, (New York: Oxford University Press, 2004), 1-3.
9   R. M. Grant, "Christian and Roman History", *The Catacombs and the Colosseum*, ed. S. Benks & J. J. O'Rourke (Judson Press, 1971), 23.

계 종교로 발전시킴으로 서양 문명의 모체가 되었다. 즉, 로마는 초대교회의 기독교가 성장할 수 있었던 토양이었기에, 기독교와 로마제국이 빚었던 정치적 이해와 갈등의 양상을 살펴보는 것은 중요한 의미가 있다.

AD 313년 이전까지 초대교회는 정치적, 종교적, 사회적 요인 등 여러 원인으로 박해를 받았다. 하지만, 그 박해의 종국은 역설적이게도 기독교 공인과 국교화였다. 막강한 군사력을 바탕으로 넓은 영토를 지배한 로마제국의 거대한 정치 권력에 의해 그토록 보잘것없고 군사적 저항조차 하지 않은 팔레스틴 변방 종교인 기독교가 어떻게 공인되고 국교화되었는지는 수많은 학자에 의해 연구되었다.[10]

로마제국과 초대교회와의 관계를 연구하기 위해서는 기독교 공인 이전과 이후를 구분할 필요가 있다. AD 313년 콘스탄티누스 황제가 밀라노 칙령을 통해 기독교를 공인하기 이전까지 기독교는 혹독한 박해를 감내해야만 했고, 처절한 순교와 형극의 길을 걸어가야 했기 때문이다.

반면, AD 313년 기독교 공인과 AD 392년 테오도시우스 황제의 기독교 국교화를 통해 기독교가 로마제국의 종교로 자리 잡혀감에 따라 순교의 피로 세워진 거룩한 교회의 승리로 자축하기도 하지만, 기독교 공인 자체가 콘스탄티누스 황제의 제국 통일과 권력화를 위한 수단으로 이용되고 기독교의 정체성이 변질되기 시작했다는 비판을 면하기 어렵다.

원래 기독교는 전통적인 그리스·로마 종교에서 보이는 것과 같은 사회 정치적 질서와는 판이한 세계관을 가지고 있었다. 왜냐하면, 그들의 하나님은 비싼 제물을 정확하게 순서에 따라 많이 바치는 권력자나 부자들을

---

[10] Watts. *The Final Pagan Generation*, (Oakland, California: University of California Press, 2015).

가까이하는 신이 아니라, 가난하고 슬프고 애통한 사람들을 부르는 신이었기 때문이었다.

처음 기독교는 부유한 자들이 없는 것은 아니었지만, 주로 노예나 하층민을 중심으로 믿어졌다. 모든 주변 민족의 종교를 로마화하여 정치적인 틀에 맞추어 실용적으로 수용하였던 로마에서 기독교는 처음에 매우 이질적인 종교였다.

무엇보다도 종교 자체가 정치와 긴밀한 관계 속에서 발달하였으며, 황제가 바로 제사장이며 정치적 수장이었던 로마인들에게 "가이사의 것은 가이사에게 하나님의 것은 하나님에게"라는 예수 그리스도의 말은 충격적이었다.

서양 사학자 최혜영 교수의 말을 빌리면 "화합하기 힘들 것 같던 이 두 세계가 드디어 콘스탄티누스 황제 아래에서 화해를 모색하게 되었던"[11] 것이다.

기독교의 공인으로 박해받던 교회가 특권을 누리는 교회로 대중들의 메시아적 희망을 심어준 공동체가 특권층의 기득권을 누리는 제도적 교회로, 종말론적 시간의 공동체가 현실에 안주하는 공간의 공동체로 변화됨으로써 그 본래의 기원과 목표, 그리고 과제와 기능을 상실하기 시작했다.

이러한 특권에 도취한 기독교는 당시 로마제국의 모순된 정치적 경제적 권력 체제를 승인하거나 정당화함으로써 이른바 로마제국의 정치적 보편주의와 가톨릭의 종교적 보편주의가 궤를 같이하면서 발전되었다.[12]

---

11 최혜영, "로마 시대 종교의 '승리 이데올로기'", 「복현사림」 제26집, 경북사학회, 2003, 18.
12 정용석은 이에 대해 초대 교부들의 하나님 나라에 대한 이해를 토대로 로마제국에 대한 변천을 다루었다. 정용석, "초대 교부들의 하나님 나라에 대한 이해", 「대학과 선교」 제7집 (한국대학선교학회, 2004), 125-148.

이렇게 로마제국과 초대교회의 관계를 파악하기 위해서는 시대적인 구분에 따른 차이점과 교회와 국가 각각의 입장의 차이점을 통해 좀 더 세밀하게 살펴볼 수 있다. 1-2세기에 걸친 국가에 대한 교회의 태도는 복종과 순응의 태도가 주도적이었다. 이러한 점은 베드로전서 2장과 로마서 13장, 요한계시록 13장 등의 신약성경 본문에 근거한 사도들의 입장과 클레멘트와 폴리카르포스 등 사도적 교부들의 서신에 나타나 있다.[13]

하지만, 3세기 교회는 세속국가로부터 교회를 엄격하게 구별하려고 했다. 유세비우스(Eusebius)가 증언한 대로, 사모사타의 파울로스가 안디옥 종교회의(AD 268-269년)에서 파문된 사건에서 볼 수 있듯이 감독으로서의 부적절한 덕목, 즉 그 당시 로마 총독과 같은 고위 관료 흉내를 냈다는 것이 기소의 대상이 되었다.

이러한 점은 3세기 교회의 감독이 세속국가의 고위 관료가 누리는 특권과 혜택을 행세하려는 것조차도 비난과 파문의 대상이 될 수 있음을 보여주는 사건이었다.[14] 하지만, 이러한 상황은 4세기가 되면 급변하게 된다.

즉, 콘스탄티누스 황제의 기독교 공인 이후, 교회의 세속화 혹은 세속정치화로 인해 교회 지도자들의 혜택과 특권은 당연시 여겨졌고, 보편적인 현상이 되었다. 성직자의 특권을 부여하고 시민의 의무, 즉 병역 의무와 납세의 의무 등으로부터 면제시킴으로써 감독들은 국가로부터 부여받은 면책특권과 다양한 명예 칭호를 통해서 고위 공직자와 같은 대우를 받았다.

---

13 김유준, "로마제국과 초대교회와의 관계사", 「대학과 선교」 제35집 (한국대학선교학회, 2017), 186-187.
14 염창선, "4세기 교회와 국가의 교회 정치적 차원", 「한국 교회 사학회지」 제18집 (한국교회사학회, 2006), 97-98.

반면, 교회에 대한 국가, 곧 로마제국의 태도 역시 AD 313년을 기점으로 큰 변화가 있었다. 초기 3세기 동안 로마 황제 숭배를 거부하는 기독교에 대한 종교정책은 박해가 주된 현상이었고, 박해하지 않은 시기에도 보통은 적대적이거나 비우호적이었다.

하지만 4세기에 이르러서는 로마제국의 통일과 평화를 위한 중추적 협력자로 간주되어 관용과 우호, 심지어 비호와 특혜를 받게 되었다. 4세기 말에 이르러서는 권력의 상층부까지 영향력이 미쳤고, 이방인들과 이교도들에게 강압적인 태도로까지 변화되기도 했다.[15]

그래서 종종 감독들의 지위와 그들이 누리는 특혜에 대해서 불평이 생길 만큼 감독들은 국가로부터 혜택을 받았다. 이렇게 4세기에 접어든 초대교회의 모습은 1-3세기까지의 박해와 순교의 모습과는 현격히 구별되는 특징들이 나타났다.

1) 로마제국의 역사와 사회적 정황

로마는 BC 753년 4월 20일 쌍둥이인 로물루스(Romulus)와 레무스(Remus) 형제에 의해 중부 이탈리아의 티베르(Tiber) 강가에 세워진 도시로 전해진다. 로마 초기에는 에트루리아니(Etruscan)의 왕정을 세워 출발한 후, 라틴족이 왕정을 타도한 이후 공화정(BC 509-27)을 세웠다.

초기 공화정 시대는 귀족정이었는데, 전쟁 수행 공로로 인한 평민의 지위 향상이 함께 있었다. 후기 공화정은 3차례의 포에니 전쟁 이후 지중해 세계를 기반으로 대제국을 형성하였다. 삼두정치를 거쳐 로마는 제정 시기

---

15 염창선, "4세기 교회와 국가의 교회 정치적 차원", 101-103.

에 접어드는 데 원수정(Principatus) 시기에는 황제와 원로원이 권력을 양분하여 로마의 평화 시대를 유지했다.

군인 황제 시기에는 정치적 혼란기였고, 전제군주정 시기에는 기독교가 가장 혹독한 박해를 받았다. 그 이후 기독교가 공인되어 국가 종교의 형태를 이루는 시기였다.

원수정 시대에 원로원은 BC 27년에 모든 권력을 장악한 옥타비아누스에게 종신 집정관, 원로원 의장, 최고의 재판관을 겸한 개선장군(Imperator), 신성한 자(Augustus)라는 호칭을 부여함으로 로마제국(Roman Empire)이 시작되었다.

옥타비아누스는 제국의 평화와 번영을 위해 속주민(屬州民)의 고유한 문화, 종교, 사상 등에 관용 정책을 취함으로 세계와 보편화라는 세계동포주의를 만들었다. 옥타비아누스의 40여 년간의 치세 동안 로마제국은 내란과 혁명을 종식하고 '로마의 평화'(Pax Romana)를 구현시켰다.

3세기의 로마제국은 게르만 민족의 침입과 제위 계승에 대한 군대의 입김으로 약 50년간(AD 235-285년) 50여 명의 군인이 황제로 등극하는 등 정치적, 사회적으로 내외적인 혼란기였다.

이러한 혼란기에 디오클레티아누스(AD 284-305년)가 내란을 진압하고 군사적인 개혁을 통해 제국을 다시 통일했다. 그는 공화정의 원수정 제도를 없애고, 강력한 군주정을 만들었다.

그는 AD 285년에 막시미아누스를 자신과 함께 공동 황제로 임명하여 아우구스투스라 칭하고 제국의 서반부를 통치하게 했고, 공동 황제 각각 케사랴(Caesar)라 불리는 부황제를 임명하게 하여 명백한 계승자를 지명했다. 디오클레티누스는 황제 숭배를 통해 기독교를 조직적으로 최대, 최고로 박해한 황제였다.

그 후, 콘스탄티누스 황제(AD 303-337년)는 분열된 제국을 통일하고 AD 313년 밀라노 칙령을 통해 기독교를 공인했다. 콘스탄티누스 황제의 지원과 관심 속에서 기독교는 국가 종교로서의 발판을 확립하게 되었고, 테오도시우스 황제(AD 379-395년)가 AD 392년에 기독교를 국교로 선포하였다.

테오도시우스 황제는 제국을 이분하여 서로마는 호노리우스(395-423년)에게, 동로마는 아르카디우스(AD 395-408년)에게 나누어 상속해 주었다. 이로 인해 로마제국이 동서로 분리되어 제국의 약화를 초래했고, 서로마의 몰락을 가져오게[16] 되었다.

결국, 서로마의 로물루스 아우구스투스 황제(AD 475-476년)는 서고트족의 오도아케르에게 멸망되었다.

BC 8세기부터 5세기에 이르는 1200여 년 동안 로마는 서양사의 중심에 있었다. 공화정 로마가 공화주의, 평등주의라는 사회적, 정치적 구조를 이룩했다면, 제정 로마는 세계동포주의(cosmopolitinism) 사회 구조를 형성했다.[17]

이러한 세계동포주의는 알렉산더 대왕에 의해 건설된 헬레니즘 사상에서 비롯된다. 알렉산더 대왕은 폐쇄적이고 개인주의적인 도시 문화를 동서 문화의 융합을 통해 세계 문화로 형성시켰다. 헬라어가 세계 공용어가 되어 헬레니즘의 고전적인 문화가 더 넓은 시야를 갖게 되는 창(窓)이 되었고, 이 창을 로마가 바로 계승하게 되어 이 사상을 완성하게 된다.[18]

---

16 A. R. Born, *Alexander the Great and the Hellenistic Empire*, (New York: Penguin Books, 1948), 20. 김유준, 192에서 재인용.

17 사해동포주의(=cosmopolitanism): 세계만민주의 등으로 번역됨. 인종이나 민족, 국민이나 국가와 관계없이, 전 인류를 그 본성에서 혹은 신의 아래에서 모두 동포라고 보는 처지나 태도를 말한다. 임석진 외 『철학사전』 (서울: 중원문화, 2009), 코스모폴리타니즘. 이 책의 제10장을 참고하기 바람.

18 Martha C. Nussbaum, "Kant and Stoic Cosmopolitanism", in *The Journal of Political Philosophy*, Vol. 5, N. 1, (1997), 1-25.

제정 로마에서 세계제국화라는 보편성이 창출되어 로마제국의 보편화와 세계동포주의는 정치, 경제, 사상, 종교에서 발전하게 되었고, 기독교가 발전할 수 있는 토양이 된 것이다. 로마제국 당시의 기독교가 당면한 사회적 상황을 다음과 같은 네 가지로 살펴볼 수 있다.[19]

첫째, 네로 황제 이래로 박해와 일반적인 의혹을 받았기에 그들 자체의 안전을 위해서 비밀리에 집회를 열 수밖에 없었다. 그리하여 그들은 국가를 위태롭게 하는 비밀 조직체라는 누명을 받게 되었다.

둘째, 이교도의 만신전(萬神殿)을 인정할 수 없었기에, 기독교 선교를 위한 비타협적인 정열로 인해 로마의 원리인 관용과도 상충하였다.

셋째, 대부분 기독교인이 군대나 관직에서의 공식적인 근무나 공동 업무 종사를 황제 숭배로 인해 거부했다.

넷째, 대중들이 그들의 비밀스러운 집회에 대한 의심과 오해가 만연되어 있었다. 하지만, 로마의 행정관이었던 플리니우스(AD 23-79년)는 그들에게서 융통성이 없는 완고함과 황제 숭배의 거부를 제외하고는 어떤 악도 발견하지 못했다고 전한다.

역사가 에드워드 기번 역시 다음과 같이 기록했다.

> 기독교인들이 최고의 존재에 대해 품고 있었던 순수하고 고상한 이념은 이교 대중들의 조잡한 개념에서 탈피하고 있었으며, 한편 이교도들은 어떤 육체적인 형상이나 가시적인 상징으로 표시되지도 않았을 뿐만 아니라, 그들에게 친숙한 화려한 제전, 제단, 제물 등으로 꾸며지지 않은 영적이고 유일

---

19 지동식 편역, "로마제국의 기독교 사회", 『로마제국과 기독교』 (서울: 한국신학연구소, 1983), 236-249.

한 신을 발견하고는 당황했다.[20]

이러한 로마제국의 상황에서 기독교의 사회적 특징을 다음과 같은 세 가지로 정리할 수 있다.[21]

첫째, 기독교는 전통적인 로마 사상과 헬레니즘 문화의 토양에 뿌리를 내렸다. 기독교의 새로운 개념은 세속에서 초연한 데 반해서 하나님과 하나님의 나라에 대한 강렬한 애착을 느끼게 하는 이념이었다. 그것은 철학적인 추상이 아닌, 현재와 영원토록 인간의 영혼과 하나님과의 신비로운 합일과 조화였기에 나름대로의 적절한 영향을 끼칠 수 있었다.

둘째, 교회와 국가 사이에서 교회의 공직과 군입대 거부 등의 비협조는 기독교인이 아닌 일반인 사이의 사회적인 유대를 강화하는 데 기여했다. 기독교인들은 전적으로 세속 정부에 충성을 바쳤고, 동료에 대해서도 깊은 책임감을 보여 주었다.

셋째, 기독교 신앙의 사회적인 영향력은 보통 신앙과 도덕이 분리된 이교와는 기묘한 대조를 이룬 것으로서, 높은 인격적, 도덕적인 기준을 제시한 점이다. 기독교 사회의 높은 도덕 수준 유지에 자부심이 있었고, 이것은 그 시대의 사회에서 빛을 주는 감화 세력이었다. 평범한 남녀들의 쾌락에 대한 초연함을 보여 주었다. 그래서 테르툴리아누스는 로마의 제전이나 의식 참여를 금지했으며, 극장과 원형경기장에서의 경기 및 야수와의 투기,

---

20 Edward Gibbon, *The Decline and Fall of the Rome Empire*, (Harmondsworth: Penguin Books, 1982), 66.
21 지동식 편역, "로마제국의 기독교 사회", 『로마제국과 기독교』, 247-249.

그리고 경마 등의 금지된 세속적인 쾌락의 종류를 열거하였다.[22]

이러한 기독교 신앙의 사회적 영향력을 통한 신앙과 도덕의 혁명은 당시 사회에 새로운 인도주의적 정신을 널리 퍼뜨렸다. 이러한 인도주의적 정신은 당대의 스토아학파에서도 발견되는데, 이들은 사회의 매춘 행위와 노예제 등 인간성의 타락을 격렬하게 비난하였고, 비인도적인 행위 근절을 위한 수단으로써 관용과 상호 간의 사랑의 복음을 전파하였다.

기독교의 새로운 사회적인 가치관에 대한 공헌 역시 이와 유사했다. 즉, 기독교는 직접 노예제도의 폐지를 주장하거나 노예가 소유주로부터 도망할 것을 요구하지는 않았지만, 모든 사회적 신분 철폐와 해소를 위한 자유의 법과 진리의 법이 선포되도록 그리고 보편적인 인간성이 점점 강화되는 데 일조를 하였다.

한편, 교회 조직의 확대와 영향력의 확장으로 인해 구조 내에 분열의 틈이 생겨, 그 속에 기독교 사회 집단에서의 지위를 노리는 인물들과 이단자들이 속출하였다. 즉, 몬타누스주의자, 마니교도, 도나투스주의자, 영지주의자 등이 기존의 순수성과 전통의 통일성을 위협했다.

디오클레티아누스(Diocletianus, AD 284-305년)는 기독교를 가장 혹독하게 박해했지만, 콘스탄티누스(Contantinus, AD 305-337년) 황제는 자신의 매제인 동방의 리키니우스(Licinius)와 맺은 소위 '밀라노 협약'(AD 313년 2월)을 통해서 기독교를 하나의 '합법적인 종교'(religion lecita)로 인정했다.

---

22 염창선, "기독교와 고대 후기 로마제국의 놀이문화: 구경거리(spectacula)를 중심으로", 「신학과 사회」(21세기기독교사회문화아카데미, 2022), 69-95.

그리고 교회의 권리 회복과 동시에 몰수했던 교회 재산을 환원시킨 사건은 교회와 국가 간의 '교회 정치적' 기존의 관계를 완전히 뒤바꾸어 놓았다.

그에 따른 로마제국의 점진적인 기독교화는 기독교의 자기 정체성 정립에도 엄청난 변화를 초래했다. 다시 말하자면, 로마의 기독교에 대한 기본 정책이 '박해'(prosecutio)에서 '관용'(tolerantia)으로 바뀌면서 교회와 국가 간의 정치적 관계는 지나간 3세기 동안과는 전혀 다른 국면을 맞이하게 되었다.

교회는 사회의 변두리에서 중심부로 자리를 옮겼으며, 4세기 말에는 감독들이 기독교인들을 포함한 법정 송사의 문제를 청문하는 정부의 관료가 되기도 했다. 그들은 정부 관료들과 동등한 대우를 받았으며, 관료들은 물론 황제까지도 교회공동체의 구성원이 되면서 교회는 강압적으로 변했다.

1세기에 박해를 받으며 시작했던 교회가 4세기 말에는 권력의 상층부까지 영향력을 미쳤고, 이방인들과 이교도들을 박해하는 자리에 서게 되었다. 이러한 과정에서 교회는 소위 '세속화'되었고, '세속정치화'되었다.

물론, 일부 감독은 수도자적, 금욕적 견지에서 국가 권력과의 밀착이나 교회의 세속 권력화 등에 대해 거부감을 가지고 있었다. 다른 감독들은 황실의 비호를 힘입어 자신들의 교회 정치적 프로그램이나 신학적 견해를 관철하기 위해서 국가의 도움을 청하기도 했다.

또는 국가 권력에 우호적 태도를 보이면서 다양한 차원에서 세속정치에 결부되기도 했었다. 이로 인해 제국의 정치적인 입김은 그들이 관여한 종교회의나 신학적인 문제를 결정할 때마다 불가피하게 작용하게 되었다.

이렇게 해서 4세기 교회와 국가는 이전과는 다르게 아주 미묘하고, 복잡하고, 다차원적인 '교회 정치적' 국면으로 접어들게 되었다.[23]

AD 100-300년은 로마제국이 기독교를 박해했음에도 불구하고 복음이 계속해서 확장되던 시기였다. 유대교의 기독교 박해에 이어 네로 황제, 도미티아누스 황제, 트라야누스 황제 및 마르쿠스 아우렐리우스 황제의 박해가 있었다.

그리고 안디옥의 이그나티우스 교부가 로마의 원형경기장에서 야수에게 잡혀서 먹힐 상황에서 일곱 서신을 쓴 사실과 폴리카르포스 교부의 순교는 너무나도 유명한 사건이었다. 그래서 테르툴리아누스와 같은 교부는 순교자들의 피를 교회의 생명으로 보았다.

로마 정부로부터 기독교공동체가 박해를 받을 때에 사회적으로 기독교의 부정적 이미지가 있었음에도 기독교가 놀라운 부흥을 이루었다. 그 부흥의 원인은 다음과 같이 몇 가지로 정리할 수 있다.

첫째, 계속된 전쟁으로 불안정한 삶에 대한 불안과 공포에 빠져있는 많은 사람을 내세에 허락될 영생의 길, 복의 길로 인도한다는 소망의 메시지가 기독교에 담겨 있기 때문이었다.[24]

둘째, 로마제국은 기독교인이 보여 준 삶의 모범적인 태도와 어려운 가운데서도 선행을 베푸는 기독교인들의 삶에 감동하였기 때문이었다.[25] 3세기 말, 이집트의 기독교공동체에는 사회 고위층에 해당하는 기독교인과 중

---

23 염창선, "4세기 교회와 국가의 '교회 정치적' 차원", 97-126.
24 E. M. 번즈(E. M. Burnz), 『서양 문명의 역사』(Western civilization), 박상익 역 (서울: 조합공동체소나무, 1994), 214.
25 이근혁, "디오클레티아누스의 대이집트 과세정책과 이집트 기독교공동체의 대응", 「서양고대사연구」 제43집 (한국서양사학회, 2015), 275.

산 계층, 무역에 종사하던 상인과 유력 인사들이 많았고, 이들은 경제적으로 풍족하여 구호와 자선에 적극적이었다.[26]

셋째, 지금까지 로마가 실행했던 박해 속에서도 신실하게 믿음을 지켰던 순교자의 신앙이 열매로 나타난 것으로 생각할 수 있다. 기독교인들은 고난과 순교를 거부하지 않았다. 오히려 적극적으로 로마제국의 박해를 감당했으며, 순교자들은 기꺼이 기독교 신앙의 "씨앗"이 되어 기독교 성장의 밑거름이 되었다.[27]

넷째, 로마제국의 통치 아래에 일어난 언어와 문화의 통일성, 그리고 도로와 항만의 발전이 기독교 전파에 한몫했다.[28] 당시 세계는 대서양에서 카스피해에 이르는 모든 길, 영국에서 나일에 이르는 모든 길, 아드리아에서 유프라테스에 이르는 모든 지역이 로마제국의 지배 아래에 있었다.

소위 '로마의 평화'(Pax Romana)가 지배하던 시대로서 역사상 대제국들이 누렸던 평화중에 비교적 안정적이었다. 비록 군사력에 의한 평화였으나 이 시기에 초대교회 신자들은 자유롭게 이동하면서 복음을 전파할 수 있었다.[29]

이와 같은 이유로 로마의 토양에서 기독교의 거듭된 부흥은 사두체제에서도 이어져 기독교의 신앙은 황실에까지 영향을 미치게 된 것이었다. 락

---

26 Peter Brown, *Through the Eye of a Needle: Wealth, the Fall of Rome, and the Making of Christianity in the West, 350–550 AD*. (Princeton: Princeton University Press, 2012), 152.
27 두란노아카데미 편집부, 『초기 라틴 신학』, 이상훈 역 (서울: 두란노 아카데미, 2011), 119-120.
28 Tim Dowley, *Introduction to The History of Christianity*, (Minneapolis: Fortress Press, 2002), 66.
29 이얼 E. 케어른스(Earle E. Cairns), 『세계교회사(상)』(*Christianity through the centuries*), 엄성옥 역 (서울: 은성, 2010), 42.

탄티우스 황제(AD 240-320년)에 따르면, 디오클레티아누스 황제를 비롯한 많은 황제가 친기독교적 성향을 가지고 있었다고 한다.[30]

이러한 로마제국의 상황에서 기독교의 사회적 특징을 세 가지로 살펴 볼 수 있다.

첫째, 기독교는 전통적인 로마 사상과 헬레니즘 문화의 토양에 뿌리를 내렸다. 기독교의 새로운 개념은 세속에서 초연한 데 반해서 하나님과 하나님의 나라에 대한 강렬한 애착을 느끼게 하는 이념이었다. 그것은 철학적인 추상이 아닌, 현재와 영원토록 인간의 영혼과 하나님과 신비로운 합일과 조화였기에, 나름대로의 적절한 영향을 끼칠 수 있었다.

둘째, 교회와 국가 사이에서 교회의 공직과 군입대 거부 등의 비협조는 기독교인이 아닌 일반인 사이의 사회적인 유대를 강화하는 데 기여했다. 그들은 전적으로 세속 정부에 충성을 바쳤고, 동료에 대해서도 깊은 책임감을 보여 주었다.

셋째, 기독교 신앙의 사회적인 영향력은 보통 신앙과 도덕이 분리된 이교와는 기묘한 대조를 이룬 것으로서, 높은 인격적·도덕적인 기준을 제시한 점이다. 기독교 사회의 높은 도덕 수준 유지에 자부심이 있었고, 이것은 그 시대의 사회에서 감미와 빛을 주는 감화 세력이었다. 평범한 남녀들의 쾌락에 대한 초연함을 보여 주었다.

그래서 교부 테르툴리아누스는 로마의 제전이나 의식 참여를 금지했으며, 극장과 원형경기장에서의 경기 및 야수와의 투기, 그리고 경마 등 금지

---

30 사두체제의 디오클레티아누스 황제가 수사학 교사로 임명하여 황실 교사로 근무했으나, 기독교인들을 박해하는 기간에 황실 교사직을 사임했다. 그 후 AD 317년 콘스탄티누스의 아들을 가르치는 교사로 황실에 복귀했다.

된 세속적인 쾌락의 종류를 열거했다. 즉, 세속적인 문제에 초연하고 하나님의 나라에 굳건히 신앙한다고 맹세한, 고도로 조직화한 기독교인들은 그들의 적극적인 선교 열정과 함께 일상생활에서의 새로운 정신의 전도를 보여 주었다.

이러한 기독교 신앙의 사회적 영향력을 통한 신앙과 도덕의 혁명은 당시 사회에 새로운 인도주의적 정신을 널리 퍼뜨렸다. 이러한 인도주의적 정신은 당대의 스토아학파에서도 발견되는데, 이들은 사회의 매춘 행위와 노예제를 인간성의 타락으로 격렬하게 비난하였고, 비인도적인 행위 근절을 위한 수단으로써 관용과 상호 간의 사랑의 복음을 전파하였다.

기독교의 새로운 사회적인 가치관에 대한 공헌 역시 이와 유사했다. 즉, 기독교는 직접 노예제도를 폐지를 주장하거나 노예가 소유주로부터 도망할 것을 요구하지는 않았지만, 십자가에서의 모든 사회적 신분 철폐와 해소의 자유의 법과 진리의 법이 선포되고 있었기 때문에 보편적인 인간성이 점점 강화되었다.[31]

---

31 이는 빌레몬서의 오네시모의 경우에 잘 나타나 있다. 희년의 복음이 가져다주는 남녀노소, 신분과 지위에 대한 차별이 기독교인 가운데서 한 형제와 자매로 점차 철폐되었고, 그것은 마치 전염병처럼 수많은 노예와 천대받고 살던 사람에게 참된 소망의 메시지가 되었다.

2) 기독교회의 분열과 일치

한편, 교회 조직의 확대와 영향력의 확장으로 인해 구조 내에 분열의 틈이 생겨, 그 속에 기독교 사회 집단에서의 지위를 노리는 인물들과 이단자들이 속출하였다. 즉, 몬타누스주의자, 마니교도, 도나투스주의자, 영지주의자 등이 기존의 순수성과 전통의 통일성을 위협하였다.

특히, 밀라노 칙령으로 대중 종교로 변해 버린 교회 내에 특권을 바라며 들어오는 구성원들로 인해 초대교회공동체의 사회정신을 변질시켰다. 영지주의자들의 금욕주의적인 이상으로 인해 결혼과 성욕, 그리고 옷을 벗은 자신의 추한 모습을 보지 않기 위해 목욕까지도 억제하도록 조장했다.

4세기 초에 아타나시우스가 저술한 『안토니우스의 생애』(*Vita Antonii*)가 발간된 이래, 속세로부터 일어난 수도사의 은둔에 자극을 받아, 수백 명의 정신적인 피난자들이 안토니우스(Antonius, 252-356)의 본보기를 따랐다. 니트리아 산에는 약 5천 명의 수도사가 있었고, 제라피온은 이르시뇌에서 만 명의 집단을 거느렸다.[32] 점차 4세기 말에 이르면 수도원은 많은 순례자를 거의 감당하기 어려울 정도가 되었다.[33]

복음이 전해지는 곳에서는 교회의 분열도 일어난다. 사도행전은 복음이 전해졌던 초대교회 확장사(擴張史)뿐만 아니라, 교회의 분열과 일치 추구의 역사를 담고 있다. 이미 신약성경 안에서 교회의 분열과 교회 일치에 대한 노력이 함께 병행되고 있음을 확인할 수 있다.

---

32 Antonius, Historia Monachorum. tr. Helen Waddell, *The Desert Fathers*, (London: Constable & Co. Ltd., 1946), xviii, 21.
33 Samuel Dill, *Roman Society in the Last Century of the Western Empire*, (New York: Meridian Books, 1962), 182.

교회 분열의 조짐과 그 일치 추구는 신약성경에서부터 나타난다. 빌립보서 4장 2절에서는 이렇게 말씀하고 있다.

> 내가 유오디아(Euodia)를 권하고 순두게(Syntyche)를 권하노니 주 안에서 같은 마음을 품으시오(빌 4:2).

또, 고린도전서 1장 12절에서는 이렇게 말씀하고 있다.

> 내가 말하는 것은 이것입니다. 곧 여러분이 제각기 나는 바울파다 나는 아볼로파다 나는 게바파다 나는 그리스도파라 한다는 것이니(고전 1:12).

요한삼서는 다음과 같이 기록하고 있다.

> 으뜸 되기를 좋아하는 디오드레베가 형제들을 접대치도 아니하고 접대하고자 하는 자를 금하여 교회에서 내어 쫓는다(요삼 1:9).

이는 모두 교회 분열의 조짐을 보인다.

그러나 신약성경에 나타난 교회 분열의 예(例) 중에서 더욱 심각한 것은 "안디옥 교회에서 이방인들이 할례를 받지 않고 기독교인이 될 수 있느냐"의 문제로 일어난 것이라 할 수 있다. 예루살렘의 야고보로부터 파송받은 사람들은 베드로로 하여금 이방인들과의 식탁 교제를 갖지 말 것을 권유하기까지 한다(갈 2:11-14).

바울은 기독교의 유대교화(judaization)로 인해 큰 위기를 느꼈다. 그는 갈라디아서에서 이들을 다시 기독교인이 되게 하는 데에는 "해산의 고통"

(갈 4:19)이 요구된다고 토로하였다.

사도행전 15장은 바로 이 문제의 해결을 위해서 사도들과 장로들이 협의회를 열어 교회 분열을 미리 방지하였다는 사실을 말하고 있다. 이는 훗날 에큐메니칼 협의회의 모체가 된다.

3) 사도 시대의 이단들

사도들의 뒤를 이어 기독교 신앙의 정통성을 고수하며 신학의 발전에 공헌한 지도자들을 보통 신학자들은 초대교회의 교부(教父)라고 칭한다. 교부란 '교회의 아버지'란 뜻을 지니고 있다. 초대교회 교부들은 사도들의 뒤를 이어서 교회를 든든하게 세워나가고 복음의 진리를 체계화하는 데 큰 역할을 담당하여 후세에 큰 영향을 주었다.

초대교회가 많은 핍박과 도전을 받으며 복음을 전하는 동안, 복음의 진리를 학문적으로도 정립하고 체계화시켜야 할 필요성이 대두되었다. 교부들의 신학은 순수한 신앙을 가르침과 동시에 외부의 도전들에 대한 변호에서 시작되었다. 이러한 기독교의 변호에 직접 참여한 교부들을 '변증가들'(apologists)[34]이라고도 부른다.

교부의 자격 중 특히 중요한 것은, 그들이 교리에 정통성을 지녀야 한다는 것이었다. 사상이 순수하지 못하거나 정통적이지 못하면 교부로 인정하지 않았다. 그러나 이 정통성의 문제도 '정통'에 대한 정의가 달라 표준 척

---

[34] 변증가들이란 대표적으로 이교도인 켈수스와 같은 이교 반대자들에 대항하여 기독교 진리를 변호하려 했던 2세기의 저술가들을 지칭한다. 그들 중 몇몇은 철학적 접근을 반대한 테르툴리아누스를 좋아한 반면에, 대다수의 변증가는 기독교 메시지 및 세계관 그리스 철학과의 유사점을 증명하려고 노력하였다. 김광우, 『신학이야기』 (서울: 도서출판 지와 사랑, 2000), 제4장 「교부와 변증가들」.

도가 되지는 못했다.

한 예로, 알렉산드리아의 클레멘트와 오리게네스의 경우 서방교회에서는 그 사상의 비정통성 때문에 교부로 받아들이지 않았지만 동방교회에서는 교부로 받아들였다. 첫 번째 교부로는 1세기 말에 활동한 로마의 클레멘트를 꼽고, 마지막 교부로는 동방교회에서는 다메섹의 요한(~725년)을, 서방교회에서는 그레고리 1세(~604년)를 꼽는다.

교부들의 신학 사상은 2세기경부터 7-8세기까지 계속된다. 교부들의 신학 사상은 주로 예수님이 계시하신 진리, 예수님에 대해 언급한 구약성경의 예언, 기독교 진리를 전파하기 위한 이방 철학과 관련된 변증 등이었다.

학자들은 속사도(續司徒)와 교부(敎父)들을 구분하기도 하고, 속사도들을 교부의 범주에 포함하기도 한다. 시대적으로 보면 30-100년경 로마의 클레멘트, 안디옥의 이그나티우스, 헤르마스, 알렉산드리아의 법률학자 출신 바나바, 히에라볼리의 파피아스, 서머나의 폴리카르포스 등은 속사도 시대의 교부들이라 할 수 있다.

서머나의 이레니우스, 알렉산드리아의 클레멘트, 카르타고의 터툴리안, 로마의 히폴리투스, 카르타고의 키프리아누스(=키프리안), 그레고리(=그레고리우스) 등은 3세기까지의 교부들이다.

니케아 회의 이후의 교부들로는 이탈리아의 락탄티우스, 『교회사』의 저자인 가이사랴의 유세비우스, 아타나시우스, 갑바도기아의 바질, 밀라노의 암브로시우스(=암브로스), 안디옥의 요한 크리소스톰, 로마의 제롬(=히에로니무스), 북아프리카의 아우구스티누스 등이 있다.

사상적으로 기독교를 공격하는 데에 맞서 복음과 교회를 수호하는 데 힘썼던 교부들을 '변증 교부'라 부르기도 한다. 교부들은 동방 교부와 서방 교부로 나누기도 한다. 알렉산드리아의 아타나시우스, 가이사랴의 바실,

니사의 그레고리, 요한 크리소스톰 등은 동방 교부이고, 밀라노의 암브로시우스, 제롬, 히포의 아우구스티누스 등은 서방 교부이다.

지역적으로는 소아시아 헬라 교부들(이레니우스, 히폴리투스), 알렉산드리아 신학 교부들(클레멘트, 오리게네스), 라틴 신학 교부들(테르툴리아누스, 키프리아누스 등) 등으로 나누기도 한다. 로마제국은 계속해서 믿는 자들을 박해하며 끊임없이 교회를 핍박하였다. 적어도 초대교회는 약 500년 동안 극심한 시련과 혼란에 빠지게 되었다. 그러나 이 시기에 복음 전파를 위임받은 교회는 계속되는 박해 아래에서도 전 세계로 믿음을 지키며 진리 수호를 위해 기독교를 변호하였다.

특히, 당시 속사도 들은 사도들과 2세기 후반 저작 활동을 했던 변증가들 사이에 교부들 중 니케아 회의 이후의 대표적인 밀라노 감독이 된 교부 암브로시우스를 소개한다.

암브로시우스는 오랫동안 기독교를 믿던 귀족 집안의 출신으로 339년 트리에(Trier)에서 태어났다. 그는 교부의 역할을 했고 기독교가 공인된 이후에는 교회의 신학적 정립을 위해 크게 기여했다. 당시 교회는 규율이 해이해지고 예배는 형식화되었으며 교리는 독단적이 되고, 윤리의 표준은 세속화되어 갔다. 그러므로 교회는 초기의 신앙적 순결과 엄격한 규율을 상실하고 점차 국가적 타락과 세속주의에 빠지게 되었다.

이 같은 상황에서 속사도 교부들은 교회의 정착과 교리의 발달에 주도적이 되었으며 초대 사도들의 신앙 전통을 회복하기 위해 신앙적 모범이 되었다.

사도 시대를 뒤잇는 신학자들을 속사도 교부들 혹은 사도적 교부들이라 일컫는다. 교부(敎父=Church Fathers)란 대체로 목사들로서 교회의 정신적 아버지라는 뜻이다. 이 시기(100-310년)의 교부들로서 소아시아의 이그나티우스, 폴리카르포스, 파피아스, 로마의 클레멘트와 헤르마스 및 알렉산드리아(이집트 근처)의 바나바 등이 있다.

그런데 이 세 지역의 신학은 각각 나름대로의 특징을 나타내면서 복음을 증거하였다. 예컨대, 로마의 속사도 교부들이 실천적, 윤리적, 행정적이라면, 필로(Philo) 전통과 그리스의 형이상학 전통을 물려받은 알렉산드리아는 사변적이고 알레고리컬(은유적) 성경 해석으로 특징지어지며, 구약의 역사성과 예수님의 육신적 삶을 약화시키는 경향을 띠고 있다.

그리고 동방의 신비 종교에 노출된 안디옥을 포함하는 소아시아는 성례전을 통한 하나님과의 신비적 연합을 강조했고 죽음을 넘어선 영생을 추구하였다.

이상의 교부들의 복음이 여러 지역으로 확산되면서 생겨난 여러 지역 교회의 여러 가지 다양한 신학이 발견되는데, 여기에서 사도적 전승인 복음을 통일성으로 하는 신학 전통들의 다양성이 엿보인다. 복음은 다양한 문화를 만나, 다양한 기독교를 만들어 낸다.

속사도들의 저서를 통해 그들에게 어떤 신학적 사상을 찾기는 매우 어렵다. 그 이유는 이들에게 사상이 없는 것은 아니지만 그들이 그때그때 필요에 따라 기독교 신앙을 실천적으로 다양하게 표현했기 때문이다.

이들은 또한 교회의 책임 있는 지도자들로서 교회 안에 분쟁이 일어날 때마다 진압에 힘썼고, 교회의 조직이 빈약하여 통일성과 질서를 잃을 때 질서를 강조하였다. 또한, 가현설주의자나 유대주의자 등이 교회를 혼란케 할 때, 이와 같은 이단 사상을 물리치기에 힘썼으며 교회의 핍박이 닥쳤을 때 직접 순교의 본을 보였다. 이들의 이 모범은 우리에게 뜨거운 감동과 감화를 준다. 이들은 사도들과 달리 영적 권위를 행사하려고 하지 않았다. 이들은 사도들의 모범적 권위를 표준으로 하여 생활 중에 항상 인용하였다.

예를 들어, 사도들이 기독교적 신앙의 근본들을 권위로 반포한 데 비해, 이들은 그 신앙을 전제로 하여 실제 교회생활에 필요한 것들을 권면하였다. 이들은 가능한 한 사도들의 신앙적 전통에 서려고 노력하였다.

따라서, 이들은 신학적이거나 사색적이었다기 보다는 대부분 목회적이고 실천적 인물로서 초기 보편주의를 향해 움직이던 기독교공동체의 내적인 삶에 관심을 쏟았다.

3. 초대교회의 로마제국에 대한 입장

지금까지의 분석이 로마제국과 초대교회와의 관계에서 국가가 교회에 대한 견해를 밝힌 것이라면, 지금부터는 교회의 관점으로 접근할 필요가 있다. 즉, 교회는 로마제국과의 관계를 어떻게 보았고, 교회는 실제로 로마제국에 어떤 관점을 취했으며, 교회는 박해의 문제를 어떻게 극복해 나갔는지 등을 살펴보자.

1) 초대교회 변증가의 로마 황제에 대한 입장

락탄티우스(Lactantius)의 『박해자들의 죽음에 관하여』(De mortibus persecutorum)는 전적으로 교회의 처지를 대변해 주었다. 그는 불경한 자들의 음모가 근절되고 기독교인에 대한 황제들의 피에 굶주린 명령들이 철회된 데 대한 만족감을 서술하면서, 기독교 박해자들에 관해 역사적으로 요약했다.

락탄티우스는 네로, 도미티아누스, 데키우스, 발레리아누스, 아우렐리아누스, 디오클레티아누스, 그리고 그의 공동 통치자들까지 거론했다. 하지만, 그는 네로 황제에서 디오클레티아누스 황제 때까지 삼십 명의 황제가 있었지만, 동시대를 제외하면 다섯 명 밖에 언급하지 않았고, 나머지는 다음과 같이 서술했다.

> 다수의 선량한 황제가 로마제국의 진로를 결정한 뒤이은 시기에 교회는 적의 공격을 받지 않고 동방과 서방으로 영향력을 더욱 확대함으로써, 지상의 아무리 먼 지역이라도 하나님에 대한 숭배가 미치지 않은 곳이 없었다.[35]

이러한 점은 기독교를 박해한 황제들은 소수에 불과하며, 황제들의 대다수가 기독교에 대해 중립적인 태도를 취했거나, 심지어 우호적인 태도를 취했음을 알 수 있다.[36]

테르툴리아누스도 『변증론』(*Apologeticum*)에서 박해자 명단으로 네로 황제와 도미티나누스 황제만을 꼽고 있다. 이러한 점은 사르데이스의 멜리토(Melito)에게서도 나타난다. 멜리톤도 네로 황제와 도미티아누스 황제야말로 기독교에 불명예를 씌우려한 유일한 황제들이었다고 여겼다.

그러나 그들까지도 악인들의 선동이나 혹은 무지의 소치로 그렇게 한 것이라고 말하고 있다.

이러한 견해는 기독교인들이 희망적 사고에 사로잡혀 현실을 외면한 것인가?

---

35 Lactantius, *De mortibus persecutorum*, III. 4. 김유준, "로마제국과 초대교회와의 관계사", 한국대학선교학회, 2017), 197에서 재인용.
36 쿠르트 알란트·지동식 편역, "초기의 교회와 국가관계: 재해석", 『로마제국과 기독교』, 221-235.

아니면 교회의 우호적 관점을 통해 국가 영향력의 변화를 기도한 것인가?

이러한 의문에 대한 답변과 함께 기독교인들이 박해자들을 어떻게 설명했으며 타협했는지도 확인해야 한다.[37]

멜리톤은 『변증론』에서 소아시아에서 일어났던 박해에 관해 마르쿠스 아우렐리우스 황제를 향해 다음과 같이 말했다.

> 만일 당신의 명령권 아래에서 이와 같은 일이 일어난다면, 그것은 반드시 공정하게 처리될 것입니다. 왜냐하면, 공정한 황제는 결코 부당한 결정을 내리지 않을 것이기 때문입니다. 그리고 우리로서는 그런 죽음의 영광을 기꺼이 받아들일 것입니다.[38]

하지만, 락틴티우스, 테르툴리아누스, 멜리톤은 국가가 교회에 대해 대부분 우호적이었거나 적어도 중립적이었음을 강조한 것은 아니다. 기독교인을 옹호한 타티아노스, 밀티아데스, 헤에라폴리스, 아폴리나리스, 사르데이스의 멜리톤, 그리고 아데나고라스 등의 저술가들은 모두 마르쿠스 아울렐리우스 황제 치하에서 기록했다. 그들은 기독교인들이 그 명칭을 가지고 있다는 이유만으로 대중들로부터 박해를 받았다고 기록하고 있다.[39]

---

37 김유준, "로마제국과 초대교회와의 관계사", 197.
38 Tertulianus, *Apologeticum*, 26, 6. 김유준, "로마제국과 초대교회와의 관계사", 198에서 재인용.
39 Pamphili Eusebus, Ecclesiastical History, 2 vol. tr by Roy J. *Dererarin in the Fathers of the Church*, (Washington, D.C.: The Catholic University of American Press, 1953), V. 1 cols. 김유준, "로마제국과 초대교회와의 관계사", 198에서 재인용.

실제로 아우렐리우스 황제 치하의 기독교인들은 공중목욕탕과 시장에서 출입을 거절당했으며, 대로에서의 통행도 금지되었다. 그들은 대중들에게 사형을 당하도록 방치되었으며, 구타당하고 약탈당하고, 돌로 타박상을 입는 등의 모욕을 당했고, 마침내는 시장에 있는 시 당국에 끌려가 투옥되었다.

수감자의 수는 갈리아의 두 사회에서 계속 증가하여 어떤 지위를 유지하거나 특별한 명성을 누리던 모든 기독교인까지도 감옥에 갇히고 말았다. 그들 중 상당수는 연령이나 성과 관계없이 미리 마련된 방법에 따라 고문을 당하였고, 나머지 사람들은 원형경기장에서 사나운 동물들에게 던져지거나, 다른 방법으로 살해되었다.

감옥에서 죽은 사람들은 개의 먹이로 던져졌고, 갈기갈기 찢어지고 부분적으로 불에 탄 시체들은 병정들의 감시하에 6일 동안이나 전시되었고, 마침내 화장되어 그 재는 론강에 뿌려졌다. 테르툴리아누스 역시 일반 대중들 사이의 기독교인이라는 이름에 대한 증오를 언급하면서, 기독교인의 비참한 실상을 소개하고 있다.[40] 이러한 점으로 미루어 볼 때, 기독교인들이 희망적인 사고에 사로잡혀 현실을 외면했다고 보기에는 무리가 있다.

이러한 태도는 초기의 기독교인들에게 로마제국은 그들의 국가로서, 로마국가에 관한 신학적인 관점 이외에, 공리적인 국가관을 가지고 있기 때문이라고 쿠르트 알란트(Kurt Aland)는 주장했다.[41]

국가에 대해 손해를 미치는 행위는 그들 자신에게도 이로운 것이라는 의미이다. 그래서 교회와 국가의 관계에서 멜리톤, 테르툴리아누스, 탁틴티우스 등이 그들의 역사 연구에 이러한 점을 기초로 삼고 있다고 본 것이다.

---

40   김유준, "로마제국과 초대교회와의 관계사".
41   Kurt Aland, "The Relation between Church and State in Early Times: A Reinterpretation", 113-123.

처음부터 교회는 국가에 대해 호의적이었고, 교회는 신성한 하나님의 기구로서 로마제국에 한 가지만을 제외한 모든 것은 바칠 수 있는 준비가 되어 있었다.

그 한 가지가 바로 바로 황제 숭배였다. 하지만, 로마제국은 교회에서 설정한 한계를 인정하지 않았기에, 계속해서 갈등이 일어났다. 교회는 근본적으로 갈등을 일으키는 자가 황제 자신이 아닌, 기독교적인 악마에 의해서 인도되는 황제의 불량한 간신배들이라고 생각했다.

이렇게 보면, 4세기 콘스탄티누스 황제가 기독교인으로부터 받은 대접이 설명될 수 있을 것이다. 교회는 그동안 받아왔던 유혈적인 박해가 종식되었기에, 콘스탄티누스 황제의 신앙 상태와는 상관없이 그가 칭송을 받았다.

즉, 3세기 동안 기독교인들에게 축적되었던 국가에 대한 충성의 필요성이 로마제국 전체에 퍼지게 되어, 교회와 국가의 관계가 회복되었다. 그래서 니케아 공의회에서 감독들은 콘스탄티누스 황제에게 많은 것을 양보하고 인정할 준비가 된 것이다. 그래서 초대교회는 교회가 시작될 때부터 국가를 하나님께서 세우신 사회적 삶의 한 형태로 간주하면서 자신을 국가의 울타리에 한정했다.

2) 제국 황실과의 긴밀한 협력 혹은 강력한 대응

3세기 동안 로마제국의 박해와 제국 시민들의 비난 속에서 확장된 기독교는 그리스도께서 걸어가신 십자가의 길을 걷는 순교 신앙을 지켜왔다. 특히, 3세기에 더욱 조직적이고 전제국적인 박해 속에서 세속화에 대한 경계와 구별을 강조해 왔다.

하지만, 4세기의 기독교 공인 이후에 기독교는 전혀 다른 양상으로 전개되었다. 즉, 감독들을 비롯한 교회 지도자들의 특권과 혜택으로 인해 로마 제국의 황실과 밀접한 관계를 형성해 갔다.

그러한 감독들은 교회 정치력에 다양한 방식으로 관여한 황실 감독, 황실 신학자, 재판 감독 등으로 구별되기도 한다.[42] 이러한 감독들 중에는 황궁에 머물면서 황제의 측근에서 교회의 정치적 결정에 영향을 미치며, 황제의 자문역을 맡은 황실 감독들이 있었다.

그 예로 콘스탄티누스 황제의 고문이었던 코르도바의 오시우스(Ossius)와 교회사의 아버지로 불리는 카이사레아의 유세비우스(Eusebius), 그리고 아리우스의 절친한 친구요 지지자였던 니코메디아의 유세비우스(Eusebius)가 있다.

또한, 콘스탄티누스 2세 때에는 신기두눔의 우르사키우스(Ursacius), 무르사의 발렌스(Valens) 등이 있었다. 황실 측근을 맴도는 이런 감독들에 대해서 교회 내부에서의 비판도 끊이지 않았다. 320년 안디옥 종교회의에서는 자기 교구의 총감독이나 감독들의 동의를 얻지 않고 어떤 이유에서든지 간에 황궁 출입을 금했고, 푸아티에스 힐라리우스(Hilarius of Poitiers)는 이러한 황실 감독들에 대해 황궁에서의 영예를 노예적 굴종으로 비난했다.[43]

한편, 4세기 이후의 이런 추이 속에서도 이에 대해 비판적인 입장을 견지한 교부들도 있었음을 주지해야 한다. 이들은 국가의 권력에 편입된 황실 감독들과는 달리 때로는 황제와 정면으로 대립하기도 했고, 교회의 편에서 국가와 황제에 대해서 주권적이고 자주적인 영향력을 행사했다. 대표적인 교부로는 알렉산드리아의 아타나시우스(Athanasius)와 밀라노의 암브로시우

42　염창선, "4세기 교회와 국가의 '교회 정치적' 차원", 106-113.
43　김유준, "로마제국과 초대교회와의 관계사", 201.

스(Ambrosius), 그리고 아우구스티누스(Augustinus)가 있다. 특히, 유스티나의 월권행위나 테오도시우스 황제가 391년 세금 폭등으로 인해 시위를 벌인 데살로니가인 집단 학살 사건에 대해 암브로시우스의 강력한 대처는 훗날의 아비뇽 사건을 연상시킬 만큼 국가에 대한 교회의 강력한 대응이었다.

아우구스티누스는 419년 히포의 감독으로 재임할 때, 카르타고에서 세금 폭등으로 저항하다가 붙잡힌 사람들을 위해 아프리카 감독들과 함께 그들을 사면해 줄 것을 촉구하는 서신을 보냈고, 1,500마일 이상 캠페인을 벌이며 권력자들을 찾아다니면서 세금 폭등으로 수감된 사람들의 사면을 촉구하였다.[44]

이러한 초대 교부들은 그 당시 교회가 로마제국과 긴밀한 협력 관계에 있었음에도 교회를 지도하는 감독으로서의 분명한 자기 정체성을 가지고 고유한 책무를 감당했으며, 자주적인 영향력을 행사했다. 즉, 이들은 무엇보다도 교리와 윤리의 문제에서는 목회적 차원에서 교리를 수호하고 교회의 질서를 유지하기 위해 탁월한 언변과 치밀한 논쟁으로 맞섰다. 특히, 황제를 비롯한 불의한 권력자들 앞에서도 선지자적 사명을 결코 소홀히 하지 않았다.

3) 로마제국에 대한 기독교의 대처

의식적으로 유대교에서 분리되어 떨어져 나온 것이 아니었던 초대교회는 동시대 사람들과 학자들의 눈에도 유대교의 한 종파로 간주하였다.[45] 기독교는 유대교 또는 유대인들의 성향을 어느 정도 이어받고 있었기에 유대

44　김유준, 『아우구스티누스의 경제사상』 (안산: 희망사업단, 2015), 61.
45　루돌프 불트만, 『기독교 초대교회 형성사: 서양 고대 종교사상사』((Das) Urchristentum), 허 혁 역 (서울: 이화여자대학교, 1994), 176.

인들의 박해에 대한 반응을 살펴보는 것은 중요한 일이다.

유대인들의 성격을 포함하여 유일신 신앙을 이어받은 초대교회 신자들은 로마제국의 기독교 정책에 대하여 여러 가지 반응을 보이게 되는데, 그 반응의 양식은 심리학자인 카렌 호나이(K. Horney)의 이론[46]에 따라 '회피', '순응', '저항' 등으로 살펴볼 수 있다.

4) 로마제국의 박해에 대한 회피와 순응

박해가 일어나자 공포와 탄압으로부터 벗어나려고 하는 회피가 일어나게 된다. 실제로 박해가 시작되자 어떤 이들은 도망을 갔다. 그러나 박해 초기에 도망을 간 구체적인 사례는 매우 한정적이다.

예를 들면, 데키우스 박해(249-251년) 때에 황제는 교회의 지도자를 제거하면 기독교를 제압하기 쉬우리라 생각을 하였고, 이로 인해 교회의 감독들에게 위협이 집중되었다. 248-258년 카르타고의 감독이었던 키프리아누스(Cyprianus)는 교회를 위해 피신하게 되었다.

그러나 그의 반대자들이 그 결정적인 순간을 놓치지 않고 공격하게 되어, 키프리아누스도 피신이라는 결정을 후회하게 되었다. 키프리아누스와 폴리카르포스의 경우에는 박해에 대한 공포와 위험 때문이 아니라 교회를 위한 마음으로 회피하고 있는 것으로 보이며, 이는 곧 박해와 위협의 공포를 벗어나고 피신하는 것과는 차이를 갖는다고 생각된다.[47]

---

46 카렌 호나이(Karen Horney), 『카렌 호나이의 정신분석』(*Our inner conflicts*), 이희경, 윤인, 이해리, 조한익 공역 (서울: 학지사, 2006), 46-47.

47 안신영, 『초기 기독교와 로마제국과의 관계-황제를 위한 기도를 중심으로』 (호서대학교 박사학위 논문, 2014), 56.

초대교회 신자들이 박해에 대항하여 충분히 피할 수 있는 상황임에도 불구하고 순교에 대한 열망이 증폭되어 순교자들이 많아지게 되자, 로마 박해의 양상은 단순하게 기독교인이라는 이름을 가졌다는 것만으로도 처형하던 것에서 배교를 하도록 유도 신문하는 것으로 변화된 것을 볼 수 있다.

이러한 상황에서 기독교 내부에서도 순교에 대한 기준이 변화되기 시작하며, 『폴리카르포스 순교록』에서 폴리카르포스는 다음과 같이 기록하였다.

> 우리는 스스로 (순교하겠다고) 나선 사람들을 칭찬하지 않습니다.[48]

신자들은 기독교인임을 부인하는 것도 안 되고 순교하러 가는 것도 안 되었다. 박해의 위험에서 도피하는 것이 당시의 일반적인 견해였다. 이에 대하여 키프리아누스와 오리게네스 그리고 알렉산드리아의 클레멘트도 이와 동일한 견해를 가졌다.[49]

1-2세기에 걸친 국가에 대한 교회의 태도는 복종과 순응의 태도가 주도적이었다. 이러한 점은 베드로전서 2장과 로마서 13장, 요한계시록 13장 등의 신약성경 본문에 근거한 사도들의 입장과 클레멘트와 폴리카르포스 등 사도 교부들의 서신에 나타나 있다.

특히, 로마서 13장에 나타나는 국가 권력에 대한 복종적인 바울의 입장은 다음 세대의 기독교인들에게서 계승되고 있다.

---

[48] 안신영, 『초기 기독교와 로마제국과의 관계-황제를 위한 기도를 중심으로』에서 재인용.

[49] 오리게네스,「요한복음 주석」28 trad. E. Corsini, Torino (1968), 727. 이상규, "초대교회 문헌 안에 나타나는 '순교 신학'(Martyriologia)",「복음과 문화」Vol. No. 6 (대전카톨릭대학교, 2005), 38.

초대교회 신자들은 다신교적 종교 행사와 황제 숭배를 거부했던 순교자들도 있었지만, 다른 한편으로 로마제국의 통치와 종교, 정치적 방침을 어기지 않는 선에서 타협적으로 순응했던 기독교인들도 있었다.

키프리아누스는 251년 초에 배교자들의 문제에 대한 통일된 규칙의 토대를 만들기 위하여 『배교자들에 관하여』(On the Lapsed)란 제목의 저서를 집필하였다.

또한, 박해 이후 배교자들을 교회공동체의 일원으로 받아들일 것인가에 대한 문제에 대해 키프리아누스는 구제에 대한 자신의 생각을 『선한 행위와 구제에 대해서』(On Works and Alms)에서 구체적으로 발전시켰다.[50]

5) 로마제국의 박해에 대한 저항

기독교인들은 유대인들과는 달리 폭력적인 저항이 아니라 비폭력적인 저항의 방법을 선택하였다. 성경에서 예수님은 앞으로 닥칠 박해와 고난에 관해 이야기하고 있다(눅 21:12-29). 예수님의 예언처럼 이러한 박해가 실제로 일어나게 되었고 초대교회 신자들이 이러한 문제에 대한 대응으로 순교와 변증으로 대응하였다.

'순교'라는 말은 '기독교 신앙을 위해 박해를 받아 목숨을 바치는 것'[51]을 의미한다. 순교는 라틴어로 '마르티리움'(Martyrium)이며 이는 '증언자'(증인)를 뜻하는 그리스어인 '마르투리온'(μαρτύριον)에서 유래하였다. 원

---

50 안신영, 『초기 기독교와 로마제국과의 관계-황제를 위한 기도를 중심으로』 58에서 재인용.
51 이성배, "순교(殉敎)의 신학적 의의", 「신학전망」 제11집 (광주가톨릭대학교, 1970), 91.

래는 '증언자'의 의미에서 변화되어 『폴리카르포스 순교록』에서 '피의 증인'(μάρτυς)이라는 의미로 기독교 문헌들 가운데서 처음 기록되었다.

기독교의 순교 정신은 비록 유대인들의 폭력적인 저항이 아니라 비폭력적인 저항이었지만, 예수님의 십자가와 부활을 신앙으로 보여 준 적극적인 저항이었다. 예수님의 십자가는 성도들의 고난을 이야기하며, 예수님의 부활은 승리를 상징한다.

AD 177년 갈리아(Garia) 지방, 특히 리용(Lyon)과 비엔나(Vienna)에서 혹독한 박해가 일어났다. 이에 관한 내용은 무명의 갈리아공동체의 지도자가 아시아와 프리기아에 보낸 서신에 나타나 있는데, 유세비우스의 『교회사』 제5권 제1-3장에 기록되어 있다.

유세비우스의 『교회사』의 기록에서 순교자의 모습들을 엿볼 수 있다.

> 그들은 먼저 들끓는 외침, 구타, 약탈, 강도, 돌던짐, 투옥 및 야만적인 백성들이 원수들에게 즐겨 가하는 온갖 해악을 씩씩하게 견디었습니다. 그 후에 그들은 법정으로 끌려가서 군중들이 참석한 가운데 판사들과 시의 권위자들의 심문을 받았고 총독이 도착할 때까지 감옥에 갇혀 지냈습니다. 나중에 그들은 총독 앞으로 끌려 나가 재판을 받으면서 그에게서 온갖 잔인한 일을 당하였습니다.[52]

순교자들은 위와 같은 순서로 고난을 당하게 되었고, 총독 앞까지 끌려 나가 고난을 당하게 되었다. 그러나 자신들의 신앙을 굽히지 않았던 갈

---

52 팜필루스 유세비우스(Pamphilus Eusebius), 『유세비우스의 교회사』([The] Ecclesiatical history of Eusebius Pamphilus), 엄성옥 역 (서울: 도서출판 은성, 1990), 244.

리아 지방의 두 교회에서 마투루스(Marurus), 아탈루스(Attalus), 블란디나(Blanticus), 상투스(Santus), 비블리아누스(Biblias), 포티누스(Pothinus), 폰티쿠스(Ponticus) 등등의 사람들이 온갖 잔인한 방법으로 순교를 당하였다.

신학자 안병무 교수는 "순교자의 길"에 대해 이야기하는 가운데 순교자의 여러 가지 조건을 말하고 있는데, 여기에서 기독교의 순교가 로마제국에 어떠한 의미를 담고 있는지를 짐작할 수 있다.[53]

로마제국은 기독교를 다신교적인 사회에서 하나의 예속된 종교가 아니라 제국 내의 위협이나 혼란을 초래할 수 있는 신앙공동체로 규정하고 박해를 한 것이며, 이에 대하여 신앙을 수호하려는 기독교인들의 목숨 건 투쟁의 결과가 '순교'인 것이다.

로마에 대한 저항의 다른 방법으로서 '변증(辨證)'을 말할 수 있다. 트라야누스 황제와 동시대를 살았던 타키투스와 플리니우스가 기독교에 대해서 "유해한 미신", "불량하고 무익한 미신", "완고한 분자들"이라고 언급했다. 기독교인들에 대해서 광신자 집단 또는 자신들이 혐오하던 유대인 집단으로 간주했다.

2세기 중엽 마르쿠스 아우렐리우스가 기독교를 박해하던 시절에 기독교를 직접 공격하려는 의도가 있던 저작물을 쓴 사람은 바로 그리스 철학자 켈수스(Celsum)였다. 켈수스는 기독교를 경멸하면서 『참된 담론』(Alethes logos)을 집필했다.

변증가들은 기독교가 박해를 받는 시기에 이교도들의 저열한 뜬소문과 비판에 대응하여 기독교를 변증하였다. 이와 같은 2-3세기 변증가들은 아

---

53 안병무, "순교자 개념의 어제와 오늘", 「기독교사상」 제17집 (대한기독교서회, 1973), 29.

리스티데스, 유스티누스, 타티아누스, 아테나고라스, 테르툴리아누스, 오리게네스, 미누키우스, 펠릭스, 아르노비우스, 락탄티우스 등이 있다.[54]

변증 문학은 하드리아누스 때 나타나기 시작하였고, 발전하게 되었다. 이들이 쓴 변증의 글들은 황제들, 속주 총독들, 이교 지식인 사회를 향해 집필되었으며, 이 글들은 권력자들과 대중이 기독교와 기독교 신자들에 대한 반감을 누그러뜨리기 위한 목적으로 집필되었다.[55]

6) 공인된 이후 계속 긴장 관계인 로마제국과 교회

3세기 동안 로마제국의 박해와 제국 시민들의 비난 속에서 확장된 기독교는 그리스도께서 걸어가신 십자가의 길을 걷는 순교 신앙을 지켜 왔다. 특히, 3세기에 더욱 조직적이고 그 전제국적인 박해 속에서 세속화에 대한 경쟁의 구별을 강조해 왔다.

하지만, 4세기의 기독교 공인 이후에 기독교는 전혀 다른 양상으로 전개되었다. 즉, 감독들을 비롯한 교회 지도자들의 특권과 혜택으로 인해 로마제국의 황실과 밀접한 관계를 형성해 갔다.

그러한 감독들을 교회 정치력에 다양한 방식으로 관여한 황실 감독, 황실 신학자, 재판 감독 등으로 구별하기도 한다.[56] 이러한 감독들 중에는 황궁에 머물면서 황제의 측근에서 교회의 정치적 결정에 영향을 끼치며, 황제의 자문역을 맡은 황실 감독들이 있었다.

---

54 이형기, "로마제국의 박해에도 불구하고 확장되는 기독교(100-313)", 「기독교 사상」 제44집 (대한기독교서회, 2000), 123.
55 필립 샤프(Philip Schaff), 『교회사 전집 2권 ― 니케아 이전의 기독교』 이길상 역 (경기: 크리스천다이제스트, 2005), 115-116.
56 염창선, "4세기 교회와 국가의 '교회 정치적' 차원", 106-113.

그 예로는 콘스탄티누스 황제의 고문이었던 코르도바의 오시우스(Ossius)와 교회사의 아버지라 부르는 카이사레아의 유세비우스(Eusebius), 그리고 아리우스의 절친한 친구요 지지자였던 니코메디아의 유세비우스(Eusebius)가 있다. 또한, 콘스탄티누스 2세 때에는 신기두눔의 우르사키우스(Ursacius), 발렌스(Valens) 등이 있었다.

황실 측근을 맴도는 이런 감독들에 대해서 교회 내부에서의 비판도 끊이지 않았다. 320년 안디옥 종교회의에서는 자기 교구의 총감독이나 감독들의 동의를 얻지 않고 어떤 이유에서든지 간에 황궁 출입을 금했고, 푸아티에의 힐라리우스(Hilarius of Poitiers)는 이러한 황실 감독들에 대해 황궁에서의 영예를 노예적 굴종으로 비난했다.[57]

한편, 4세기 이후의 이런 추세 속에서도 이에 대해 비판적인 입장을 견지한 교부들도 있었음을 주지해야 한다. 이들은 국가의 권력에 편입된 황실 감독들과는 달리 때로는 황제와 정면으로 대립하기도 했고, 교회의 편에서 국가의 황제에 대해서 주권적인 영향력을 행사했다.

초대교회가 공인된 이후에는 정교일치의 유형인 '국가 종교'로서 정치적 특권을 누리는 관계가 되었다. 로마제국의 측면에서는 황제 숭배를 통한 정교일치(政敎一致) 사회가 된 것이다. 하지만, 공인된 이후에도 초대교회 시대 교회와 국가의 관계에서 여전히 그 주도권이 국가에 있었으므로, 국가의 개념 속에 교회가 편입되어 가는 과정이라고 볼 수 있다.[58]

콘스탄티누스 재위 기간에 일어났던 교회 정치적 차원에서의 분명한 변화는 교회의 신학적인 문제나 교회 내부의 갈등을 해결하는 주체로서 세속

57　염창선, "4세기 교회와 국가의 '교회 정치적' 차원", 201에서 재인용.
58　김유준, "로마제국과 초대교회와의 관계사", 204.

국가가 급부상했다는 점이다. 그 실례로 도나티스트(Donatist) 분파운동의 문제를 다루는 콘스탄티누스 황제의 신속한 교회 정치적 행보를 주시해 볼 필요가 있다.

그는 AD 312년 11월 로마의 밀비우스 다리에서 정적 막센티누스를 누르고 승리하여 서방의 유일한 황제가 되고 나서, 3개월 후인 AD 313년 2월에 동방의 리키니우스와 밀라노 협약을 맺었다. 다시 8개월 후인 AD 312년 10월에는 '도나티스트 교회 분열' 문제에 착수했다.

다시 말하자면, 콘스탄티누스 황제의 이러한 발 빠른 움직임은 도나투스 추종자들의 교회 분열운동이 북아프리카를 중심으로 급속도로 확산하면서 제국의 평화를 얼마나 위협했는지를 잘 보여 주는 일련의 사건들에서 나타난다.

서방의 통일과 더불어 조속한 시일 내에 평화를 정착시키려는 콘스탄티누스의 정치적 의도가 짙게 깔려 있음을 알 수 있다. 도나티스트 문제를 해결하기 위하여 AD 313년 10월에 콘스탄티누스 황제는 자신이 주재하는 재판에 심의원으로 19명의 감독을 로마로 소집했다.

이 사건은 감독이 아니라 황제가 감독회의의 소집권을 발동한 최초의 사건이다. 또한, 최초로 황제와 감독들이 공동으로 재판심의회를 구성했다는 측면에서 국가 권력이 교회 문제에 직접 개입하고, 감독들이 국가 권력에 편입되는 계기가 되었던 사건으로 교회사적으로 매우 중요한 의미가 있다.[59]

콘스탄티누스는 다시 한번 이렇게 이중적 기능을 가진 감독의 재판심의회를 AD 314년 아를레(Arles)에서 소집했다. 이렇게 하여 교회의 감독이 세

---

59 염창선, "4세기 교회와 국가의 '교회 정치적' 차원", 104.

속의 권력과 손을 잡고 교회 내적인 문제를 세속의 법률에 의지하여 판단했던 전례를 남기게 된다.

한편, 콘스탄티누스는 AD 313년(그 후 AD 333년에도 다시 한번)에 감독들에게 성직자의 특권을 부여하고 시민의 의무, 즉 병역의 의무와 납세의 의무 등으로부터 면제시킴으로써 감독들은 국가로부터 부여받은 면책특권과 다양한 명예 칭호를 통해서 고위 공직자와 같은 대우를 받았다.

게다가 감독들이 황제를 알현하러 가거나 종교회의 참석차 여행을 할 때는 공식적으로 '국가의 교통 시설'을 사용하도록 허락되었다. 또한, AD 325년 콘스탄티누스는 알렉산드리아의 장로 아리우스 문제를 해결하기 위해 제국의 감독들에게 국고에서 자금을 지원하고, 교통 및 숙박 편의 시설을 제공하면서까지 자신의 여름 별장 근처인 니케아(Nicaea)로 종교회의를 소집했다.

본래 종교회의 소집권은 감독의 권한이었던 것에 비추어 보면, 이 사건도 매우 이례적인 것이다. 즉, 황제가 감독의 역할을 대신한 것이다. 이러한 특권의 부여와 혜택에도 불구하고 황제에게 교회는 AD 313년 밀라노 협약에서 드러나듯이 로마의 정치적 대전제인 '공인선'(公認善, salus publica)을 위한 정치적 조력자 내지는 공조자 이상은 아니었던 것 같다.

아타나시우스나, 암브로시우스나, 아우구스티누스 등이 감독의 고유한 책무를 주장하기는 했지만, 오히려 세속정치에 깊이 개입된 감독들이 적지 않았다. 이처럼 교회에서 국가에 대한 견제와 비판을 가하기도 했지만, 대부분 교회 정치의 세속화가 주도적이었다.

하지만, 속권보다 교권이 상대적으로 주도적이었던 중세와는 달리, 여전히 속권이 우위에 있었지만, 점차 교회의 신앙과 교리적 영역에 대한 우위를 드러내기 시작하면서, 교회의 주도권은 강화되었다.

기독교 박해에 대한 초대교회 기독교인의 반응은 오히려 국가의 권위와 법을 대항해 집단적인 항변이나 폭력적 자세를 취하지 않고, 우상 숭배를 금한 최고의 권위인 하나님의 법의 기준에 순종하기 위해, 그들은 제국의 법에 따라 기꺼이 순교를 당하였다. 그것은 황제 숭배와 이방 제의에 참여할 수 없는 더 큰 권위에 따른 것이었다. 하지만, 이러한 순교 신앙의 결과가 교회를 더욱 정화시켰으며, 교회 성장의 씨앗이 되어 기독교 확장의 밑거름이 되었다.

하지만, 이러한 많은 성도의 순교의 열매로 획득한 신앙의 자유가 오히려 정치적인 의도에 휘말려 교회의 진정한 정체성이 퇴색하며 변질되어 갔다. 황제들의 제국의 정치적 통일과 평화를 위한 교회의 일치 노력에도 불구하고, 교회 내의 이단과 개인적 야심을 목적으로 들어온 구성원들 때문에 교회는 점점 초기 기독교 사회의 영향력을 상실해 갔다.

이러한 상황에서도 권력과 법률이 아닌, 하나님의 말씀에 기초한 신앙과 윤리의 기준을 제시한 교부들의 가르침을 통해 교회와 국가의 바람직한 관계가 계속 지속되었다. 즉, 국가에 대한 인식이 조금씩 차이는 있지만, 근본적으로는 하나님의 나라를 이 땅에 실현하기 위해 필수적인 요소로서 상호 공존과 보완의 관계가 필요함을 절실히 깨닫게 되었다.

암브로시우스와 아우구스티누스과 같은 교부들은 교리와 신앙의 영역에서는 철저한 우위를 주장하였다. 초대교회사를 통해 비추어 볼 때, 교회는 핍박을 통해서 자유를 획득했다. 그래서 암브로시우스는 이렇게 강조했다.

> 교회는 형제들에게 사랑을 받을 때보다도 박해를 받을 때가 훨씬 더 행복했다.[60]

이러한 면에서 교회의 역설적 특징이 나타난다. 교회는 결코 박해를 요구하지 않았지만, 박해가 왔을 때, 교회는 그것을 그리스도의 은총으로 여기고 박해로부터 더욱 견고하게 헤쳐 나왔다.

아우구스티누스는 비록 하나님의 도성(都城)의 시민들이 지상의 도성에 의해서 공공연하게 수모를 겪고 있지만, 교회는 인내함으로 세상에 대해 승리하게 되는 것이라고 말했다. 테오도레토스(Theodoretos) 역시 그가 저술한 『교회사』에서 이렇게 말했다.

> 환난은 평화보다 훨씬 더 교회에 유익했음을 역사는 분명히 가르쳐 주고 있다. 평화는 교회의 즐거움을 만끽하게 하며 나약하게 만들지만, 환난은 우리의 마음을 깨어있게 하며 변화하는 이 세상의 것들에 개의치 않게 만든다. 그리스도 우리 주께서 그분의 교회가 장차 환난 속에서 절대 패하지 않을 것을 약속하셨다.[61]

암브로시우스도 로마제국과 초대교회와의 관계에서 발생하는 갈등 속에서 이러한 말로써 대중의 신앙을 돈독히 했다.[62]

결국, 초기 변증가의 저술에 나타난 초대교회 기독교 신자들의 수많은 핍박과 순교의 상황 속에서도 기독교인들이 국가에 대해 호의적이며 공리

60　김유준, "로마제국과 초대교회와의 관계사", 204.
61　김유준, "로마제국과 초대교회와의 관계사", 204.
62　김유준, "로마제국과 초대교회와의 관계사", 207.

적인 태도를 보임을 볼 수 있다. 또한, 3세기까지의 박해와 수난 속에서의 순수한 신앙적 열정과는 달리, 4세기 이후 기독교 공인으로 인해 황실 감독을 비롯한 교회 정치의 세속화 현상이 두드러졌다.

물론, 일부의 감독은 수도자적·금욕적 견지에서 국가 권력 간의 밀착이나 교회의 세속 권력화 등에 대해 거부감을 가지고 있었지만 다른 감독들은 "황실의 비호를 힘입어 자신들의 교회 정치적 프로그램이나 신학적 견해를 관철하기 위해서 국가의 도움을 청하거나, 국가 권력에 우호적인 태도를 보이면서 다양한 차원에서 세속정치에 결부되었다."[63]

그런 가운데서도 아타나시우스와 암브로시우스, 그리고 아우구스티누스와 같은 교부들은 교리와 신앙, 그리고 교회 질서 수호를 위해서 국가와 황제의 권력 앞에서도 강력하게 대처했음을 볼 수 있다.

이러한 초대 교부들은 그 당시 교회가 로마제국과 긴밀한 협력 관계에 있었음에도 교회를 지도하는 감독으로서의 분명한 자기 정체성을 가지고 고유한 책무를 감당했으며, 자주적인 영향력을 행사하였다. 즉, 이들은 무엇보다도 교리와 윤리의 문제에서는 목회적 차원에서 교리를 수호하고 교회의 질서를 유지하기 위해 탁월한 언변과 치밀한 논쟁으로 맞섰다. 특히, 황제를 비롯한 불의한 권력자들 앞에서도 선지자적 사명을 결코 소홀히 하지 않았다.

---

[63] 염창선, "4세기 교회와 국가의 '교회 정치적' 차원", 100.

7) 로마 세계에서의 기독교 신앙

로마의 전통적인 종교관은 속주의 많은 신에 대해 용인할 수 있도록 했으나, 유일신관을 가지고 있는 기독교는 박해의 대상이 될 수밖에 없었다. 왜냐하면, 로마의 종교와 신 숭배 의식에 동참할 수 없었기 때문이다.

로마 사람들의 이러한 신앙은 개인뿐 아니라 국가 영역으로도 확대되어 신 숭배가 국가의 번영과 평화에 도움을 준다고 믿었다. 결국, 로마 정부는 제국 내에 있는 사람들에게 신 숭배를 선택이 아닌 의무로 부과하기에 이르렀고, 신 숭배에 참여하지 않는 행위는 로마의 평화와 번영에 해를 끼친다고 여겨 박해 정책을 펼치게 된 것이다.[64]

물론, 로마 정부가 기독교공동체를 향해 박해 정책 기조만 유지했던 것은 아니었다. 기독교 태동 이후 로마 정부는 기독교공동체를 향한 정책에서 황제의 종교적 성향과 제국의 상황에 따라 묵인하고 허용하기도 했다. 이처럼 로마의 역사에서 열 차례에 걸쳐 실행된 박해의 주된 이유가 정통 종교의 부활을 통해 로마제국의 번영과 평화를 이루려고 했지만 기독교인들이 동참하지 않았던 까닭이었다. 이런 현상은 사두체제에서도 나타났다.

예수 그리스도가 태어났다고 전해지는 시기는 로마제정을 연 옥타비아누스 치세기로 알려져 있다. 하나님의 아들로 태어나 하늘로 올라가셨다고 전해진 예수 그리스도와 마찬가지로 '신의 아들'로 태어났다고 선전되고 사후 신으로 승격되었던 옥타비아누스의 외양은 매우 닮았다.

악티움 해전 이후 이집트마저 손에 넣으면서 제국 최고 권력자로 등장하게 된 옥타비아누스의 위세와 제국 변두리에서 십자가에서 마지막 생을 마

---

64 Brian Campbell, *The Roman and Their World*, (New Haven: Yale University, 2015), 61.

감한 예수라는 한 청년의 초라함은 처음에는 비교될 수조차 없었지만, 이후에는 역전되기까지 하였다.

로마 신민이자 죄수의 신분에서 하나님의 유일한 아들, 하나님과 같은 본체를 가진 신의 지위가 로마제국 전역에 공포되었기 때문이다.

이처럼 기독교가 로마제국에 점점 파고 들어가던 것과 동시에, 당시 지중해 전역을 군사적 정치적으로 지배하였던 로마제국의 정치나 문화가 역으로 기독교공동체에 큰 영향을 미쳤을 것은 거의 확실한 것으로 보인다. 기독교와 로마의 전통적 종교는 서로 다른 사회적, 지적 맥락 속에서 성장하였지만 서로 끊임없이 영향을 주고받아 왔다.

이를 크게 두 단계로 나누어 본다면 다음과 같다.[65]

첫째 단계는 2세기까지의 시기로서 기독교가 자체 내에서 아직 단일화된 체계를 갖추지 못한 시기이다. 전파 초기 기독교인들은 도덕적으로, 윤리적으로 대중들로부터 많은 오해를 받았으나 서서히 그러한 오해를 불식시키고 약간의 덕성까지 인정받기 시작하였다. 그러나 대체로 기독교는 지적인 면이 결핍된 비이성적인 종교로 간주되었다.

둘째 단계는 3세기 전반부터의 시기로서 이교와 기독교 사이 본격적인 '대화'가 시작된 시기이다. 기독교 쪽에서는 상류 지식층을 전도하기 위하여 논리적인 그리스 학문을 이용하여 기독교 교리를 설명할 필요를 느꼈는데, 유스티누스, 클레멘트, 오리게네스가 그 대표적인 인물이었다.

---

65 최혜영, "예수 그리스도와 로마 황제 숭배", 「서양고대사연구」 제19권 (한국서양고대역사문화학회, 2006), 88.

이교 쪽에서도 이교 신앙의 체계 안으로 포섭하려고 노력하였다. 세베무스 황제의 개인 기도실 안에 제우스, 오르페우스 상 등의 이교 신상(神像)과 함께 모세상(像), 예수상(像) 등이 함께 있었던 것은 그 좋은 예이다.

이교와 기독교는 이러한 상호작용 과정에서 서로 어느 정도 '동화'(同化)되는 모습을 보이게 된다.[66] 이교 원시 사회에 있어서 종교와 국가의 관계는 제왕이나 족장이 제사장직을 겸함으로 제정일치의 형태를 취하는 것이 통례였으나, 성경은 제정분리(祭政分離)의 원칙을 가르쳐 주고 있다.

즉, 하나님의 직접적인 지시를 받아서 이스라엘 민족을 지도함으로 신정(神政, Theocracy) 정치를 시행했던 모세가 아론에게 제사장직을 위임했으며(출 28:1-3), 이스라엘에 왕제도가 실시된 후에도 왕의 직분과 제사장직은 엄격하게 구별되어 있었다.

기독교는 포교 초기부터 로마제국의 국가 종교에 반대하였다. 비록 황제의 주권과 국가의 권위를 인정하고 국법에 순종했지만 그 순종은 하나님의 법의 테두리 안에 설정되어 있었다. 이로 인해 기독교는 많은 박해를 받아오다가 콘스탄티누스 황제가 기독교로 개종함으로써 로마제국의 교회박해 정책은 종지부를 고하게 되었다.

4. 제국의 공인 이후 교회와 국가 간의 갈등

그러나 콘스탄티누스 황제의 교회보호 정책과 성직자들의 권위권을 위한 적극적인 노력으로 인하여 교회의 권세가 확장되어감에 따라 이번에는

---

66 최혜영 등, "로마의 종교"『로마 제정사 연구』(서울대학교, 2000), 제11장.

교회가 국가를 지배하는 결과를 초래하였으며, 이 때문에 교회와 국가 사이에 일종의 세력 다툼이 일어나게 되었다. 이 세력 다툼은 1000여 년에 이르는 중세기 동안 계속되어 왔다. 교회와 국가의 바람직한 관계의 설정은 종교개혁의 성숙을 기다릴 수밖에 없었다.

초기 기독교가 로마 세계로 뻗어 나가면서 로마 사회와 갈등이 심해졌다. 신약성경을 비롯한 기독교 문서들에 50년대 중반부터 기독교 신자들이 박해를 받았다는 진술이 등장한다.

19세기 이래 많은 학자가 네로가 최초로 기독교를 박해하였다고 하였다. 연구자들은 테르툴리아누스의 『변증』(Apologeticum) 4-5장이 기독교를 불법으로 규정한 법이 있었음을 입증한다고 주장한다. 그러나 테르툴리아누스는 네로가 마시에 거주하던 기독교인만을, 그것도 매우 짧은 시기에만 박해를 했다는 것이다.[67]

로마제국의 쇠망이 기독교의 발전과 매우 밀접한 관련이 있음을 많은 학자는 주장한다. 기독교가 로마제국의 쇠망에 결정적 요인으로 작용했음을 가정한 역사학자 기반의 『로마제국 쇠망사』는 이의 좋은 예로서 인용된다.

그러므로 초대교회사는 로마제국사와 다양한 면에서 깊은 관련이 있으므로 초대교회에 대한 이해는 단지 신학이나 종교와의 관계만이 아닌 로마제국의 역사와 함께 다룰 때 가능하다는 사실을 알 수 있다.

로마는 그리스의 고전 문화와 깊은 관련이 있으며 기독교가 세계 종교로 발전하는 데 많은 영향을 미침으로써 기독교가 서양 문명의 모체가 되도록 계기를 마련하였던 것이라 볼 수 있다.[68]

---

[67] 정기문, "플리니우스의 기독교 박해", 「전북사학」 제64권 (전북사학회, 2022), 222.
[68] 김유준, "로마제국과 초대교회와의 관계사", 189.

로마제국과 초대교회와의 관계를 연구하기 위해서는 기독교 공인 이전과 이후를 구분할 필요가 있다. 왜냐하면, 공인 이전과 이후는 여러 가지 면에서 대조적인 정황을 볼 수 있기 때문이다. 예컨대, AD 313년 콘스탄티누스 황제가 밀라노 칙령을 통해 기독교를 공인하기 이전까지 기독교는 혹독한 박해를 감내해야만 했고, 처절한 순교와 형극의 길을 걸어가야 했다. 그러나 AD 313년 이후에는 모든 상황이 바뀌었다.

1) 변질하기 시작한 기독교

그런데 AD 313년 콘스탄티누스 황제의 기독교 공인과 AD 392년 테오도시우스 황제의 기독교 국교화를 기독교가 로마제국의 종교로 자리 잡혀감에 따라 순교자의 피로 세워진 거룩한 교회의 승리로 자축하기도 하지만, 기독교 공인 자체가 콘스탄티누스 황제의 제국 통일과 권력화를 위한 수단으로 이용되고 기독교 정체성이 변질되기 시작했다는 비판을 면하기 어렵다.[69]

원래 기독교는 전통적인 그리스·로마 종교에서 보이는 것과 같은 사회 정치적 질서와는 판이한 세계관을 가지고 있었다. 왜냐하면, 그들의 하나님은 비싼 제물을 정확하게 순서에 따라 많이 바치는 권력자나 부자들을 가까이하는 신이 아니라, 가난하고 슬프고 애통한 사람들을 부르는 신이었기 때문이었다.

---

[69] 알렌 크라이더, 『회심의 변질』, 박삼종·신광은·이성하 역 (서울: 대장간, 2012)은 『초대교회의 회심을 돌아보다』라는 부제로 말하듯, 초기 기독교의 회심이 어떻게 변질하여 가는지를 보여 주고 있다.

처음에 기독교는 부유한 자들이 없는 것은 아니었지만, 주로 노예나 하층민을 중심으로 믿어졌다. 모든 주변 민족의 종교를 로마화하여 정치적인 틀에 맞추어 실용적으로 수용하였던 로마에서 기독교는 처음에 매우 이질적인 종교였다.

무엇보다도 종교 자체가 정치와 긴밀한 관계 속에서 발달하였으며, 황제가 바로 제사장이며 정치적 수장이었던 로마인들에게 "가이사의 것은 가이사에게 하나님의 것은 하나님에게"라는 예수 그리스도의 말은 충격적이었다.

서양 사학자 최혜영 교수의 말을 빌리면 "화합하기 힘들 것 같던 이 두 세계가 드디어 콘스탄티누스 황제 아래에서 화해를 모색하게 되었던"[70] 것이다.

기독교의 공인으로 박해받던 교회가 특권을 누리는 교회로 대중들의 메시아적 희망을 심어준 공동체가 특권층의 기득권을 누리는 제도적 교회로, 종말론적 시간의 공동체가 현실에 안주하는 공간의 공동체로 변화됨으로써 그 본래의 기원과 목표, 그리고 과제와 기능을 상실하기 시작했다.

이러한 특권에 도취한 기독교는 당시 로마제국의 모순된 정치적 경제적 권력 체제를 승인하거나 정당화함으로써 이른바 로마제국의 정치적 보편주의와 가톨릭의 종교적 보편주의가 궤를 같이하면서 발전되었다.

---

70 최혜영, "로마 시대 종교의 '승리 이데올로기'", 18.

2) 많은 것을 잃은 교회

기독교 역사가인 앤드류 밀러(Andrew Miller)는 그의 저서 『성경의 예언적 관점에서 본 교회사』(Short Papers on Church History)에서 이렇게 말했다.

> 여기에는 영구한 도성이 없다.
> 주를 못 박은 세상에서 교회가 무엇을 기대하는가?
> 교회가 그런 세상에서 무엇을 받아들이겠는가?
> 이 땅에서 교회의 참 몫은 고난과 배척이다.[71]

기독교사학자 B. K. 카이퍼(B. K. Kuiper) 교수는 콘스탄티누스 대제가 가져온 기독교 공인의 부정적 결과를 다음과 같이 언급하고 있다.

> 교회가 양(量)에서는 얻었으나 질(質)에서는 잃었다. AD 313년에 콘스탄틴의 칙령은 교회에 힘센 타락의 홍수 문을 열었다.[72]

콘스탄티누스의 우호적인 조치들은 교회의 순수성과 정결을 잃게 했고, 교계의 지도자들은 그리스도의 보혈로 말미암은 영원한 죄 사함의 복음, 의롭다는 믿음, 분명한 구원의 증거 등에는 관심을 잃어갔다. 콘스탄티누스에 의해 교권제도가 조직되면서 그리스도가 교회의 머리가 아니라 황제

---

[71] 앤드류 밀러(Andrew Miller), 『성경의 예언적 관점에서 본 교회사 1』(Short Papers on Church History), 정형모 역 (서울: 전도출판사, 2004), 280.
[72] B. K. 카이퍼 (B. K. Kuiper), 『세계 기독교회사』([The] Church in History), 김혜연 역 (서울: 성광문화사, 1985), 420.

가 교회의 머리로 등장했고, 교회는 국가의 시녀가 되었다.

이러한 중앙집권적 교권제도는 가톨릭(보편적)교회로 발전할 수 있는 발판이 되었다. 실제로 콘스탄티누스에 의해 만들어진 교권제도는 가톨릭 조직으로 급속도로 발전해 갔다. 기독교 역사는 기독교인들이 그리스도를 위해 고난을 받는 것이 왕궁에서 왕의 호의를 받고 잔치에 참석하는 것보다 신앙에 더 유익함을 보여 주고 있다.

완고하게 로마에 동화되기 거부하던 기독교는 이제는 기독교인이라는 타이틀을 단 황제의 막강한 영향력에 힘입어 서서히 변형되기 시작하였다. 콘스탄티누스 황제는 기독교를 자신의 권력 틀의 연장 선상에 연결하였다. 그는 전통적 제사장직인 폰티펙스 막시무스의 권위를 교회에서도 행사하기를 주저하지 않았고, 기독교 관련 각종 종교회의를 소집하고 칙령을 반포하였다.

이제 기독교는 권력층의 종교가 되었고, 기독교도들이 권력 주도권을 장악하게 되었다. 이들이 인적, 혈연적, 제도적, 경제적, 문화 교육적 주도권을 장악하게 되면서 기독교의 주류 세력은 점차 변질하고 사회 변동을 억제하는 장애물로 나타나게 된다.[73]

점차 교회의 조직이 로마 정부의 조직처럼 변하고 교회는 제국 정부의 복사판처럼 되었다. 주교들도 양들을 먹이기에 앞서 칙령 반포나 종교회의의 안건 처리 등의 정치 활동에 몰두하게 되었다. 그리하여 이들은 사랑을 전하는 자들이라는 이미지가 아니라 위엄있고 명령하는 자들로 나타나기 시작하였다.

---

[73] O 마두로(O Maduro), 『사회적 갈등과 종교』(Religion and Social Conflicts), 강인철 역 (한국신학연구소, 1988), 212-215.

초기의 그림들과는 달리 이 이후의 그림들에서 그리스도는 황제와 같은 복색을 입고 나타나는데, 이는 겸손하여 당나귀를 타고 입성한 이미지와는 매우 다르다. 그리하여 십자가에 매달린 그리스도조차 벌거벗은 모습이 아니라 자줏빛 황제 복색을 하고 눈을 장엄하게 크게 뜨고 응시하고 있다.

이리하여 십자가에 못 박힌 초라한 한 청년의 죽음이 지닌 메시지는 점차 설 자리가 없게 되었고 기독교는 '로마제국의 종교'가 되었다.

이러한 기독교회의 변질은 특히 비잔틴 제국에서 훨씬 뚜렷이 나타났다. 콘스탄티누스 황제가 기독교를 공인한 이후 제국을 대하는 교회의 처지가 달라졌으며, 교회의 구성원이나 조직 등이 크게 변화되었다. 무엇보다도 기독교가 상류층으로 대체되면서 교회는 세속국가와 같은 일종의 교회 정부를 형성하게 되었다.[74]

기독교회는 제국 정부의 복사판처럼 되었고 주교들은 로마 행정관리들과 밀접한 관계를 형성하면서 칙령 반포 등의 '정치 활동'에 관심을 쏟게 되었다. 이 당시 제국의 중심은 동로마에 있었는데, 동로마 즉 비잔틴 제국에서는 그 초기부터 예수 그리스도의 품격에 관해 격렬한 논쟁이 일어났고, 이어서 성상(聖像) 숭배를 둘러싼 논쟁이 벌어졌다.

이에 당대의 경건한 교부들 가운데 특히 암브로시우스와 같은 교부는 성경적 신앙과 윤리에 근거하여 초대교회의 세속화와 변질에 대해 강력하게 경고했다.[75] 특히, 로마제국 시기의 초대 교부들은 재산을 잃고 쫓겨난 수많은 참혹한 탄식을 세상에 대변했다.

---

[74] 최혜영, "비잔틴 제국에서의 기독교 변질 현상", 「부산장신논총」 제1집 (부산장신대학교, 2001), 36-54.

[75] Henry Chadwick, *The Church in Ancient Society from Galilee to Gregory the Great*, (London: Oxford University Press, 2003), 348-378.

그들은 로마법이 제공한 절대적이며 독점적인 소유권 개념을 공박하기도 했다. 그러므로 기독교 공인 이후에도 교리적인 갈등을 비롯한 교회와 국가 간의 긴장과 갈등은 계속되었음을 주지해야 한다. 이렇게 로마제국과 초대교회의 관계를 파악하기 위해서는 시대적인 구분에 따른 차이점과 교회와 국가 각각의 입장의 차이점을 통해서 보다 세밀하게 살펴볼 수 있다.

1-2세기에 걸친 국가에 대한 교회의 태도는 복종과 순종의 태도가 주도적이었다. 이러한 점은 베드로전서 2장과 로마서 13장, 요한계시록 13장 등의 신약성경 본문에 근거한 사도들의 입장과 클레멘트와 폴리카르포스 등 사도적 교부들의 서신에 나타나 있다.

특히, 로마서 13장에 나타나는 국가 권력에 대한 복종적인 바울의 입장은 다음 세대의 기독교인들에게 계승되고 있다.[76] 예를 들면, 베드로전서 2장 13-14, 17절에서도 국가에 대한 복종적 태도가 잘 드러나고 있다.

빌립보 교회에 보낸 폴리카르포스의 서신 12장 3절에도 박해하고 미워하는 왕들과 지배자들과 방백들을 위해서는 물론, 심지어 적대적인 이단자를 위해서도 기도할 것을 요청하고 있다. 폴리카르포스가 박해에 직면한 신자들에게 인내와 믿음을 요구하는 것은 요한계시록 13장 10절과 일맥상통하는 점이 있다.[77]

하지만, 3세기의 교회는 세속국가로부터 교회를 엄격하게 구별하려고 했다. 교회역사학자 유세비우스(Eusebius)가 증언한 대로, 사모사타의 파울로스가 안디옥 종교회의(AD 268년)에서 파문된 사건에서 볼 수 있듯이 감독

---

76 정용석, "초대교부들의 하나님 나라 이해", 「대학과 선교」 제7집 (한국대학선교학회, 2004), 125-148.
77 염창선, "4세기 교회와 국가의 '교회 정치적' 차원", 97-98.

으로서의 부적절한 덕목, 즉 그 당시 로마 총독과 같은 고위 관료 흉내를 냈다는 것이 비난의 대상이 되었다.

이러한 점은 3세기 교회의 감독이 세속국가의 고위 관료가 누리는 특권과 혜택을 행세하려는 것조차도 비난과 파문의 대상이 될 수 있음을 보여주는 사건이었다. 하지만, 이러한 상황은 4세기가 되면 급변하게 된다. 즉, 콘스탄티누스 황제의 기독교 공인 이후, 교회의 세속화 혹은 세속정치화로 인해 교회 지도자들의 혜택과 특권은 당연시 여겨졌고, 보편적인 현상이 되었다.

특히, 콘스탄티누스 황제는 AD 313년에 감독들에게 성직자의 특권을 부여하고 시민의 의무, 즉 병역의 의무와 납세의 의무 등으로부터 면제시킴으로써 감독들은 국가로부터 부여받은 면책특권과 다양한 명예 칭호를 통해서 고위 공직자와 같은 대우를 받았다.[78]

반면, 교회에 대한 국가 곧 로마제국의 태도 역시 AD 313년을 기점으로 큰 변화가 있었다. 초기 3세기 동안 로마 황제 숭배를 거부하는 기독교에 대한 종교정책은 박해가 주된 현상이었고, 박해하지 않은 시기에도 보통은 적대적이거나 비우호적이었다.

하지만, 4세기에 이르러서는 로마제국의 통일과 평화를 위한 중추적 협력자로 간주되어 관용과 우호, 심지어 비호와 특혜를 받게 되었다. 4세기 말에 이르러서는 권력의 상층부까지 영향력이 미쳤고, 이방인들과 이교도들에게 강압적인 태도로 변화되기까지 했다.

그래서 종종 감독들의 지위와 그들이 누리는 특혜에 대해서 불평이 생길 만큼 감독들은 국가로부터 혜택을 받았다. 이렇게 4세기에 접어든 초대교

---

[78] 김유준, "로마제국과 초대교회와의 관계사", 188.

회의 모습은 1-3세기까지의 박해와 순교의 모습과는 현격히 다른 특징들이 나타난다.

나가는 글

교회의 속성과 본질

초대교회 지도자들이 교회에 품은 비전은 한마디로 하면 오로지 교회가 지녀야 할 속성과 본질에 대한 것이었다. 초대교회 지도자들은 교회의 신자 수나 그 증가에 대해서는 표명하거나 언급한 기록은 어디에서도 보이지 않는다.

다만 교회의 성장 결과를 나타내기 위해서 집회에 참여한 신자 수나 참여한 자들이 큰 무리라고 기록한 곳은 몇 군데 있으나(예컨대, 행 2:41; 5:14 등), 이때에도 그 수(數)는 전도의 결과를 의미할 뿐, 결코 교회의 비전으로 제시된 적은 없었다.

사도들이 기록한 복음서와 더불어 사도 교부들이 진술한 서신서들에서 나타난 교회에 품은 비전은 구체적으로 교회가 지녀야 할 속성과 본질이 무엇인지를 밝혀 준다. 교회가 걸어가야 할 길의 향방을 제시한다. 이는 교회의 정체성을 정립하게 만든다.

그들이 교회에 품은 비전 상(像)에 나타난 교회의 속성들을 정리해 보면 통일성(Unity) 또는 일체성(Oneness), 거룩성(Holiness)과 완전성, 그리고 보편성(Catholicity), 사도성 즉 성경만이 고정된 사도성(Fixed Apostolicity)[1] 등으로 볼 수 있다.

공중 사역 초기부터 예수님께서는 하나님 나라를 이루는 이른바 교회의 3대 본질적 기능을 몸소 제시하신 것을 볼 수 있다. 친히 "예수께서 온 갈릴리에 두루 다니사 저희 회당에서 가르치시며"(가르침, Διδαχή, '디다케'), "천국 복음을 전파하시고(복음 전파, κήρυγμα, '케리그마'), 백성 중에 모든 질병과 약한 것을 고치심(봉사, διακονία, '디아코니아')"으로 온 세상에 교회의 본질을 선포하셨다.

예수님의 죽음과 부활, 승천 그리고 사도행전 오순절 이후에는 실제로 가시적 교회가 설립되었을 때, 더욱 구체적인 두 가지 사역이 추가되었다. 그것은 지상에서 천국생활의 맛을 볼 수 있는 "성도의 교제"('코이노니아', κοινωνία)와 성도들이 지상에서 해야 할 가장 중요한 임무인 "예배"('레이투르기아', λειτουργια)였다.

이처럼 사복음서에서는 하나님의 나라를 선포하는 과제를 지닌 무형의 교회가 가진 본질적 사명이 가르침과 복음 전파, 그리고 봉사와 같은 밖으로 나가는 사역에 집중했다고 한다면, 사도행전과 서신서에서는 유형의 조직된 교회가 세워진 후 교회의 사명에는 교제와 예배라고 하는 목양적 측면이 추가되었다.

사도들의 가르침을 직접 이어받은 교부 사도들 역시 그들은 한결같이 그들이 품는 교회에 품은 비전을 통해서 교회의 가장 본질적인 기능과 역할이 무엇인지를 분명히 인식하고 있었던 것이었다.

---

[1] 이장식, "어거스틴의 교회학:정통과 이단의 관계", 「신학연구」 제23권 (한신대학교, 1981), 150.

오늘날에도 초대교회의 리더들이 꿈꾸던 사도행전적 교회가 가능할까? 여기에 최근 한국 교회를 향해 외치신 한 분의 목사님이 출간하신 서적의 프롤로그 일부를 인용하는 것으로 이 물음에 대한 답을 대신하려 한다.

> 우리 교회의 비전은 예수는 인도하시고 사도행전에서 보여 준 바로 그 교회를 세우는 일입니다. 예수가 의도하신 교회란 구원받은 성도들의 예배공동체요, 예수는 주인이신 예수공동체요, 음부의 권세가 이기지 못하는 능력공동체요, 천국 열쇠를 가진 전도공동체입니다 ….
>
> 사도행전은 끝나지 않았습니다. 여러분이 사도행전을 쓰고 있고, 제가 사도행전을 쓰고 있고, 우리 교회가 사도행전을 만들어 가고 있습니다. 유명하거나 소문나는 것이 중요하지 않습니다. 그리스도를 사랑하는 것이 중요합니다. 한 사람 한 사람을 제자화해서 세상에 내보내는 것이 중요합니다. 그들은 세상을 뒤엎을 것입니다.[2]

---

2 하용조, 『사도행전적 교회를 꿈꾼다』 (도서출판 두란노, 2010), 프롤로그.

참고 문헌

곽준혁. 『정치철학 1: 그리스, 로마와 중세』. 서울: 민음사, 2016.
권연경. "칼빈의 칭의론과 '행위': 행위 관련 구절에 대한 칼빈의 주석", 「신학지평」 제22집, 안양대학교, 2009.
권오현. 『공동서신』. 서울: 대한기독교서회, 1998.
권해생. "요한복음 교회론 연구: 요한복음에 나타난 7가지 교회 모습과 논쟁들", 「국제신학」 제22권, 국제신학대학원대학교, 2020.
글라스, 아서(Glasser, Arthur F). 『성경에 나타난 하나님의 선교』(Announcing the Kingdom). 임윤택 역. 서울: 생명의말씀사, 2006.
김경현. "안토니누스(Antoninus) 역병의 역사적 배경과 영향", 「서양고대사연구」 제37집, 한국서양고대사연구회, 2014.
김광우. 『신학이야기』. 서울: 도서출판 지와 사랑, 2000.
김규섭. "히브리서 2:11, 17에 나타난 '형제들'(ἀδέλφοι)에 관한 연구", 「신약연구」 제17권 제2호, 한국복음주의신약학회, 2018.
김동수. "요한복음의 교회론", 「헤르메네이아 투데이」 제10권, 한국신학정보연구원, 1999.
_____. "요한복음의 베드로와 애제자: 적인가 동지인가?", 「복음과 신학」 제6권, 평택대학교.
김동주. "기독교 교부들의 히브리서 저자에 관한 논쟁", 「신학과 사회」 제31권 제3호, 21세기기독교사회문화아카데미, 2017.
김득중. "마가의 무화과 나무 저주 이적 본문 연구", 「신학과 세계」 제32호, 감리교신학대학교, 1996.
김명혁. "어거스틴의 교회관과 국가관", 「신학지남」 제43권 제2호, 신학지남사, 1976.
_____. "초대교회에 일어난 분파운동–도나티스트운동을 중심으로", 「신학지남」 제47권 제1호, 신학지남사, 1980.

_____. "초대교회의 완성자 어거스틴의 생애", 「신학정론」 제11권 제1호, 합동신학대학원대학교, 1993.

김무림. "'그리스도'와 '기독(기독)'의 어원 탐구", 「새국어생활」 제20권 제1호, 국립국어원, 2010.

김문현. "요한복음에 나타난 친구 관계, 어떻게 이해할 것인가?", 「신약연구」 제13권 제3호, 한국복음주의신약학회, 2014.

김영도. "시프리안의 교회론: 그의 견해는 어떻게 형성되었는가?", 「신학과 목회」 제22집, 영남신학대학교, 2004.

_____. "도나투스주의 논쟁에 나타난 은총의 수단 이해", 「신학과 목회」 제24집, 영남신학대학교, 2005.

김유준. 『아우구스티누스의 경제사상』. 안산: 희망사업단, 2015.

_____. "로마제국과 초대교회와의 관계사", 「대학과 선교」 제35집, 한국대학선교학회, 2017.

김재성. "교회의 본질과 속성", 「신학정론」 제22권 제2호, 합동신학대학원대학교, 2004.

_____. "불의한 청지기 비유와 이웃과의 의사소통", 「신학연구」 제69집, 한신대학교, 2016.

김재윤. "두 세 사람이 내 이름으로"(마 18:20)에 나타난 교회론적 논의를 중심으로", 「개혁논총」 제24집, 개혁신학회, 2012.

김주찬. 『밧모섬에서 돌아온 사도 요한』. 서울: 향유옥합, 2004.

김차규·홍사무엘. "키프리아누스의 교회의 일치와 독립성 이론", 「서양중세사연구」 제44호, 한국서양중세사학회, 2019.

김창선. 『공관복음서의 예수』. 서울: 비블리카 아카데미아, 2012.

김현태. "요한복음의 선한 목자 모티프 연구", 호서대학교 박사학위 논문, 2003.

두란노아카데미 편집부. 『초기 라틴 신학』. 이상훈 역. 서울: 두란노 아카데미, 2011.

라이트푸트, J. B.(Lightfoot, J. B.). 『속사도 교부들』((The) Apostolic fathers). 이은선 역. 서울: 기독교문서선교회, 1994.

렌스키, R.C.H(Lenski, R.C.H.). 『디모데전후서, 디도서, 빌레몬서』((The) Interpretation of St. Paul's epistles to Timothy, to Titus and to Philemon). 장병일 역. 서울:

백합출판사, 1976.
머피, 프레드릭 J.(Murphy. Fredrick J.). 『초기 유대교와 예수운동』(제2성전기 유대교와 역사적 예수의 상관관계) (*Early Judaism: the exile to the time of Jesus*). 유선명 역. 서울: 새물결플러스, 2020.
맥그래드, A. E.(McGrath, Alister E). 『신학의 역사』(*Historical Theology: A History of Christian Thought*). 소기천·이 달·임 건·최춘혁 공역. 서울: 지와사랑, 2005.
미켈리스, J. R.(Michaelis, J. R). 『베드로전서』(*1 Peter*). 박문재 역. 서울: 솔로몬, 2006.
박영호. "만인제사장론과 선교적 교회: 베드로전서 2장9절의 해석을 중심으로", 「선교와 신학」 제43집. 장로회신학대학교, 2017.
_____. 『에클레시아: 에클레시아에 담긴 시민공동체의 유산과 바울의 비전』. 서울: 새물결플러스, 2018.
_____. 『우리가 몰랐던 1세기 교회』. 서울: 한국기독학생회출판부, 2021.
박호용. 『요한복음의 재발견』. 서울: 쿰란출판사, 2007.
비텐슨, 헨리(Bettenson, Henry). 『초기 기독교 교부』(*The Early christian fathers*). 박경수 역. 서울: 크리스천다이제스트, 1997.
버클레이, 윌리엄(Barclay, William). 『계시록(상)』(*The Revelation of John*. Vol I). 고영춘 역. 서울: 기독교문사, 1989.
_____. 『현대인과 기독교 윤리』(*Ethics in a permissive society*). 이희숙 역. 서울: 종로서적, 1994.
번즈, E. M.(Burnz, E. M.). 『서양 문명의 역사』(*Western civilization*). 박상익 역. 서울: 조합공동체소나무, 1994.
베튼하우스, R. W.(Battenhouse, R. W). 『아우구스티누스 연구 핸드북』(*A Companion to the Study of St. Augustine*). 현재규 역. 서울: 크리스천다이제스트, 1997.
불트만, 루돌프. 『기독교 초대교회 형성사: 서양 고대 종교 사상사』(*(Das) Urchristentum*). 허 혁 역. 서울: 이화여자대학교, 1994.
샤프, 필립(Schaff, Philip). 『니케아 이후의 기독교』(*History of the Christian Church*. vol. 4). 이길상 역. 고양: 크리스천다이제스트, 2004.
서동수. "교회 밖의 구원 vs 교회 안의 구원", 『성서의 역설적 쟁점』. 서동수 외 편집. 서울: 동인, 2011.

_____. "에베소서에 나타난 심층-구조적인 교회론", 「신학논단」 제92집, 연세대학교, 2018.

서원모. "유대교의 한 종파에서 세계 종교로-기독교와 헬레니즘의 관계 연구", 「한국 교회 사학회지」 제48집, 한국교회사학회, 2017.

서중석. "요한복음서의 베드로와 애제자", 「신학논단」 제19집, 연세대학교, 2012.

서창용. "멜기세덱 기독론을 통해 본 히브리서 공동체", 평택대학교 박사학위 논문, 2008.

송순열. "원시 기독교와 사도행전의 역사적 가치", 「신학연구」 제47집, 한신대학교, 2005.

_____. "예루살렘 회의-하나님의 경외자(God-fearer)의 입장에서 읽기", 「신약논단」 제15권 제2호, 한국신약학회, 2008.

송영목. "요한계시록의 부부와 부자관계에서 본 하나님의 가족", 「신약논단」 제26권 제2호, 한국신약학회, 2019.

송혜경(역주). 『신약 외경 하권: 행전 서간 묵시록』. 서울: 한님성서연구소, 2011.

신동욱. "칼 바르트의 교회론에 나타난 요한계시록의 해석학적 적용에 관한 연구", 「인문사학21」 제10권 제1호, 인문사학21, 2019.

안신영. "초기 기독교와 로마제국과의 관계-황제를 위한 기도를 중심으로", 호서대학교 박사학위 논문, 2014.

안연희. "고대 디아스포라 종교 사례로 본 지구화 시대 종교성에 대한 전망", 「디아스포라 연구」 제25집, 전남대, 2019.

양진영. "'에클레시아'의 어원적 접근을 통한 교회론", 「개혁논총」 제60권, 개혁신학회, 2022.

염창선. "4세기 교회와 국가의 교회 정치적 차원", 「한국 교회 사학회지」 제18권, 한국교회사학회, 2006.

_____. "기독교와 고대후기 로마제국의 놀이문화: 구경거리(spectacula)를 중심으로", 「신학과 사회」, 21세기기독교사회문화아카데미, 2022.

앤드류, 밀러(Andrew, Miller). 『성경의 예언적 관점에서 본 교회사 1』(*Short Papers on Church History*). 정형모 역. 서울: 전도출판사, 2004.

오식크, C.(Osiek, C). 『신약의 사회적 상황』(*What are they saying about the social setting of the New Testament*). 김경진 역. 서울: 기독교문서선교회, 1999.

루츠, 울리히(Luz, Ulrich). 『마태공동체의 예수이야기』(Die) Jesusgeschichte des Matthataeus). 박정수 역. 서울: 대한기독교서회, 2002.

믹스, 웨인 A(Meeks, Wayne A). 『1세기 기독교와 도시 문화: 바울공동체의 사회 문화 환경』(The First Urban Christians: the social world of the Apostle Paul). 박규태 역. IVP, 2021.

유세비우스, 팜필루스(Eusebius, Pamphilus). 『유세비우스의 교회사』((The) Ecclesiatical history of Eusebius Pamphilus). 엄성옥 역. 서울: 도서출판 은성, 1990.

유은걸. "요한복음서의 교회론", 「신약논단」 제24권 제3호, 한국신약학회, 2017.

윤 형. "공동체적인 노동신학의 정립: 지배와 의존의 관점에서", 「구약논단」 제20권, 한국구약학회, 2014.

이근혁. "디오클레티아누스의 대이집트 과세정책과 이집트 기독교공동체의 대응", 「서양고대사연구」 제43집, 한국서양사학회, 2015.

이대섭. "고대 로마 사회의 노예제도와 기독교에 관한 연구", 「신학과 선교」 제9권, 서울신학대학교, 1984.

이대주. "요한공동체의 그리스도 이해", 「대학과 선교」 제46집, 서울신학대학교, 2020.

이두희. "바울묘사에 있어서 사도행전과 바울서신 사이의 신학적 차이에 대한 '예비수사적 관점'에서의 재검토", 「신약논단」 제21권 제2호, 한국신약학회, 2014.

이상규. "초대교회 문헌 안에 나타나는 '순교 신학'(Martyriologia)", 「복음과 문화」 Vol. No. 6. 대전카톨릭대학교, 2005.

이상목. "바울의 성령 이해와 그리스도의 몸이 지닌 공동체적 의미", 「신약논단」 제23권 제2호, 한국신약학회, 2016.

_____. "로마서 12장 은사 단락이 지닌 공동체적 의미: 로마 교회 지도자들의 갈등과 바울의 일치 권고", 「한국기독교신학논총」 제104집, 한국신학회, 2017.

이상호. "누가-사도행전에 나타난 교회관", 「신학과 현장」 제5집, 목원대학교, 1995.

이성배. "순교(殉敎)의 신학적 의의", 「신학전망」 제11집, 광주가톨릭대학교, 1970.

이승현. "누가와 바울이 본 성령과 교회의 탄생", 「영산신학저널」 제36권, 한세대학교, 2016.
이승호. "'안디옥 사건'과 바울의 선교", 「신약논단」 제20권 제1호, 한국신약학회, 2013.
＿＿＿. "야고보서에 나타난 교회의 세속성 문제", 「신약논단」 제21권 제1호, 한국신약학회, 2014.
＿＿＿. "베드로전서에 나타난 교회의 정체성", 「선교와 신학」 제41집, 장로회신학대학교, 2017.
이은선. "'바울에 대한 새 관점'(New Perspective on Paul)의 이신칭의 이해에 대한 비판", 「한국개혁신학」 28, 한국개혁신학회, 2010.
이장식. "어거스틴의 교회학-정통과 이단의 관계", 「신학연구」 제23권, 한신대학교, 1981.
이필찬. "요한계시록에서의 종말론적 교회의 모습", 「목회와신학」 통권130호, 두란노, 2000.
이한수. "바울의 교회론", 「신학지남」 제59권 제1호 신학지남사, 1992.
이현준. "아우구스티누스와 도나투스주의 교회론 비교 연구", 「신학연구」 제3권, 한신대학교, 2013.
이호우. "『이단들에 대항하여』 안에 나타난 이레니우스의 성경 사용에 관한 연구", 「역사신학논총」 제13권, 한국복음주의역사신학회, 2007.
임진수. "고린도전서와 바울의 십자가 교회론", 「신학과 세계」 제96호, 감리교신학대학교, 2019.
장계은. "밀실에서 광장으로-고린도전서의 바울의 교회론", 「신학연구」 제16권 제4호, 한국복음주의신약학회, 2017.
장동수. "신약성서의 가정 교회", 「복음과 실천」 제37집, 침례신학대학교, 2006.
장석조. "사도행전 5:11과 9:31에 나타난 에클레시아", 「신약연구」 제20권 제2호, 한국복음주의신약학회, 2021.
정규영·김윤실. "공중목욕탕 유적을 통해 본 로마의 목욕 문화", 「국제문화연구」 제3권 제2호 조선대, 2010.
정기문. "요한공동체의 기원과 발전", 「역사문화연구」 제64집, 한국외국어대학교, 2017.
＿＿＿. "초기 기독교와 종말 신앙", 「서양사론」 제147권, 한국서양사학회, 2020.

_____. "플리니우스의 기독교 박해", 「전북사학」 제64권, 전북사학회, 2022.
정복희. "'아나니아와 삽비라 사건'과 집단명예", 「신약논단」 제26권 제4호, 한국신약학회, 2019.
정양모(편저). 『마태오복음서』. 왜관: 분도출판사, 1990.
정연호. 『유대교의 역사』. 서울: 기독교문서선교회, 2021.
정용석. "초대교부들의 하나님 나라에 대한 이해", 「대학과 선교」 제7집, 한국대학선교학회, 2004.
조병수. "야고보서의 신론 윤리", 「신학정론」 제30권 제2호, 합동신학대학원대학교, 2012.
조윤호. "갈등을 신앙으로 승화시킨 이그나티우스의 신학과 사상 연구", 「한국개혁신학」 제68집, 한국개혁신학회, 2020.
주재용. "이레니우스의 사상-성령론, 삼위일체론, 교회론, 성례전, 부활론을 중심으로", 「한신논문집」 제8호, 한신대학교, 1991.
_____. 『역사와 신학적 증언』. 서울: 기독교출판사, 1991.
지동식 편역. "로마제국의 기독교 사회", 『로마제국과 기독교』. 서울: 한국신학연구소, 1983.
채승희. "키프리아누스의 교회론", 「신학과 목회」 제48호, 영남신학대학교, 2017.
채영삼. 『십자가와 선한 양심: 베드로전서의 이해』. 서울: 이레서원, 2014.
최갑종. "바울에 대한 '새 관점' 무엇이 문제인가?", 「한국개혁신학」 28, 한국개혁신학회, 2010.
최원오. "아우구스티누스의 어머니 교회", 「신학전망」 제195호, 광주가톨릭대학교, 2016.
최윤제. "2세기 말 조세제도의 위기와 셉티미우스 정책의 도미나투스적 성격", 「서양고대사연구」 제51권, 한국서양고대역사문화학회, 2018.
최철. "키프리아누스의 성령 중심의 교회론", 「한국기독교신학논총」 제90권 제1호, 한국기독교학회, 2003.
최혜영. "비잔틴 제국에서의 기독교 변질 현상", 「부산장신논총」 제1집, 부산장신대학교, 2001.
_____. "로마 시대 종교의 '승리 이데올로기'", 「복현사림」 제26집, 경북사학회, 2003.

_____. "예수 그리스도와 로마 황제 숭배", 「서양고대사연구」 제19권, 한국서양 고대역사문화학회, 2006.

최혜영 등. "로마의 종교" 『로마 제정사 연구』. 서울대학교, 2000.

카이퍼, B. K.(Kuiper, B. K.). 『세계기독교회사』((The) Church in History). 김혜연 역. 서울: 성광문화사, 1985.

케어른스, 이얼 E.(Cairns, Earle E.). 『세계교회사(상)』(Christianity through the centuries). 엄성옥 역. 서울: 은성, 2010.

켈리, J. N. D(Kelly, J. N. D). 『고대기독교 교리사』(Early Christian Doctrines). 박희석 역. 고양: 크리스천다이제스트, 2004.

콜랑주, 퓌스텔 드(FCoulanges, ustel de). 『고대도시: 그리스. 로마의 신앙, 법, 제도에 대한 연구』((La) Cite antique, etude sur le culte, le droit, les institutions de la Grece et de Rome). 김응종 역. 서울: 아카넷, 2000.

크라프트, 하인리히(Kraft, Heinrich). 『요한묵시록 47』(Die Offenbarung des Johannes). 황현숙·김판임 역. 서울: 한국신학연구소, 1988.

타이쎈, 게르트(Theißen, Gerd). 『복음서의 교회 정치학』(Gospel Writing and Church Politics-A Socio-rhetorical Approach). 류호성·김학철 역. 서울: 대한기독교서회, 2011.

토마스, 그리피스(Griffith Thomas, W. H.). 『성령론』(The Holy Spirit of God). 신재구 역. 서울: 크리스천다이제스트, 2003.

팔머, 에드윈. 『성령』(The) Holy spirit). 최낙재 역. 서울: 개혁주의신행협회, 1973.

필슨, 아더 T(Arthur T. Pierson). 『성령행전』(Acts of the Holy Spirit). 황을호 역. 서울: 생명의말씀사, 1992.

하용조. 『사도행전적 교회를 꿈꾼다』. 도서출판 두란노, 2010.

한대호. "'다윗의 자손'으로서 예수 그리스도를 고백하는 마태공동체", 「신학사상」 제194집 2021년 가을호, 한신대학교, 2021.

한철설. 『바울서신 배경연구』. 서울: 솔로몬, 2016.

현경식. "베드로전서에 나타난 선행의 윤리", 「신약논단」 제18권 제4호, 한국신약학회, 2011.

황명길. "클레멘트(Clement of Rome) 서신의 신학적 교회사적 위치에 관한 연구", 호서대학교 박사학위 논문, 2008.

황정욱. "초대교회는 공산주의적 공동체였나? 초대교회의 경제적 삶에 대한 연구",

「한국 교회 사학회지」 제28집, 한국교회사학회, 2007.

헨리 비텐슨(Henry Bettenson). 『초기 기독교 교부』(*The early christian fathers*). 박경수 역. 서울: 크리스천다이제스트, 1997.

Amanda, Claridge. *Rome: An Oxford Archaeological Guide*(First ed.). Oxford, UK: Oxford University Press, 1998.

Andrew Stephen, Damick, Fr. *Orthodoxy and Heterodoxy*. Chesterton, IN: Ancient Faith Publishing, 2011.

Balsdon, J. P. V. D. *Roman and Aliens*. London: Duckworth, 1979.

Barclay, John M. G. *Paul: A Very Brief Introduction*. London: SPCK, 2017.

Ben-Sasson, H. H. *A. History of the Jewish People*. Harvard University Press, 1985.

Bruce, F. F. *The Book of the Acts*. Grand Rapids, Mich.: Eerdmans, 1988.

Campbell, Brian. *The Roman and Their World*. New Haven: Yale University, 2015.

Chadwick, Henry. *The Church in Ancient Society from Galilee to Gregory the Great*. London: Oxford University Press, 2003.

Crossan, John Dominic. *Jesus: A Revolutionary Biography*. San Francisco: Harper SanFrancisco, 1995.

Culpepper, R. Aran. *The Gospel and Letters of John: Interpreting Biblical Texts Series*. Nashville: Abington Press, 2011.

David, Horrell, G. *An Introduction to the Study of Paul*. New York: T&T Clark, 2006.

Davidson, Ivor J. *The Birth of the Church: From Jesus to Constantine, AD 30-312*. Grand Rapids, Mich.: Baker Books, 2004.

Davies, W. D. *The setting of Sermon on the mount*. Cambridge: University Press, 1964.

Dill, Samuel. *Roman Society in the Last Century of the Western Empire*. New York: Meridian Books, 1962.

Dowley, Tim. *Introduction to The History of Christianity*. Minneapolis: Fortress Press, 2002.

Dunn, James D. G. *Unity and Diversity in the New Testament*. Philadelphia: Westminster Press, 1977.

Eusebius. *The History of the Church from Christ to Constantine*. G.A. Williamson, trans. New York: Dorset Press, 1984.

Filson, F. *A New Testament History*. London: SCM Press, 1964.

Flusser, D. *Judaism and the Origins of Christianity*. Jerusalem, 1988.

Gibbon, Edward. *The Decline and Fall of the Rome Empire*. Harmondsworth: Penguin Books, 1982.

Gonzalez, Justo L. *A History of Christian Thought,* vol. 2. (From Augustine to the eve of the Reformation), Nashville, Abingdon Press, 1970.

Grant, Robert M. *Irenaeus of Lyons*. New York: Routledge, 1997.

Hengel, Martin. *Between Jesus and Paul: Studies in the Earliest History of Christianity*(Translated by John Bowden). Waco, TX: Baylor University Press, 2013.

Hill, Craig C. *Hellenists and Hebrews: Reappraising Division within the Earliest Church*. Minneapolis, MN: Augsburg Fortress, 1992.

Hock, Ronald F. *The Social Context of Paul's Ministry: Tentmaking and Apostleship*. Philadelphia: Fortress, 1980.

Holmes, Michael W. *The Apostolic Fathers: Greek texts and English translations*. Grand Rapids, Mich.: Baker Books, 1999.

Jeffers, J. S. *The greco-roman world of the new testament era: Exploring the background of early christianity*. Illinois: IVP Academic.

Jeremias, Joachim. *New Testament Theology*. London: SCM, 1987.

Joseph, Hoffmann, R. *Jesus in history and myth*. Prometheus Books, 1986.

Justin Martyr. "Apology", *The Anti-Nicene Fathers,* vol. 14. Grand Rapids: Eerdmans, 1971.

Kelly, J. N. D. *Early Christian Creeds*(3rd ed.). London-New York: Continuum, 1972.

Lincincum, David. "The Paratextual Invention of the Term 'Apostolic Fathers'", *The Journal of Theological Studies*. Vol. 66, No. 1. April 2015.

Machen, J. Gresham. *The Christian View of Man*. 1937; reprint, Edinburgh: The Banner of Truth Trust, 1984.

Matt Jackson, McCabe. *Jewish Chrisitianity: The Making of the Christianity-Judaism Devide*. Yale University Press, 2020.

Mitchell, M. M. *Paul and the Rhetoric of Reconsiliation: An Exegetical Investigation of the Language and Coposition of 1 Corinthians*. Louisville: John Knox, 1993.

Morna D. Hooker. *The Gospel According to St. Mark*. London: Bloomsbury Punlishing Ple, 2001.

Myers, Allen C. "Aramaic", *The Eerdmans Bible Dictionary*. Grand Rapids, Michigan: William B. Eerdmans, 1987.

Peter, Brown. *Through the Eye of a Needle: Wealth, the Fall of Rome, and the Making of Christianity in the West, 350–550 AD*. Princeton: Princeton University Press, 2012.

Teppler, Yaakov Y. *Jews and Christians in conflict in the ancient world*. Tübingen: Mohr Siebeck, 2007.

Theisen, Jerome. *The Ultimate Church and the Promise of Salvation*. Collegeville, MN: St. John's University Press, 1976.

Troy W. Martin. *Theology and Practice in Early Chrisitianity: Essays New and Old with Updated Reception Histories*. Tübingen: Mohr beck, 2020.

Verseput, Donald J. "The Davidic Messiah and Matthew's Jewish Christianity", *Society of Biblical Literature*. Seminar Papers, 1995.

Watts. *The Final Pagan Generation*. Oakland, California: University of California Press, 2015.

Werner, Jaeger. *Early Christianity and Greek Paideia*. Harvard University Press, 1961.

Woodhead, Linda. *Christianity: A Very Short Introduction*. Oxford: Oxford University Press, 2004.

색인

한글

ㄱ

가시적인 교회　306
가정교회　56
감독　147
강인철　365
거룩성(Holiness)　370
거룩한 나라　212
'거룩한' 성전　198
게르트 타이쎈(Gerd Theißen)　83
고대 그리스 종교　31
고영춘　162
공교회　278
공생애　123
곽준혁　20
광야 경험　233
교권 제도　365
교부　335, 336, 337
교제　104
교회의 거룩성　296, 306
교회의 보편성　308

교회의 뿌리　180
교회의 사도성　299, 310
교회의 세속화　321
교회의 위기　276, 279
교회의 일치성　297, 305
교회의 전통　287
교회의 표지　286
교회 정치의 세속화　354
국가 종교　352, 360
국교화　319
권연경　254
권오현　206
권해생　131, 135
그리스도의 몸　188
그리스도인　37
그리스인　127
기독교의 유대교화　334
기독교인의 정체성　37, 242
기독교 집단정체성　314
김경현　34
김광우　335
김규섭　241

김동수 124, 129, 147
김득중 86
김명혁 300, 308
김무림 36
김선배 316
김영도 293, 302
김유준 321, 324, 340, 341, 344, 345,
       352, 356, 361, 368
김윤실 26
김재성 105
김재윤 13
김주찬 129
김차규 291
김창선 65
김판임 161
김학철 83
김현태 133
김혜연 364

ㄴ

나그네 211
나그네와 거류민 222
나사렛 이단 37
남은 자 183
노예 201, 202, 218
노예제 201, 211
노예제도 217

ㄷ

대속물 78
대위임령 73
도그마 38, 39
디아스포라 209
디아스포라 서신 255
디아코니아 113, 115

ㄹ

랍비 68
랍비적 유대교 72
렌스키 R.C.H(R.C.H. Lenski) 202
로마 문화 28
로마의 평화 323, 330
로마제국의 종교 366
루돌프 불트만 345
류호성 83

ㅁ

맏아들들의 교회 246
모퉁이 돌 185
목욕 문화 25
무형교회 13
민회 112
믿음의 기도 267

ㅂ

바리새적 유대교 40
바리새파의 종교 261
박문재 205
박삼종 362
박영호 111, 200, 223
박정수 72
박호용 126
방랑의 생활방식 83
배교 234, 240
배교자들 348
버클레이 22
베드로의 신앙고백 65
변증 350
변증가 280
변질하기 시작한 기독교 362
변화 산 77
보편교회 278
보편성(Catholicity) 370
보편적 교회 277, 278, 308
보혜사 145
복음 58, 64

ㅅ

사도 계승 276
사도 교부 271
사도성 371

사도적 계승 289, 290
사랑의 연대성 306
산헤드린 63
산헤드린 공회 61, 67
삶의 방식 220
생명 나무 175
서동수 176
서원모 47, 318
서중석 139
서창용 234
성결 259, 260
성경의 권위 286
성도의 교통 109
성도 자신의 정체성 172
성령강림절 108
성령론 130
성례전적 교제 305
성만찬 199
성육신 186
성찬식 314
세계동포주의 324
세상의 쾌락 257
세족식 140
소기천 302
소유된 백성 212
속사도 271, 336, 338
송순열 36, 127
송영목 171

송혜경　129
수도원　333
수세 행위　314
순교자　350
스데반 집단　47
신광은　362
신동욱　168
신령한 음식　198
신령한 집　224
신론　130
신약성경의 노동관　21
신재구　106
신천신지　173
십자가 공동체　200
씨뿌리는 비유　70

ㅇ

아람어　41
아서 F. 글라스(Arthur F. Glasser)　160
안병무　350
안신영　346, 348
안연희　56
안토니누스 역병　33
앤드류 밀러 (Andrew Miller)　364
양진영　57
엄성옥　330, 349
에드윈 팔머(Edwin Palmer)　107
에클레시아　66, 110, 112, 113, 212

에클레시아(ἐκκλησία)　95, 178
염창선　321, 327, 329, 344, 351, 357, 367
영원한 나라　205
영적 미성숙　239
예루살렘 교회의 창립　124
예수 운동　35
옛 언약　236
오병이어　126
오순절 설교　96
오순절(Pentecost)　108
완전성　370
왕 같은 제사장　212
울리히 루츠　72
원시 공동사회　44
웨인 A 믹스　51, 52
윌리엄 바클레이(William Barclay)　162, 163, 165
유대계 기독교인　45, 50, 270
유대 반란　129
유대인 기독교인　35
유대인의 노동관　19
유앙겔리온　80
유은걸　131
유형교회　13, 158
윤인　346
윤 형　20
은사　187, 193, 196

은사(χάρισμα) 194
은유 170
이근혁 329
이 달 302
이대섭 218
이대주 155
이두희 51
이방인 기독교인 50
이상규 30, 347
이상목 186, 193
이상호 99
이상훈 330
이생에 대한 자랑 257
이성배 348
이성하 362
이승현 189
이승호 221, 255, 313
이신칭의 179
이얼 E. 케어른스(Earle E. Cairns) 330
이은선 254
이장식 371
이필찬 174
이한수 179
이해리 346
이현준 301, 309
이형기 351
이호우 271, 281
이희경 346

이희숙 22
인자 78
일체성(Oneness) 370
임 건 302
임석진 324
임윤택 160
임진수 185

ㅈ

자비량 23
장계은 178
장동수 56
장로 157
장병일 202
장석조 111, 113
정경의 기준 287
정교일치 352
정규영 26
정기문 125, 227, 361
정복희 119
정연호 72
정용석 320, 367
제자훈 87, 88
조병수 254
조윤호 147, 280
조한익 346
종말론적 구세주 85
종(servant)의 형상 199

주재용　271, 285
지동식　325, 326, 340
지성소　240
집단정체성　317

ㅊ

창조의 회복　174
채승희　293
채영삼　215
천국의 열쇠　70
천사 숭배　261
최갑종　254
최낙재　107
최원오　301, 303
최윤제　35
최 철　11, 297
최춘혁　302
최혜영　320, 359, 360, 366
치유공동체　102
친교　105
칭의　106

ㅋ

카렌 호나이(Karen Horney)　346
컬트 종교　32
코이노니아　104, 106, 108, 110
쿠르트 알란트　340
쿰란공동체　233

ㅌ

택하신 족속　212
통일성(Unity)　370

ㅍ

파라클레토스(parakletos)　145
팜필루스 유세비우스(Pamphilus Eusebius)　349
평화공동체　170
프레드릭 J. 머피　35
필립 샤프　302
필립 샤프(Philip Schaff)　351

ㅎ

하나님의 가족　132
하늘의 본향　246
하인리히 크라프트(Heinrich Kraft)　161
한대호　72
한철설　39
행인　211
허 혁　345
헨리 베텐슨(Henry Bettenson)　284
헬라어　43
헬라파　45, 46, 47
헬레니즘 유대계　48
현경식　214

현재규　305
홍사무엘　291
황명길　272
황을호　98
황정욱　44
황제숭배　348, 352
황현숙　161
회개　92
회심　190
흩어진 나그네　205, 209, 222
히브리어　43
히브리파　46

영어

A

A. E. 맥그래드(A. E. McGrath)　302
Allen C. Myers　42
Amanda Claridge　162
Antonius　333
A. R. Born　324

B

B. K. 카이퍼(B. K. Kuiper)　364
Brian Campbell　358
B. Russell　86

C

Chris Scarre　28
Craig C. Hill　46
Cyril. C. Richardson　278
C. 오식크(C. Osiek)　224

D

David G. Horrel　37
David Lincincum　12
de Crespigny　34
D. Flusser　123
Donald J. Verseput　72

E

E. Brown　123
Edward Gibbon　326
E. M. 번즈(E. M. Burnz)　329
Eusebius　58

F

F. F. Bruce　38, 129
F. Filson　201
Fr. Andrew Stephen Damick　313

G

Godfrey　13

H

Henry Chadwick 366

J

James Barr 48
James B. Nickoloff 299
James D. G. Dunn 122
Janet DeLaine 28
J. B. 라이트푸트(J. B. Lightfoot) 272
J. Gresham Machen 12
J. N. D. 켈리(J. N. D.Kelly) 299
J. N. Mouthaan 13
Joachim Jeremias 41
John Dominic Crossan 316
John N. D. Kelly 248
J. P. V. D. Balsdon 31
J. R. 미켈리스(J. R. Michaelis) 205
J. S. Jeffers 16, 17
Justin Martyr 110
Justo L. Gonzalez 12

K

Kurt Aland 342

L

Linda Woodhead 37, 318
L. T. Johnson 253

M

Martha C. Nussbaum 324
Martin Hengel 314
Matt Jackson McCabe 40
M. Brocke 20
Michael W. Holmes 39
M. M. Mitchell 176
Morna D. Hooker 79

O

Orlando O. Espín 299
O 마두로(O Maduro) 365

P

Pamphili Eusebus 341
Paul L. Maier 123
Peter Brown 330

R

R. Alan Culpepper 139
R. M. Grant 318
Robert M. Grant 283
Ronald F. Hock 24
R. W. 배텐하우스(R. W. Battenhouse) 305

S

Samuel Dill   333

T

Tertulianus   341
Theodor Mahlmann   13
Tim Dowley   330

W

Watts   319
W. D. Davies   40
Werner Jaeger   317
W. H. 토마스 그리피스(W. H. Griffith Thomas)   106
W. Robert   13

Y

Yaakov Y. Teppler   37

문서

『12사도의 교훈』   25
『기독교 인간관』   12
『성령행전』   98